KB052393

朝鮮時代 市廛商業 研究

高 東 煥

조선시대 시전상업 연구

초판 1쇄 인쇄 2013. 8. 1.
초판 1쇄 발행 2013. 8. 5.

지은이   고동환
펴낸이   김경희
펴낸곳   ㈜지식산업사
         본사 ● 경기도 파주시 교하읍 문발리 520-12
            전화 (031)955-4226~7 팩스 (031)955-4228
         서울사무소 ● 서울시 종로구 통의동 35-18
            전화 (02)734-1978   팩스 (02)720-7900
         한글문패   지식산업사
         영문문패   www.jisik.co.kr
         전자우편   jsp@jisik.co.kr
         등록번호   1-363
         등록날짜   1969. 5. 8.

책값은 뒤표지에 있습니다.

ISBN 978-89-423-1165-1 (93910)

* 이 책을 읽고 지은이에게 문의하고자 하는 이는
지식산업사 전자우편으로 연락 바랍니다.

조선시대 시전상업 연구

고 동 환

지식산업사

책머리에

　조선사회는 농업사회였다. 그러므로 조선시대 사회경제사 연구의 중심은 농업과 향촌사회에 집중되어 있었다. 상업사에 대해서는 1970년대 자본주의 맹아론의 관점에서 연구가 이루어진 이후 지속적인 연구가 이루어지지 않은 분야였다.

　내가 상업사에 관심을 가진 것은 1981년 석사과정 시절 규장각 자료 해제작업을 하면서부터였다. 이 과정에서 나는 규장각에 조선왕조실록이나 비변사등록 등 조선왕조의 관찬사료에서는 볼 수 없는 생생한 상업관련 자료가 고문서의 형태로 무수히 쌓여 있음을 확인하였다. 이러한 자료들을 토대로 1984년 〈18·19세기 외방포구外方浦口에서의 상업발달〉이라는 석사논문을 완성하였다. 지방의 포구상업이라는 주제는 연구자인 나에게뿐만 아니라 조선시대 연구자 대부분에게도 생소한 것이었다. 선행연구가 전무한 상태에서 고문서 등을 기초로 조선후기 지방포구에서 전개된 상업의 실상을 밝혀내는 것은 나에게 큰 기쁨이었다.

　지방의 포구상업을 연구하면서 나는 조선시대 상업사에서 포구상업이 매우 중요하다는 점을 깨달았다. 철도가 놓이기 이전에는 배가 가장 중요한 교통수단이었고, 우리나라의 지형조건에서 육운보다는 선운이 상품유통에 훨씬 유리했다는 상식을 확인했기 때문이다. 대부분의 연구자가 이 점을 인식하고 있으면서도 포구 상업에 대한 연구가 부진했던 것은, 이 부분을 밝혀줄 자료가 매우 드물기 때문이다. 석사논문을 제출한 뒤 규장각 자료와 관찬 연대기 자료를 꼼꼼히 검토하여 포구상업의 중심인 경강상업京江商業에 관한 연구를 진행하였고, 그 결과로 1993년 〈18, 19세기 경강지역의 상업발달〉이라는 논문을 박사논문으로 제출하였다. 그리고 1998년에는 박사논문을 수정하여 지식산업사에서 《조선후기 서울상업발달사연구》를 출간하였다.

이제 상업사 연구의 세 번째 단계로 조선시대 상인 가운데 가장 중요한 시전상인과 시전상업에 관한 연구를 책으로 펴내게 되었다. 상업사를 연구주제로 삼은 지 30년 만에 지방의 포구상업, 경강상업, 서울의 시전상업을 정리함으로써 조선시대 상업사 연구가 어느 정도 마무리되었다고 느낀다.

조선시대 시전상업은 조선시대 상업사 연구의 핵심적인 주제이다. 현재 시전상업에 대해서는 시전의 유형과 조직, 시역市役, 평시서의 시전관리체제, 시전상인과 난전상인과의 분쟁 등에 대해서 연구가 이루어져 있지만, 시전상업의 시대별 변화추이나 시전상인의 내부조직, 시전상인들이 어떠한 방식으로 상품을 유통시켰는지, 그리고 어용상인인 시전상인과 왕실과의 관계에 대해서는 연구가 진전되지 못하였다.

그동안 조선시대 상업사 연구의 중심은 사상들의 난전상업이었다. 18세기 이후 성행한 사상들의 난전상업은 특권적인 시전상업체제의 동요와 해체를 보여주기 때문에 중세사회의 해체와 근대사회를 전망하고자 하는 연구자들의 큰 주목을 받았다. 일부 연구자들은 이러한 현상을 조선후기 상업발달을 상징하는 것으로 규정하고, 이를 봉건상업의 붕괴로까지 평가하였다. 그러나 이러한 관점의 연구는 조선후기 사회의 변화와 발전만을 부각시킴으로써 조선사회의 총체적인 구조에 대한 이해를 결여한 것이기도 했다. 총체적인 구조에 대한 이해가 결여된 상태에서 변화와 발전의 모습을 찾아내고 이러한 요소들을 통해 조선후기 사회 성격을 파악하는 것은 부조적인 파악이라는 비판을 면할 수 없었다.

저자는 조선후기 사회경제사 연구를 진전시키기 위해서는 이와 같은 부조적 관점의 연구를 극복하고 구조적인 관점에서 연구가 이루어져야 한다고 생각했다. 변화와 발전에 기초하면서도 구조와 운영에 중점을 둔 연구가 필요하다고 느낀 것이다. 그러므로 경강상업을 연구하면서도 조선후기 상업사를 특권상인과 자유상인의 대립으로 파악하는 방식을 지양하고, 상인의 성격은 물론 교통로와 유통체계, 시장권 문제 등 상업구조 전체를 시야에 넣어 조선후기 상업사를 이해하고자 하였다.

이번 조선시대 시전상업 연구를 묶어 내면서 저자는 시전상업의 변화와 발전이라는 시대별 추세와 더불어 시전상업의 구조와 운영을 중점적으로 해명하고자 했다. 이러한 문제의식에 따라 이 책은 크게 두 부분으로 구성되었다.

첫째 부분은 제1장에서 제4장까지로, 15·16세기 조선전기 시전상업의 형성, 17세 시전상업의 동요와 재편, 18세기 서울의 도시상업과 시전상업의 구조, 19세기 시전상업의 쇠퇴 등 시전상업의 시기별 변화추세를 살핀 글들이다. 이 글들을 통해 시전제도가 1894년 갑오개혁으로 시전상업체제가 해체될 때까지 조선전기의 모습을 그대로 유지한 것이 아니라, 조선사회의 변화에 따라 다양하게 변화·발전해왔음을 확인할 수 있을 것이다.

제1장은 이 책을 준비하면서 새로 작성한 글로서, 중국고대의 시제市制를 통해 시전제도 일반을 살펴보았고, 아울러 한국 고대·고려·조선전기 시전상업의 형성과정을 개설적으로 살펴본 것이다. 조

8

선전기 이전 시전상업에 관한 자료가 드물고, 선행 연구도 어느 정도 축적되어 있기 때문에 개설적인 서술로 만족할 수밖에 없었다.

제2장은 임진왜란과 병자호란을 거치면서 조선전기적인 시전상업체제가 동요·해체되고 조선후기의 시전상업체제가 어떠한 과정을 거쳐 제도화되었는지를 살핀 글이다. 이 장에서는 우리가 알고 있는 시전 상업의 특성인 육의전과 국역체제, 시전의 분역分役과 분등分等, 유분각전有分各廛과 무분각전無分各廛의 구분, 금난전권禁亂廛權, 평시서 시안의 전관물종專管物種 등록 등과 같은 시전제도가 17세기말을 전후하여 비로소 확립된 것임을 규명하였다.

제3장은 30만 명 이상의 인구가 거주한 18세기 서울에서 시전상업체제만으로는 상품유통을 감당하기 어려웠기 때문에 시전상업 외에 난전상업, 점포상업과 상업적 농업, 민영수공업 등이 성행했음을 살핀 글이다. 이 장에서는 이러한 도시상업의 양적 성장과 질적 변동이 상품 유통시스템의 변화, 곧 시전체계市廛體系의 동요와 사상체계私商體系의 성립이라는 서울 상업계의 본질적 변화를 가져온 것임을 규명하였다.

제4장은 19세기 전반기 서울시장에서 중국을 통해 반입된 중국 및 서양산 직물류가 광범하게 유통되면서 시전상업이 쇠퇴하는 양상을 국산 비단을 판매하는 면주전綿紬廛을 중심으로 살폈다. 개항 이전부터 쇠퇴의 기미를 보였던 면주전은 개항 이후 외국상인의 진출과 외국산 면직물의 유통으로 완전히 몰락하게 되는 과정을 구체적으로 규명하였다.

둘째 부분은 시전상업의 구조와 운영을 시전 도중의 조직과 영업구조, 상품유통구조, 왕실과의 관련성을 통해 해명한 부분으로, 제5장에서 제7장까지가 이에 해당한다.

제5장은 동업조합인 시전 조합원들의 승진과 위계, 임원 회의와

각종 상벌규정, 도중의 재정과 구체적인 영업구조 등을 시전 상인들이 남긴 자료들을 통해 밝힌 것이다. 시전 도중은 전근대 사회에서 공동의 이익을 도모하기 위해 조직된 것이었지만 근대적인 회사조직과는 다른 혈연중심의 조직이었으며, 조합원들은 정부나 난전상인, 다른 시전상인과의 관계에서는 공동대응했으나 같은 상품을 판매하는 경쟁자이기도 했다. 또한 시전의 조직은 혈연 중심의 폐쇄적인 조직형태를 취하긴 했지만 혈연관계가 전혀 없는 사람도 일정한 가입금을 내면 조합원으로 참여가 가능한 개방적 조직의 특성도 지니고 있음을 규명하였다.

제6장은 어물전魚物廛이 어물유통에 어떻게 관계하고 있는지를 밝힌 글이다. 그동안 시전상인들이 자신들이 취급하는 상품을 어떻게 유통시켰는지에 대해서는 거의 밝혀진 바가 없다. 《각전기사各廛記事》, 《시민등록市民謄錄》 등의 자료를 활용하여 지방의 어상魚商에서 서울의 어물전까지 어물이 어떠한 과정을 거쳐 반입되었고, 어물전에서 소비자까지 어떠한 경로를 거쳐 유통되었는지를 해명하였다. 이를 통해 어물유통에서 내·외어물전이 행사하는 금난전권은 독점적인 판매권보다는 지방에서 반입되는 어물에 대한 독점적 구매권이 훨씬 중요한 것이었음을 확인할 수 있었다. 이와 같은 독점적 구매권은 18세기 말을 계기로 차츰 수세권收稅權으로 전화되었고, 이 과정에서 어물유통의 주도권이 사상 난전세력에게 넘어갔음을 밝혔다. 사상 난전들은 금난전권이 미치지 않은 서울 외곽의 누원점樓院店이나 송파장松坡場에 유통거점을 차려놓고 시전 상인을 배제한 채 어물을 유통시킴으로써 사상체계를 확립하였다. 시전을 정점으로 한 유통체계가 서서히 붕괴되고 사상을 정점으로 한 유통체계가 성립됨으로써 시전상인들의 상품유통에서의 독점적 지위도 약화되어 갔음을 규명하였다.

　제7장은 시전상인과 왕실과의 관계를 규명한 글이다. 시전은 국가와 왕실과 불가분의 관계를 갖는 상업조직이었다. 시전상인들은 국역부담의 대가로 독점적 유통권을 장악하였는데, 국역은 왕실에 대한 각종 진배나 궁궐수리역에 집중되었다. 시전상인들의 어용적 성격은 왕실에 대한 각종 진배역이나 궁궐수리역에서도 나타나지만, 왕실로부터 지원을 받는 사례에서도 분명히 드러난다. 화재를 당한 시전상인들에게 왕실은 내탕內帑을 풀어 시전행랑의 복구와 영업자금 등을 지원하였다. 이러한 관계는 갑오개혁으로 시전상인들의 특권이 부정된 이후에도 지속되고 있다. 이러한 사실들을 통해 시전체제가 전제 왕권과 불가분의 관계에 있음을 해명하였다.

　마지막 제8장은 이 책의 부록 성격을 갖는 부분으로, 미국 U.C 버클리 대학 동아시아 도서관 아사미 컬렉션에 소장된 도자전 등 급刀子廛 謄給 문서에 대한 자료해제 성격의 글이다. 개항 이후 작성된 이 문서들을 통해 시전의 금난전권이 부분적으로 회복되고 있음을 확인할 수 있다.

　조선시대 시전상업 연구를 펴내면서 개항 이후 시전상업의 동향에 대해서는 제대로 살피지 못한 아쉬움이 남는다. 개항 이후 시전상업과 상회사의 관계, 외국상인과 관계들이 천착된다면 조선사회에서 축적된 상인자본이 개항 이후 어떠한 궤적을 거쳐 변모했는지 해명할 수 있을 터이다. 이 부분은 앞으로의 연구과제로 남겨두고자 한다.

　이 책에 실린 논문들은 근 20년 동안의 글들을 엮은 것이다. 책을 펴내면서 예전 글들을 꼼꼼히 검토하고 서술이 불명확하거나 잘못된 부분들을 모두 바로잡았다. 앞으로 관련 논문들을 인용하고자 할 때, 이 책에 실린 글을 토대로 했으면 한다.

　이 책을 펴내기까지 많은 분들의 도움을 받았다. 지도교수이신

이태진 선생님으로부터는 분에 넘치는 격려와 응원을 받았다. 깊이 감사를 드릴 따름이다. 또한 선생님의 지도로 《서울상업사》를 공동으로 연구한 한상권, 양보경, 이헌창, 고석규, 김태웅, 서성호, 허영란 교수들은 함께 《비변사등록》을 강독하면서 서울의 도시상업과 조선후기 사회 전반에 대한 이해를 심화시키는 데 큰 도움을 주었다. 이 자리를 빌려 이 분들에게 깊은 감사의 뜻을 표한다.

나의 첫 저작을 출판한 이후 인연을 맺은 지식산업사의 김경희 사장님은 이 책의 출판에도 큰 격려와 도움을 아끼지 않으셨다. 김 사장님은 저자의 한문 투의 글들을 우리식 표현으로 바꾸어 훨씬 부드러운 문장이 되도록 도움을 주셨다. 깊이 감사드린다. 그리고 난삽한 논문들을 깔끔하게 정리해 준 편집부의 임유진 님에게도 감사드린다.

2013년 4월
대덕벌 연구실에서
고 동 환

차 례

제3장 18세기 서울상업구조의 변동과 시전상업

제4장 19세기 시전상업의 쇠퇴
―면주전綿紬廛을 중심으로

제5장 시전 도중都中의 조직과 영업구조

제6장 시전과 상품유통
―어물전과 어물유통

제7장 시전과 왕실

제8장 19세기 후반 도자전 등급문서刀子廛 謄給文書

표 차례

그림 차례

제1장 조선전기 시전상업의 형성

1. 조선시대 이전의 시전市廛

1) 중국 고대의 시제市制

주례周禮에 따르면 궁궐의 왼쪽에 종묘, 오른쪽에 사직, 앞쪽에는 조정朝廷, 뒤에는 시市를 둔다〔좌묘우사 전조후시左廟右社 前朝後市〕는 것을 천자나 제후의 도읍을 건설하는 원리로 삼고 있다. 중국고대 도시에서 시는 종묘, 사직과 마찬가지로 도시의 필수적 구성요소로 인식되고 있었다.

중국에서 시는 교역장소로 출발한 것은 아니었다. 원래 시는 태양신이 강림하는 성소임과 동시에 신의神意를 대변하는 샤먼들의 제례와 제정祭政의 미분리 단계에서 정치가 이루어지는 장소였다. 그밖에도 시는 읍락공동체의 물적 자산들을 비축하는 신창神倉의 기능을 수행하였으며, 신의와 다른 행위를 처벌하는 장소이기도 했다. 시는 신에 대한 제사를 드리는 성소로 출발하였지만, 전국戰國 시대와 진秦·한漢 제국을 거치면서 교역장소로 그 성격이 변질되었다.[1]

중국 고대의 시는 성읍 안의 일정한 구역에 설치된 장벽으로 둘러싸인 폐쇄적인 공간이었다. 중국 고대의 전제권력은 상업과 상인을 직접적으로 지배하기 위해 시를 국가체제 안에 두었다. 시에는 시를 감독할 관서가 설치되었고, 시령市令, 시장市長, 승丞 등의 관원과 색부嗇夫, 연掾 등의 서리가 배치되었다. 이들은 시장질서

---

[1] 이성구, 〈중국고대의 市의 개념과 기능〉,《동양사학연구》36, 동양사학회, 1991.

의 유지를 기본임무로 삼고 있었다. 시에는 정연하게 열을 이룬 점포가 업종에 따라 구분되어 존재했는데, 이를 '사肆'라고 불렀다. 이 시사市肆는 동업조합으로서 특정 물품에 대한 독점적 유통권을 장악하였다. 시사에서 영업하는 상인들은 시적市籍에 등록하여 시조市租를 납부해야 했다. 시적에 등록된 상인, 수공업자, 무巫, 의醫, 축祝, 복卜 등은 준천민準賤民으로 차별되었고, 전택田宅의 사여賜與나 관리임용에서도 제외되었다. 그러나 이들의 지위는 엄격하게 세습적으로 고정된 것은 아니었다. 시에서 장사를 그만두고 시적에서 삭제되면 신분적 속박에서 이탈하는 것이 가능했으며, 시적에 등록하여 시사에서 장사하는 데도 법률적 제한은 없었다. 시사에 새로운 점포를 건축하는 것은 비교적 자유로웠으며, 점포와 영업의 권리도 비교적 자유롭게 매매되었다. 지역에 따라 야시夜市가 허용된 곳도 있었지만, 시는 일몰日沒 이전까지만 열리는 것이 보통이었다.

중국 고대의 시는 자연발생적으로 형성되는 것이 아니라 인위적·행정적으로 조성되었다. 그러므로 임의로 상업구역을 개설하는 것은 허용되지 않았다. 시는 농민공동체인 리里와는 이질적인 공간으로서, 리의 질서는 시에 미치지 않았으며, 시의 질서 또한 주변의 리에는 미치지 않았다. 상업거래가 이루어지는 시장이면서도 정치적으로 설정된 행정제도와 결합하고 있었기 때문에, 시 자체는 전제주의적 통치와 행정의 일부이기도 했다.2)

중국의 고대 국가는 상인들에 대한 출입통제와 물가통제, 도량형의 통일과 교환매개의 통제, 판매상품의 규제, 조세의 징수 등을 통해 시를 효과적으로 통제하고자 하였다. 이러한 통제와 상인에

---

2) 影山 剛, 《中國古代の商工業と專賣制》, 東京大學出版會, 1984.

대한 신분적 차별은 중국 고대국가의 통치이념인 농본억말주의農本抑末主義의 표현이었다. 당나라 때의 법률인 관시령關市令에 따르면 매월 10일마다 거래된 상품 가격을 상중하로 구분하여 장부에 기재하도록 규정하고 있다. 이와 같은 관시령에 보이는 표준적 가격설정의 기원은 한나라 때까지 소급된다. 전한前漢 시대의 평준법平準法은 국가가 시의 제도를 이용하여 화물의 집적과 매매를 통해 물가를 조절하고 표준적인 공정한 상품가격을 실현하는 것을 목적으로 한 것이었다. 이와 같은 시의 성격과 기능은 시제가 존속한 당나라 때까지 그대로 유지되었고, 큰 변화는 없었다고 평가되고 있다.[3]

한편 상업지구가 있는 시가 도시의 한 구획으로 법제적으로 엄격하게 한정되었다는 것은 도시의 성격을 알려준다. 상업·수공업 등의 경제기능은 도시 기능의 일부였지만, 오늘날처럼 경제기능이 도시의 본질을 규정하는 기본요인은 아니었다. 고대 중국에서는 상업의 번영이 선행하고 그것을 기반으로 도시가 성립했다는 논리는 성립하지 않는다. 시는 상업번성과 무관하게 국가에 의해 제도적으로 설치되는 것이었다. 중국의 고대도시는 상업번영에 선행한 존재였던 것이다. 중국 고대의 시사에서 상업이 번영할 수 있었던 요인은 도시의 막대한 소비적 지출이었다. 그러므로 중국 고대에는 도시만의 독자적인 재생산구조를 지닌 도시경제는 성립하지 않았다. 상공업의 번영을 기반으로 하는 다수의 지방도시는 중국 고대 시사제市肆制 붕괴 이후인 9~10세기 이후에야 비로소 나타난다.[4]

---

3) 이성규, 〈중국 고대 상업의 성격에 관한 일시론〉, 《중국고대사연구》12, 위진수당사학회, 2004. 이성규는 전국시대 이후 광범한 화폐사용이 상품경제 발전의 결과라는 주장을 비판한 뒤, 이는 재정확충과 억상抑商을 동시에 목표한 국가의 화폐공급과 강제사용의 결과였다고 주장한다. 상업발달의 계기를 경제적 요인보다는 국가정책적 요인이 훨씬 중요했다고 보는 것이다.

2) 삼국시기, 신라통일기의 시전

한국 시장의 기원도 중국과 마찬가지로 제의공간인 신성공간에서 비롯한다고 추정되고 있다. 제사가 거행되는 제단 부근에는 으레 많은 사람들이 운집하여 자연스럽게 물자와 정보가 교환되었을 것이기 때문이다. 이러한 성격의 시를 제전시祭典市라고 한다. 단군신화의 신시神市도 이러한 제전시로 해석되고 있다. 한국 고대의 시도 원래 최고 신성처로서 정무기능과 제의기능을 함께 가진 정교政敎의 중심구역으로 존재하였다. 시에서는 범죄자의 은닉과 재판, 처형과 사면, 물건의 보관과 재분배 등이 이루어졌다.

그 이후 세속왕권과 관계官階조직이 성장하면서 전통적인 신성처에서 조정朝廷이 분리됨에 따라 신성처들도 대대적인 개편과정을 거치게 된다. 제수용품 등을 조달·재분배하는 과정에서 교환행위가 발생하였고, 신성처의 외곽에서 상품생산·물자유통이 진전되면서 시가 교역의 중심지로 변질된 것이다. 이러한 시를 국가질서 안에 편입시킨 것이 삼국시대의 관시官市였다. 집권체제 성립 이후 대외교역을 독점한 고대 왕권은 관상-관시체제를 통해 국내 상업 부문까지 관장하였다. 한국 고대의 시도 중국 고대와 마찬가지로 국가의 강력한 통제 아래 운영되었던 것이다.[5]

문헌기록에 나오는 최초 시장은 490년(소지왕 12) 신라의 수도 경주에 개설된 경사시京師市였다. 이후 509년(지증왕 10)에는 경주에 동시東市를 설치하고 시전市典이라는 시장 감독관청을 두어 관리하였고, 695년(효소왕 4)에는 다시 서시西市와 남시南市를 열었으며, 이 시장을 관리하기 위해 서시전西市典과 남시전南市典을 두었다. 이 기구들은 상인의 감독, 물가 조절, 도량형 감독, 상인들 사

---

4) 影山 剛, 앞의 책(주 2) 참조.
5) 김창석,《삼국과 통일신라의 유통체계 연구》, 일조각, 2004.

이의 분쟁 해결, 정부 수요품 조달 등의 업무를 관장했던 것으로 보인다. 신라가 시장을 설치하고 관청까지 두어 관리한 것은 세속 왕권이 성립하면서 신성처와 샤먼층을 왕권중심의 국가질서로 재편하려는 정치적 의도가 작용한 결과였다.[6]

신라의 시도 시전과 같은 관리 감독기구를 두었기 때문에 중국 고대의 시처럼 국가의 전제적 통치기구의 일환으로 운영되었을 것이다. 경주도 조방제條坊制적인 도시구획을 가지고 있었기 때문에, 동시, 서시, 남시 등도 중국 고대의 시처럼 특별한 구획 안에 시장을 둔 것으로 이해될 수 있다. 다시 말해 상업적 번성이 선행하여 도시가 성장했다기보다는 전제국가의 필요성에 따라 시가 두어졌다고 보는 것이 타당할 것이다.

고구려의 경우도 현재의 평양성 외성지구에 전자田字 모양으로 구획된 16개 리방里坊이 있었고, 궁전 앞에는 관청이 배치되고 뒤에는 시장을 설치했을 것이라고 추정하고 있다. 전조후시의 원칙이 평양성에도 적용되었다는 것이다. 백제에도 중앙에 시전과 수공업을 맡아보는 관청으로 시부市部와 주부綢部를 두었는데, 이로 미루어 백제의 수도에도 시전이 존재했을 것으로 추정된다. 주부는 비단·명주 등의 고급 직물제조 등 수공업을 관장하는 관청이며, 시부는 도시의 시장을 관할하는 관청이었다. 그러나 백제, 고구려의 문헌에 시장에 관한 정보를 자세히 알려주는 자료는 흔치 않다.[7]

---

6) 삼국 시기, 통일신라 시기 때의 기능과 성격변화에 대해서는 김창석, 앞의 책(주 5) 참조.
7) 고구려, 백제의 시전과 관련한 직접적 자료는 찾아보기 힘들다. 대부분 주변자료를 바탕으로 추정한 것에 지나지 않는다. 고구려와 백제의 시전에 대해서는 홍희유, 《조선상업사-고대·중세편》, 백과사전종합출판사, 1989, 31쪽 참조.

3) 고려시대의 시전

고려의 시전은 919년(태조 2) 수도 개경을 건설할 때 궁궐과 조정 건물과 함께 지어졌다.[8] 그러나 이와 같은 고려사의 기록에 대해 많은 연구자들은 의문을 제기하고 있다. 시전이 단기간에 건설되었다고 보기 어렵다는 것이다. 고려초에도 시장은 존재했을 것이지만, 법제화된 어용상업조직으로서의 시전과 시전건물의 조성은 더 점진적으로 이루어졌을 것으로 보는 것이다. 대부분의 연구자들은 시전이 제도화되는 시기를 광종대(949~974)까지 늦춰 잡고 있다.[9] 그러나 시장의 번영에 앞서 시제가 먼저 설치된다는 중국의 사례를 비추어 보면, 태조 때 시전이 두어졌다는 기록을 신뢰하지 않을 이유가 없다. 시전은 상업기능뿐만 아니라 도시행정기능도 담당했기 때문이다.

시전을 감독하는 기관인 경시서京市署는 목종(998~1008) 때 이미 존재가 확인되지만, 태조 때부터 설치되었는지는 알 수 없다. 경시서의 관제가 확립된 것은 문종(1046~1082) 때였다. 이때에 영令을 정7품의 품계로 규정하였고, 이속吏屬으로 사史 3인, 기관記官 2인을 두었다. 같은 해에 정8품의 승丞 2인을 두었으며, 1298년(충렬왕 24)에는 영令을 권참權參으로 승격시켰고, 1308년(충렬왕 34)에는 승丞 2인을 3인으로 증원하였다. 공민왕 때에는 정8품인 승丞을 강등하여 종8품으로 하였다.[10] 이처럼 경시서의 직제는 시대가

---

8) 《高麗史》世家, 태조 2년 1월 己卯. "二年 春正月 定都于松嶽之陽 創宮闕 置三省六尚書官九寺 立市廛 辨坊里 分五部 置六衛"

9) 대다수의 연구자들은 그때의 대내외 정세가 시전을 두기 어려웠다는 점뿐만 아니라 조선왕조 개창 이후 새로 도읍이 된 신도시의 시전 건설에 오랜 시일이 소요되었다는 점을 근거로 이와 같이 추정하고 있다. 이에 대해서는 서성호,〈한국 중세의 도시와 사회〉,《동양도시사 속의 서울》, 서울시정개발연구원, 1994, 198쪽 참조.

10) 《高麗史》志 31 百官 2 京市署. "京市署掌勾檢市廛 穆宗朝有京市署令 文宗定 令一人

내려가면서 차츰 확대·강화되었는데, 이는 시전상업의 발전을 반영한 것으로 해석된다.

경시서에서는 시전상인들이 도량형을 어기거나, 쌀이나 콩 등에 모래나 쭉정이를 섞어서 판매하는 불법행위를 감찰하는 업무를 담당하였다.[11] 또한 경시서는 도량형의 통일, 화폐에 관한 업무, 물가조절기능도 담당하였다. 993년(성종 12) 정부는 쌀 6만 4천 석을 내어 전국에 상평창常平倉을 설치했는데, 이 가운데서 쌀 5천 석을 경시서에 두고 물가조절기능을 담당하게 했던 것이다.[12] 한편 1123년(인종 1)에 고려에 다녀간 서긍徐兢의 견문록인《선화봉사고려도경宣和奉使高麗圖經》에 따르면, 경시서에는 300인의 공인工人이 있었다고 한다. 이로 미루어 보면, 경시서는 수공업자에 대한 관리·감독기능도 겸했던 것으로 보인다. 한편 도량형을 감독하는 기구로 평두량도감平斗量都監이 일시적으로 설치된 적도 있었다. 평두량도감은 1173년(명종 3) 무신집정자 이의방李義方의 주청에 의하여 설치된 관청으로 곡물을 거래할 때 고봉高捧으로 하던 것을 평두량〔평말〕으로 재게 하였다. 만약에 이를 어기는 자는 얼굴에 묵형墨刑을 가하여 멀리 유배시켰다. 이 기구는 1년 뒤 1174년 12월 이의방이 피살되면서 기능을 상실하였다.[13]

시전에 대한 호칭은 도시都市, 경시京市, 시사, 시市, 대시大市, 시가市街, 시변市邊 등 매우 다양했다.[14] 시전은 물종별로 구분하여

秩正七品 丞二人正八品 忠烈王二十四年忠宣陞令權埰 三十四年忠宣增丞爲三人 恭愍王五年降丞從八品 吏屬文宗置史三人記官二人"

11)《高麗史》世家 20 명종 2, 명종 11년 辛丑 秋七月 己卯. "京市署檢斗斛察奸僞 以市人於斗米雜沙秕賣之也"

12)《高麗史》志 34 食貨 3. "常平義倉 成宗十二年 二月"

13) 문형만,〈高麗特殊官府硏究〉,《부대사학》9, 부산대학교 사학회, 1985.

14) 北村秀人,〈高麗時代の京市の基礎的考察-位置, 形態を中心に〉,《인문연구》42-4, 大

영업을 했는데, 이러한 가게를 점店이라고 불렀다. 예컨대 비단을 판매하는 포백점布帛店, 가죽제품을 판매하는 모혁점毛革店, 그릇류를 판매하는 기명점器皿店, 관복을 판매하는 관복점冠服店, 신발류를 판매하는 혜화점鞋靴店, 채찍·재갈 등을 판매하는 편륵점鞭勒店 등이 그것이다.15) 우마를 판매하는 우전과 마전은 시전 구역에서 떨어진 곳에 설치되었다.

시전 장랑長廊의 규모는 알 수 없으나 1112년(예종 7)에 경시루京市樓의 북쪽 행랑 65칸이 불에 타고, 1177년 시전행랑 38칸이 불에 탔다는 기록으로 미루어 보아 행랑 한 채의 규모는 매우 컸을 것이다. 1208년(희종 4)에는 광화문으로부터 네거리에 이르는 구간에 1,008영楹이나 되는 방대한 규모의 장랑 개건·확장공사가 진행되었다. 십자가 흥국사 다리까지였던 개경의 시전 구역이 희종대에 광화문 앞까지 확대된 것이다. 그리고 1307년(충렬왕 33)에도 고려왕조는 시장거리 양쪽에 200칸이나 되는 시전 장랑을 건설하였다. 시전행랑은 13세기에 이르러 1천여 칸으로 늘었으며, 14세기 초에는 최소 1,200칸으로 확대되었다. 1377년(우왕 3)에는 새롭게 시전의 동쪽에 행랑을 건설하기도 했다.16)《고려도경》에 따르면, 11세기 초엽의 시전행랑은 광화문에서 만월대 궁전 근처에 이르는 구간의 길 양쪽에 건설되었다. 양쪽에 늘어선 긴 행랑들 사이에는 문을 세우고 그 위에 영통永通, 광덕廣德, 흥선興善, 통상通商, 존신存信, 자양資養, 효의孝義, 행손行遜 등의 현판을 단 8개의 상업지구를 설정하고 고유한 상품들을 판매하였다. 시전행랑은 정

阪市立大, 1990.

15) 《太宗實錄》 태종 10년 1월 28일 乙未. "工不居肆 業不能專 故舊京之時 布帛毛革器皿 冠服鞋靴鞭勒 分店大市 至市牛馬 亦有常所 其他米穀之類 則各於所居"

16) 《高麗史》 列傳 46 辛禑 1, 辛禑 3년 5월. "新作市廛東廊"

부에서 지어준 것이지만, 영업권은 사적으로 소유된 것으로 보인다. 금강산의 장안사에서는 개경에 저택이 있었는데, 그곳을 시전으로 활용하여 30칸에 장사하도록 하였다.[17]

시전이 자리한 구역은 개경의 남대문 근처로 민가가 밀집한 지역이었다.[18] 시전 화재로 피해를 입은 민가는 많을 경우 86여 호에 달할 정도였다.[19] 시전거리는 도성 안에서 사람과 물자가 가장 많이 붐비는 곳이었기 때문에, 죄인들에게 형벌을 가하거나 굶주리는 백성들에게 음식을 제공하는 장소로도 활용되었다.[20] 또한 격구擊毬가 행해지는 장소이기도 했다.[21]

고려시대의 시전이 조선시대의 시전과 같이 도중都中을 중심으로 한 동업자조직 형태였는지, 금난전권禁亂廛權이라는 전매권을 소유했는지는 아직까지 밝혀진 바가 없다.[22] 대부분의 연구자들은 고려시대 시전은 아직 취급 상품에 따른 전호廛號를 사용하지 않았으며, 동업자조직도 형성되지 않았고, 금난전권도 성립되지 않았다고 추정하고 있다. 시전 이름과 판매 물종을 간판에 표시하기 시작한 것은 조선왕조 개국 이후 새로운 왕조의 개창자들이 개경의 시전을 개혁하면서부터였다.[23] 1394년(태조 3)의 이러한 개

---

17) 《稼亭先生文集》 권6, 金剛山長安寺重興碑. "京邸在開城府者一區 其在市廛 爲肆僦人者三十間"

18) 《臥遊錄》 권10, 遊天磨錄[瞻慕齋]. "訪敬德宮 李成之追至 携上蚤頭周覽城市 還下大路 渡三石橋 閭閻中有屋數間 …… 入南大門市廛街 第鱗錯櫛比 商賈雜沓 車馬騈闐 豈前朝遺風餘俗 至今猶有存耶"

19) 《高麗史》 五行 1 火, 정종 4년 2월 庚寅.

20) 서성호, 앞의 글(주 9) 참조.

21) 《高麗史節要》 충혜왕 3년.

22) 강만길, 《한국상업의 역사》, 세종대왕기념사업회, 1975.

23) 《太祖實錄》 태조 3년 1월 18일 戊午. "京市署請板寫各市名 幷畫販物其下 掛於各所 俾不相雜"

혁조치를 계기로 시전상인의 조직도 비로소 동업조합적인 성격을 갖게 되었을 것으로 추정하고 있다.[24]

고려의 시전상인들은 어용상업으로서 국가의 비호 아래 일정한 특혜와 특권을 보유하였다. 국가에서 시전행랑을 지어 줬으며, 상인들은 행랑세를 납부하긴 했지만, 그 자체가 큰 특권이었다. 시전상인들은 국가가 조세, 공물로 거둔 물자를 불하받아 판매하거나 위탁판매를 통해 이익을 얻었다. 1342년(충혜왕 3)에는 고려왕조에서 의성고, 덕천고, 보흥고 등에 저장된 4만 8천 필의 직물을 시전상인들에게 불하하여 판매하였다.[25] 또한 시전상인들은 재난을 당했을 때 국가로부터 원호를 받았다. 재해를 당하면 국가에서 이를 보수하거나 상품의 손실을 보상해 주는 특혜를 베풀었다.

시전상인들은 이러한 특권과 더불어 국가에 대해 정부에서 필요한 물자를 공급하고, 정부의 각종 역을 부담하였다. 이러한 부담은 시전상인들에게 많은 문제를 야기했다. 충혜왕 때에는 관청의 수탈에 못이긴 시전상인들이 철시투쟁을 감행하기도 했으며,[26] 이러한 문제를 심각하게 여긴 충선왕은 즉위하교에서 각사各司에서 필요한 물건을 시전을 통해 조달하지 말고, 부득이하게 시전을 통해 조달했을 때는 시가時價대로 값을 지불하도록 명령하였다.[27]

고려시대 시전상인들의 신분은 어떠했을까? 고려에서도 상인은 중국 고대의 상인처럼 차별받았다. 상인들은 사환권仕宦權을 갖지 못했으며, 우연하게 벼슬에 나가도 그 자체가 매우 부당한 일로

---

24) 김동철, 〈고려말의 유통구조와 상인〉, 《부대사학》9, 부산대학교 사학회, 1985.

25) 《高麗史》36, 충혜왕 후 3년 2월.

26) 《高麗史》 列傳, 盧英瑞.

27) 《高麗史》 志38 刑法1 公式 職制, 충렬왕 24년 5월. "忠宣王卽位下敎曰 一王京一國之本要令人物安堵 不可搔擾 自今以後 各司凡所須 不得於市廛侵奪 如不得已而徵求 當與其直"

받아들여졌다. 국가에 공로를 세워도 물품만을 하사받을 뿐 관직에 제수되지 못하였다. 상인들은 국자감 등 교육기관에 입학할 수도 없었다. 상공인들은 민民이나 서인庶人과도 다른 범주로 파악되고 있었다.28) 상인은 양인 신분 가운데 최하위에 위치한 신분으로서, 천예賤隸 등과 함께 묶여 취급되는 경우가 많았다.《고려도경》에 따르면 농민이나 상인, 공장工匠들은 빈부나 원근의 차이 없이 모두 백저포白紵袍를 입고 오건烏巾에 네 가닥 띠를 두른다고 얘기된다.29) 상인들은 농민에 견주어 차별받았지만, 의복에서는 농민과 구분되지 않았던 것이다.

2. 15세기 시전상업의 형성

1) 시전행랑의 건설과 여항소시閭巷小市

1394년 한양천도 직후 아직 시전행랑이 건설되지 않았을 당시 한양의 시장은 일중위시日中爲市, 곧 항시巷市 형태로 존재하였다. 이러한 항시는 여러 곳에서 열리고 있었지만, 가장 규모가 큰 것은 종루가 자리한 청운교 서쪽에서 열리던 대시大市로서, 오늘날 종로 2가에서 탑골공원 주변의 대로였다. 이 항시는 날마다 열린다는 점을 제외하면 장시와 흡사한 교환의 장소였다. 그러나 이러한 시장은 1399년(정종 1) 왕실과 조정이 개경으로 이어移御함으로써 황폐화되었다.30)

---

28) 김난옥,〈고려시대 상인의 신분〉,《한국중세사연구》5, 한국중세사학회, 1998.

29)《宣和奉使高麗圖經》권19, 民庶 農商, 工技.

30) 이제까지 연구에서 한양의 시전행랑은 환도 이후인 태종 때 건설된 것으로 기술하고 있다. 그러나 19세기 기록인《임하필기林下筆記》제22권 문헌지장편文獻指掌編과《동국

조선왕조의 시전상업은 1405년(태종 5) 한양 환도還都를 계기로
본격적으로 형성되기 시작하였다. 환도 직후 한양의 시장은 질서
가 없이 매우 어지러운 상태였다. 이러한 무질서를 정리하기 위해
사헌부에서는 개경의 시전제도를 계승하여 한양에 시전창설을 건
의하였다.31) 태종은 사헌부의 건의를 받아들여 한양에 시전제도
를 마련하였는데, 각 상품의 종류에 따라 판매장소를 달리하는 시
전을 구획하였다. 대시는 장통방 이상 지역이었고, 미곡잡물의 판
매는 동부의 연화동구, 남부의 훈도방, 서부의 혜정교, 북부의 안
국방, 중부의 광통교에서 하도록 조정하였다. 그리고 소나 말의 거
래시장으로 장통방의 하천변을 지정하였고, 신도시 주민들의 생활
에 필요한 소소한 물자들을 거래하는 여항소시는 특별히 구역을
지정하지 않고 판매할 물종을 지닌 주민들이 집 앞에서 판매할 수
있도록 허용하였다.

이처럼 판매구역만을 대강 정해놓은 상태였던 건국 초기 한양
의 시장은 1411년(태종 11) 좌의정 성석린成石隣이 "신도新都의 도

여지비고東國興地備攷》 권2 한성부, 그리고《대동지지大東地志》한성부조에는 1399년(정
종 원년)에 혜정교에서 창덕궁 동구까지 좌우 행랑 800여 칸을 처음 설치했다는 기록
이 있다("定宗元年始置市廛 自惠政橋至昌德宮洞口左右行廊八百餘間"). 그리고 유원동 교수
도 1399년 시전창설계획이 있었으나 개경으로 이어移御했기 때문에 계획이 실현되지
못했다고 기술하고 있다(민족문화대백과사전 시전). 정종 원년 3월에 한양에서 개경으로
이어했고, 창덕궁도 태종이 개경에서 다시 한양으로 환도하면서 건설되었기 때문에 정
종 원년에 시전행랑이 건설되었다는 자료는 그 신빙성이 그다지 높지 않다. 그러나
1401년(태종 1) 남양군南陽君 홍길민洪吉旼은 "한양에 도읍을 정하고 경영한 지 두어 해
만에 종묘와 사직, 궁궐, 성시城市, 여염閭閻이 성하게 이루어졌다."라고 얘기하고 있
다.(《태종실록》, 태종 1년 정월 甲戌). 홍길민은 태조 당시에 궁궐은 물론 성시[시전]까지
모두 갖추어졌음을 말하고 있는 것이다. 시전은 도읍을 구성하는 중요한 요소였기 때
문에; 태조의 한양천도 당시에 종묘와 사직, 궁궐은 조성되었지만 시전만은 건설되지
않았다는 종래의 통설은 의문이 여지가 없지 않다. 그러므로 정종 원년에 시전행랑이
건설되었다는 19세기 기록도 주의 깊게 검토할 필요가 있다고 판단된다.
31)《太宗實錄》태종 10년 1월 28일 乙未.

로가 넓으므로, 마땅히 양편에 백성들의 민원을 들어서 시루市樓를
건설해야 한다."라는 주장에 따라 그 이듬해인 1412년 2월부터 공
사를 시작하여 그해 5월까지 제1차 행랑 건설공사가 진행되었다.
이 공사로 창덕궁 궐문에서 정선방 동구에 이르는 구간에 472칸의
행랑이 건설되었고, 그 이듬해인 1413년에 다시 행랑 건설공사를
재개하여 경복궁 남쪽에서 종묘 앞까지 좌우 행랑 881칸을 건설하
였으며, 종묘 남쪽 도로에 5칸 층루를 건설하고 청운교 서쪽에 있
던 종루를 순금사巡禁司의 남쪽, 광통교의 북쪽으로 옮겨 시전행랑
의 중심으로 자리잡게 하였다. 이와 같은 두 차례에 걸친 행랑 건
설공사로 종루에서 혜정교까지, 종루에서 숭례문까지, 종루에서
창덕궁까지, 종루에서 종묘까지 총 1,360칸의 행랑이 완성되었다.
또한 1414년(태종 14) 3차 행랑 건설공사를 시작하여 종루에서 남
대문, 종묘 앞 누문에서 동대문에 이르는 구역까지 행랑이 추가로
조성되었다. 《세종실록지리지》에는 도성 좌우 행랑의 칸수가
2,027칸으로 기록되어 있기 때문에 3차 공사에서 완성된 행랑은
667칸으로 추정된다. 이로써 1412년(태종 12) 2월부터 시작된 도
성의 행랑 건설공사는 대략 3년여의 공사기간과 세 차례에 걸친
공사 끝에 마침내 1414년(태종 14)에 2천여 칸의 행랑을 조성함으
로써 완료되었다.32)

'좌묘우사 전조후시'라는 주례의 도성 건설원리에 따르면 시전
은 경복궁 뒤편에 건설되어야 하는 것이었다. 그러나 경복궁은 북
한산을 조산祖山으로 하고 북악산을 주산으로 하는 명당형국의 명
당혈에 자리 잡았으므로 경복궁 뒤쪽에는 북악산이 있어 시장을

---

32) 《太宗實錄》 태종 10년 2월 7일 甲辰, "定市廛 大市 長通坊以上 米穀雜物 東部則蓮花
洞口 南部則薰陶坊 西部惠政橋 北部安國坊 中部廣通橋 牛馬則長通坊下川邊 閭巷小市
各於所居門前"

개설할 만한 공지空地가 없었다. 이 때문에 시전은 한양 도성 안 동서대로의 좌우에 건설된 것이다. 조선왕조의 도읍인 한양은 주 례의 원리와 더불어 조선적인 풍수지리원리가 결합하여 건설된 도시였다. 궁궐·종묘·사직은 주례의 원리에 따라 건설되었지만, 시전은 주례의 원리에서 벗어나 조선적 도성건설원리에 기초하여 건설된 것이었다. 또한 고려 개경의 시전행랑을 계승하여 건설된 점도 한양 시전의 성격을 논할 때 중요한 요소로 거론되지 않으면 안 될 것이다.

한양의 도시구획과 외관에 큰 영향을 미친 이 공사에는 연인원 6천여 명의 역부役夫가 동원되었으며, 행랑건설을 위해 철거된 민 가가 기와 126칸, 초가 1,360칸이었고, 그 보상으로 지급된 저화楮 貨만도 1만 6,120장에 달하였다.[33] 2천여 칸에 달하는 행랑은 전 적으로 시전상인이 사용한 것만은 아니다. 행랑 가운데 창덕궁 돈 화문 밖의 행랑은 각사에 귀속시켜 조방朝房과 미곡을 저장하는 용도로도 사용되었다. 시전전용 행랑은 운종가-종묘 앞의 누문樓 門 구간과 종루-광통교 구간, 곧 오늘날의 종로 1가-종묘 앞 구간 과 종각-광교 구간만이었다. 태종대에 완성을 본 시전행랑은 그 이후 한양인구가 늘어나고 상업시설이 부족함으로 말미암아 성종 대에 이르러 확대되기에 이른다. 1472년(성종 3)에는 시전의 영업 구역을 종묘 앞의 일영대日影臺로부터 연지동 석교石橋까지 동쪽 방향으로 확대하였던 것이다.

시전은 하나의 물종에 대해 하나의 시전만을 인정하는 일물일 전一物一廛의 형태로 존재하였으며, 중국의 예에 따라 표標를 세워 시명市名과 판매물종을 표시하였다.[34] 오늘날 각종 기록을 통해

---

33) 박평식,《朝鮮前期 商業史硏究》, 지식산업사, 1999 참조.
34)《世宗實錄》세종 2년 윤정월 戊戌.

확인가능한 조선전기 시전은 지전紙廛, 철물전鐵物廛, 면주전綿紬廛, 어물전魚物廛, 우마전牛馬廛, 목화전木花廛, 면자전綿子廛, 모전毛廛, 입전立廛, 백목전白木廛, 의전衣廛, 화피전樺皮廛, 상하미전上下米廛, 문외미전門外米廛, 모자전帽子廛, 내염전內鹽廛, 용산염전龍山鹽廛, 대시목전大柴木廛, 유농전杻籠廛 등이다.[35]

　조선초기 시전은 조정이나 궁궐, 또는 지배층의 사치에 필요한 물품을 조달하는 것이 가장 중요한 기능이었다. 그밖에 정주 인구나 행정·군역 등의 일로 잠시 한양에 거주하는 유동인구도 많았기 때문에 이들의 일상생활에 필요한 물자를 조달하는 기능도 담당하였다.[36] 한양 시전은 이처럼 도성 안의 유통을 독점하는 것은 물론, 양계兩界 지방의 부방赴防군사에게 지급하는 녹봉이나 진휼·상평미를 매점하고, 나아가 정부 수요품의 독점적 조달, 국고 잉여물의 처분인 미곡·공물의 매매도 담당하였으며, 대외무역도 담당하는 등 국가의 상업기능을 총체적으로 대행하는 기능을 지닌 것이었다.

　한양에는 시전뿐만 아니라 다른 상업기구도 존재했는데, 대표적인 것이 여항소시였다. 여항소시는 채소나 각종 수공업제품 등 소상품생산자가 직접 생산한 물건들을 판매하는 영세한 규모의 유통기구였다. 여항소시에서 장사하는 상인들은 소소한 물건을 자기 집 문 앞에서 판매하는 좌고坐賈들로서, 상세商稅가 면제되었다. 이와 같은 여항소시는 소비도시로서의 한양의 특성에서 말미암은 것이다. 대부분의 한양주민들은 농업에 종사하지 않았으므로 필요한 물자를 녹봉이나 시장에서 구매해야 했다. 이들을 위해 채소류 등을 판매하는 소시小市가 필요했던 것이다.[37]

2) 시전제도의 확립

시전제도는 물적 기반인 시전행랑의 완성, 개성의 상인과 수공업자들의 강제 이주를 통한 시전상인의 충원으로 창출되었다. 이에 따라 조정에서는 시전을 감독하고 통제하는 기관으로서 고려의 제도를 계승한 경시서를 1392년(태조 1) 설치하였다. 경시서는 1466년(세조 12)에 평시서로 명칭을 바꾸었고, 《경국대전》에서는 호조에 속하는 종5품아문으로서 관원은 겸직인 제조提調 1인과 영令(종5품) 1인, 주부主簿(종6품) 1인, 직장直長(종7품) 1인, 봉사奉事(8품) 1인이 있고, 이속으로는 서원署員 5인, 고직庫直 1인, 사령使令 11인을 둔 기관으로 규정하였다. 평시서는 시전을 감독하고, 두곡장척斗斛丈尺 등 도량형의 표준을 지키며, 물가를 통제하는 등 시장의 질서를 감독하는 기관이었다. 1453년(단종 1)부터 한성부에서는 시전행랑의 간수間數와 상인들의 성명, 그리고 수공업자들의 등급도 모두 기록하여 관리하였다.[38] 시전 감독업무는 평시서에서 전담하였지만, 시장의 질서를 유지하는 것은 한성부, 형조, 사헌부 등 법사法司에게도 주어져 있었다. 조선전기 평시서의 업무는 도량형 통일, 물가 조절, 상업질서의 확립 등이 주된 것이었으나, 조선 후기 금난전권이 확립된 뒤에는 각 시전의 전안물종廛案物種을 결정하고 그것의 전매권을 보호해 주는 구실을 담당하였고, 통공정책通共政策의 실행도 담당하였다.[39]

조선초기 시전제도에 대해 자세히 알려주는 자료는 많지 않지

37) 서성호, 〈15세기 서울 도성의 상업〉, 《서울상업사》, 태학사, 2000.
38) 《端宗實錄》 단종 원년 8월 丙申. "議政府據戶曹呈啓 …… 漢城府不詳錄市廛間架之數 及行商坐賈姓名諸色匠人等第 而以楮貨總數移文 故無所 考據 …… 請自今市廛間架數 及匠人等第 商賈姓名 稅楮貨之數 明白載錄輪送 從之"
39) 변광석, 《조선후기 시전상인연구》, 혜안, 2001, 50~51쪽 참조.

만, 기본적으로 정부에서는 시전상인들에게 일정한 부담을 지움과 동시에 상품매매에서 독점권을 부여함으로써 시전을 운영하였던 것으로 보인다. 이러한 점은 1894년 갑오개혁으로 시전제도가 해체될 때까지 오래 지속된 시전제도의 가장 중요한 특성이었다. 시전상인들의 부담은 크게 상세, 책판責辦, 잡역雜役으로 구분된다. 원래 유교사상에서는 "關市譏而不征"이라 하여 시장에 대해서 기찰은 하되 세금을 걷지 않는 것을 원칙으로 삼고 있었다. 그러나 백성들 가운데서 게으르고 놀기 좋아하는 자들이 모두 공工과 상商에 종사하였으므로 농사를 짓는 백성이 날로 줄어들어 농업이 피폐하는 것을 염려하여 정도전은 《조선경국전》에서 공상세 창설을 주장하였다.[40] 이러한 정도전의 주장이 반영되어 시전상인들에게 세금을 부과한 것이다.

상세는 크게 상인 개개인에게 부과하는 인두세 형식의 좌고세坐賈稅와 공랑세公廊稅가 있었다. 좌고세는 그 내용이 확실치 않지만, 상인들이 공조나 한성부에 상인으로 등록할 때 바치는 등록세의 일종인 것으로 보인다. 좌고세는 계구수세計口收稅, 곧 인두세 형식으로 부과하였다. 공랑세는 1년 동안 행랑의 사용대가로 지불하는 임대료로서, 행랑 1칸당 봄과 가을로 나누어 부과되었다. 이와 같이 등록세와 임대료만이 부과된 과세체계로 미루어 볼 때, 영업이익이나 영업규모의 대소에 따른 조세체계, 곧 상업이윤에 대한 과세체계가 성립되지 않았음을 알 수 있다. 이는 당시 상업의 미성숙을 반영하는 것이면서 다른 한편으로는 상업부문에 대한 과세를 원칙적으로 부정하는 유교적 상업정책의 반영이기도 했다. 이

---

40) 《三峰集》권13, 《朝鮮經國典》上 賦典 工商稅. "先王制工商之稅 所以抑末作 而歸之本實 國家前此未有定制 民之遊惰者皆趨之 而南畝之民日益減 末作勝而本實耗 不可不慮也 臣故備擧工商課稅之法 著之於此 擧而行之 在朝廷焉"

처럼 상업이윤에 대해 과세가 이루어지지 않았다는 점은 시전상
인들에게는 일종의 특혜였을 것이다. 시전상인이 상당량의 상업이
윤을 축적해도, 이에 대한 정부의 과세는 없었기 때문이다.

좌고세와 공랑세의 세액은 시기와 기본 화폐단위의 변동에 따
라 조금씩 변동이 있었다. 1415년(태종 15)의 규정을 보면, 공상工
商은 이익의 많고 적음에 따라 매달 저화 1장에서 3장까지 차등
부과하였고, 좌고는 매달 1장을 부과하였으며, 공랑세는 행랑 1칸
당 봄·가을에 각각 저화 1장씩을 부과하였다. 이후 동전 유통 촉
진책에 따라 1425년(세종 7) 상업세가 모두 동전을 단위로 부과되
었다. 이때 '저화 1장=전문錢文 40문'의 비율로 징수하였는데, 공
랑세만 행랑 1칸당 1년에 240문을 부과함으로써 10년 전에 견주
어 3배를 늘렸다. 여기서 보듯이 조선초기 상세는 공工과 함께 묶
이어 부과되었지만, 《경국대전》단계에서는 공장工匠과 좌고가 분
리되어 과세되었다. 《경국대전》단계에서는 공장은 등급에 따라
저화 9장에서 3장씩을 거두었으며, 좌고세는 매달 저화 4장, 공랑
세는 행랑 한 칸당 봄과 가을에 각각 저화 20장씩을 거두었다. 저
화와 동전으로 징수하던 상세는 저화유통이 단절되고 16세기 면
포가 일반적인 화폐로 기능하게 되면서 다시 바뀌었다. 《반계수록
磻溪隨錄》에는 좌고세는 1년에 면포 1필, 공랑세는 행랑 1칸마다
봄과 가을에 각각 쌀 2말을 내었다고 기록하고 있다.[41]

시전상인들은 좌고세와 행랑세 외에 정부에서 필요한 물자를
조달하는 책판의무責辦義務와 각종 잡역부담 등의 시역市役도 부담
하였다. 책판은 정부에서 공물이나 진상으로 충당되지 못하는 임
시의 수요물을 시전이 조달하게 한 제도로서, 여기에는 외국 사신

---

41) 《磻溪隨錄》 권1, 田制 上.

에 대한 접대물품 조달, 외국 사신이 가지고 온 물품을 강제로 구입해야 하는 의무 등이 포함되어 있었다. 책판을 통해 시전에서 조달된 물품에 대해서는 정부가 값을 치르는 것이 당연했으나, 시가보다 훨씬 싸게 치르는 것이 상례였기 때문에 책판은 시전의 의무이자 부담이 되었던 것이다. 그러므로 정부에서는 책판의 명목으로 시전의 잔성殘盛을 고려하여 1사肆당 20~30필에서 40~50필을 부담시키고 있었다.

또한 상인들은 국장國葬과 관련하여 상여를 메는 역, 산릉 조성에 동원되거나 또는 대신大臣의 장례에 곡비녀哭婢女 등을 동원하는 각종 잡역의무도 담당하였다. 책판의무가 아닌 잡역은 일반 도성민에게 부과된 방역坊役의 일종으로 도성민이면 누구나 이러한 산릉역山陵役이나 또는 도로수치역道路修治役 등에 동원될 의무가 주어진 것이었고, 시전상인들에게는 방역 가운데서도 국장과 관련된 역을 담당시켰던 것으로 이해된다. 시전상인들은 이러한 부담을 대가로 국가에서 건설한 행랑을 사용하였을 뿐 아니라, 도성 안 물품판매의 독점권도 보장받았던 것이다.[42]

조선초기 시전상인들은 한편으로는 정부의 보호육성정책 아래서 성장하였지만, 다른 한편에서는 정부의 강력한 통제 아래 놓여 있었다. 시전을 관리하는 정부부서는 평시서 외에도 시전상인들의 관리와 상세 징수는 한성부에서 담당하였으며, 평시서에서는 시장에서의 불법 상행위를 단속하였다.

시장에서의 불법행위는 형조, 의금부, 한성부, 사헌부에서도 단속하였다. 원래 각종 불법행위에 대한 단속행위를 금난禁亂이라고 했다. 금난은 뇌물을 주고받는 행위, 신분에 맞지 않은 의복이나

---

42) 박평식, 앞의 책(주 33) 참조.

장식등을 사용하는 행위, 길거리에서 싸움질하는 행위, 과거시험 장에서의 불법행위, 사찰을 드나드는 행위 등을 금난리禁亂吏를 출동시켜 단속하는 것이었다. 평시서의 경우 일반적인 불법행위를 단속하는 금난권은 없었지만, 시전 감독이 주요 업무였기 때문에 시장에서의 불법상행위에 대해서만은 금난리를 파견하여 단속할 수 있었던 것이다.

시장에서의 불법 상행위 단속은 많은 문제를 야기하고 있었다. 1470년(성종 1) 법사法司의 금난리들이, 시장에서 불법행위를 저지르는 부상대고들은 뇌물을 받고 눈감아주고 땔나무나 채소 파는 영세한 상인들만을 단속하여 많은 원성을 사고 있었다.[43] 이처럼 금난리들의 부정행위가 만연하였기 때문에 그 이듬해인 1471년에는 사헌부를 제외한 평시서, 의금부, 형조, 한성부의 금난리 출동권을 폐지하였다.[44] 그러나 그 다음해인 1472년에는 시장에서의 불법행위가 기승을 부림에도 이를 제대로 단속하지 않고 있다는 이유로 평시서에서 금난리를 출동시켜 단속하는 권한을 복구하였다.[45]

이처럼 금난리의 단속이 많은 문제를 야기하기도 했지만, 다른 한편으로 불법 상행위에 대한 처벌이 가벼워 불법 상행위가 근절되지 않기도 했다. 1502년(연산군 8) 사헌부에서는 대명률大明律의 '시장에서 싼 것을 비싼 것으로 속여 팔거나, 비싼 것을 싼 것으로 속여 사는 상인들을 장杖 80에 처하도록 한 규정'[46]이 너무 가벼

---

43) 《成宗實錄》 성종 1년 3월 戊戌.

44) 《成宗實錄》 성종 2년 11월 癸卯.

45) 《成宗實錄》 성종 3년 1월 癸卯.

46) 《大明律直解》 권10, 戶律, 市廛, 把持行市. "共爲奸計 賣物以賤爲貴 買物以貴爲賤者 杖八十"

기 때문에 시장에서의 간위奸僞가 그치지 않는다고 판단하여, 이러한 행위를 한 사람에 대해서는 장 80에 전가사변全家徙邊의 처벌을 병과하도록 하였다.[47] 이와 같은 불법 상거래에 대해 처벌이 강화된 것은 시장에서의 불법 상행위가 만연하고 있음을 반영하는 것이다.

조선왕조실록에 나타난 평시서에서의 금난 단속사례를 보면 당시 평시서의 단속대상이 명확하게 드러난다. 1473년(성종 4)에는 선상選上한 지방 군사가 서울에서 포화布貨를 매매할 때, '1필匹=35척尺'의 기준을 제대로 지키지 않았다고 단속하였으며,[48] 1500년(연산군 6)에는 평시서의 금난리들이 면주전보다 면포를 많이 소지했다는 이유로 단속하고 단속된 사람은 속전으로 면포 2~3필을 낸 뒤에야 석방되고 있다. 당시 평시서에서는 단속건수가 많은 금난리에게 상을 주었기 때문에, 면주전보다 면포를 많이 가진 것은 원래 단속대상이 아님에도 불구하고 무리하게 단속한 것이었다.[49] 또한 1509년(중종 4)에는 평시서에서는 시장에서의 악미惡米유통을 단속하고 있다.[50]

이상의 사례에서 보듯이 16세기 전반까지 평시서에서 금난리를 파견하여 단속하는 것은 시장에서의 일반적인 불법 상행위였다. 면주전보다 면포를 많이 가졌다고 단속한 것은 월권에 지나지 않았다. 평시서의 단속대상은《경국대전》이전吏典의 평시서조平市署條에 '평시서가 시전을 단속하고, 도량형기인 두곡斗斛·장척丈尺을 공평히 하고 물가의 등락을 조절하는 일을 맡는다'라는 규정에 근

---

47)《燕山君日記》연산군 8년 6월 丙午.

48)《成宗實錄》성종 4년 7월 乙巳.

49)《燕山君日記》연산군 6년 3월 乙卯.

50)《中宗實錄》중종 4년 10월 戊申.

거한 것이었다.

《경국대전》 형전刑典 금제조禁制條에는 난전에 대한 규정이 없었다. 아직까지 조선후기와 같은 난전상인을 단속하는 법적 규정이 없었던 것이다. 그러므로 조선전기의 금난은 조선후기의 금난전권처럼 비시전계 상인들의 자유로운 매매행위에 대한 통제가 아니라 시전상인을 비롯한 모든 상인들의 불법 상행위를 단속하는 것이었다. 난전이 독립적인 금제禁制로 확립되지 않은 것은 아직까지 비시전계 상인인 자유상인의 성장이 시전상인을 위협할 정도로 성장하지 않았기 때문이다.[51]

이러한 상인과 시장에 대한 통제정책은 1445년(세종 27)에는 제정된 시준법市准法에서도 잘 나타나고 있다. 시준법은 포화布貨, 가죽, 철, 의복, 땔감 등과 같이 가격의 등락폭이 크지 않은 물품의 가격을 1년이나 3개월 단위로 부상대고와 협의하여 결정하는 것으로, 수입품인 동납銅鑞·단목丹木·백번白磻·약재 등은 경시서가 수시로 가격을 정하며, 가격이 매일 변하는 채소, 어육 등 세세한 식물食物은 경시서에서 정하도록 한 것이었다. 다시 말해 시중상품의 가격을 국가에서 지정하여 거래토록 강제하는 제도인 것이다.

시전 행랑의 건설과 함께 초기 한양의 시전상업을 담당한 자들은 개성의 시전에서 영업을 담당하던 상인들을 강제로 이주시킨 자들이었다. 이들 가운데는 상인들뿐만 아니라 개성에서 수공업 제품을 생산하던 수공업자들도 있었다. 이들 수공업자들은 당시 상품생산과 판매가 분리되지 않은 미숙한 상품화폐경제를 반영하여, 제조업자이면서 동시에 상인을 겸하고 있던 자들이었다. 수공업자들이 운영한 시전은 대체로 순수상인들이 운영한 시전에 견

---

51) 박평식, 앞의 책(주 33) 참조.

주어 규모나 자본력에서 훨씬 영세하였다.[52]

중국 고대와 고려시대의 상인이 일반 농민에 견주어 차별받았던 것처럼 조선시대의 상인들도 일반 농민보다 낮은 신분을 형성하였다. 상인은 수공업자인 공장과 같은 사회적 신분에 속했던 자들이었다. 이들은 태종 때부터 과거에 응시할 수 없도록 규정되었고, 중종대 이후 이 규정은 확고히 되었다. 과거응시자격이 없었기 때문에 관직에도 원칙으로 임명될 수 없었다. 특별한 공을 세워 관료에 임명되더라도, 공상관료는 천예와 같이 잡직계를 맡는 차대를 받았다. 공상工商은 사농士農에 견주어 천한 처지였다. 이는 능력의 유무가 아니라 혈통적인 것이었으며, 이러한 차별은 본인에 한하지 않고 후손에게도 미치고 있었다. 앞서 본《사기》평준서의 경우처럼 상인에 대한 차별이 대를 잇고 있었던 것이다.[53] 한편 조선초기에는 양반가의 서출이 상인으로 전향하여 부를 축적하는 경우도 있었다. 대표적인 경우가 허안석許安石의 비첩婢妾 소생으로 막대한 부를 축적한 허계지許繼智와 심온沈溫의 서출 손자인 심환沈環의 사례이다.[54]

3. 16세기 시전상업의 성장

15세기 후반을 계기로 시전은 제도적으로 완성되었다. 이러한 한양의 시전상업은 16세기 이후 지주제의 강화와 상품화폐경제의

---

52) 최병무, 〈이조시기의 시전〉, 《역사학논집》2, 1958.

53) 최이돈, 〈조선초기 工商의 신분〉, 《한국문화》38집, 서울대 규장각한국학연구원, 2006.

54) 강제훈, 〈조선초기의 부상 許繼智의 신분과 권력배경〉, 《한국사연구》119집, 국사편찬위원회, 2002.

성장, 대외무역의 활성화, 전국적 장시의 확산 등의 사회경제적 요인 등으로 15세기에 견주어 크게 성장하였다.

16세기는 직전법의 폐지로 수조권적 토지지배가 해체된 시기였다. 그 결과 지주층의 소유권적 토지지배가 강화되어 지주전호제가 지배적인 생산관계로 정착함으로써 지주들의 토지경영을 통한 부 축적이 증가하기 시작하였다. 그뿐만 아니라 16세기는 15세기 후반에 출현하기 시작한 장시가 전국적으로 확산되었으며, 15세기 국폐國幣였던 저화와 정포正布를 대체하여 면포가 물품화폐로서 기능하기 시작하였다. 면포의 화폐기능은 소규모 상거래를 매개하기 위해 의도적으로 면포의 길이를 짧게 직조한 단포短布나 품질이 나쁜 추포麤布를 대량 직조하여 유통함으로써 모든 상거래의 일반적 교환수단으로 면포가 그 기능을 담당하게 하였다. 이와 같이 면포의 화폐기능이 강화됨으로써 한양의 화폐경제는 전 시기에 비해 크게 성장할 수 있었던 것이다. 이에 따라 차츰 군역의 납포화納布化가 진전되었고, 이는 노동력 직접징발의 군역제를 금납제에 기초한 부세제도로 전환시켜 초기에나마 노동력의 상품화를 실현시킨 조치이기도 했다. 또한 16세기 말·17세기 초에 이르면 군수공업을 제외한 수공업장인들의 등록제가 폐지됨으로써 관청수공업체제가 민영수공업체제로 재편되어 간 시기이기도 했다. 이러한 점은 수공업생산에서의 부역제가 청산되고 상품생산이 증가했음을 의미하는 것이다.[55]

이와 같이 전국적으로 나타난 상품화폐경제의 발달에 따라 시전상업도 성장하기 시작하였다. 가장 두드러진 변화는 한양의 인구증가 현상이었다. 한양의 인구증가 현상은 15세기 후반을 계기

---

55) 강만길, 〈16세기사의 변화〉, 《분단시대의 역사인식》, 창작과 비평사, 1978.

로 나타나고 있었다. 1476년(성종 7) 서거정徐居正은 "한양을 건설한 지 백여 년 만에 인구가 날로 번성하여 도성 안에 모두 수용할수 없어서 가옥들이 고지高地에도 들어차게 되었다."라고 말하고있다.56) 심지어 성현成俔은 "성중에 인구가 점차 늘어나 과거에 비해 10배나 되어 도성 밖에까지 민가가 즐비하다."라고 말하고 있는 것이다.57) 인구의 급격한 증가로 인해 한양의 토지가격이 급등하고, 도성 주변의 산저山底나 하천변, 길가 등에도 가옥이 집중되었다. 이 시기 늘어난 인구들은 특별한 생계가 없었기 때문에 대부분 상공업에 종사하였다. 이로 인해 시전상업도 그전에 비해 훨씬 성장하였다.

　한양의 인구증가와 더불어 농업생산력의 발전을 바탕으로 전국적으로 형성되기 시작한 농촌장시와 이를 연결하는 유통망의 형성도 16세기 시전 상업을 성장시킨 중요한 요인이었다. 15세기 후반인 성종초를 전후로 하여 서해의 남북해로가 안전성을 확보하게 되면서 서울이 전국적 유통의 중심기능이 강화되었다.58) 또한 16세기 이후 나타난 방납防納과 경중무납京中貿納의 성행, 사치풍조의 확산과 이에 따른 대외 사무역私貿易의 발전도 도성집중적 유통망의 수립에 기여하였다.

　도성집중적 유통망은 16세기 중국, 일본, 여진과의 무역이 성장함에 따라 차츰 확대·발전하였다. 당시 한양은 일본-동래-한양-평양-의주-북경을 연결하는 동아시아 국제교역의 중심이었으며 중국의 비단과 원사, 조선의 면포와 은, 일본의 은·구리 등이 주요 교역품이었다. 한양의 부상대고들은 삼포三浦, 한양, 의주, 북경으

---

56) 《成宗實錄》 성종 7년 5월 乙巳.
57) 《慵齋叢話》, 《大東野乘》 권1.
58) 최완기, 《朝鮮時代 船運業史硏究》, 일조각, 1989.

로 이어지는 국제교역망에서 중국과 일본의 상품을 중개하는 이익을 독점하였다. 그러나 이러한 국제교역의 이익은 상업이윤에 대한 과세가 이루어지지 않았으므로 국가재정에 흡수되지 않고 부상대고의 수중에 장악되어 사적인 치부수단에 쓰이고 말았다.

한편 도성집중적 유통망의 성립과 대외무역의 발달에 따라 상업적 부가 한양에 집적될 수 있었기 때문에 한양을 중심으로 사치풍조가 만연하게 되었다. 사치풍조도 처음에는 왕자, 부마가駙馬家, 권세가 중심에서 한양의 사대부가에서 서리, 부상대고와 서민층까지 확대되었다. 이들의 사치는 가옥을 규정 이상으로 화려하게 짓는 것에서부터 혼수, 복식 등에 이르기까지 만연하였다. 이러한 사치품의 대종을 이루는 것은 백사白絲, 백저포白苧布, 사라능단紗羅綾緞의 고급직물류와 보석류였다. 이들은 모두 중국에서 사무역을 통해 수입한 물품이었다. 물론 공무역을 통해 약재, 궁각弓角, 서책, 장복章服 등이 수입되지 않은 것은 아니지만, 이들보다는 사무역을 통해 조달한 물품이 사치품목의 대다수를 차지하였다.

이와 같은 경제적 변동 과정에서 시전상업은 성장하였다. 당시 시전상인의 수는 수천 명 정도로 추정되는데, 이들 시전상인들은 스스로 동일물종을 취급하는 상인들끼리 동업조합을 조직하고 그 대표자로서 좌주座主 또는 두두인頭頭人, 실무책임자로서 유사有司 등을 두어 자신들의 상권을 유지·보호하고자 했다. 이처럼 동업조합조직을 갖춘 시전상인들의 활동은 도성 내부의 상거래를 독점하는 것은 물론, 권세가들과 결탁하여 공물방납에 참여하거나 또는 권세가들이 특권에 기초하여 개발했던 해택海澤·어전漁箭에 투자하는 등 매우 다양하였다. 이 가운데서도 가장 중요한 부문은 시전상인들이 대외 사무역에 참여했다는 것이다. 시전상인들은 중국에 가는 사신들과 결탁하여 국내에 필요한 사치품 등을 사무역

3. 16세기 시전상업의 성장 45

을 통해 조달함으로써 막대한 이익을 얻고 있었다.[59]

16세기 한양의 상업이 확대·성장하는 가운데 한양에는 시전상인 외에 사상이라고 부를 수 있는 경중부상대고층京中富商大賈層도 새로이 등장하였다. 이들의 상업활동은 대외 밀무역과 사무역 등 민간의 교환영역뿐만 아니라 정부의 재정운영과 관련하여 관 주도 아래 이루어지던 회환제回還制나 진휼책의 일환인 납속참여와 공물방납 활동에서도 두드러졌다. 더욱이 사무역과 국가적 상품유통 과정에서 남기는 상업이윤은 이들의 주된 상업이익의 획득경로였다. 이들의 자본규모는 시전상인의 자본규모에 못지않은 것이었고, 어떤 분야에서는 시전상인들의 자본규모를 훨씬 능가하고 있었다.

한양의 부상대고 세력이 성장함에 따라 부상대고층에 의한 새로운 유통질서도 서서히 형성되고 있었다. 예컨대 부상대고층은 정부에서 방출하는 상평창곡을 매집하고 이를 시중에 유통시킴으로써 도성의 곡물유통을 장악했을 뿐만 아니라 이러한 한양의 곡물 유통망의 장악을 바탕으로 한양 외에 지방의 곡물유통마저 장악할 수 있었다. 이밖에 부상대고층들은 목재의 유통과 공물·진상물의 유통도 장악하였고, 대외 밀무역도 전개하였다. 이들 부상대고는 권세가의 얼속孽屬이나 노비, 또는 대외무역을 통해 부를 축적한 역관 세력이 대부분으로서, 신분적으로 볼 때 중인에서 노비에 이르기까지 다양했다. 이와 같은 신분적 다양성에도 불구하고 그들의 영업은 모두 지배층과 밀접한 관련을 맺고 영위되었다는 점에서 공통점을 지닌 것이었다.[60] 이와 같이 16세기 한양상업은

---

59) 박평식, 앞의 책(주 33), 120~123쪽 참조.

60) 백승철, 〈16세기 부상대고의 성장과 상업활동〉, 《역사와현실》13, 한국역사연구회, 1994.

조선초기 건설된 시전행랑이 중심적 상업기관으로 기능하는 가운데, 부상대고들이 국제교역의 활성화와 공물방납을 주도하면서 시전상인과는 다른 독자적인 유통기구를 창출하였기 때문에 한양의 상권도 확대·성장하고 있었다.

16세기 한양의 유통상황을 보면, 한양인구의 급증으로 물가가 상승하였을 뿐만 아니라 이웃한 경기도의 농민들이 시탄柴炭이나 판자, 생곡, 생어물, 닭, 꿩, 채소, 과일 등 잡물을 한양에서 판매하고 있었다. 또한 도성에서 유통되는 미곡은 주로 사대부의 외방농장곡이 대부분으로서, 충청·전라도에서 사선私船으로 운송된 미곡이 대부분이었다. 곡물 외에도 한양에는 다양한 상품이 집결되고 있었다. 더욱이 도시빈민의 생필품이나 양반층의 사치를 위해서도 각 군현에 분정된 불산공물不産貢物의 방납물이 주로 유통되었는데, 이는 한양의 위치가 국가재정운영에 따른 부세수취물의 집결지인 동시에 민간 부문의 상품이 집결되는, 말 그대로 전국 상품유통의 중심지였기 때문이었다. 그러므로 16세기 이후 지방장시를 중심으로 한 농민적 교역기구가 성장하긴 했지만, 한양의 상품유통의 지배적인 부분은 국가적 상품유통과 지주적 상품유통 부문이었던 셈이다.[61]

이처럼 16세기 서울상업은 조선초기 건설된 시전행랑이 중심적 상업기관으로 기능하는 가운데, 부상대고들이 국제교역의 활성화와 공물방납을 주도하면서 시전상인과는 다른 독자적인 유통기구를 창출하였기 때문에 서울의 상권도 확대·성장하고 있었다.[62]

16세기 서울의 상업은 국제교역의 발달을 배경으로 양적으로는

---

61) 백승철, 〈16세기 지주잉여물의 상품화와 유통경제의 변화〉, 《동방학지》86, 연세대 국학연구원, 1994.
62) 박평식, 앞의 책(주 33) 참조.

크게 성장했지만, 15세기에 견주어 시장구조면에서의 근본적인 변화는 없었다. 더욱이 16세기 후반 이후 전지구적으로 나타나기 시작한 소빙기小氷期 기후로 인해 동아시아 국제교역은 커다란 난관에 봉착하였을 뿐만 아니라, 이로 말미암아 16세기 말에서 17세기 전반까지 임진왜란과 병자호란이라는 두 차례의 전쟁과 명·청 교체, 도쿠가와 막부의 성립 등 동아시아의 정치·사회적 변동이 야기되었다.[63] 이와 같은 변화는 17세기 시전상업체제의 근본적인 변동을 가져오는 요인이 되었다.

63) 이태진, 〈小氷期(1500~1750)의 天體現象的 원인 -《조선왕조실록》의 관련기록 분석〉, 《국사관논총》72, 국사편찬위원회, 1996.; 이태진, 〈小氷期(1500~1750) 天變災異 연구와《조선왕조실록》-global history의 한 章〉, 《역사학보》149, 역사학회, 1996.; 이태진, 〈16세기 국제교역의 발달과 서울상업의 성쇠〉, 《서울상업사》, 태학사, 2000.

제2장 17세기 시전상업체제의 동요와 재편

1. 머리말

17세기는 16세기 이래 동아시아 국제교역질서 속에서 성장을 구가하던 조선사회의 상품화폐경제가 두 차례의 전란을 계기로 크게 동요되고 그 피해를 극복하는 과정에서 새로운 모습으로 재편되는 시기이다. 그동안 17세기 상업에 대해서는 일관된 시각을 가지고 정리될 기회가 거의 없었다. 이 시기가 두 차례의 전란과 대동법의 실시, 금속화폐의 유통, 중개무역의 성행 등 사회·경제적으로 지대한 영향을 미친 요소들이 많았기 때문이다. 더욱이 전란으로 인한 자료의 망실亡失로 구체적인 상업활동에 대한 연구가 극히 부진하였고, 연구가 이루어진 부분도 대부분 상업이 크게 번성한 18세기사의 전사前史로서 불충분하게 다루어졌을 뿐이다.

또한 이제까지의 연구들에서는 두 차례의 전란으로 인한 피해상만을 일면적으로 부각시킨 채 전란이 상품화폐경제발달에 미친 긍정적 역할, 특히 주민집단의 사회적 이동의 활성화, 생산기반의 붕괴에 따른 원격지 교역의 성장, 임진왜란기 명나라 군대에 의해 조장된 은화유통과 도성상업체제의 변화상에 대해서는 그다지 주목하지 못했을 뿐만 아니라, 17세기 후반 서울의 인구증가와 도시공간의 확대에 기반하여 시장이 확대되고 이에 따라 비시전계 상인인 사상세력이 등장하여 시전상인과 경쟁하면서 시전체제가 재편되는 과정에 대해서도 충분한 관심을 두지 않았다.

17세기는 조선전기적 도성중심의 상업체제가 동요·붕괴되고, 새로운 모습으로 재편된 시기이다. 도성집중적 교역망은 국가적 상품유통경제에 기초한 것이었다. 그러나 임진왜란 이후에는 민간 유통이 지배적 자리를 차지하면서 차츰 농민적 상품화폐경제와 관련되어 서울 상업체제의 성격이 변모하였다.

　17세기 서울 상업체제의 핵심은 시전상업이었다. 지금까지의 대부분의 연구에서 금난전권과 육의전체제를 중심으로 한 조선후기의 시전체제가 17세기 전반에 성립되었다는 통설이 지배해 왔다. 이 장에서는 이러한 통설적 이해의 근거가 단지 정황자료에 근거한 추론에 지나지 않으며, 18세기 서울상업의 기초를 형성했던 시전체제는 17세기 말·18세기 초 시전체제의 변동과정에서 확립되었음을 실증적 자료에 기초하여 해명하고자 한다.[1] 이러한 작업은 임진왜란 이전과 이후를 상업사 시기구분의 기준으로 암묵적으로 전제되어 왔던 시각에 대한 반성도 포함하고 있다.[2] 조선후기의 시전상업체제가 어떠한 과정을 거쳐 확립되었는지를 해명함으로써 우리는 18세기 이후 서울상업에서 나타난 사상세력의 성장, 시전의 증설, 통공정책의 추진, 신해통공의 역사적 의의 등에

---

1) 17세기 상업사 연구를 진행한 대부분의 연구에서는 이와 같이 17세기 전반을 시전상업 체제 변동의 획기로 설정하고 있다. 이러한 관점의 연구로는 다음의 연구가 참고된다. 강만길, 《조선후기 상업자본의 발달》, 고려대 출판부, 1973.; 유원동, 《한국근대상업 사연구》, 일지사, 1977.; 홍희유, 《조선상업사-고대·중세편》, 백과사전출판부, 1989.; 변광석, 《조선후기 시전상인연구》, 혜안, 2000.

2) 조선시대 시기구분은 임진왜란을 획기로 조선전기와 후기로 설정되어 온 것이 이제까지의 통설이었다. 그러나 최근에는 임진왜란 전후의 사회구조가 단절보다는 연속성이 많다는 점을 근거로 전기, 중기, 후기의 시기구분이 새로 시도되고 있다. 이러한 조선 시대 시기구분 논의에 대해서는 이태진, 〈개요〉, 《한국사 30-조선중기의 정치와 경제》, 국사편찬위원회, 1998 참조. 이 장에서 시기구분에 대해 전론할 여유는 없지만, 시전상업체제의 변동과정을 통해서 볼 때, 17세기는 조선후기적 질서가 형성되는 과도기였다고 평가된다. 17세기 전반은 조선전기적인 모습이 강하게 잔존한 시기임에 반해, 17세기 후반에는 조선후기적 질서가 확립되는 시기였다. 임진왜란을 계기로 새로운 질서가 정착되는 것이 아니라 적어도 반세기 이후에 가서야 비로소 새로운 질서가 태동하는 것이다.

대해서도 명확하게 이해할 수 있을 것이다.

2. 17세기 전반 시전상업의 붕괴와 정비

1) 임진왜란기 시전상업의 붕괴

16세기 최말기에 발생한 임진왜란은 16세기 순조로운 발전을 구가하던 서울의 상업체제를 완전히 붕괴시켰다. 왜군에게 서울이 점령된 시기는 1592년(선조 25) 5월 3일에서 1593년 4월 18일까지로 1년이 채 안 된 기간이었고, 선조가 도성을 비운 시기는 1592년 4월 30일에서 1593년 10월 4일까지 1년 5개월 남짓에 지나지 않았다. 그러나 이처럼 짧은 기간이었지만, 16세기 국제교역의 활성화를 배경으로 발달해 왔던 서울의 상업을 한순간에 파괴하기에는 충분한 것이었다. 다음의 자료들은 임진왜란기 서울상업의 파괴상을 잘 알려주고 있다.

> (임진왜란 당시) 공공건물이나 사사여사私私閭舍가 다 없어져 …… 종묘와 삼궐三闕, 종루와 각사各司 관학館學 등 큰길 이북에 있는 것은 싹 쓸다시피 불타버린 잿더미만 남아 있을 뿐이었다.[3]

> 종로 이북의 인가가 전부 분소焚燒되었고 혹간 타다 남은 행랑·사랑斜廊이 홀로 오뚝하게 남아 있어 참혹함을 보여 주었다. 단 협중심곡峽中深谷에는 간혹 화를 면한 곳이 있었다.[4]

---

3) 《大東野乘》 권37, 〈再造藩邦志〉 3.
4) 오희문, 《鎖尾錄》 권2, 〈癸巳日錄〉 癸巳 5월 8일.

　　도성이 잔파하여 시장의 가게가 모두 비었고, 전날 가게를
　　경영하던 상인들이 죽거나 흩어져 남은 자가 백에 한두 명뿐
　　입니다.[5]

　이상의 자료는 각각 첫째는 왜군 점령 아래의 서울상황, 둘째는
왜군철수 뒤 선조가 환도하기 전의 서울상황, 셋째는 선조가 환도
한 뒤의 서울상황을 보여 주는 자료이다. 여기에서 우리는 조선전
기 운종가-누문(종묘 입구) 구간과 종루(종각)-광통교 구간에
1,360칸이 훨씬 넘는 규모로 건설되었던 시전행랑이 대부분 파괴
되었고, 상인들도 대부분 죽거나 피난을 가서 거의 남아 있지 않
았다는 사실을 확인할 수 있다.

　임진왜란기 서울상업의 붕괴는 다만 상업시설의 파괴와 상인들
의 환산澳散만을 의미하는 것은 아니었다. 서울로 반입되는 상품의
창구 구실을 하던 한강의 주민들도 모두 흩어져 지방 상선이 물품
을 싣고 와도 하역하여 도성으로 운반할 길이 막혀 버렸다. 또한
전국의 조세를 수취하여 도성 안의 관료, 종친 등에게 나누어 주
는 시스템도 와해되어 임진왜란 이전 순조롭게 발전하고 있던 도
성집중적 교역망이 완전히 붕괴되었다.[6]

　그러나 이와 같은 전면적인 붕괴에도 불구하고 왜군이 점령한
동안 서울에서의 상업활동은 유지되고 있었다.

　　이때(왜군의 도성 점령 때-인용자) 성 안의 백성들이 모두 달
　　아났다가 얼마 되지 않아 차차 들어와서 동리洞里와 시장市場
　　이 전일과 같고 적과 섞여서 물건을 서로 매매하였다.[7]

---

5)《宣祖實錄》선조 26년 11월 癸丑.
6) 백승철,《조선후기 상업사연구》, 혜안, 2000.

선조가 도성을 빠져나가자 도성사족都城士族들은 모두 왜군
을 피해 먼 곳으로 피난을 하였고, 일반 양인이나 천인들 또
한 흩어져 근기지역近畿地域으로 나아가 도성은 텅 비어 있었
는데, 왜인들이 방榜을 붙이고 입성入城을 권하자 차츰 도성으
로 돌아와서 방시坊市에 가득하여 예전이나 다름이 없었다.8)

이 자료들에서 보듯이 왜군 점령기간에도 많은 사람들이 도성
안으로 몰려들었고, 방시에 사람들이 가득하여 예전과 다름없을
정도로 상업활동이 이루어진 것이다. 그러나 이때의 상업활동은
주로 유무상천有無相遷에 기초한 물물교환수준의 유통경제였다. 선
조가 환도한 직후 서울의 거래상황을 알려 주는 기록에는 "거래되
는 것은 술이나 떡, 어물이나 채소 등" 일상필수품의 교환에 지나
지 않았다고 얘기하고 있다.9) 환도한 지 2년이 지난 1595년(선조
28) 12월 무렵의 거래상황은 이 단계보다는 조금 나아져 미곡과
포목이 주로 거래되고 있었다.10)

이러한 교환경제는 중세국가의 수도로서 조세를 비롯한 다양
한 공물이 집중되는 국가적 상품유통경제의 기반이 완전히 붕괴
되었음을 의미한다. 다시 말해 전란 이전 16세기 서울의 상업체
제가 시전과 더불어 국가적 상품유통경제에 바탕을 둔 도성집중
적 교역망에 기초한 것이라고 한다면, 전란기의 유통경제는 단순
히 주민들의 생활상의 필요에 따라 유지되는 사적인 유통경제의

---

7) 《燃藜室記述》 권15, 宣祖朝 故事本末, 壬辰倭亂 大駕西狩.

8) 《宣祖實錄》 선조 25년 5월 庚申.

9) 《宣祖實錄》 선조 26년 11월 癸丑. "都城殘破 市肆皆空 前日坐市之商 死亡流移 百無一
二 雖曰出市 都聚於鐘樓一處 所賣者 只酒餠魚菜 艱難連命"

10) 《宣祖實錄》 선조 28년 12월 乙巳. "我國兵火之後 公私財力已竭 都下遺民 雖以些少米
布 自相賣買 生理之艱 有不忍言者 況外方乎"

성격을 지닌 것으로 서울 안에 국한된 유통경제였던 것이다.

2) 은 유통의 활성화와 장시場市의 증가

(1) 명군의 출정과 은 유통의 활성화

전쟁은 생산기반을 파괴하였다는 점에서 종전의 국가적 유통경제의 기반을 철저하게 붕괴시킨 것이긴 했지만, 다른 한편으로 인구의 사회적 이동을 활성화함과 더불어 부족한 물자를 최대한으로 활용하지 않으면 안 되는 사회적 조건으로 말미암아 민간차원의 유통경제가 활성화하는 계기이기도 했다. 중세적인 지역적 폐쇄성에 기초하여 이루어지던 유통경제의 틀이 전쟁으로 말미암아 급속하게 붕괴되고, 인구이동에 따라 물자의 이동도 더 원활하게 이루어질 수 있었던 것이다.

전쟁으로 말미암은 상품유통의 활성화는 이러한 국내적 요인 외에 명나라군의 참전이라는 국외적 요인에 따라서도 촉진되고 있었다. 특히 명군이 진주하면서 이들에게 필요한 각종 군량과 군수물자의 조달을 위해 은銀이 유통수단으로 사용되기 시작하였다. 명군의 참전 초기 은은 평안도 지역을 중심으로 통용되고 있었지만,[11] 1598년(선조 31) 무렵에는 술과 고기, 두부, 염장鹽醬이나 땔감, 마초馬草에 이르는 소소한 물건들의 값을 치르는 데 모두 은자銀子를 사용할 정도로 은화는 일반적 교환수단으로 사용되고 있었다.[12] 이와 더불어 은화는 면포나 미곡에 견주어 고가였으므로 은

---

11) 《宣祖實錄》 선조 30년 10월 庚午. "銀子則我國之人 不慣使喚 且天朝折價太高 人情不肯 平壤以西 則其有義州江上賣買之事 平安道則亦可行矣"

12) 《宣祖實錄》 선조 31년 4월 壬戌. "近日酒肉豆泡鹽藏柴草 小小之價 皆用銀子 中外居民 賴此資生 初則試用於唐兵賣買之間 行之旣久 習俗已成 賣酒賣柴之人 如遇買之者 必先問銀子有無 此無他知其利之所在而然也"

화의 보유량이 부자를 판별하는 기준이 되었을 뿐만 아니라 뇌물에도 은화가 이용되고 있었다.13) 이 시기 은화는 가치축장 수단으로도 매우 요긴하게 이용되었다.

이처럼 은화유통이 보편화된 것은 명나라 군대의 군량확보를 위해 군대와 함께 진출한 명나라 상인의 활약 때문이었다. 명 상인들은 서울은 물론 의주에서 부산까지 조선팔도를 돌아다니면서 온갖 물건들을 판매하였다. 명군의 군량, 군수물자는 주로 산서山西상인을 통해 조달되었는데, 이들은 미곡·면포·소금·농기구 등의 일용품과 화약원료인 유황 등을 공급하였고, 조선인을 대상으로 청포와 비단을 판매하면서 막대한 이익을 챙겼다. 또한 이들은 군량을 싣고 왔다가 돌아가는 길에 사사로이 국내에서 생산되는 무쇠를 구입하여 선박으로 반출하기도 했다. 중국의 강남 지역에서 무쇠가 귀하였기 때문에 비싼 값을 받을 수 있었기 때문이다. 그러므로 명군에 의해 들어온 은화의 대부분은 다시 명나라 상인들의 차지가 되어 조선에서 유출되었다. 당시 명나라에서 유입된 은화는 900만 냥 정도로 추산되는데, 이를 계기로 조선의 경제가 명의 은 경제권에 편입됨으로써 상품화폐경제가 크게 발달할 수 있는 토대가 형성되었다.14)

명군 참전으로 중국과의 교역도 활성화됨으로써 은화유통이 일반화되었지만, 이것은 전쟁이라는 상황에서 발생한 이른바 '전쟁특수戰爭特需' 경제의 한 단면이었다. 그러나 전쟁이 끝난 뒤에 은

13) 《大東野乘》 권25, 〈象村雜錄〉. "至壬辰倭驚 中國以銀頒賜我國 軍糧軍賞亦皆用銀 以此銀貨大行 …… 市井賣買之徒 不蓄他貨 惟用銀爲高下 至于今日 度支經費 上國奏請 詔使接待 又爲浩穰 而銀價翔貴 閭閻廢擧子母者 仍以牟大利 朝廷上黑墨吏吏賄 舍此無由 官爵除拜 刑獄有免 但此以是爲紹介"
14) 한명기, 《임진왜란과 한중관계》, 역사비평사, 1999.

화유통 사정은 달라졌다. 명군의 철수로 은화공급이 중단되자 1608년(광해군 즉위해)에는 은값이 매우 높아져 한 냥에 면포 10필을 호가하고 있었다.15) 은화공급을 늘리고자 정부에서는 은화통용 금지령을 완화하고 은광을 개발하기도 했지만,16) 은화공급은 크게 늘지 않았다. 더구나 은화는 거래 때마다 질과 양을 계산해야 하는 덩어리 형태의 칭량화폐로만 쓰였으므로, 일반적인 가치 척도나 유통수단으로서의 기능은 매우 제한된 것이었다.

은화는 청나라와 무역에서는 일반적 지불수단과 구매수단으로서 매우 큰 기능을 담당하였으나, 국내 유통분야에서는 부유한 상인이나 관청의 고리대 자본으로 이용되었을 뿐 상업자본으로 이용되는 비율은 매우 적었다. 명군 철수 이후 은화는 국내에서는 대부분 축재수단으로 퇴장됨으로써 일반적인 유통수단으로서의 기능을 제대로 수행하지 못하였던 것이다.17)

전국적인 규모에서는 은화가 대부분 퇴장되고 다시 16세기적 추포麤布경제체제로 회귀하는 현상이 나타났지만, 서울의 사정은 조금 달랐다. 전국의 재화가 몰려 있는 서울에서는 제한적이긴 하지만 은화가 일반적인 유통수단으로 기능하고 있었다. 이러한 사정은 17세기 전반기에 여러 차례 시도된 동전유통시도에서도 확인할 수 있다.

(2) 장시의 증가와 유통경제의 확대

장시는 농업생산력의 발전에 따라 발생한 잉여생산물을 처분하기 위한 유통기구로 발생·발전한 것이었다.18) 15세기 후반 전라도

---

15)《光海君日記》광해군 즉위년 6월 癸酉.

16) 유승주,《朝鮮時代鑛業史硏究》, 고려대 출판부, 1993, 211쪽.

17) 홍희유,《조선중세수공업사연구》, 지양사 복간본, 1989, 252쪽.

에서 처음 발생한 장시는 16세기에 들어서면서 경상·충청도에까
지 확산되었으나, 경기도 지역에는 개성을 제외하고는 여전히 장
시개설이 승인되지 않았다. 경기 지역은 서울의 상품유통을 원활
하게 하기 위해 장시설립이 금지되었기 때문이다.[19]

　그러나 임진왜란을 계기로 경기 지역에도 장시가 크게 늘어났
다.[20] 이러한 현상은 경기 지역에 국한된 것이 아니라 전국적인
현상이었다. 1607년(선조 40) 사헌부에서는 "열읍列邑에 장시가 서
는 것이 적어도 3~4곳 이상 이어서 오늘은 이곳에 서고 내일은
이웃 고을에 서며, 또 그 다음날에는 다른 고을에 서서 한 달 30
일 동안 장이 서지 않는 날이 없다."라고 당시의 장시발달상황을
설명하고 있다.[21] 이처럼 전국적으로 장시가 증가한 까닭은 "난리
이후 백성들이 정처가 없어 장사로 생업을 삼는 것이 마침내 풍속
을 이루어 농사에 힘쓰는 사람은 적고 장사에 종사하는 사람이 많
아졌기 때문"이었다.[22] 다시 말해, 전쟁으로 생산기반이 위축되고
이로 말미암아 종전에 생산활동에 종사했던 많은 사람들이 생계
를 위해 상품유통에 종사하였으므로 농촌의 상품유통기구인 장시
도 증가하였다는 것이다.

　이와 같은 장시의 증가현상에서 서울상업과 관련하여 주목되는

---

18) 장시발달의 사회경제적 배경에 대해서는 다음의 논문이 참고된다. 이경식, 〈16세기 장
시의 성립과 그 기반〉, 《한국사연구》57, 한국사연구회, 1987.; 이태진, 〈16세기 동아시
아 경제변동과 정치·사회적 동향〉, 《朝鮮儒教社會史論》, 지식산업사, 1989.

19) 《增補文獻備考》 권163, 市糴考 1. "八路各官 各有場市 以便貿遷 惟京畿不得濫設者
意非偶然 蓋京城爲人民之都會 而且是不耕不耘之地 必待四方之委輸貨物流通 而有所
相資"

20) 《增補文獻備考》 권163, 市糴考 1. "經變以後 京畿設場 其數愈繁"

21) 《宣祖實錄》 선조 40년 6월 乙卯.

22) 위와 같음.

점은 경기 지역 장시의 증가이다. 경기 지역 장시확산은 서울의 상업체제에도 상당한 영향을 미쳤다. 경기 지역 장시의 번성은 임진왜란 이전 국가적 상품유통경제에 기반한 서울의 상업체제를 농민적 상품유통경제의 중심으로 변하게 하는 중요한 요인으로 작용하였다.

한편 임진왜란 이후에는 농업생산도 시장을 향한 생산으로 차츰 변모되어 갔다. 조세 수취체제가 붕괴됨으로써 전쟁수행에 필요한 군량을 대부분 강제로 모집했지만, 일부는 민간에게 구입하여 조달하였다. 명군의 군량조달은 이러한 교환과정을 전제로 이루어지고 있었다. 이 과정에서 은 유통이 활성화되었을 뿐만 아니라 곡물의 상품화가 진전되어 농업에서 시장을 향한 생산이 촉진되었다. 예컨대 17세기 중엽 충청도 공주 지역의 초려草廬 이유태 李惟泰(1607~1681) 집안에서는 식량과 저치곡을 확보한 뒤, 여유가 있으면 일정한 자본곡을 마련하여 곡가가 등귀할 때 내다 팔고 쌀 때 사들임으로써 잉여를 취하고 그것을 일용日用에 보태거나 매전 買田할 것을 지침으로 삼고 있었다. 자작으로 재배되는 쌀·보리·목화와 마포 등의 작물들은 자급자족을 위한 것이었지만, 전반적인 농업생산은 시장과의 관련 속에서 이루어지고 있었던 것이다.23) 이와 같은 농업에서 시장을 향한 생산의 진전은 상품유통경제를 진전시키고 장시가 지속적으로 발달할 수 있었던 가장 중요한 요인이었다.

한편 전란으로 붕괴된 조세수취체제도 임진왜란 이후에는 차츰 복구되고 있었다. 그러므로 서울은 국가의 상품유통경제의 중심기능을 서서히 회복하였다. 이것은 공물방납의 경우에서 대표적으로

---

23) 金容燮,〈朝鮮後期 兩班層의 農業生産〉,《增補版 朝鮮後期 農業史研究》2, 일조각, 1995, 253쪽.

나타나고 있었다.

> 중외中外의 방납폐단이 날로 더욱 심하여 백성의 고혈이 여
> 기에서 모두 소진된다. …… 이때 위로는 왕자, 제궁諸宮, 공경
> 대부의 집으로부터 아래로 이서吏胥, 상인들의 무리까지 오직
> 이익만을 중히 여겨 힘쓰고 염치의 상실을 돌보지 않았다. 이
> 에 모든 열읍의 크고 작은 공물을 앞다투어 차지하여 방납하
> 고서는 함부로 거두는 폐단이 이토록 심하게 되었다.[24]

여기서 보듯이 공물방납에 참여하는 세력은 공경대부로부터 아
래로 이서, 상인에 이르기까지 모든 사회세력이 참여하고 있었다.
이와 같은 방납은 농민수탈이라는 양상을 취하긴 했지만, 전사회
적으로 볼 때 상품유통을 활성화하는 계기이기도 했다. 16세기 방
납구조는 서울을 중심으로 한 공물의 구매상납이라는 형태로 전
개되었고, 이 과정에서 방납을 담당하는 방납사주인防納私主人도
발생하였다. 농민들에게 미포米布라는 화폐적 지불형태를 강요하
면서 이루어진 방납은 부세운영과는 별개의 것으로서, 국가적 상
품유통경제의 주요한 내용을 이루게 된 것이다.[25] 임진왜란 이후
전개된 방납은 16세기의 국가적 상품유통경제의 구조와 전혀 다
를 바가 없는 것이었다. 이와 같은 국가적 상품유통경제의 운영과
정에서 종실과 궁방 및 권세가문, 시전상인들이 이를 장악함으로
써 상당한 부를 축적할 수 있었고, 이를 바탕으로 서울의 유통경
제도 차츰 활성화되었다.

---

24) 《宣祖實錄》 선조 37년 2월 丁酉.

25) 이지원, 〈16·17세기 前半 공물방납의 구조와 유통경제적 성격〉, 《이재룡박사환력기념
한국사학논총》, 이재룡박사환력기념한국사학논총간행위원회, 한울, 1990.

이와 같은 17세기 전반 서울의 유통경제 구도는 국가적 상품유
통경제의 차원에서는 16세기적 구조를 그대로 계승한 것이었지만,
다른 한편으로 장시발달에 바탕을 둔 농민적 상품화폐경제와 어
느 정도 연관성을 지녔다는 점에서 16세기적 유통경제와 차이가
있었다. 그러므로 이 시기 유통경제의 발전은 집권적인 조선왕조
체제의 유지와 지배층의 이해라는 점에서 부정적·긍정적인 면을
동시에 내포한 것이었다. 부정적 측면으로는 농민층 분해가 심화
된다는 점, 그리고 상업이윤의 대부분이 왕실이나 권세가와 연결
된 부상대고에 따라 독점되고 방납의 만연으로 국가재정의 궁핍
과 농가경제의 파탄을 일으켰다는 점을 꼽을 수 있으며, 긍정적
측면으로는 장시발달과 도시와 지방 사이에 이루어지는 원격지
교역의 발달로 지주층 전체에게 부를 확대·재생산할 수 있는 유리
한 조건을 형성하였고 도시를 발달시킴으로써 토지에서 떨어져
나간 유민층과 도시빈민의 생계유지를 가능케 하여 사회적 불안
을 완화시켰다는 점을 들 수 있다.

3) 상인층의 교체와 도성상업의 정비

임진왜란 이후 전쟁으로 말미암은 생산기반의 붕괴로 서울을
중심으로 한 전국적인 유통망은 붕괴되었지만, 장시발달에 바탕
을 둔 민간부분의 상품유통경제와 국가적 상품유통경제가 회복
되면서 서울의 상업체제만은 빠르게 복구될 수 있었다. 전쟁 이
후 회복되기 시작한 서울상업체제는 차츰 그 이전 시기와는 다
른 성격을 갖는 상업으로 정립되기 시작하였다. 가장 중요한 차
이는 종전과 달리 새로운 계층이 상업활동에 참여하게 되었다는
점이다. 시전상인들 가운데는 임진왜란으로 전국 각지로 흩어져
서울로 돌아오지 않은 자가 많았다.[26] 이에 따라 1600년(선조

33) 정부에서는 훈련도감 군병은 말할 것 없고, 일반 주민들도 시전상업에 참여할 수 있도록 허용하였다. 훈련도감 군병들에게 는 용모파기를 적어 기록한 뒤에 시패市牌를 지급하였지만27) 시역市役은 면제했으며,28) 일반 주민들로서 상행위를 하는 자들은 모두 시적市籍에 등록하여 시전상인과 동일하게 시역을 담당하게 하였다.29) 이러한 조치는 종전과 달리 시전상인의 범위를 대폭 확대하는 결과를 가져오는 것이었다. 그 결과 서울의 시전상인의 수는 1607년(선조 40) 무렵에는 1천여 명을 헤아리고 있었다.30) 그러나 이 정도의 시전상인의 숫자는 임진왜란 이전에 견주어 크게 부족한 수였다. 1621년(광해군 13)의 자료에 따르면 시전상 인의 수는 임진왜란 전에 견주어 10퍼센트에 지나지 않는다고 평가되고 있기 때문이다.31)

비록 시전상인의 수는 임진왜란 이전의 수를 회복하지는 못했 지만, 서울 시전상업에 종사하는 자들이 교체되었기 때문에 시전 상인의 성격도 변화하였다. 임진왜란 이전 서울 지역의 상인층은

---

26) 《增補文獻備考》 권163, 市糶考. "宣祖三十三年 領議政李恒福箚曰 庶民之中 富商大賈 爲之頭首 而因亂散處 隨時占利 以圖富足 而不思舊居者 亦多有之 …… 自來今行移外 方 京商之散處其地者 一一摘發 使還舊業"

27) 《訓局事例撮要》 上卷, 軍兵市業者.

28) 《增補文獻備考》 권163, 市糶考 1. "宣祖朝命訓局軍兵 京居爲市業者 全減市役"

29) 《增補文獻備考》 권163, 市糶考 1. "宣祖 三十三年 領議政 李恒福箚曰 …… 奸民之亂 市者 而不係市籍者 如令平市署 束定市役 則庶市民均役而市肆完定"

30) 《宣祖實錄》 선조 40년 5월 乙亥. "前議政府領議政 柳成龍卒 …… 停朝市三日 都城各 廛之民 無遺會哭于墨寺洞 數至千餘人"

31) 《光海君日記》 광해군 13년 윤2월 丙子. "亂後各廛市額數 比平時 未能十一 而凡干國 用 全責於市民 許多經費 過半出於市民 而諸司之課外侵擾 罔有紀極" 박평식은 16세기 후반 시전상인의 수를 최하 500~600명으로 추정하고 있다[박평식, 앞의 책(제1장 주 33), 118쪽]. 그러나 16세기 후반의 시전상인 수는 이 자료에서 보듯이 600명보다 훨씬 많은 최소 수천 명 수준이었을 것으로 이해된다.

대체로 세습적이며 신분적으로 고정된 층이었다. 물론 부상대고들도 존재했지만, 이들의 활동영역은 국가의 상품유통경제에 개입하여 전국을 대상으로 삼는 것이라는 점에서 차이가 있었다. 이와 같이 서울의 상인층은 신분적으로 세습되었고, 새로운 계층의 참여가 저절로 봉쇄되고 있었기 때문에 정부에서 별다른 금압禁壓정책이 없어도 자연적으로 통제 가능하였다. 이와 같은 체제를 상징하는 것이 바로 《경국대전》에 규정된 노인路引과 행장行狀 발급체제였다.

그러나 임진왜란을 계기로 행상층에게 부과하는 노인과 행장이 발급되지 않았을 뿐만 아니라 시전상인들에게 부과되던 공랑세公廊稅가 사라졌다.[32] 이는 신분적·세습적 상인층의 충원체제가 붕괴되었음을 의미하는 것이었으며, 조선전기 억말론적 관점에서 상업과 상인층을 통제하던 체제가 무너지고 무본보말론務本補末論의 관점에서 상업을 파악했기 때문에 나타나는 현상이었다.[33] 또한 상인층의 이와 같은 성격변화는 서울상업이 임진왜란 이전과 달리 경기 지역 장시증가와 관련되면서 농민적 상품화폐경제와도 밀접한 관련을 지니고 있었기 때문에 나타나는 것이기도 했다.

전쟁이 끝난 이후 정치·사회적 안정이 추구되면서 서울의 상업질서도 차츰 회복되기 시작하였다. 이러한 상업질서의 정비는 임진왜란의 소용돌이 속에 명나라 상인들의 활약에서부터 시작되고 있었다. 이는 다음의 자료에서 잘 살필 수 있다.

---

32) 《磻溪隨錄》권1, 田制 上. "坐賈每名一年綿布一疋 以錢代納, 公廊(卽市廛)稅 每一間 春米二斗 秋二斗(亦以錢代納 每米一斗準錢二十文)凡公廊基 每南北六步 東西十步 爲一座 俗稱一間(大典雖有公廊定稅 而今則市賈公廊 皆無常稅 勅使及祭祀藏氷及凡修理等雜役 隨事支役苦歇 無復有定云)"

33) 백승철,《조선후기 상업사연구-상업론, 상업정책》, 혜안, 2000 참조.

　　무술년(선조 31, 1598)에 중국 대병이 나온 뒤로는 중원中
原의 상인들이 물자를 많이 가져오는데 전후로 계속 이어졌
고, 종로鐘路 거리에 가게를 열고 물자를 늘어놓은 사람이 부
지기수였다. 이에 중원의 물화가 도리어 천하게 되었다.[34]

　여기서 보듯이 명나라 상인들이 반입한 물화로 말미암아 서울
의 종루에는 다시 가게가 번창하여 상업이 복구되었을 뿐 아니라
중국의 물화가 흔해져 가격이 매우 싸졌다는 것이다. 이 시기 서
울에서 활동하던 명나라 상인은 50명 이상이었다. 이들은 중국에
서 들여온 비단 등을 서울에서 판매하고 조선에서 무쇠 등을 구입
하여 중국에 판매하는, 이른바 무역업을 행하는 상인들이었다.[35]
또한 전쟁 이후에도 명나라 사신과 함께 들어온 명나라 상인들은
자신들의 물화를 판매하기 위해 태평관 입구에 좌시坐市를 벌이기
도 했다.[36] 명나라 상인과의 거래는 처음에는 관에서 가격을 정해
시전상인들에게 구매하도록 강제하는 경우도 많았지만, 차츰 시장
가격으로 거래하는 것으로 바뀌어 갔다.[37] 서울시장의 거래질서
가 회복되고 있음을 반영하는 것이었다. 1601년(선조 34)을 전후해
서 임진왜란 후에 흩어진 시전상인들이 차츰 다시 서울에 모이고
있었고, 상인의 증가는 상품유통량의 증가를 불러와 시장질서가
회복될 수 있었던 것이다.[38]

34) 《大東野乘》 권55, 〈甲辰漫錄〉. "戊戌大兵出來後 中原商賈多賣物貨 項背相望 鐘樓街
　　路 設肆排貨 不知其數 於是中原物貨 反爲賤物"
35) 《宣祖實錄》 선조 34년 정월 乙巳.
36) 《光海君日記》 광해군 4년 9월 乙巳.
37) 위와 같음.
38) 《宣祖實錄》 선조 34년 6월 乙酉.

한편 명 상인들에 의해 반입된 중국물자로 말미암아 서울에서
는 사치풍조마저 유행하였다. 다음의 자료는 이 사정을 잘 알려주
고 있다.

> 난리 처음에는 재상과 조관朝官들이 삼승三升면포 옷을 입
> 는 것도 오히려 다행으로 여겼고, 또한 한 그릇 국을 마시는
> 것도 큰 고기라도 먹는 듯이 여기던 것이 근래 1~2년 사이에
> 는 비단옷을 모두 입어 삼승면포 옷은 서인庶人들도 싫어하
> 며, 음식도 점점 옛날의 사치스럽던 것을 닮아가니 지극히 한
> 심스러운 일이다.39)

다시 말해 전쟁 초에는 삼승면포 옷을 입던 서울의 재상과 조관
들이 전쟁이 끝난 직후부터 모두 비단옷을 입으며, 일반 평민들도
삼승면포 옷을 입지 않는다고 말하고 있는 것이다. 이는 서울상업
체제의 회복을 바탕으로 나타나는 현상이었다.

임진왜란으로 말미암은 도성상업의 피해는 적어도 1607년(선조
40) 무렵에는 급속하게 회복되어 어느 정도 안정된 것으로 보인
다. 이는 1607년(선조 40) 목화전木花廛과 면자전綿子廛 사이에서
발생한 분쟁에서 살필 수 있다. 임진왜란의 소용돌이 속에서 목화
를 판매하는 상인들은 목화전 영업을 폐업하였고, 전쟁이 끝나자
면포를 판매하는 면자전에 통합되어 영업하였다. 그런데 1607년
목화를 판매하는 상인들이 목화전 옛터에서 장사할 수 있게 해달
라고 요청하여 왕의 윤허를 얻었다. 이를 계기로 목화전 상인들은
면자전에서 독립하여 영업을 영위하였다. 그러나 호조와 한성부에

---

39)《大東野乘》권55,〈聞韶漫錄〉.

서는 목화전 상인들의 독립적인 영업을 금지시키고 예전처럼 면
자전에 통합하여 영업토록 조치함으로써 문제가 야기되었다. 조정
에서의 논의는 이러한 조치를 왕에게 보고하지 않고 자의적으로
처리했다는 점에 집중되고 있지만, 이 사건은 임진왜란 시기에 폐
업하여 면자전 상인에게 종속되었던 목화전 상인들이 이 시기에
독립적인 시전을 복구했음을 보여주는 사례이다.[40] 이 사례를 통
해 우리는 1607년 무렵에 이르면 시전체제가 전시의 혼란상황을
어느 정도 벗어나 정상화되고 있음을 확인할 수 있는 것이다.

한편 도성 안의 시전행랑도 광해군대에 이르러 재건되는 것으
로 보인다. 광해군대에는 사회질서가 임진왜란 이전의 모습을 회
복하였고, 각 도道의 공물도 복구되어 수도 서울의 경제가 안정화
단계에 접어들게 된다. 시전행랑의 복구 시기가 언제인지는 정확
하게 알 수 없지만, 광해군대에는 종묘를 비롯하여 창덕궁과 창경
궁, 인경궁, 경덕궁 등이 영건되었는데,[41] 이와 같은 궁궐영건사업
과 동시에 시전행랑건설도 완료된 것으로 추정되는 것이다. 1619
년(광해 11) 어물전 행랑에서 큰 불길이 일어나 종각까지 연소되
었는데, 이 화재사건을 통해서 1619년경에는 어물전 행랑은 물론
종각까지 복원되었음을 확인할 수 있다.[42]

이처럼 시전행랑이 광해군대에 복구되었으므로 1610년(광해군
2)에는 각 시전상인들이 자신이 담당한 판매물종에 따라 점포를
나누어 영업하면서 역을 지고 있다고 얘기하고 있으며,[43] 1616년

---

40) 《宣祖實錄》 선조 40년 윤6월 甲申.
41) 홍순민, 《朝鮮王朝 宮闕經營과 '兩闕體制'의 변천》, 서울대 박사학위논문, 1996 참조.
42) 《光海君日記》 광해군 11년 4월 甲戌.
43) 《光海君日記》 광해군 2년 9월 丙寅. "司憲府啓曰 市井之民 各有所業 分廛應役 乃是不
易之規"

(광해군 8)에는 시전 가운데 여유 있는 시전으로 이엄전耳掩廛, 전
옥우전典獄隅廛, 상우전上隅廛 등을 꼽을 수 있었던 것이다.44)

   광해군대 이후부터 서울의 시전상업은 그 질서를 회복해 갔지
만, 서울시전에서 거래규모는 광해군대까지 완전히 회복된 것은
아니었다. 1621년(광해군 13)의 자료에 따르면 시전상인의 수는 임
진왜란 전에 견주어 10퍼센트에 지나지 않는다고 평가되고 있기
때문이다.45) 그러나 광해군대를 전후하여 상인층의 교체, 시전행
랑의 복구, 거래질서의 확립 등으로 시전상업체제는 차츰 정비되
어 갔고, 17세기 후반에 이르면 후술하듯이 금속화폐의 유통과 중
개무역의 활성화로 서울상업의 거래규모도 임진왜란 이전의 수준
을 훨씬 능가하면서 전혀 새로운 체제로 서울의 시전상업은 재편
될 수 있었다.

3. 대동법의 시행과 금속화폐의 유통

1) 대동법의 시행과 관官 주도의 상업활동

   1608년(광해군 즉위) 경기도에서 시작되어, 1623년(인조 원년) 강
원도, 1651년(효종 2) 충청도, 1658년(효종 9) 전라도 연해읍沿海邑,
1662년(현종 3) 전라도 산군山郡, 1666년(현종 7) 함경도, 1678년
(숙종 4) 경상도, 1708년(숙종 34) 황해도까지 거의 100년에 걸쳐
전국적으로 시행된 대동법46)은 공물의 유통과정에서 폭리를 취하

---

44) 《光海君日記》 광해군 8년 8월 丙寅.
45) 주 31 참조.
46) 평안도 지역은 1646년(인조 24) 이후 수미법收米法이 시행되고 있었다. 이와 같은 대동
    법의 시행과정에 대해서는 한영국, 〈대동법의 시행〉, 《한국사 30-조선중기의 정치와

는 방납인을 배제하여 중간에서 유출되는 유통이윤을 국가와 민에게 돌릴 수 있는 국가수취제도의 일대 전환이었다.

대동법 시행 이전 방납체제 아래의 유통경로는, 농민이 내는 미포米布는 농민-사주인-방납인-국가를 거치고 공물현물은 생산자-방납인-사주인-국가를 거치는 것으로, 1년에 쌀 47~48만 석에 달하는 방납 이윤의 5~60퍼센트는 방납인에게, 3~40퍼센트는 사주인私主人에게, 나머지 1~20퍼센트가 국가에 귀속되고 있었다. 그러나 대동법 아래서는 농민-국가-사주인, 생산자-사주인-국가로 그 유통경로가 변하였다.47) 이 과정에 농민들은 공물부담이 크게 경감되었을 뿐만 아니라, 유통과정에서의 이윤도 국가가 지정한 공물청부업자인 공인과 국가기관이 분할 점유함으로써 공물수취와 국가수요품의 조달에서 국가중심의 유통체계가 확립되었다.

방납인들은 주로 세력가나 서울의 부상대고들이었고, 사주인들은 각사의 하인들이었지만, 대동법의 공인貢人들은 대부분 서울의 일반주민들이었다.48) 그러므로 대동법으로 수취되는 20여만 석에 달하는 쌀과 344동에 달하는 면포, 그리고 1만 8천여 냥에 이르는 동전이 서울로 집중되었으며,49) 더욱이 정부에서는 시가의 4~10배에 달하는 공가를 공인에게 미리 지급하였기 때문에 상당량의 부가 서울을 중심으로 활동하던 공인들에게 집중될 수 있었다. 이러한 부를 바탕으로 서울의 상품화폐경제는 비약적으로 발전하였다.

경제》, 국사편찬위원회, 1998 참조.

47) 백승철, 앞의 논문(제1장 주 54) 참조.

48) 《續大典》〈戶典〉稅貢. "諸道貢物 今作米布上納 擇坊民定爲主人 優定其價 使之豫備以供"

49) 《萬機要覽》財用編 1, 各貢, 宣惠廳 57貢, 以上合計.

대동법의 실시는 이처럼 농민에 대한 공물부담의 경감과 국가
적 상품유통경제의 운용과정에서 발생하는 이윤의 국가집중이라
는 의의 외에도 국가재정의 변화를 반영하는 것이었다. 대동법은
종전의 중앙이나 지방재정에서 가렴주의적加斂主義的 수취질서를
파기하고 양출정입量出定入의 원칙에 입각하는 예산제도와 그 운
영방법을 중앙이나 지방에 마련한 것으로서,50) 조선왕조의 재정
질서를 각 아문에 따라 독립적으로 운영되던 재정체제를 호조, 선
혜청, 병조라는 재정아문 중심으로 일원화한 의미도 지닌 것이었
다. 다시 말해, 선혜청에서 공물을 수취하여 이를 공인들에게 나
누어 주어 각 아문에서 필요로 하는 물자를 조달케 함으로써 종
전의 정부 각 기관이 독자적으로 조달하던 국가수용품 조달방식
을 변경시킨 것이다.

이와 같은 국가수용품 조달체계는 사실 임진왜란 직후 분호조分
戶曹의 활동에서부터 비롯되는 것이기도 했다. 분호조는 임진왜란
직후 재정이 파탄된 시기에 명나라의 조사詔使접대를 위해 호조에
서 각사의 공물을 모두 호조에 거두어 들여서 필요한 부분에 지출
하는 임시기관으로 설치된 것이었다. 분호조는 정부수요품을 납품
하기 위해 시정의 무뢰배들이 각자 물화를 가지고 와서 다투는 곳
으로 변모하였다.51) 이러한 분호조의 운영은 대동법의 경우처럼
호조 중심의 일원적 재정체계로 이해되는 것이다. 분호조는 1609
년(광해군 1) 호조 정랑과 좌랑 한 명씩을 차출하여 창출된 별조도

---

50) 한영국, 앞의 논문(주 46), 516쪽.

51) 《光海君日記》광해군 9년 3월 癸酉. "且頃年間 去亂未遠 各該司不成模樣之時 適因詔
使之來 恐未成形 本曹盡收各司貢物 直捧於戶曹 懋遷有無 名之曰分戶曹 推移破補 仍
設不廢 自是之後 所謂分戶曹者 爲一市場 坐賈之時 市井無賴之輩 各持物貨 駢塡衙庭
爭競毫末 喧聒雜亂 不忍看聽"

색別調度色이라는 기구로 바뀌었지만,52) 별조도색은 곧 혁파되었고, 1627년(인조 5) 혁파될 때까지 분호조는 존속하였다.53)

대동법은 중앙정부 주도로 국가수용품을 조달하는 체제였기 때문에, 재정운용의 독자성을 상실한 각 아문에서는 독립된 재원을 확보하기 위해 직접 상행위를 전개하기도 했다. 이러한 관 주도의 상업활동을 '무판貿販'이라고 했는데, 이는 임진왜란 이후 재정부족을 극복하기 위해 각 관청에서 필요한 물자를 스스로가 나서서 조달하는 관행에서 비롯된 것이었다. 예컨대 1622년(인조 1) 호조에서는 흉년으로 서울과 경상도 연해읍의 쌀값 차이가 5배에 이르자, 영건도감과 훈련도감에 비축한 쌀 800섬으로 서울에서 무명을 구입하여 경상좌도에서 바칠 세포稅布로 지불한 다음, 경상좌도의 세포는 쌀값이 헐한 경상도 해변 고을에서 쌀을 구입한 뒤 서울로 운송하여 엄청난 이익을 남기고 있었다.54) 또한 1628년(인조 6)에는 체찰사부體察使府가 직접 장사를 통해 군비를 마련하기도 했으며,55) 1638년(인조 16)에는 호조가 은을 마련하기 위해 서울보다 목면가가 몇 배나 비싼 함경도에 목면 5천여 필을 판매하여 지역적 가격차를 이용하여 이익을 남기고 있다.56)

관 주도의 상업활동인 무판은 결국 국가기관이 우월한 지위를

---

52)《光海君日記》광해군 원년 12월 乙卯.

53)《仁祖實錄》인조 5년 2월 辛亥.

54)《仁祖實錄》인조 원년 9월 壬寅. 이러한 관청 주도의 지역적 쌀값 차이를 이용한 재정확보 방식은 18세기에 이르면 환곡을 이용하여 체계적으로 활용된다. 이러한 환곡을 이용한 재정확보 방안을 이무移貿라고 했는데, 이무는 17세기처럼 중앙아문이 아닌 감영이 주체가 되어 소속한 군현 사이의 미곡가의 차이를 이용하는 것이었다. 이에 대해서는 고동환,〈19세기 부세운영의 변화와 그 성격〉,《1894년 농민전쟁연구 1》, 역사비평사, 1991 참조.

55)《仁祖實錄》인조 6년 10월 戊申.

56)《仁祖實錄》인조 16년 5월 壬午.

이용하여 억매抑賣와 늑매勒買 등의 방식으로 이익을 보는 행위였
다. 다시 말해 무판은 농민수탈에 기초한 상품유통 행위였던 것이
다. 그러므로 1631년(인조 9) 집의執義 김반金槃은 "각 아문의 무판
때문에 경외京外 백성들이 파산 지경에 이르러 땅과 집을 팔고서
길에서 울부짖으며 원망하고 있다."라고 지적하였고,[57] 1635년(인
조 13) 특진관特進官 이시백李時白은 "요즈음 설치한 관청이 매우
많아서 갖가지로 물건을 사고팔아 백성과 다투어 침탈하기에 한
량이 없으니, 백성들이 감당하지 못하고 있다."라고 무판의 폐해를
고발하고 있는 것이다.[58] 이처럼 관청의 무판이 성행한 것은 무판
이 공판公販보다 그 이익이 배가 되기 때문이었다.[59] 이와 같은 무
판은 대동법 실시를 계기로 지방아문으로 확대되었다. 1657년(효
종 8)의 사례를 보면,

> 호서湖西에서 대동법을 실시한 뒤로는 규정 밖의 요역은 털
> 끝만큼이라도 백성에게 부담시켜서는 안 됩니다. 그런데 근래
> 에 법을 벗어난 일들이 차츰 많아지고 있으니 발견되는 대로
> 무겁게 다스리지 않을 수 없습니다. 그 가운데 더욱 심하게
> 드러난 일은 병영에서 군병들을 호궤犒饋한답시고 생선이 잡
> 히는 연해안의 여러 고을에서 장사를 하고 있는데, 징수해 다
> 시 판 물건들이 본 가격에 비교하면 6~7배나 더 비쌉니다.[60]

라고 하여, 호서 대동법 시행 이후에 충청병영이 연해안 여러 고

---

57) 《仁祖實錄》 인조 9년 7월 癸未.
58) 《仁祖實錄》 인조 13년 10월 癸巳.
59) 《仁祖實錄》 인조 7년 10월 丁卯.
60) 《孝宗實錄》 효종 8년 8월 戊子.

을에서 장사를 직접 하면서 상인들과 백성들을 침탈하고 있는 것이다.

이러한 관 주도의 상업활동은 다만 물건의 매매에만 그치는 것이 아니라 적극적인 이식利殖활동, 곧 관청 고리대활동으로 확대되고 있었다. 1671년(현종 12) 호조에서 3천 냥을 대여하여 이식을 얻고 있었는데, 지평持平 정유악鄭維岳이 이 일을 장사꾼의 일이라고 규정하고 세 번씩이나 중지하라고 주장하였다. 이에 대해 영의정領議政 허적許積은 "우리나라의 군문軍門은 달리 재물을 만들 방도가 없으므로 대여하여 이식을 얻는 방도는 전부터 있어 왔던 것"이라고 관청 고리대활동을 옹호하고 있다.61) 이러한 관청 고리대도 앞서 설명했듯이 관청 무판의 또 다른 형태로 이해될 수 있을 것이다.

17세기 중엽까지 전개된 관청 주도의 무판활동은 조세수취품이나 둔전·어전·염분에서 생산된 상품을 매매하는 것이므로 판매상품의 확보가 용이하다는 점, 관청조직을 이용하여 상품을 매매함으로써 운반에 들어가는 비용이 절감된다는 점, 그리고 관청에 의한 강제매매로 최대한의 이윤을 확보할 수 있다는 점에서 관청에 상당한 이익을 가져다주는 상행위였다. 이와 같은 관청무판, 곧 관영상업은 수많은 비판에도 불구하고 인조반정 이후 집권 서인세력의 묵인 아래 지속되다가 1717년(숙종 43)에 반포된 무판절목貿販節目으로 모두 공식적으로 인정받게 된다.62)

이와 같은 관청주도의 무판활동과 공인에 의한 국가수용품 조달은 그 본질에 있어서 국가중심의 유통체계라는 점에서 동일한 것이었다. 17세기 중반의 상품화폐경제는 두 차례의 전란으로 생

---

61) 《顯宗實錄》 현종 12년 9월 乙亥.
62) 인조대 관청무판활동에 대해서는 백승철, 앞의 책(주 33) 참조.

산기반이 붕괴되었기 때문에 국가기관을 통해 유지되지 않을 수 없는 상태였던 것이다. 이러한 관 주도의 상품유통경제는 후술하듯이 17세기 후반 이후 생산력이 회복되고 한·중·일 사이의 중개무역이 활성화되면서 차츰 민간주도의 상품화폐경제로 전환되어 갔다. 이 과정에서 서울의 상업체제도 크게 재편되었던 것이다.

2) 금속화폐의 유통과 상품화폐경제의 성장

16세기 후반 이래 조선사회에서는 화폐유통의 경제적 기반이 형성되기 시작하였다. 16세기 후반에는 추포유통경제가 확립되어 사용가치를 상실한 2~3승의 면포가 일반적 등가형태로 농민적 교환경제에서 이용되었다. 소액 명목화폐로 유통된 추포는 장시를 중심으로 하는 민간교환경제에 적합한 화폐였다. 그러나 추포는 일반적 교환수단이자 가치척도로 기능하긴 했지만 화폐 축장기능을 결여한 물품화폐였다. 이러한 추포는 17세기 중엽까지 광범하게 유통되었다.

> 추목矗木이 통용된 지 오래되어 근중외近中外에 모두 사용되고 있는데 지금 이를 금하면 이는 그 화천貨泉의 근원을 막는 것입니다. …… 추포는 국가에서 볼 때 실로 무용無用한 것이나 농공農工이 이를 사용하여 교역을 하고 상인들이 이를 사용하여 재물을 불릴 뿐 아니라 양생송사養生送死나 조부租賦와 요역徭役을 바치고 모든 일상용품을 구하는 데 모두 추목으로 취판取辦하니 그 유용함이 무용함보다 크다고 생각됩니다.[63]

---

63) 洪宇遠, 《南波先生文集》 권4, 疏 應旨封事.

이 기록은 1651년(효종 2) 김육金堉의 주도로 동전유통을 위해 추포유통을 금지시켰을 때 이를 반대한 홍우원洪宇遠의 언급으로서 17세기 중엽까지 추포가 광범위하게 교환수단이자 가치척도로 활용되고 있었음을 보여주는 자료이다.

추포는 농민이 직접 화폐를 직조하고 유통시키는 화폐로서, 시장판매를 목적으로 하는 농민층의 상품생산과 교환관계의 발달, 유통기구의 성장과 시장가격의 형성을 전제로 유통되었다. 이러한 추포유통경제체제 아래에서 화권재상貨權在上이라는 조선왕조의 화폐통용 원칙은 무의미하였고, 이러한 화폐통제력의 상실과 추포의 조세지불 수단화는 국가재정의 악화와 직결되었기 때문에 추포는 국폐國幣로 인정받지 못하였던 것이다. 그 때문에 17세기 전반 이래 중앙정부에서는 추포를 대체하는 법화法貨로서 금속화폐의 주조와 유통을 시도하게 된 것이다.[64]

동전주조론은 임진왜란에 참전한 명나라의 양호楊鎬가 국가재정 확충과 명군의 군수품 조달편의를 목적으로 처음 제기하였으나, 당시에는 선조의 반대로 실현되지 못하였다. 그 뒤에 추포경제를 극복하기 위해 1623년(인조 1) 5월 호조판서 이서李曙가 중국의 대명통보大明通寶를 수입하는 한편 사주전私鑄錢을 장려함으로써 화폐가 통용될 수 있음을 주장하였고, 1625년(인조 3)에는 호조에서 주전청을 설치하고 주전에 착수하여 총 600관의 동전을 주조하였다. 그러나 주전은 1627년(인조 5) 정묘호란으로 중단되었고, 1633년(인조 11)에는 중국화폐인 만력통보를 모방한 조선통

---

64) 이상 추포경제와 금속화폐유통의 필요성에 대해서는 송재선, 〈16세기 면포의 화폐기능〉, 《변태섭박사화갑기념사학논총》, 변태섭박사화갑기념사학논총간행위원회, 1986.; 방기중, 〈금속화폐의 보급과 조세금납화〉, 《한국사 33-조선후기의 경제》, 국사편찬위원회, 1997 참조.

보를 주조하여 유통시켰지만, 1637년(인조 15) 병자호란으로 다시 중단되었다.

병자호란이 끝난 뒤 1650년(효종 1) 김육의 주장에 따라 청전淸錢 15만 문(은 185냥 어치)을 수입하여 평양과 안주에서 통용시켰으며, 그 이듬해부터 다시 주전을 개시하여 동전을 유통시켰다. 이때에는 상평청 주관으로 동전이 유통되었는 바, '쌀 1되=동전 3문'이라는 교환비율을 정한 뒤에 시장에서의 매매에는 모두 동전을 사용하도록 강제하였다. 또한 동전유통의 장려책으로 모든 백성으로 하여금 동전 50문씩을 지니도록 강제하고, 행전별장行錢別將을 각지에 파견하여 동전유통을 감독하도록 하였다.

이와 같은 3차례의 동전유통 시도는 전국적인 동전유통에는 성공하지 못했지만, 서울에서는 성공을 거두고 있었다. 당시 서울에서는 동전이 아니면 쌀을 구할 수 없을 정도로 동전은 일반적 상거래에 필수적 요소로 정착하였던 것이다. 그러나 당시 동전을 보급하는 방식은 상평청에서 시전상인들에게 전문錢文을 나누어 주고 상품매매에 사용하도록 강제하는 방식이었다. 이러한 보급방식 아래에서 시전상인들은 막대한 이익을 볼 수 있었다. 주전량이 충분하지 못할 경우 동전 값이 올라가게 되면 시전상인은 환전상換錢商으로서 전문방납錢文防納의 이익을 독점하였다. 당시 주전량은 시장에 필요한 동전을 충분히 공급한 것이 아니기 때문에 동전을 둘러싼 투기가 성행하기도 했다. 결국 이때의 화폐유통시도는 부족한 동전량으로 말미암아 상인의 투기유발, 시장질서의 혼란 등 부작용이 훨씬 컸기 때문에 1657년(효종 7)에 동전의 유통은 다시금 중단되었다.[65]

---

65) 권인혁,〈금속화폐제도의 시행〉,《한국사 30-조선중기의 정치와 경제》, 국사편찬위원회, 1998.; 정수환,《조선후기 화폐유통과 경제생활》, 경인문화사, 2013.

동전의 전국적 유통이 성공을 거둔 것은 1678년(숙종 4) 때였다. 정부는 행전절목行錢節目을 반포하고, 호조·상평청·진휼청·정초청· 어영청·사복시·훈련도감 등 중앙 7개 기관과 지방관청에서도 주전을 허용하여 공급량을 충분히 늘렸다. 이때에는 동전가치를 은가 기준으로 정하여 동전 4냥을 은 1냥으로 하는 은전상준법銀錢相準 法을 실시하였다. 또한 시전에서 거래되는 상품은 반드시 동전으로 거래하며, 조세의 대전납代錢納은 각종 속목續木과 진휼청 환곡만 허용하는 등 동전유통 정책도 동시에 실시하였다. 이와 같은 상평 통보의 전국적 유통은 오랜 기간에 걸친 쌀·무명·베 등 현물화폐의 지배를 물리치고, 금속화폐가 지배적 자리를 차지하는 새로운 시기를 열어 놓았다.

그러나 행전 초기에는 동전유통의 경제적 기반이 서울에서만 유지되고 있었기 때문에,66) 지방주조동전이 대거 서울로 반입되었다. 그 결과 서울에서는 은 1냥이 동전 8냥으로 교환될 정도로 동전의 가치가 폭락하여 동전유통기반이 동요되었다. 이에 1680년(숙종 6) 조정에서는 은전상준銀錢相准의 원칙을 폐지하여 동전 유통의 기반을 제도적으로 보장하였다.

동전주조는 1678년부터 1697년까지 20년 동안에 걸쳐 이루어진 것이었지만 당시에 필요로 하는 화폐량을 충분히 공급한 것으로서 동전이 일반적 등가형태로 정착할 수 있는 기반을 확실히 다진 것이었다. 그 후 다시 주전이 재개된 것은 1731년(영조 7)이었다. 30년 동안 주전이 중단되었지만, 동전유통의 경제적 기반은 동요되지 않고 계속 유지될 수 있었다. 1708년(숙종 34) 전지평前持平 홍호인洪好人은 "주전이 행해진 지 십여 년 만에 공사公私의 재용財

66) 《備邊司謄錄》 숙종 5년 4월 9일. "錢文朝家旣已定式 與銀同價 而市民使自加給錢文 此無他 銀貨貴鑄錢多 而只用於京中故也"

用이 모두 동전으로 행용되고 있다."라고 얘기하고 있고,[67] 1735
년(영조 11) 순목령純木令이 내려졌을 때 좌의정 김재로金在魯는
"근래 각종 물종은 돈이 아니면 매매할 수 없으며, 비록 미목米木
이 있어도 반드시 돈으로 바꾼 뒤에야 매매할 수 있다."라고 얘기
하고 있다.[68]

이상에서 보았듯이 17세기 전반부터 시도된 동전유통으로 17세
기 후반에 이르면 화폐경제체제가 완전히 정착할 수 있었다. 더욱
이 서울의 경우는 17세기 중엽부터 은화가 일반적인 교환수단으
로 정착하였다. 임진왜란 이후 은화공급의 부족으로 추포경제체제
로의 회귀현상이 나타났지만, 17세기 중엽 서울에서 유통되는 추
포량은 5만여 필로서 미곡 3천 석 정도에 지나지 않았다.[69] 소액
거래에서 추포가 쓰였지만, 은화를 비롯해 그동안 여러 차례 주조
발행된 금속화폐가 서울에서는 일반적인 교환수단으로 기능하고
있었던 것이다.

이러한 동전유통의 성공은 상품화폐 관계의 지속적 발전을 보
장하였을 뿐만 아니라, 농민을 비롯한 생산자 대중을 상품화폐
관계에 침윤되게 하여 농민 몰락과 고리대 수탈의 강화를 초래
하였다. 더욱이 "돈이 사용되면서 민간에서는 곡식을 소중히 여
기는 기풍이 사라져 봄이면 곡식을 사들이고, 가을이면 곡식을

---

67)《備邊司謄錄》숙종 34년 9월 11일. "行錢已過十年 公私財用以此通行 則一朝遽爲革罷
其勢末易 富戶之取息罔利 唯當設法而嚴禁"

68)《備邊司謄錄》영조 11년 12월 13일. "近來各樣物種 非錢則不得貿 故雖有米木 必作錢
然後轉貿"

69)《潛谷全集》潛谷先生遺稿 권5, 啓辭〈請出米貿布兼行賑救啓 辛卯(1651)〉. "我國本無
遊貨 只以米布隨處而用米布 …… 近來麤短之綿布 本無可用處 物價騰踊 商賈失業 故國
家定爲禁制 自今年正月定限勿用 …… 若令該曹及常平廳 共出米三千石 增價以貿 則可
得五萬餘匹 京中麤木餘者 無幾除出 …… 永絶麤短之布"

파는 것을 일삼음으로써 가난한 사람들은 살길을 잃고 동서로 떠돌아다니면서 유리걸식하는 것을 면치 못하는 현상"[70]이 일반화되었다. 동전의 유통은 농민층 분해를 촉진하였고, 부富의 무한한 축적을 가능케 하는 도시의 발달을 추동하였던 것이다. 이 과정에서 서울이라는 도시를 배경으로 한 상인·고리대업자들이 대규모 부를 축적하였으며, 서울상업체제도 그 이전 시기와 다른 체제로 재편되었다.

4. 17세기 후반 서울상업체제의 재편

1) 중개무역의 성행과 서울상업의 성장

17세기 국제교역은 기본적으로 명明·청淸 왕조교체라는 동아시아 국제질서 변동을 조건으로 전개되었다. 1608년(선조 41) 후금後金에게 무순撫順을 탈취 당한 명나라는 후금에 대해 경제봉쇄를 단행하였다. 16세기 후반부터 소빙기 기후재난으로 농업환경이 악화되는 등 큰 어려움을 겪고 있었던 후금은 이로 말미암아 국가경제에 큰 타격을 받았고, 그 해결책을 조선침략에서 찾았다. 병자호란 이전, 청나라는 붕사硼砂, 수은水銀, 망단蟒段, 청천단靑天段, 남사藍紗, 갑견甲絹 등 명나라 물화物貨를 조선을 중개지로 하여 수입하고 있었다.[71] 이 과정에서 조선은 중개무역을 통해 큰 이윤을 남길 수 있었다.

그러나 병자호란 이후 청나라는 이들 품목을 대부분 세폐歲幣를

---

70) 《承政院日記》숙종 20년 7월 27일. "自行錢以來 利穀之規 絶無於閭閻 春貿秋販 轉換爲事 故貧餒者 亦無聊仰之地 東奔西竄 未免流乞之徒"

71) 《備邊司謄錄》인조 12년 4월 7일.

통해 조달하였고, 조·청 사이의 교역은 민간인의 생활필수품을 교역하는 개시무역 중심으로 전개되었다. 청에 조공으로 바치는 세폐는 조선경제에 큰 부담이었지만, 이는 1637~1650년의 기간에 국한된 것이었다. 1650년대 이후부터는 청나라의 정치와 경제가 안정되고 이에 따라 조선에 강요하는 세폐도 경감되어, 조선은 비로소 국제교역의 이익을 향유할 수 있었다.

대청무역은 크게 사행무역과 개시무역, 후시무역 등으로 구분된다. 사행무역은 17세기 중엽까지 역관이 주체가 된 것으로서, 1653년(효종 4)부터 인삼 80근을 무역자금으로 정액화한 팔포제八包制가 실시되었고, 이는 1670년(현종 11)에 2천 냥을 정액으로 삼는 제도로 변경되었다. 대청무역은 초기 역관층들이 주도했지만, 1681년(숙종 7) 무역별장제 실시 이후부터 사상층이 주도하였다. 한편 팔포 외에 역관들이 중앙 각 아문을 대신하여 무역을 하는 별포무역別包貿易도 성행하였다. 더욱이 상의원尙衣院, 내국內局, 훈련도감訓鍊都監 등을 통해 수입되는 물품은 궁중의 사치품과 약재가 주종을 이루었지만, 화약제조에 필수적인 염초나 유황 등도 수입되어 국가경제의 활성화에 크게 기여하였다.

개시무역은 두만강 유역의 회령會寧·경원慶源의 북관개시北關開市와 압록강 유역의 중강개시中江開市로 구분되었는데, 북관개시는 만주 지역 주민들의 농업생산에 필요한 농기구나 우마류가 교역된 것으로 그 규모가 매우 작았다. 반면 중강개시는 1700년(숙종 26) 책문후시柵門後市로 공인됨으로써 교역규모가 더욱 확대되었다. 또한 단련사제團練使制, 여마제餘馬制, 연복제延卜制 등에 기초한 후시무역도 전개되었는데, 이 무역을 통하여 관동물화關東物貨로 이름난 면화나 모자 등이 대거 수입되었고, 남방南方 상선商船이 우가장牛家莊 해구海口로 몰려들었으며, 부연역관赴燕譯官·상인들만이 수입할 수 있는 백사白絲도 연경燕京상인들이 직접 책문까지 싣고 와 교역함으로써 봉황성 안의 점포들도 산해관 서쪽의 대도회에 있는 점포와 다를 바가 없을 정도로 번성을 누렸다. 이러한 후시무역의 규모는 1회에 유출되는 은이 10만여 냥으로, 1년에 4~5차례 후시가 열렸으므로 40~50만 냥에 달하는 규모로서, 조선사행이 지니고 가는 팔포은八包銀까지 합하면 연간 총 50~60만 냥에 달하는 것이었다.[72]

한편 기유약조己酉約條에 의해 일본과의 국교가 정상화된 1609년(광해군 1) 이후 일본과의 교역도 차츰 정상화되었다. 일본과의 교역에서는 조선산 인삼과 미곡 그리고 중국에서 수입한 비단의 원료인 백사와 생사가 수출되었고, 조선의 수입품은 중국과의 교역에서 결제수단으로 기능하는 은과 국내 동전의 제조원료인 동銅 그리고 후추·단목·수우각 등의 남방산 물품들이었다. 대일무역에 종사하는 동래상인들은 정부허가를 받은 상인으로 경상京商이나 개성상인들이 대부분이었다. 이들은 왜관을 무대로 활동하였지만, 기본적으로 중국과의 교역도 동시에 시행하는 이른바 중개무역상인들이었다.

특히 명 멸망 이후 중국과의 직교역로를 확보하지 못한 일본 측의 입장에서는 조선을 중개지로 하여 중국과 교역하는 것이 불가피했다. 조선은 이 과정에서 막대한 중개무역의 이익을 차지하였다. 이러한 중개무역은 17세기 중엽 이후부터 청나라와 일본의 직교역이 본격화된 1720년대까지 번성하였다. 중개무역의 이익은 주

---

72) 이상 대청무역의 전개과정에 대해서는 유승주, 〈조선후기 대청무역의 전개과정−17·8세기 赴燕譯官의 무역활동〉, 《백산학보》8, 백산학회, 1970.; 김종원, 〈조선후기 대청무역에 대한 일고찰〉, 《진단학보》43, 진단학회, 1977.; 유승주, 〈조선후기 조청무역소고〉, 《국사관논총》30, 국사편찬위원회, 1997.; 이흥두, 〈17세기 對淸交易에 관한 연구〉, 《국사관논총》81, 국사편찬위원회, 1998 참조.

로 동래상인, 서울상인, 개성상인 등 대상인大商人들이 차지하였다.
이들은 중국산 백사를 100근당 60냥으로 수입하여 일본에 100근
당 160냥을 받고 수출하였다. 투자자금의 2.7배의 이익을 늘렸던
것이다.73) 이러한 중개무역에는 잠상배潛商輩들도 가담하였는데,
이들 잠상들의 수입도 대단한 것이었다. 1623년(인조 1)에 잠상행
위로 처형된 동래상인 임소林素가 집적한 자본은 은화 7만여 냥에
이를 정도였다.74)

17세기 조선의 국제교역은 기본적으로 16세기적인 동아시아 교
역체제를 계승한 것이었지만, 만주가 동아시아 교역권에 본격적으
로 진입했다는 점과 일본의 면포 자체생산으로 대일교역에서 면
포가 결제수단으로 기능할 수 없다는 점이 큰 차이였다. 조선상인
들은 면포 대신에 중국의 비단원사를 수입하여 이를 왜관에서 일
본상인들에게 은화를 받고 수출하는 중개무역을 통해 상당한 이
익을 얻었던 것이다.75)

사상·역관들이 축적한 상업자본은 18세기 이후에는 홍삼 제조
업이나 궁각계와 같은 공인자본으로 투자되었고,76) 고리대자금으
로 운용되기도 하였다. 예컨대 연암燕巖 박지원朴趾源의《열하일기
熱河日記》에 나오는 역관 변승업卜承業 일가는 50만 냥의 자금으로
고리대업을 벌이기도 하였다. 또한 서울에서는 중개무역으로 형성
된 부를 바탕으로 왕실, 벌열, 부호 등을 겨냥한 사치품이 대거 유
입되어 상업계가 활성화될 수 있었다. 중개무역에 따른 상업이익
은 국내의 상품생산과 상업유통을 자극함으로써 사상私商이 성장

---

73) 이홍두, 앞의 논문(주 72) 참조.
74) 《仁祖實錄》인조 원년 7월 壬辰.
75) 이태진,〈國際貿易의 성행〉,《韓國史市民講座-조선후기의 상공업》9, 일조각, 1991 참조.
76) 김동철,《조선후기 공인연구》, 한국연구원, 1995 참조.

하여 상업자본을 축적하는 기반을 마련하였으며, 궁극적으로 국내
상품화폐경제의 발달을 크게 촉진하였다. 서울과 같은 도시의 상
업은 물론 농촌에서의 상품유통을 활성화시켰던 것이다. 이와 같
은 국내외 상업의 새로운 여건조성은 더욱이 서울의 시전상업에
집중적으로 그 영향을 미쳤다. 17세기 후반 이후 서울에서 난전상
인이 성장하고 시전상업체제가 재편될 수 있었던 것은 중개무역
의 이익이 서울에 집적되었기 때문에 가능한 것이었다.

2) 사상난전私商亂廛의 대두와 금난전권禁亂廛權의 확립

(1) 훈련도감 군병의 상업활동

광해군대에 이르러 복구되고 있었던 서울 상업체제 아래에서
시전상인 외에 훈련도감 군병의 상업활동도 활발하게 전개되었다.
훈련도감 군병들의 상업행위는 1600년(선조 33) 이들에게 용모파
기容貌疤記를 기록한 뒤에 시패를 지급하고 시역을 면제한 조처기
취해지면서 본격화되었다.[77] 이들 군병의 상업활동은 크게 두 가
지 방식으로 이루어졌다. 하나는 시전상인이 점포를 개설한 곳에
출전出廛하여 시전상인과 동일하게 장사를 하는 것이며, 다른 하나
는 난전적 상업행위로서, 이는 다시 좌시난전坐市亂廛, 요로소시要
路小市, 가전소시家前小市, 수지물판매手持物販賣의 형태로 구분되었
다.[78] 좌시난전은 종로 등지에서 점포를 벌여 판매하는 행위였고,
요로소시는 상품이 지방에서 서울로 올라오는 길목에서 전廛을 벌
여 판매하는 행위이며, 가전소시는 말 그대로 집 앞에서 소소한
물건을 판매하는 것이고, 수지물판매는 군병이 직접 제조한 물건

---

77) 주 28, 주 29 참조.
78) 《備邊司謄錄》 숙종 3년 6월 24일.

이나 자신이 지닌 물건을 일정한 장소 없이 돌아다니면서 판매하는 형태였다.

첫째의 형태는 훈련도감 군병들이 삭료朔料로 받는 면포를 백목전白木廛에서 판매하는 형태였다. 이들이 장사하는 것은 합법적이었지만, 시전상인과 달리 시역市役을 부담하지 않았다. 그러므로 막중한 시역을 부담하는 백목전 상인들의 입장에서 군병들의 특혜에 큰 불만을 가져 조정에 항의를 하였다. 조정에서는 백목전 상인의 항의를 수용하여 1636년(인조 14) 군병들에게 백목전 상인의 5분의 1에 달하는 시역을 부담토록 조처하였다. 이는 백목전 도중의 조합원 수가 250여 명이고 백목전에서 장사하는 군병이 50명이므로 그 인원수를 비교하여 시역의 5분의 1을 담당하게 한 것이다. 그 뒤로 군병들의 부담은 1667년(현종 8) 미포 등 재정적인 시역에서는 백목전 상인과 동일하게 부담하고 다만 노동력을 제공하는 시역만은 면제받는 것으로 다시 조정되었고,[79] 10년 뒤인 1677년(숙종 3)에는 후술하듯이 을묘사목乙卯事目의 개정으로 훈련도감 군병들도 시전상인들과 똑같이 예전禮錢을 내고 시역을 부담하게 되었다.[80]

시전상인의 입장에서 큰 문제가 되었던 것은 시전상인과 동일한 시역을 부담하면서 장사하는 군병들보다 길거리에서 장사하는 난전행위였다. 이 가운데서도 가장 큰 문제는 좌시난전과 요로설전要路設廛의 형태였다. 이러한 형태의 상업행위는 시전상인과 경쟁하는 것으로서 시전상인들의 상권에 큰 위협이 되었기 때문이다.

4천여 명에 달하는 훈련도감 군병들은 조정에서 군병들에게 상

<hr />

79) 《訓局事例撮要》 上卷, 軍兵市業條, 顯廟條, 9년 4월 26일.
80) 《承政院日記》 숙종 6년 7월 12일.

업행위를 허용하였다는 점을 빌미로 상업활동에 적극적으로 참여
하였다. 임진왜란 이후 급료병의 형태로 출범한 훈련도감의 군병
들은 대부분 가난한 도시빈민들이었다. 이들은 훈련도감에서 지급
하는 요포料布만으로는 가족의 생계를 충당하기 어려웠다. 군병들
의 사정이 이러하기 때문에 조정에서도 군병의 상업행위를 용인
하지 않을 수 없었던 것이다. 군병들 가운데는 자신이 직접 장사
를 하지 못할 경우, 그 친족들에게 이름을 빌려주어 장사하는 경
우도 많았다.81) 훈련도감 군병이 판매하는 상품은 다양한 것이었
지만, 주된 것은 월급으로 받은 면포나 군병들이 스스로 제조하거
나 쉽게 손에 넣을 수 있는 군수물자인 신발, 전립, 망건 등이었
다. 1636년(인조 14) 신발을 판매하는 혜전鞋廛 상인들은 훈련도감
군병의 시전 침탈을 중지해줄 것을 요구하면서 군병들에게도 시
전상인과 동일한 시역을 부과하라고 요구하였지만,82) 1637년(인조
15) 인조는 군병의 상업활동을 허락하고 이들에게 수세하지 말라
는 전교를 내렸다.83) 병자호란이라는 당시의 급박한 정세로 인해
시전상인의 주장은 관철될 수 없었고, 군병들의 이익은 보호되었
던 것이다.

　병자호란 이후 사회가 안정을 되찾으면서 차츰 훈련도감 군병
의 상업활동에 대한 통제가 가해지기 시작하였다. 인조 후반기에
이르러 백목전에 출전하던 군병에게 부과한 5분의 1의 시역을 모
든 훈련도감 군병에게 확대·적용하는 한편, 이들 군병에게 시패를

---

81)《承政院日記》인조 3년 5월 20일. "訓練都監砲手 許市(缺5~6字)臣以爲不可者 砲手四
　　千餘名 各以其親屬 假名行之 則市民何以支當 以此之故 頃 有砲手率其親屬 亂打市人
　　無所不之"

82)《承政院日記》인조 14년 9월 19일.

83) 김종수, 〈17세기 훈련도감 군제와 도감군의 활동〉, 《서울학연구》2, 서울학연구소,
　　1994.

발급하는 조처를 취한 것이다.[84] 그러나 이러한 규정으로 시전상
인들의 독점적 판매권이 보장될 수는 없었다. 1668년(현종 9) 대사
간 이태연李泰淵은 훈련도감 군병들의 좌시난전이 시역을 부담하
는 시전상인들과 부담이 균평하지 않는다는 이유로 훈련도감 군
병의 상업활동에 대한 강력한 통제책을 건의하였지만, 제대로 시
행되지 못하였다.[85] 이처럼 훈련도감 군병과 시전상인 사이의 시
역 부담여부와 상업활동 허가여부를 둘러싼 논의는 1675년(숙종
1) 을묘사목이 제정될 때까지 지속되었다.[86]

　1675년(숙종 1) 새로 창설한 정초군精抄軍 100명에 대한 출시出
市를 허가하였다. 이는 훈련도감 군병 50명의 백목전 출시허용을
근거로 한 것이었다. 정초군의 출시허용은 시전상인의 상권을 크
게 위협하는 것이었으므로, 당시 시전상인의 이익을 대변하던 대
사헌 윤휴尹鑴가 군병의 좌시난전 철폐를 주장하면서 조정에서 본
격적으로 논의가 이루어져 훈련도감 군병들의 상업활동에 대한
전반적인 법적 규정이 마련되었다. 이것이 1675년에 제정된 을묘
사목이다.[87]

---

84) 김종수, 위의 논문 참조.《증보문헌비고》에는 훈련도감 군병에게 시패를 지급하고 시
　　역의 5분의 1을 담당하게 한 조치가 효종조에 내려진 것이라고 기록되어 있다(《증보문
　　헌비고》권163, 市糴考 1, 孝宗朝. "命軍兵市業之人 成給市牌 使應市役五分之一").

85)《顯宗實錄》현종 9년 2월 乙亥.

86)《備邊司謄錄》숙종 3년 6월 24일. "軍兵旣有料布 泛然言之則自可資活 而其間事勢亦
　　有不然者 軍兵之自鄕陞戶上來者 當初則雖是單身接着 旣久之後 自有妻子 亦有率來其
　　父母 而同居者 以一人料布無以聊生 …… 中間以市民等爭利 或因臺啓 或因筵臣陳達 前
　　後講論 非止一再 而拘於事勢 終不得大段變通矣"

87)《承政院日記》숙종 원년 윤5월 10일. "大司憲尹鑴所啓 市廛亂廛爲近來之巨弊 盖向前
　　都監軍士五十名 旣許坐市販賣 元籍市民 則未免分利失業 以此呼冤矣 今聞兵曹 又令精
　　抄軍百餘名 都監一體 販肆爭利云 市民駭懼 將有離散之心 …… 若因軍兵之牟利 使有市
　　民之離散 則其爲國家之慮 實爲非細 況在京軍士 自有料布 安坐而食 又豈使舍业戈矛
　　坐肆販利 自同於市井 而貽害於閭閻也 請自今以後 都監軍士及精抄軍等 並勿許坐市亂

을묘사목의 내용은 인조대부터 훈련도감 군병들에게 지급한 시패를 환수하고, 군병들이 요로要路에 상전床廛을 설치하여 판매하는 것과 무리를 지어 저자를 여는 것을 엄금하며, 가전소시와 군병들 스스로 제조한 물건이나 기타 각종 손에 지닐 수 있는 수지물手持物에 한해서만 자유로운 판매를 허용한다는 것이었다. 수지물은 자신이 직접 제조하거나 또는 자신이 소유한 물건을 다른 사람에게 매매하는 것에 한한다고 규정되었다. 그리고 많은 물건을 가지고 사람들을 불러 모아 다른 시전에 판매하는 것을 난전으로 규정하고, 이럴 경우에는 시전상인들이 군병들을 법사에 고발하도록 하였다. 그리고 시전상인들이 합법적으로 인정된 수지물을 판매하는 군병을 법사에 고발할 경우에는 시전상인을 처벌하도록 했지만, 그 처벌권은 훈련도감이 아닌 삼법사三法司에서 행사하도록 규정하였다. 을묘사목이 제정되자 군병들은 인조 이래 50년 동안 지켜진 규례가 혁파되어 더 이상 살아갈 길이 없다고 큰 불만을 나타냈다.[88]

廛 俾無市民失業呼寃之弊 上曰 依啓"

88) 《備邊司謄錄》숙종 3년 6월 24일. "訓鍊都監 啓曰 …… 乙卯年則以憲府啓辭 始爲還收其市牌 砲手等家前小市販賣 則依前勿禁 砲手等不有定式 設床前於要路者 論以違令之罪 告于法司而處置 所謂手持之物 乃砲手等 自己所作工役之物 及其他各種所持之物 依他買賣者也 非呼朋引類 多持物貨 販賣於他前 而恃勢列立 使市民不得措手足之謂也 今後則砲手等所作工役之物 及種種他物 反賣於各其前者 稱以亂前 執告法司 則市民有罪 如前奪取市前之利者 則砲手亦當有罪 平市官員 指名告于漢城府 刑曹査覈治罪 亦自軍門禁斷 乃是與廟堂商確定奪之事目也 自此之後 軍兵則以爲革罷 仁祖朝以後 五十年流來之規例 使軍兵無以保存 稱寃不已" 훈련도감 군병의 상업행위를 제한한 을묘사목 제정을 주도한 자는 당시 대사헌 윤휴였다. 이 자료에서 보듯이 을묘사목의 제안이 사헌부의 계사啓辭를 통해 이루어지고 있기 때문이다. 또한 앞의 주 87의 자료에서 보듯이 윤휴가 정초군의 상업 활동금지도 주도했기 때문에, 을묘사목의 내용은 《증보문헌비고》시적고市糴考에는 "肅宗 元年 禁都監軍及精抄軍等坐市亂廛之弊"라고 하여 훈련도감 군병과 정초군의 좌시난전을 금한 것으로 기록되어 있다.

을묘사목이 제정된 이후 시전상인과 군병들 사이의 갈등은 좌
시난전보다 군병들에게 허용한 수지물판매를 둘러싸고 격화되었
다. 수지물이라는 표현이 종목을 특정하지 않은 막연한 규정이었
기 때문이다. 훈련도감 군병들은 시전상인들의 판매하는 물종이어
도 손에 지닐 수 있는 물건이어서 자신들이 판매하는 행위가 합법
적이라고 주장했고, 시전상인들과 한성부 금리禁吏들은 이를 불법
행위로 규정하여 단속하였다. 군병들은 이러한 단속행위에 저항하
여 시위를 벌이기도 하였다. 조정에서는 군병들의 불만을 달래기
위해 1676년(숙종 2) 한성부 금리와 시전상인의 불법적 난전 단속
에 대해서는 훈련도감이 처벌권을 갖도록 을묘사목의 조항을 개
정하였다.89) 당시는 군부의 위세가 매우 높은 시기였다. 그러므로
군병들의 이익이 시전상인의 이익에 비해 훨씬 잘 지켜질 수 있었
다. 군문의 위세를 배경으로 군병들은 시전행랑까지 차지하여 상
업활동을 전개하기도 했으며,90) 사인私人들을 거느려서 장사함으
로써 포목전布木廛이 문을 닫을 지경에 이르기도 하였다.91) 심지어
군병들은 1676년(숙종 2) 창설된 망건전網巾廛을 자신들이 예전부
터 판매하던 물종이라는 이유로 혁파시키기까지 하였다.92)

<hr/>

89) 《承政院日記》숙종 2년 10월 24일. "向日軍兵之市業者 自朝家定式禁斷 而渠等手持之
物 則使之勿禁發賣者 意非偶然 近日三司 亂前禁吏等 都監砲手則使不得買賣於市上 捉
去現告 治罪懲贖 而漢城府爲尤甚 事甚可駭 都監砲手則使之勿禁 違令禁斷者 自軍門
戒飭何如 上曰 依爲之"
90) 《承政院日記》260책, 숙종 3년 5월 2일. "赫然曰 市人等與都監砲手 有爭廛之事 至於
上言 而其中有借占市房興利作弊之說 臣不勝驚駭"
91) 《承政院日記》숙종 3년 5월. "都城市肆 各主其業 久矣 近緣砲手之輩 多率私人 各自買
賣 致令市民 失利益甚 所謂布木之廛 則鎖戶空市 全廢買賣 怨咨之聲 喧藉閭巷 前頭之
役 何以責應 此亦非細慮也"
92) 《承政院日記》숙종 2년 10월 24일. "又所啓 氈笠網巾 皆自砲手等所出而發賣資生者也
近來網巾前(廛)人等 至於上言 戶曹覆啓 砲手則禁斷 市人則 使之專利 殊甚未便 且所謂"

이와 같은 군병들의 횡포에 대해 저항하기 위해 시전상인들은 1677년(숙종 3) 2월부터 일제히 철시撤市투쟁에 돌입하였다. 철시투쟁은 반년 이상 지속되었기 때문에 조정에서 을묘사목 개정을 위한 논의가 시작되었다. 을묘사목 개정논의는 군병들의 이익을 대변하는 훈련도감 제조 유혁연柳赫然과 시전상인의 이익을 옹호하는 호조판서 오시수吳時壽 사이의 대립을 중심으로 많은 논의가 전개되었다.

유혁연은 "군병들의 좌시판매坐市販賣는 모두 폐지할 수 없기 때문에 시전상인들이 내는 시역의 3분의 2를 부담하게 하여 시전상인과 더불어 일체 응역토록 하며, 요로에서 소시小市를 개설하여 판매하는 자들은 시역의 3분의 1을 내게 하고, 가전소시와 직접 제조하거나 수지물을 판매하는 것은 그전처럼 금하지 말도록 하자."라고 제안하였다.93) 유혁연의 제안은 가전소시나 수지물판매를 자유롭게 허용하자는 것이었다. 이는 을묘사목의 핵심을 그대로 유지하는 것으로서 철시투쟁 중인 시전상인이 수용할 수 없는 것이었다.

호조판서 오시수는 도감군의 상업활동을 금지시키는 것은 현실적으로 불가능하다고 보고 이들의 취급상품을 명확히 규정할 것과 이들은 시안에 등록해 시역을 부과할 것을 제안하였지만,94) 이러한 오시수의 제안에도 시전상인들의 철시투쟁은 해결되지 않았다.

시전상인들은 도감군에 대한 특별대우를 폐지하고 자신들과 동

網巾前(廛) 曾所未有之前(廛)也 今年始出 而欲奪砲手之所業 其爲情狀 極爲過甚 此前 (廛)革罷 使砲手等 依前發賣資生何如 上曰 依爲之"

93) 《備邊司謄錄》숙종 3년 6월 24일.

94) 《承政院日記》숙종 3년 5월 19일.

일하게 통융응역通融應役하도록 주장하였고, 이에 오시수는 시전상
인의 주장을 받아들여 "장사하는 훈련도감 군병들은 다소를 막론
하고 모두 평시서 시안市案에 등록하게 하여 시전상인과 똑같이
응역하게 하자."라는 것을 주된 내용으로 하는 을묘사목에 대한
개정안을 제출하여 숙종의 정탈定奪을 받았다.[95]

이로써 1675년에 제정된 을묘사목이 2년 만에 개정되었고, 도감
군병들은 모두 시안에 등록하여 시전상인과 똑같이 응역應役하게
되었다. 이와 같은 개정은 훈련도감 군병들의 좌시난전을 전면 금
했던 을묘사목에 비해, 군병에게 시역부담을 전제로 하여 군병들
의 좌시난전을 전면적으로 허용한 조처였다. 이에 따라 군병들이
시안에 편입하여 시전상인들의 수가 대폭 증가하였다.

1677년(숙종 3) 을묘사목의 개정에도 불구하고 군병들의 가전소
시나 수지물의 판매는 여전히 을묘사목의 적용을 받아 자유롭게
허용되었다. 군병들은 수지물의 규정 자체가 애매하다는 점을 빌
미로 적극적으로 상업활동을 전개하였다. 일부 군병들은 큰 저자
를 열 정도로 규모가 큰 난전상업을 전개하기도 했다. 이에 1680
년(숙종 6) 시전상인들은 수지물의 명목을 명확하게 규정해야 군
병의 난전활동이 금지될 수 있다는 이유로 다시 철시투쟁에 돌입
하였다.

이 시기 군병들이 난전활동을 활발하게 전개할 수 있었던 까닭
은 수지물 규정의 애매성에 있기보다는 훈련도감이 난전행위를
단속하는 시전상인과 한성부 금리에 대한 처벌권을 가지고 있었
기 때문이었다. 군병들은 시전상인이나 한성부 근리에게 단속되더
라도 대부분은 훈련도감의 위세를 빌려 곧바로 풀려날 수 있었다.

---

95) 《承政院日記》숙종 3년 8월 23일.

이러한 문제를 인식한 조정에서는 훈련도감이 가진 시전상인과 한성부 금리의 불법적 난전단속행위에 대한 처벌권을 폐지하고, 규정을 어긴 군병들은 훈련도감에서 법사法司로 이송하여 처벌토록 규정을 개정하였다. 이 조처로 시전상인들의 불만이 해결되어 철시투쟁은 종식되었다. 이를 계기로 훈련도감 군병과 제상사諸上司 하인들의 난전행위나 시전상인들의 불법적 난전 단속행위에 대한 처벌권한이 모두 법사로 일원화되었다.96)

1680년 훈련도감의 권한을 대폭 제한한 조처에도 불구하고 군병의 난전은 계속되었다. 그러나 이 시기 이후 군병들의 난전은 그 이전 시기와는 다르게 전개되었다. 1684년(숙종 10)의 다음과 같은 자료는 이를 잘 알려준다.

> 훈련도감 군병들이 망건網巾, 대자帶子 등의 잡물을 스스로 만들어 손에 지닌 것들은 처음부터 거론하지 않았습니다. 포목布木을 사사로이 매매하는 것은 비록 여러 필이 아닌 경우에는 범금犯禁한 뒤에 분간방송分揀放送하고 사례로 삼지 않도록 했습니다. 그러나 잠상지배潛商之輩들이 군병들과 서로 동모同謀하여 모탁冒託매매하는 자가 있습니다.97)

훈련도감 군병의 난전활동은 그전과 달리 잠상潛商인 난전상인과 결탁하여 전개되고 있었던 것이다. 다시 말해 1684년을 전후하여 군병들의 난전활동의 성격이 그전과 달리 사상난전의 성격을 띠게 된 것이다. 그러므로 《비변사등록》 등의 연대기 기록에서도 그전과 달리 난전활동의 주체로서 훈련도감 군병이 지목되는 경

96) 위와 같음.
97) 《承政院日記》 숙종 10년 6월 23일.

우는 드물게 나타나게 된다. 그 이유는 난전활동의 주역이 군병이
아니라 사상층으로 그 성격이 변모되었기 때문이다.

　오히려 18세기 이후에는 합법적으로 자유판매가 허용된 군병들
의 수지물판매조차도 시전상인들의 불법적 난전 단속행위로 인해
위축되고 있었다. 1720년(숙종 46)의 다음과 같은 자료는 이러한
사정을 잘 알려주고 있다.

　　도감군병들이 손으로 만든 물건을 난전으로 금지하지 말라
　는 것이 언제부터 시작됐는지 모르지만, 군병들이 이를 빙자
　하여 시전상인들의 생계를 빼앗으니 망극하기가 이를 데 없
　다. 순치馴致된 수공업자들이 견디지 못하고 모두 도산하여,
　막중한 진배물종이 조달되지 않는다. 그러므로 공조에서 작년
　에 초기 정탈을 받았다. 각 아문 군병으로 하여금 (수공업자
　들의-인용자) 업을 빼앗지 못하도록 하는 것은 수공업자들이
　보존을 위한 것에 그치지 않고, 각처의 진배가 전처럼 궁핍할
　지경에 이르지 못하게 하는 것이다.[98]

　여기서 보듯이 18세기에 이르면 군병들의 상업행위는 시전상인
과 대립하는 것이 아니라 군병들이 자신들의 수조지물手造之物을
자유롭게 판매한다는 점에서 수공업자들과의 대립이 보다 중요한
것으로 변모되고 있었다. 하지만 정부에서는 오히려 군병들의 수
지물판매에 대한 가혹한 단속을 금지하는 것이 군민軍民이 생계를
이어갈 수 있다고 하여 군병들의 수지물판매를 옹호하고 있었
다.[99] 이와 같이 군병난전에 대한 입장이 바뀐 것은 난전의 주체

98)《承政院日記》숙종 46년 4월 5일.
99)《承政院日記》영조 34년 3월 10일. "大抵亂廛雖有弊 軍兵之手造勿禁 已有受敎 且軍

가 훈련도감 군병에서 사상들로 바뀌었을 뿐만 아니라, 후술하듯
이 17세기 말을 계기로 금난전권이 확립되고 이를 토대로 시전상
인들의 힘이 강력해졌기 때문이었다. 그러므로 시전상인들은 "軍
門亂廛中 扈衛廳最難堪 他軍門則可以相抗"[100]이라 하여 호위청 군
졸을 제외한 다른 군문의 난전 정도는 시전상인의 독자적인 힘으
로 충분히 억제할 수 있다고 얘기하고 있는 것이다.

(2) 사상난전의 대두

사상들에 의한 난전은 17세기 초반에도 있었다. 그러나 17세기
전반 사상들의 난전활동은 자신이 판매할 물종을 몸에 지니고 판
매하거나,[101] 종루의 옛터 초석에 비단·면주·초피 등을 궤櫃에 감
춰두고 판매하거나, 면포 등은 주변 행랑에 쌓아두고 판매하는 데
지나지 않았다. 1639년(인조 17)에 비교적 규모가 큰 난전활동이
정대민丁大民과 손사립孫士立 등의 면주판매활동으로 나타났다. 이
사건도 면주전 행수 등 19명이 정대민 등을 체포하고 한성부에 고
발하여 이들이 판매하던 면주 4필을 압수함으로써 일단락되었
다.[102] 이 당시 정대민 등 사상私商들의 상업행위도 전廛을 벌여

兵與廛外民 手持賣買者 謂亂廛而治之 則民何以措手足乎 此則一體禁之 俾無軍民之弊"
100)《承政院日記》영조 34년 3월 10일.
101)《光海君日記》광해군 2년 9월 丙寅. "近來人心奸巧 濫僞日滋 牟利之徒 屯聚於鐘樓
街上 持物貨罔市利 不隷市案 爲一亂民 本府發吏捕治 以示禁橺之意"
102)《承政院日記》인조 17년 8월 23일. "申翊亮 以漢城府言啓曰 再昨本府開坐之初 綿紬
前行首仁順等 十九人 取亂前人綿紬四疋 齊訴于庭曰 饑饉之餘 絟經勑使 艱難連命 而
恃勢亂前之輩 逐日橫拏 所無忌憚 乞治此輩之罪 令市民資活 而卽令捉人 則其中丁大民
孫士立兩人 尤甚悖惡 百般拒逆 府卒捉來 …… 兩人族黨數十輩 圍立庭中(缺數字)令下人
叱而退之矣 俄聞不達中門之外 忽有喧鬧之聲 問之則大民族黨 亂打明紬前行首云 ……
卽令捉入作亂者 則下卒諉以已散而未捉 盖緣 此輩皆是怕勢橫拏之人 下卒恐畏此輩 寧
受羅於官人 而不欲遭後日之毒手也"

지속적으로 판매하는 형태가 아니었기 때문에 시전상인을 위협할
정도는 아니었다.103)

사상들에 의한 난전활동이 본격적으로 전개된 것은 17세기 후
반 이후부터였다. 17세기 후반 이후 서울은 외부에서 유입된 유민
流民들로 말미암아 인구가 급증하였고, 차츰 상업도시로 변동하기
시작하였다.104) 그러므로 그전과 달리 사상에 의한 난전상업도 활
성화되었다. 이러한 사정은 1671년(현종 12)의 다음과 같은 자료에
서도 잘 나타나고 있다.

> 근년 이래 난전의 무리가 각전各廛의 이익을 횡탈하고 있
> 다. 소위 난전하는 자들은 궁가소속이거나 재상가의 하인들이
> 어서 각전인들이 난전인亂廛人을 붙잡아 법조에 고발하여 벌
> 주려고 한 즉, 궁가나 재상가에서 공공연하게 시전인들을 붙
> 잡아서 감히 누구를 고발하느냐 하면서 무겁게 태장笞杖을 치
> 거나 또는 공사公事를 빙자하여 본전에 탈을 잡는다. 그러므
> 로 궁가나 재상가에 출입하는 사람임을 알고는 시전상인들이
> 감히 붙잡아서 고발하지 않으므로 시전상인들의 손해가 점차
> 커지고 있다. 근래 시전상인들의 고질적인 폐단은 실로 여기
> 서 말미암는다.105)

이 자료는 1671년을 전후하여 종래의 훈련도감 군병이 아닌 궁

---

103) 《光海君日記》 광해군 9년 4월 丁酉. "漢城府啓曰 邇來國綱解弛 人多犯法 市地之廛
自有定處 不可亂也 而無賴之徒 相聚爲黨 圍立於鐘樓舊址者 無慮百餘人 貂錦綿紬及種
種物貨 藏之櫃中 隱置於廊家 而木同則公然排列於礎石之上 以左右望掩襲 而抑賣之"
104) 고동환, 《朝鮮後期 서울商業發達史硏究》, 지식산업사, 1998 참조.
105) 《備邊司謄錄》 현종 12년 5월 16일.

가소속이나 재상가의 하인들을 중심으로 한 난전이 성행하고 있음을 말해준다. 궁방이나 권세가문의 위세 때문에 시전상인들이 그들을 제대로 고발하지 못하고 법사에서도 방관하고 있다는 것이다. 이처럼 사상들의 난전은 권세가나 궁방 등 권력기관과 결탁하여 17세기 후반부터 본격적으로 발생하였다. 그 계기는 조선시대 가장 큰 흉년으로 기록되는, 1670년〔경술庚戌〕과 1671년〔신해辛亥〕의 두 해에 걸친 경신대기근庚辛大饑饉이었다. 조정에서는 유례없는 흉년을 맞아 서민들의 생계를 돕는다는 차원에서 평시서에 등록하지 않은 상인들에게도 자유롭게 상행위를 허용했다.106) 이러한 사정은 1671년 서소문 밖에 난전으로 창설되었다가 민유중閔維重 가문의 후원으로 18세기 초에 외어물전外魚物廛으로 시안에 등록되고, 19세기 초에는 육의전으로까지 성장하는 외어물전의 사례에서도 확인할 수 있다.107)

이와 유사한 사례는 서소문 밖에 1660년(현종 1)을 전후하여 창설된 생선난전의 경우에서도 찾을 수 있다. 원래 생선전은 한강에서 고기를 잡아 성균관 유생과 도감都監잔치에 필요한 생선 등을 공급하는 시역을 담당하였고, 기타 시역도 다른 시전과 함께 모두 부담하고 있었는데, 언제부터인가 서소문 밖에 생선난전이 발생하였다. 초기에는 서소문 밖의 난전인들은 전廛을 벌이는 데까지 진전되지 않았을 뿐더러 그 수도 매우 적어서 법사에서 때때로 나가 단속하는 데 그쳤는데, 1660년 무렵에는 그 수가 많아져 생선전

106) 《市民謄錄》乾, 乙未(1705) 9월 초1일. "庚戌辛亥年間 國運不幸 荐連大殺 民將顚刻 自朝家緩其亂廛之禁 廣開儕生之門 則都下無賴之輩 此聚於三門外 百物亂廛 惟意所欲"
107) 이 책의 제6장 참조. 후술하는 생선난전의 사례처럼 외어물전의 난전도 처음에는 부녀자들 서너 명이 서소문 밖에 모여 어물을 판매하는 것에서 시작한 것인데, 이 장소에서 세력가의 하속下屬들이 난전을 벌이면서 차츰 그 세력이 커졌다.

상인과 경쟁하기에 이르렀다. 더욱이 서소문 밖은 위치상 한강에
서 잡은 생선이 도성으로 들어오는 길목이었기 때문에 생선전인
들이 입는 피해는 막대한 것이었다.108) 따라서 생선전 상인들은
이들이 시역을 부담하지 않은 불법적인 난전이라고 규정하여 이
를 금단해 줄 것을 상언上言을 통해 호소하였다. 생선전인들의 상
언에 대해 조정에서도 난전인들이 시역을 부담하지 않기 때문에
금단하지 않을 수 없다는 입장을 표명하였다.109) 그러나 이와 같
은 조정의 난전 금지 조치에도 불구하고 서소문 밖 생선난전은
1695년(숙종 21)까지 계속되고 있었다. 이 당시 생선난전인들은 삼
강三江주민과 삼문내외三門內外의 무뢰배들이 서로 결탁하여 벌이
는 것으로서 대부분 세력가의 하인들이었을 가능성이 높다. 그러
므로 이들은 세력을 업고 시전상인이나 삼사의 금리들을 모기처
럼 여기고 칼을 차고 몽둥이를 들어서 장사를 벌이기 때문에 시전
상인이나 삼사의 이졸배들이 여러 번 금단하고자 했으나 이를 금
단할 수 없었던 것이다.110)

---

108) 《上言謄錄》順治 17년(1660) 12월 16일. "生鮮前人 崔一立等 上言 …… 祭享供上及成
均館儒生供饌 都監宴享生鮮等物 專責於其矣前 而此外市役 亦爲 依他前 一体對答是
白去乙 西小門外 無賴之人 別作一前 自江上入來之魚 中間掠取買賣 故本前則將未免闕
供 之患是如爲白有臥乎所 西小門外 生鮮買賣之事 未知創於何年是白乎喻 然不過若干
數而已 不至於設前 故自法府有時出禁其亂前爲白有如乎 今則漸至漫延 將與本前 爭其
大小 而同西小門外 乃是江上魚商 所經之初頭 取其便近 或不過此入城 則本前之失利
在所不免宜乎有此呼寃 而祭享御供 各處所供生物 果難如前策應 令平市署商量彼此輕重
覆啓處置何如"

109) 《上言謄錄》庚子 12월 27일. "平市署牒呈內節 該生鮮前 市民崔一立 上言 據本曺回
啓云云 相考爲乎矣 凡百市廛 禁其亂前 流來法典是去乙 …… 大槩本前 則供上及市役
種種非一 而門外生鮮前 則潛取私利 別無進排之役 彼此輕重 據此可知是齊 …… 本署段
置 亦爲商度彼此輕重 如是論報 所謂西小門外新前 依前禁斷外 更無變通之事 令法付該
曺 依亂前例一切嚴禁 俾無濫雜之弊 何如 順治十七年(1660) 十二月 二十七日 同副承旨
臣朴世模 次知 啓依允"

이러한 생선난전의 사례에서 우리가 확인할 수 있는 사실은 생선난전인들이 전廛을 벌이지 않고 몇몇이 소규모로 장사할 때는 큰 문제가 되지 않았으나, 1660년 무렵부터 이들이 서소문 밖에서 전을 벌여 장사하면서 생선전인들과 경쟁관계가 형성되면서 문제가 되었다는 점이다.

사상들에 의한 난전은 앞서 훈련도감 군병의 상업활동 가운데 주로 좌시난전이나 요로설전의 형태로 전개되었고, 이러한 형태의 난전은 시전상인들의 영업권을 크게 위협했으므로 이들에 대한 금단을 요청한 것이다. 17세기 후반 나타나기 시작한 사상난전의 형태는 바로 이와 같이 종루의 시전상가에서 시전상인들의 행랑을 빌려서 독자적으로 영업하거나, 또는 요로에서 점포를 개설하여 장사하는 형태였다. 그리고 이들이 이처럼 점포를 개설하여 영업할 수 있었던 것은 대부분 권세가문과 결탁할 수 있었기 때문이었다. 17세기 후반 이후 권세가문과 결탁한 사상난전이 본격적으로 출현함에 따라 시전상인들의 권리를 보호하는 금난전권에 대한 규정도 차츰 분명히 확립되기 시작하였다.

(3) 금난전권의 확립

《경국대전》 형전 금제조禁制條에는 난전亂廛에 대한 규정이 없었다. 16세기까지는 비시전계 상인이 시전상인을 위협할 정도로 성장하지 않았기 때문에 시안에 등록하지 않고 영업하는 상인에

---

110) 《上言謄錄》康熙 35년(1695) 9월 11일. "生鮮廛市民崔貴特等 駕前上言內 …… 近來人心不古 三江奸民 乃與三門內外無賴之輩 表裡符同 晨昏出入 各色生鮮 恣意亂賣 本廛之民 則斂手無爲 只守空廛 雖欲執捉 呈課於三司 以備據法治罪之地 而此輩自負勢力 視市民與官差如蚊虻蟊不喩 乘夜橫行 有若强盜 多者二三十人 小者十數人 或佩劍或持杖 固非殘弊市民之所敢 下手者 亦非三司吏卒之所可追捕者 則有別樣擧措 然後方可禁斷是白齊"

대한 처벌사례가 조선왕조실록에는 나타나지 않는다. 조선왕조실록에 시안에 등록하지 않고 장사하다 처벌되는 사례는 1610년(광해군 2) 처음 등장한다.

사헌부에서 아뢰길, 시전상인들이 각자 생업을 갖고 전廛별로 나누어 역에 응하는 것은 바뀔 수 없는 규정입니다, 최근 인심이 간교해지고 속임수가 날로 늘어나면서 모리배들이 종루 거리에 모여 물품을 마음대로 팔면서 이익을 취하고 있습니다. 이들은 시안에도 등록하지 않은 하나의 난민亂民입니다. 사헌부에서 금리를 출동시켜 이들을 붙잡아 다스려 이와 같은 불법행위를 근절하고자 하는 뜻을 보여 주었습니다.[111]

이 자료에서 보듯이 사헌부에서는 물건값을 속이거나 도량형을 속이는 등의 불법 상행위가 아니라 단지 시안에 등록하지 않고 장사하는 사람을 단속하고 처벌하고 있다. 1617년(광해군 9) 한성부에서도 종루 주변에서 시안에 등록하지 않고 비단 등을 판매하는 난전상인들에 대해서 다음과 같이 얘기하고 있다.

각 전廛은 정해진 곳이 있어서 어지럽혀서는 안 되는 것입니다. 그런데도 무뢰배 백여 명이 종루의 옛 터에 모여 담비 가죽, 비단, 명주와 같은 물품을 궤 속에 넣고, 종루의 초석 위에는 목면을 진열하여 지나가는 사람들에게 판매하고 있습니다. 이들은 재신宰臣이나 명관名官이 지나가더라도 그대로 선 채 바라보면서 조금도 피하지 않습니다. 근래에 경비가 부

---

111) 《光海君日記》 광해군 2년 9월 丙寅.

족하여 갑작스런 일이 생길 때마다 모두 시전상인들에게 거두고 있으므로, 시전상인들의 고생이 지금 같은 때가 없습니다. 그런데도 이들은 시전상인이 내는 역은 내지 않으면서 이익을 모조리 차지하고 있습니다. 이들은 참으로 법을 어지럽히는 백성입니다. 한성부에서 여러 차례 단속하였지만 심상하게 매나 때리는 형벌만 내렸으니, 어찌 완악한 이들을 징계할 수 있겠습니까. 지금 이후로는 그들의 우두머리 몇 명을 적발하여 법을 어지럽힌 것으로 논죄하여 무겁게 죄를 주소서. 그리고 평시서의 관원들이 예전처럼 이들을 그대로 두어 금지시키지 못할 경우에는 모두 파직시키소서.[112]

이 자료에서도 시안에 등록하지 않은 상인들을 한성부의 금리가 출동하여 처벌하고 있음을 알 수 있다. 이러한 단속에도 불구하고 난전상인들은 재상의 행차에도 피할 생각 없이 장사를 계속하였다. 난전상인에 대한 단속과 처벌이 무겁지 않았기 때문이었다.

이상의 두 사례에서 보듯이 17세기 초에 이르면 난전행위에 대한 단속근거가 시전상인들의 영업권을 규정한 시안의 등록여부로 분명해졌음을 알 수 있다. 그러나 언제부터 시안에 등록하지 않은 상인들을 처벌했는지는 확실하지 않다. 그뿐만 아니라 언제부터 시전상인들이 평시서 시안에 등록하여 시역을 부담했는지도 분명히 밝혀진 바가 없다. 1453년(단종 1) 시전행랑의 간수間數와 상인들의 성명, 그리고 수공업자들의 등급을 한성부에서 기록하여 관리하도록 하였는데,[113] 이것이 시안의 원형일 것이다. 중국의 경

---

112) 《光海君日記》광해군 9년 4월 丁酉.

113) 《端宗實錄》단종 원년 8월 丙申. "議政府據戶曹呈啓 …… 漢城府不詳錄市廛間架之數 及行商坐賈姓名諸色匠人等第 而以楮貨總數移文 故無所 考據 …… 請自今市廛間架數

우처럼 모든 상인을 시적市籍에 등록하여 관리하는 것은 시전제도를 유지 운영하는 가장 중요한 제도였다. 그러므로 조선초기 시전제도가 법제화될 때부터 시전상인을 등록하여 관리하는 시안은 존재했을 것이다. 시안은 1453년의 사례에서 보듯이 영업권을 규정하는 것이라기보다는 상업세를 부과하는 장부로서의 기능이 훨씬 컸다. 좌고세와 행랑세를 내고 시안에 등록되면 누구나 장사할 수 있었다. 시안등록은 조선후기처럼 어려운 일이 아니었다. 시안에 등록하지 않고 장사하는 행위는 조선전기에도 허용되지 않았지만, 시안등록여부로 단속과 처벌이 이루어지는 일은 드물었다. 더구나 16세기까지 금난의 단속대상은 상인들의 불법 상행위였기 때문에 시안에 등록하지 않은 상인을 처벌하는 사례가 실록에는 기록되지 않은 것이다.

그러나 임진왜란 이후 시전상인이 교체되고, 이들을 평시서 시안에 등록하면서부터 시안에 등록하지 않은 상인들에 대한 단속이 강화된 것으로 보인다. 앞서의 인용문에서 보듯이 임진왜란이후 허약한 국가재정의 상당 부분을 시전상인들이 부담하고 있었기 때문에, 이들을 보호하기 위해서라도 시안에 등록하지 않은 상인들의 영업을 단속하지 않을 수 없었던 것이다.

17세기 초에 시안에 등록하지 않은 난전상인들의 상업행위에 대한 단속이 강화되었지만, 이러한 단속은 시전상인이 아닌 형조, 사헌부, 한성부 등 삼법사三法司의 금난규정에 기초하여 이루어졌다. 17세기 전반 훈련도감 군병들의 난전도 사헌부나 형조의 금리가 출동하여 이를 단속하였으며,114) 앞서 보았던 1639년(인조 17) 정대민, 손사립의 난전행위에 대해 면주전 상인 19명은 이들이 판

及匠人等第 商賈姓名 稅楮貨之數 明白載錄輪送 從之"
114) 《承政院日記》 효종 원년 1월 10일.

매하는 물품을 빼앗고 한성부에 고발하는 데 그치고 있다. 시전상
인들에게 난전상인에 대한 단속권이 주어져 있지 않았기 때문에,
물품을 빼앗기고 고발당한 두 사람의 족당들이 소식을 듣고 몰려
들어 면주전 행수 등을 구타하고 도망갈 수 있었던 것이다.115)

17세기 이후에도 금난에 의해 주로 단속되는 것은 불법 상행위
였다. 1621년(광해군 13) 명나라 사신이 왔을 때 조정에서는 이들
이 돌아갈 때까지 금난징속禁亂徵贖을 잠시 정지하고 있는데, 그
까닭은 임진왜란 이후 모든 국용國用과 사신에 대한 접대를 담당
하고 있는 시전상인들이 금난징속이 두려워 흩어질 것을 우려했
기 때문이다.116) 이 사례에서 보듯이 삼법사의 금난징속은 비시전
계 상인보다는 시전상인에게 더욱 큰 피해를 주는 것이었다. 1675
년(숙종 1)에도 사헌부의 금리들은 금난규정에 의거하여 시전상인
들을 침탈하고 있다.117) 난전亂廛 항목이 금제禁制로 독립되기 이
전까지의 금난은 시안에 등록하지 않은 상인들을 단속함으로써
시전상인을 보호하는 측면보다는 시전상인의 불법 상행위를 규제
하는 측면이 더 강했던 것이다.

난전이 독립적인 금제禁制로 확립된 것은 1668년(현종 9)부터였
다. 이때 형조와 한성부의 금제조에 난전항목이 신설되었다.118)

115) 《承政院日記》인조 17년 8월 23일.
116) 《光海君日記》광해군 13년 윤2월 丙子. "亂後各廛市額數 比平時 未能十一 而凡干國
用 全責於市民 許多經費 過半出於市民 而諸司之課外侵擾 罔有紀極 …… 諸司不緊雜役
及法司刑曹漢城府 逐朔禁亂徵贖 限天使回還間 姑爲停寢 以慰其離散之心 王從之"
117) 《肅宗實錄》숙종 원년 4월 9일 丁酉. "憲府刑罪之事 …… 稱以禁亂 侵虐市廛 受價而
後放遣"
118) 《顯宗實錄》현종 9년 8월 癸酉. "刑曹禁制條成 凡八條 牛馬屠殺 酒禁 亂廛 常漢城內
騎馬 神祀 高重 漕船 淫女城中僧人 漢城府禁制條成 凡六條 各廛高重 牛馬肉禁 四山松
禁 亂廛 大小升斗 東西活人署巫女摘奸"

앞서 살폈듯이 이 시기에 이르러 사상세력이 성장하여 시전상인을 위협하고 있었기 때문에, 조정에서도 난전항목을 신설하여 특별히 단속할 필요성을 느껴 금제조로 난전항목이 신설된 것이다. 이때 단속대상이 된 것은 평시서 시안에 등록하지 않고 장사를 하는 사상들의 난전상업이었다. 사상들의 난전상업에 대한 처벌은 반드시 시전상인이 먼저 붙잡아 법사에 고발한 뒤에야 가능했다. 그러나 대부분의 사상들은 궁가나 세력가와 결탁하였으므로 세력이 약한 시전상인은 함부로 체포할 수 없었다. 그 때문에 이 규정은 현실에서 제대로 지켜질 수 없었다. 이러한 문제를 해결하기 위해 1671년(현종 12) 조정에서는 시안에 등록하지 않고 장사하는 난전에 한해서 시전상인의 고발 없이도 삼법사에서 직접 단속할 수 있도록 규정을 개정하였다.[119] 물론 시전상인이 난전상인을 붙잡아 고발하는 것도 허용되었다. 1674년(숙종 즉위년)에는 난전행위로 체포·투옥된 오덕립吳德立, 김세명金世明 등을 죄질이 가벼운 죄수들과 함께 풀어 주는 조치를 취하고 있다.[120] 난전행위를 경죄輕罪로 취급하고 있는 것이다.

그러나 이처럼 삼법사에 의해 직접 난전인을 체포하여 속전을 걷거나 처벌하는 것은 서울주민은 말할 것 없이 시전상인에게도 큰 피해를 야기하였다.[121] 삼법사에서는 난전인들에게 걷는 속전

119)《備邊司謄錄》현종 12년 5월 16일.
120)《承政院日記》숙종 즉위년 9월 25일.
121)《備邊司謄錄》영조 7년 1월 29일. "至於亂廛 尤關民弊 盖市肆物貨所聚 故禁吏猝至則一市騷擾之際 不但失其禁物 其他物貨 多致闊失 民怨頗多" 17세기 전반의 경우는 아직까지 사상난전 세력이 미숙했으므로 금리의 출동은 대부분 시전상인들의 불법상행위 단속이 중심이었지만, 사상난전이 출현한 이후에도 금리의 출동은 다만 난전인에 대한 단속만이 아니라 시전의 매매행위까지 위축시켰기 때문에 시전상인들의 원망을 듣고 있었다.

으로 삼법사의 각종 경비와 금리들의 요포를 지급하였다. 속전 징
수는 삼법사 운영에서 매우 필요한 자원이었기 때문에 삼법사에
서는 자주 금리를 출동시켜 속전징수 위주로 단속했다. 이러한 잦
은 단속으로 상업활동이 위축되어 서울주민은 물론 시전상인들까
지 피해를 입게 된 것이다. 그러므로 1686년(숙종 12) 좌의정 남구
만南九萬은 "조정이 금제조를 설치한 것은 풍속을 바로잡기 위한
것이다. 그러나 이름은 난전단속이지만 속전을 걷어 재용에 충당
하려는 뜻이 앞서므로 어찌 풍속을 바로잡을 수 있겠는가."라고
하여 금제조의 개정 필요성을 제기하였다.122) 그 결과 1688년(숙
종 14) 삼법사의 수용需用을 모두 호조에서 마련하여 지급하는 것
을 주요 내용으로 하는 삼사금제절목별단三司禁制節目別單이 마련되
었다.123) 이 절목별단에서는 난전인에 대한 속전징수를 혁파하고
난전에 대한 금제는 형조에서만 담당하도록 하였다. 또한 난전인
을 평시서에서 체포한 다음 형조로 이송하여 처벌하도록 하였
다.124) 그러나 그 이후에 난전에 대한 금제는 사헌부 관할로 변경
되었고, 사헌부의 금리들만이 난전인을 체포하여 처벌하는 권한을
가지게 된 것으로 보인다. 이는 1704년(숙종 30) 지평持平 이동언李
東彦이 "한성부에서 시전의 모든 일을 관할하는데, 다만 되와 말,
저울 등의 도량형과 난전亂廛은 사헌부에서 규찰하고 있다. 이러한
규정을 고쳐 난전에 대한 단속은 모두 한성부로 일원화하자."라고
주장한 것에서 확인된다.125)

122) 《備邊司謄錄》 숙종 12년 6월 15일.
123) 《備邊司謄錄》 숙종 14년 4월 4일.
124) 《新補受敎輯錄》〈刑典〉禁制, "刑曹禁制 亂廛 高重 大小斗 以上 平市署 執捉起送則
　　處決[康熙 戊辰(1688) 承傳]"
125) 《備邊司謄錄》 숙종 30년 6월 3일.

사헌부가 난전에 대한 규찰업무를 담당하고 있었다고 해도 난전
행위는 불법행위이기 때문에 삼법사인 형조, 한성부, 사헌부에서
모두 처벌할 수 있는 것이기도 했다. 다만 사헌부에서는 금리를 파
견하여 적극적으로 난전을 단속한 반면, 한성부·형조에서는 시전
상인들이 난전인을 붙잡아 고발해야 처벌할 수 있는 점이 달랐
다.126) 난전이 명백한 불법행위로 규정되고 이에 대한 적극적인
금지는 사헌부에서 담당했지만, 시전상인의 고발에 의한 처벌은
모든 법사에서 담당할 수 있었던 것이다. 이처럼 사헌부에서 담당
하던 난전에 대한 적극적 단속업무는 지평 이동언의 주장에 따라
1706년(숙종 32) 한성부로 이관되었다가,127) 다시 1710년(숙종 36)
에는 삼법사 모두가 담당하는 것으로 변경되었다.128) 그리고 여전
히 시전상인들이 난전인들을 붙잡아 고발하면 처벌하는 규정은 존
속되었다.129) 이상에서 살폈듯이 17세기 후반의 금제절목의 변화
과정에서 난전에 대한 규제절차와 내용이 명확해졌으며, 그 결과
시전상인들을 보호하는 권리로서 금난전권도 확립될 수 있었다.

금난전권은 시전상인의 독점적 상행위를 보장하는 권리로서, 구
체적으로는 난전물 속공권亂廛物 屬公權과 난전인 착납권亂廛人 捉納
權으로 구성되었다.130) 이러한 금난전권은 처음부터 모든 시전에

---

126) 위와 같음.

127) 《新補受敎輯錄》〈刑典〉禁制. "亂廛事 移送京兆[康熙 丙戌(1706) 承傳] 三司依別單出
禁 而毋得混同出禁[康熙 庚辰(1700) 承傳]"

128) 《新補受敎輯錄》〈刑典〉禁制. "亂廛之物 折價不及贖錢者 從輕重決笞 而出禁三司一
體爲之[康熙 庚寅(1710) 承傳]"

129) 《新補受敎輯錄》〈刑典〉禁制. "亂廛人使市人捉告推治[康熙 癸巳(1713) 承傳]"

130) 《秋官志》제4편, 掌禁部 法禁 亂廛. 이처럼 18세기 초 난전인 착납권과 난전물 속공
권으로 구성되었던 금난전권의 권리내용은 18세기 후반에 이르면 일부 시전에서는 수
세권의 형태로 변화하기도 하였다. 이에 대해서는 이 책의 제6장 참조.

일률적으로 주어졌던 것은 아니었다. 1786년(정조 10) 영의정 정존
겸鄭存謙은 난전에 대한 법을 처음 시행할 때 9개 시전은 한성부에
서 금리를 파견하여 단속했고, 5개 시전은 시전상인이 체포하여
고발해야 삼법사에서 처벌했으며, 그 밖의 시전에는 금난전권이
부여되지 않았었지만 시전이 크게 늘어나면서 모든 시전에 9개의
시전과 같은 금난전권이 부여되었다고 얘기하고 있다.131) 여기서
말하는 9전과 5전이 구체적으로 어떤 시전인지는 명확하지 않지
만, 금난전권은 모든 시전에 일률적으로 부과된 권리가 아니었음
은 분명하다. 초기 금난전권이 개별시전을 대상을 부여되기 시작
했다는 사실은 생선난전과 저육전豬肉廛의 사례에서도 확인된다.

생선전인들은 세력가와 결탁한 생선난전을 없애기 위해 1695
년(숙종 21)에 사헌부, 한성부, 형조에서 생선난전을 금단하기 위
한 특별한 임무를 부여받은 금패禁牌의 창설을 요구하였다. 그러
나 이와 같은 요구에 대해 조정에서는 "(서소문 밖의 생선난전을
단속하기 위해-인용자) 따로 금패를 출동시키는 것은 번거로운 소
동을 일으키는 폐단이 될지 모르므로 그 요청을 들어주기 어렵
다."라고 하여 그 요구를 수용하지 않았다.132) 1695년에는 이러
한 요구가 받아들여지지 않았지만 4년 뒤인 1699년(숙종 25) 조
정에서는 생선전 상인들의 요구를 받아들여 생선난전 한 종목에
대한 금패를 창설하였다.133) 생선전에 대한 금패창설을 계기로

131) 《備邊司謄錄》 정조 10년 3월 24일. "亂廛定法之初 九廛則自京兆出禁 其外五廛則使
廛人捉納者 法意有在 …… 其後 各廛名色 不勝其繁矣 而亂廛之禁 一用九廛之例"
132) 《上言謄錄》 康熙 35년(1695) 9월 11일. "令三司一如別關禁亂例 別出一牌 以生鮮亂廛
牌 旅之以重其事 則無賴之輩 庶有一分畏戢 日漸散落是白乎乙 可望良白去乎 …… 曾前
累因廛民上言 自本曹覆啓移文三司 申飭禁令是白乎矣 人心巧詐 法令不行 終不禁斷 事
極寒心是白乎乃 至於依犯關例 別出禁牌 則或不無煩擾之弊 有難施是白在果"
133) 《增補文獻備考》 권132, 刑考 6, 숙종 25년. "命以牛馬屠殺 四山別松 京城五里內神祀

생선난전의 활동은 위축되었다.

단속 대상이 되었던 서소문 밖의 생선난전 상인들은 그 이듬해
인 1700년(숙종 26) 평시서 시안에 등록하는데 성공함으로써 국역
을 부담하는 시전상인으로서의 합법성을 획득하였다. 서소문 밖의
생선난전 상인들이 서소문 밖의 생선전 상인으로 합법성을 취득
한 이후, 새로 나타나는 생선난전에 대해서는 삼법사에서 돌아가
며 단속하는 것으로 규정이 제정되었다. 이로써 생선전 상인들은
생선판매의 독점권을 확실하게 보장을 받을 수 있었다.[134]

한편 돼지고기를 판매하는 저육전의 수는 1712년(숙종 38)
7~80곳에 달했지만, 시안에 등록된 것은 6~7곳에 지나지 않았
다.[135] 시안에 등록하지 않고 영업하는 저육전이 전체 저육전 가
운데 90퍼센트를 상회했다는 사실은 당시 저육전에 금난전권이
주어지지 않았음을 의미하는 것이다. 시안에 등록된 저육전 상인
들의 항의로 인해 시안에 등록되지 않은 저육전은 1712년(숙종
38)에 모두 혁파되었다.[136] 시안에 등록되지 않은 저육전이 모두
혁파된 것은 모든 시전에 금난전권이 부여되면서부터일 것이다.
그렇다면 개별 시전을 대상으로 주어졌던 금난전권이 모든 시전
에 부여된 것은 1712년부터라고 추정할 수 있다.

한편 금난전권의 권리내용을 구성하는 난전인 착납권과 난전
물 속공권도 처음부터 완비된 형태로 적용된 것이 아니라 시전

號牌不佩 城內庶人騎馬 生鮮亂廛 六條 造爲禁牌 刻其禁目 給付禁吏 被捉者 各以所禁
輕重決罪 從判尹李彦綱之言也"

134)《新補受敎輯錄》〈刑典〉禁制. "生鮮亂廛 令三司輪回出禁 亦令本署錄於市案 一體差
役[康熙 庚辰(1700) 承傳]"
135)《承政院日記》숙종 38년 9월 28일. "猪肉廛則市案所載者 不過六七坐 而近來漸盛 幾
至七八十坐 以此懸房失利 典僕輩呼冤"
136)《新補受敎輯錄》〈刑典〉禁制. "猪肉廛 載市案者外 革罷[康熙 壬辰(1712) 承傳]"

에 대한 법제적 정비가 이루어지면서 차츰 정립되어 간 것으로
보인다. 난전인 착납규정도 1713년(숙종 39)에 법제화되었으
며,137) 난전물 속공권도 1710년 무렵까지는 주로 삼법사 금리들
에 의한 속전징수위주로 금난전권이 행사되다가,138) 1722년(경종
2)에 백목전과 포전의 난전물 속공권이 법제화된 사례에서 보듯
이,139) 1720년대 이후부터 난전상품 전체에 대한 속공권으로 제
도화된 것으로 이해된다.

이처럼 난전인 착납권과 난전물 속공권을 주내용으로 하면서
시전상인들의 매매독점권을 보장했던 금난전권은 대체로 17세기
최말기에 주요 시전을 중심으로 창설된 것이었고, 1712년을 전후
하여 모든 시전으로 확대된 것이었다.140) 이러한 사정은 1792년
(정조 16) 정조의 "난전법은 불과 100년 내외의 일이다."라는 언급
에서도 확인되고 있다.141) 금난전권의 확립으로 말미암아 17세기
말 난전으로 단속되었던 대상은 시안에 등록되지 않은 자들의 상

---

137)《新補受敎輯錄》〈刑典〉禁制. "亂廛人 捉告推治(康熙 癸巳 承傳)"

138)《新補受敎輯錄》〈刑典〉禁制. "亂廛之物 折價不及贖錢者 從輕重決笞 而出禁三司一
體爲之(康熙 庚寅 承傳)"

139)《新補受敎輯錄》〈刑典〉禁制. "白木亂廛尤甚者 各衙門軍卒及諸宮家藉勢之類 現告法
司刑推 而屬公其物件[康熙 壬寅(1722) 承傳] 布廛亂廛 這這直出禁吏捉來刑推後 同物件
亦爲屬公[康熙 壬寅(1722) 承傳]"

140) 앞서 시안에 등록되지 않은 저육전이 모두 혁파된 해가 1712년이므로, 이때 모든 시
전에 금난전권이 부여되었다고 볼 수 있다. 주 132에서 정존겸은 '시전이 솜털처럼 증
가하면서 모든 시전에게 금난전권이 주어졌다'라고 언급하고 있는데, 이러한 정존겸의
언급은 인과관계의 착종을 불러일으킨 점도 없지 않다. 왜냐하면 금난전권이 확실한
권리로 성립한 이후에 비로소 많은 사상인들이 금난전권의 권리를 행사하기 위해 자
신이 판매하는 물종을 시안에 등록하여 신전新廛을 창설하고 있기 때문이다. 주지하듯
이 신전창설이 가장 활발하게 이루어졌던 시기는 1730년대였다. 이에 대해서는 이 책
의 제3장 참조.

141)《日省錄》정조 16년 2월 30일. "予曰 亂廛之法 卽不過百年內外之事"

행위였다. 그러나 후술하듯이 1706년 평시서 시안에 각 시전별로
주관물종이 자세히 기록되면서 난전에 대한 단속내용도 훨씬 확
대되어 갔다.

그동안 시전의 금난전권의 형성시기에 대해서는 대부분의 연구
자들이 임진왜란 이후인 17세기 전반에 성립했다고 파악하고 있
다.[142] 이처럼 17세기 전반인 인조대를 기점으로 파악한 연구들은
앞서 살펴본 정대민, 손사립의 난전행위를 면주전 상인들이 단속
한 사실에 근거한 것인데, 이 사례는 조선전기부터 존속되던 삼법
사의 금난규정의 일환으로 이루어진 것이다. 그러므로 이 사례는
18세기의 금난전권의 성립근거로 제시될 수 없는 것이다.

3) 국역체제國役體制의 확립과 육의전六矣廛의 성립

(1) 국역체제의 확립

17세기 말 금난전권이 확립되면서 이제까지 시전이 부담하던
시역도 변하였다. 조선전기 시전상인들은 단순한 상인만이 아니라
직접 물품을 제조하여 판매하는 수공업자들도 다수 포함되어 있
었다. 이들은 판매물종에 따라 간판을 내걸고 시전행랑에서 영업
을 하였다. 평시서에서는 시전상인들에 대해서 1453년(단종 1)부
터 시전행랑의 간수間數와 상인들의 성명, 그리고 수공업자들의 등
급도 모두 기록하여 관리하였다.[143] 이들에게는 공랑세와 좌고세
坐賈稅를 징수했는데, 이는 시전상인들에 대한 건물임대료와 영업

---

142) 강만길, 앞의 책(주 1), 11쪽.; 유원동, 앞의 책(주 1), 172쪽.; 홍희유, 앞의 책(주 1).;
변광석, 앞의 책(주 1) 참조.
143) 《端宗實錄》단종 원년 8월 丙申. "議政府據戶曹呈啓 …… 漢城府不詳錄市廛間架之數
及行商坐賈姓名諸色匠人等第 而以楮貨總數移文 故無所 考據 …… 請自今市廛間架數
及匠人等第 商賈姓名 稅楮貨之數 明白載錄輪送 從之"

세의 성격을 가지는 것이었다.[144] 그러므로 시전상인들에 대한 좌
고세는 계구수세計口收稅, 곧 인두세 형식으로 부과한 것이었다.

조선전기 시전상인들의 부담은 이와 같은 좌고세와 행랑세 외
에도 정부가 공물 진상으로 충당하지 못한 임시의 수요물을 저
자에서 무역할 때 시전상인들이 여기에 응하여 책판責辦하는 의
무도 졌으며, 이러한 책판에는 외국사신에 대한 각종 접대물품의
조달 또는 외국사신과의 무역에 응해야 하는 의무도 있었다. 또
한 시전상인들은 각종 잡역을 부담했고, 국장과 관련된 요역도
담당하였다.[145]

이와 같은 시전상인의 시역부담 체제는 임진왜란 이후에도 그
대로 유지되었다. 다만 임진왜란으로 조세수취기반이 붕괴되었고,
이로 말미암아 국가에서는 대부분의 물품을 시전에서 구입하는
체제가 정착하였다. 그러나 정부에서 물품을 구입할 때 시장가격
으로 구매하도록 규정하였지만 실제 급가는 제대로 이루어지지
않았다. 다음의 자료는 이를 잘 알려준다.

체찰사 이항복이 계하여 아뢰길, 국가에서 시급하게 취판해
야 하는 것을 일일이 시전에서 분징하는 것을 무역貿易이라고
합니다. 그러나 실제로 돈을 주지 않으니 이름은 비록 교역이
나 실제로는 거두는 것입니다. 우리나라의 규례는 급한 때를
만나면 모든 책판을 시전상인들에게만 책임 지우는데, 공가公
家와 시전상인의 관계가 이와 같으므로 시사市肆가 텅 비게
되니 이것 또한 작은 걱정이 아닙니다.[146]

---

144) 《磻溪隨錄》 권1, 田制 上에 따르면 '坐賈每名一年綿布一疋'을, '公廊(卽市廛)稅 每一
間 春米二斗秋二斗'를 징수했다.

145) 박평식, 앞의 책(제1장 주 33) 참조.

여기서 보듯이 무역이라 하여 국가에서 시급하게 마련해야 할 것을 모두 시전에게 값을 치루고 조달하였지만 실제 값을 제대로 치루지 않았기 때문에, 무역은 조선전기의 책판과 동일한 것이었다. 그러므로 무역에는 사대事大와 교린交隣에 소요되는 모든 물품이 포함되었다.147) 여기서 보듯이 임진왜란 이후 국가재정의 시전상인에 대한 의존도는 계속 증가했지만, 조선전기적인 시역부담체제가 근본적으로 변한 것은 아니었다.

이러한 시역부담체제는 17세기 후반에 이르러 변하게 된다. 1670년 무렵에 완성된《반계수록磻溪隨錄》에는 조선전기에 부과되었던 공랑세가 폐지되고 다만 칙사에 대한 접대와 제사, 장빙이나 제반 수리역修理役을 부과하는 체제로 변동했음을 얘기하고 있다.148) 시전상인들의 부담을 지칭하는 용어도 17세기까지 시역이라는 용어가 사용되었지만, 18세기 이후에는 국역 또는 분역分役이라는 용어가 일반적으로 사용되었다.

평시서에서는 물종별로 주관하는 상인들을 시안에 등록하고 각 시전의 잔성殘盛에 따라 등급을 매겨 국역을 담당하도록 하였는데,149) 국역 가운데 주요한 것이 바로 궐내외제상사闕內外諸上司 각처수리도배역各處修理塗褙役이었다.150)

---

146)《增補文獻備考》권163, 市糴考 1.

147)《光海君日記》광해군 원년 12월 乙卯.

148)《磻溪隨錄》권1, 田制 上. "大典雖有公廊定稅 而今則市賈公廊 皆無常稅 勅使及祭祀 藏氷及凡修理等雜役 隨事支役苦歇無復有定云"

149)《備邊司謄錄》영조 5년 7월 12일. "平市署提調 臣 金東弼 啓曰都下之設置 百各市肆 物分主客 錄在市案 隨其殘盛 平均等第 以應國役 乃是流來古規"

150) 대내수리역大內修理役일 경우에는 실제 시전상인들이 직접 입역하는 형태로 수행되었다 (《備邊司謄錄》영조 3년 5월 9일. "昨年大內諸處修理時 市民例爲 入役 而昌德儲承昌慶建極殿 數多 故諸宮修理 事體雖重 至於東宮修理 則使勿赴役").

그렇다면 이와 같은 수리도배역이 시전의 부담으로 정착된 때
는 언제부터였을까. 1650년(효종 1)까지는 대내지지존지중처大內
之至尊至重處와 각사공해各司公廨의 수리도배는 3년에 1번씩 시행하
는 것이 법례였고, 이는 각기 해당아문에서 담당하는 것이었
다.151) 그러나 1670년(현종 3)에는 대궐과 제각사의 수리도배역을
시전상인들이 담당하고 있다.152) 그리고《반계수록》에서는 수리
역과 장빙역藏氷役을 시전상인이 부담하는 역이라고 설명하고 있
다. 이러한 자료를 통해서 볼 때 시전상인에게 대궐수리역이 부과
된 시기는 시전상인에게 장빙미藏氷米가 부과된 1663년(현종 4)
전후시기로 판단된다.153) 1664년에 평시서 시안이 개정되는
데,154) 이때의 개정은 이와 같은 시역부담의 변화를 반영하는 것
이 아닐까 추측된다.

이와 같이 1660년대 중반 이후 시전상인의 부담이 대내수리와
장빙역으로 특정된 까닭은 그동안 시전상인들에게 부과되던 조사
접대역詔使接待役, 세폐歲幣와 방물진배역方物進排役 등이 이 시기에
차츰 줄어들었기 때문이었다. 청나라와 관계가 정상화되면서 청에
서 파견하는 조사詔使의 수도 1660년대 이후 급격히 줄었을 뿐만
아니라 세폐와 방물의 액수도 크게 감소하였다. 이에 따라 조정에

---

151)《備邊司謄錄》효종 원년 10월 28일.

152)《承政院日記》현종 11년 10월 8일.

153) 종래 부역제 형태로 운영되던 장빙역이 물납세인 장빙미로 부과된 시기가 1663년(현
종 4)부터였다. 그러므로 시전상인들이 수리도배역을 부담한 시기도 1663년 전후로 추
정된다. 이에 대해서는 고동환,〈조선후기 藏氷役의 변화와 藏氷業의 발달〉,《역사와
현실》14, 한국역사연구회, 1994 참조.

154)《備邊司謄錄》정조 12년 정월 16일. "取考本營所在前後市案 則一卷年條未詳 一卷康
熙三年(1664)修正 一卷康熙二十五年(1686)修正 一卷康熙四十五年(1706)修正 一卷乾隆
二十三年(1758)修正 合爲五卷 而康熙二十五年前市案 則毋論某種物種間 不區別 載錄
自康熙四十五年 始爲詳錄"

서는 궁궐과 각사 수리도배역과 장빙미를 시전상인에게 새로 부
과한 것으로 보인다.

궁궐의 수리비용은 한 해에 쌀 3천 석에 달하였고,[155] 시전상인
들이 내는 장빙미도 한 해에 175석이었다.[156] 궁궐수리도배역과
장빙역은 결코 가벼운 것이 아니었다.[157] 시전상인들은 이밖에도
평시서 관원들의 봉름俸廩을 부담하였다.[158] 이와 같은 시전상인
들의 부담을 17세기 후반부터는 국역이라고 칭하였는데, 국역이라
고 표현할 때의 국은 국가를 지칭하기보다는 왕실을 지칭하는 의
미로 사용된 것으로 이해된다.[159] 당시 국의 개념도 군君과 동의
어로 이해되기 때문이다.[160]

한편 분역이라는 용어는 국역을 육의전이 각 시전에 나누어 준다
는 의미에서 붙여진 이름으로,[161] 각 시전의 전업廛業의 크고 작음
과 상인의 많고 적음에 따라 정해졌다.[162] 육의전에서는 국역을 시

---

155) 《肅宗實錄》숙종 23년 1월 丁卯.

156) 《藏氷謄錄》권3, 甲戌(1694) 10월 29일. "平市署所定氷米 每年一白七十五石之多 皆
責於市民"

157) 이처럼 궁궐수리역이 무거웠기 때문에 흉년이 계속되면 궁궐수리도배역도 다른 민
역과 마찬가지로 정지되는 것이 보통이었다(《備邊司謄錄》경종 3년 5월 14일. "近年以來
連値凶歉 稅入大縮 …… 宗社各陵殿闕內外不緊營繕 稍待年豊財裕間 姑爲 停罷事").

158) 《承政院日記》정조 15년 6월 26일. "今以不當之名色 聚斂於市民 …… 吏隷之數 旣甚
夥然 堂郞之俸 亦自不薄 此皆責出於六廛 而六廛又爲分定於各廛 名之曰分役"

159) 시전이 조선초기부터 종로에 설치된 것은 정부에서 필요한 물자의 조달, 서울 주민
들에게 필요한 물자의 매매 때문이기도 했지만, 다른 한편으로는 종묘와 궁궐을 호위
하기 위한 것이기도 했다(《各廛記事》地, 127쪽. 辛未(1691) "國初分設市廛於鐘樓 街上 旗亭
百隊 次第排列於御路左右者 亦一宗廟宮闕守衛之備").

160) 이태진, 〈대한제국의 皇帝政과 「民國」정치이념-國旗의 제작·보급을 중심으로〉, 《韓
國文化》22, 서울대 한국문화연구소, 1998, 258쪽.

161) 주 153 참조.

162) 《備邊司謄錄》순조 11년 6월 11일.

전 가운데 여유 있는 37개의 시전을 뽑아 유분각전有分各廛으로 정하고 10분역에서 1분역까지 부담하게 하였다.163) 분역은 유분각전이 부담하는 국역의 비율을 의미하며, 국역은 모든 시전이 공통적으로 부담하는 역이라는 의미가 될 것이다. 이와 같이 시전상인이면 모두가 부담하는 국역이 특정되고, 국역을 육의전이 유분각전에 분담시키는 체제가 정착되면서 시전의 국역체제도 확립되었다.

국역체제의 확립을 바탕으로 유분각전과 무분각전도 성립하였다. 무분각전의 상인들도 시안에 등록된 상인이기 때문에 정부 조달물자를 담당할 시전이 없거나 조달물품에 대한 조달가가 시가보다 헐하여 시전상인들이 손해를 입었을 경우 육의전에서 무분각전에 부족한 액수를 징수하였다.164) 무분각전도 국역부담의 의무가 완전히 면제된 것이 아니고 일정한 부담을 지고 있었던 것이다.

(2) 육의전의 성립

17세기 말 금난전권과 국역체제가 확립되어 시전체제 또한 변모하였다. 1791년(정조 15) 신해통공조치를 단행한 채제공蔡濟恭은 "我朝亂廛之法 專爲六廛之上應國役 使之專利也"라고 하여, 금난전권은 육의전으로 하여금 국역을 응하게 하고, 상품유통의 독점권을 부여하기 위해서 창설한 것으로 이해하고 있다.165) 그러나 앞서 살폈듯이 금난전권의 성립과정은 매우 복잡한 경로를 거친 것이었다. 채제공의 언급처럼 금난전권은 육의전이 국역을 담당하고

---

163) 《度支志》〈版籍司〉版圖部 市廛, 有分各廛. "各廛中稍實者 量定分數 以應國役 稱有分各廛 自十分至一分 凡三十七廛 每當國役 十分廛應十分 一分廛 應 一分 闕內外諸上司 各處修理塗褙軍 亦依此出役"

164) 《度支志》〈版籍司〉版圖部 市廛 無分各廛. "廛案所無之物 若當國用 則自平市署分定貿納於六注比廛 價錢之落本 無分各廛 分配添價"

165) 《正祖實錄》 정조 15년 정월 庚子.

상업이윤을 독점하기 위해 창설된 것은 아니었다. 다만 채제공의 언급에서 우리가 시사받을 수 있는 점은 금난전권의 발생과 육의전의 창설은 거의 비슷한 시기였을 것이라는 점이다. 그렇다면 구체적으로 육의전은 언제쯤 발생한 것일까.

육의전의 성립시기를 논한 이제까지의 연구들을 살펴보면, 송찬식은 18세기 후반의 자료를 근거로 육의전은 국초부터 있었다고 이해하고 있었으며,[166] 이태진은 16세기 활성화된 국제교역에서의 주된 교역품이 육의전에서 취급하는 물종들이었다는 점을 근거로 16세기에 창설되었을 가능성을 제기하였다.[167] 또한 유원동은 1637년(인조 15)에 중국에 보내는 세폐와 방물을 육의전에서 분담케 한 때로부터 성립되었다고 추정하고 있다.[168] 이는《만기요람》재용편에 1637년 호조의 세폐색을 설치하였다는 기록에 근거를 둔 것이다. 세폐의 물종은 시기에 따라 변했지만 주요 상품은 각종 저포, 마포, 명주, 면포, 종이류였다. 이러한 판매물종의 유사성을 근거로 육의전이 세폐와 방물의 조달을 위해 창설되었다고 유원동은 이해하고 있는 것이다. 반면 변광석은 육의전의 창설시기를 유원동의 추정보다 조금 앞서는 시기로 설정하였다. 그는 유원동의 추정근거를 그대로 수용하면서도 임진왜란 이후 왕실이 재건되던 17세기 초반 무렵에 육의전이 성립했을 것이라고 추정하였다.[169]

이제까지의 연구에서 언급된 육의전의 성립시기 추정은 모두

---

166) 송찬식, 〈상업도고의 자본축적과 그 수공업지배-서평 강만길저 조선후기 상업자본의 발달〉,《신동아》1973년 7월호, 동아일보사, 1973.
167) 이태진, 〈조선시대 서울의 도시발달단계〉,《서울학연구》1, 서울학연구소, 1994, 32쪽.
168) 유원동, 앞의 책(주 1), 146쪽.
169) 변광석, 앞의 책(주 1) 참조.

정황자료에 기반한 것으로서, 17세기 전반 이전에 성립했다는 점에서 공통된다. 그러나 육의전 체제의 성립과 금난전권의 성립은 매우 밀접한 관련을 갖는 것이다. 금난전권의 성립시기를 17세기 후반으로 파악한다면 17세기 전반 이전에 육의전이 성립되었다는 추정은 근거가 없게 될 것이다. 물론 18세기 육의전을 구성했던 시전들이 대부분 조선초기부터 있었던 시전이었다. 입전立廛을 비롯한 면포전과 면주전은 15세기에 이미 존재했고, 청포전도 그 이전부터 존재했으나, 병자호란 이후에 중국 물화의 반입이 일시적으로 차단되면서 혁파되었다가 1668년(현종 9)에 다시 복구되었다.[170] 그러나 15~16세기에 육의전을 구성하는 개별시전이 존재했다는 점과 정부에 의해 주요시전이 육의전으로 편성되었다는 것은 전혀 별개의 사안이다.

육의전의 창설시기를 추정하기 위해서는 육의전이 창설된 까닭을 먼저 해명해야 할 것이다. 육의전이 창설된 까닭은 그전에 평시서에만 맡겨졌던 시전 관리업무를 시전상인 자체적으로 관할할 필요성 때문이었다. 육의전체제의 성립은 시전들이 늘어나고 금난전권의 확립으로 상인들의 위세가 높아지면서 국역을 부담하거나 시전에서 발생하는 각종 불법행위를 자체적으로 규찰하기 위해 조직된 것으로 이해된다. 실제 17세기 후반에는 다양한 시전들이 창설되고 있었다. 1660년 무렵에는 문외미전門外米廛·서강미전西江米廛, 1680년 무렵에는 마포미전麻浦米廛과 1671년에는 서소문 밖에 외어물전이 각각 창설되었고, 계아전鷄兒廛·남초전南草廛·문외우전門外隅廛·문외상전門外床廛 등도 이 시기에 창설되었다. 양태전凉台廛은 1664년 무렵에 창설되었으며, 비록 금방 혁파되긴 했지만

---

170) 《承政院日記》현종 11년 10월 8일. "靑布乃軍兵所需之物也 古有其市 丁丑亂後(1637) 唐物不通 仍爲革罷 臣戊申(1668)秋 受任之後 還爲設立"

망건전도 1676년(숙종 2)에 창설되었고, 청포전靑布廛도 1668년(현
종 9)에 복구되고 있었다.[171] 이와 같은 신설시전의 증가에 따라
평시서에서는 시전상인 자체적으로 규율할 수 있는 체제가 필요
했을 것이다.

이와 관련하여 1691년(숙종 17) 형조 금제조에 "시전상인 가운
데 뛰어난 6명을 행수로 정하여 6명이 각자 4명씩을 거느리고 (시
전상인들의 불법행위 등을) 검찰하며, 만약 행수가 거느린 4명의
단속원 가운데 불법행위가 드러나면 행수는 범인에 견주어 1등을
감하여 처벌하며, 시전상인의 불법행위를 고발한 사람에게 그 재
화를 지급"하는 규정이 신설된 점이 주목된다.[172] 이 규정은 시전
상인들의 불법행위를 6명의 행수를 중심으로 자율적으로 규찰하
는 제도가 법제화되었음을 의미한다.

난전상인에 대한 단속은 앞서 보았듯이 삼법사를 중심으로 이
루어지고 있었지만, 정작 시전상인들의 불법행위에 대한 단속은
평시서에서 관할하고 있었다. 그러나 이 시기 시전이 대폭 증가함
에 따라 소수의 평시서 관원만으로 시전상인의 불법행위를 제대
로 단속할 수 없게 되자, 시전상인들 가운데 대표를 뽑아 감찰의
임무를 부과하게 된 것이다. 이러한 법 규정에서 주목되는 것은
시전 자체의 검찰업무를 시전상인 가운데 뛰어난 6명의 행수에게
맡겼다는 점이다. 행수라는 용어는 시전 도중의 대표자를 의미하
는 것으로, 6명의 행수는 곧 6개 시전의 대표자임이 분명하다. 그
렇다면 이 규정은 제도화되기 이전 육의전 성립의 단서로 충분한

---

171) 이상 17세기 후반 시전의 신설에 대해서는 이 책의 제3장 참조.
172) 《各司受敎》 권5, 〈刑典〉 禁制, 康熙 辛未(1691) 承傳. "商賈中擇其優者 定爲行首六名
各率四名 以爲檢察 而率下罪犯現露 則行首比犯人減一等論罪 商賈中犯罪者 告官則犯
人依律科罪 其財貨盡給告者 率下發告 則定罪給財等事 一體施行"

근거가 될 수 있다고 생각된다.

이처럼 육의전이 시전 자체의 자율적인 통제조직이었다는 점은 19세기 후반의 도자전등급刀子廛謄級에서도 찾아볼 수 있다. 이 등급에는 도자전 상인들이 자신들이 취급하는 물품에 대한 독점적 유통권을 평시서에 요구하자 평시서에서는 그 결정을 육의전 도소都所에 결정을 위임하였으며, 육의전에서는 구성원들의 항통缸筒 투표를 통해 결정하였음을 기록하고 있다. 도자전의 독점적 판매권을 평시서가 아닌 육의전 도소에서 민주적인 투표를 통하여 자율적으로 결정하고 있는 것이다. 육의전 도소원들의 투표는 1885년과 1891년 두 차례 행해지고 있는데, 이로 미루어 볼 때, 시전상인간의 분쟁들을 처리할 때 육의전 도소원들의 투표로 결정하는 것이 예외적인 것은 아니었던 것으로 보인다.173) 이 사례에서 우리는 육의전이 시전상인들의 불법행위를 자체 검찰하는 기능과 함께 시전 상호 간에 벌어진 분쟁에 대해서 독자적인 처결권을 행사하는 기능도 지녔음을 확인할 수 있다. 요컨대 육의전이 시전 자체의 자율적인 통제조직의 성격을 지닌다는 점을 분명히 알려주는 사례인 것이다.

한편 1751년(영조 27) 병조판서 홍계희洪啓禧는 육의전과 각전의 분등은 모두 민진후閔鎭厚가 평시서 제조일 때 정한 것이라고 얘기하고 있다.174) 민진후가 평시서 제조였을 때인 1705년(숙종 31)이었다.175) 개별 시전의 분등과 분역은 17세기 후반에도 존재한 것이었지만, 1705년 시전의 분등이 대폭 조정되었고, 이 과정에서

173) 이 책의 제8장 참조.
174) 《備邊司謄錄》 영조 27년 5월 25일. "六矣廛及各廛分等 皆故判書閔鎭厚爲提調時所定"
175) 《市民謄錄》 乾, 이문사 영인본, 58쪽. "乙酉(1705)年分 閔判書大監敎是 本署提調時"

국역부담이 가장 많은 6개 시전을 육의전으로 편성했을 가능성이
있는 것이다. 분등이라는 것은 시전의 규모를 기초로 규정되는 것
이므로, 1691년 형전 금제조에서 언급한 상인 가운데 뛰어난 6명
을 행수로 정한다는 표현과 긴밀한 관련을 갖는 것이라고 생각된
다. 요컨대 1691년 형전 금제조의 6명의 행수체제가 1705년 무렵
에 육의전체제로 이행했다고 판단되는 것이다.

　육의전은 시전상인들의 국역납부를 책임지는 기능도 담당하였
다. 육의전이 성립되기 이전에는 평시서 관원들이 자신들에게 필
요한 각종 재원을 직접 각 시전에 쌀을 매달 부과하여 걷고 있었
다.[176] 그러나 육의전 성립 이후에는 평시서 당상, 낭청에게 필요
한 각종 봉름을 육의전에서 각전에게 분담시켜 거두었다.[177]

　또한 1705년 육의전을 비롯한 각전 분등의 조정을 계기로 시전
에 대한 구체적인 구분, 곧 육의전, 유분각전, 무분각전의 구별도
정착된 것으로 이해된다. 이와 같이 각전의 분역과 분등이 조정되
었고, 유분각전과 무분각전의 구분도 명확해졌기 때문에, 1706년
(숙종 32) 이후의 평시서 시안에는 그 전과 달리 각 시전이 거래하
는 구체적인 물종이 기록될 수 있었다.[178] 이와 같이 시전이 유분
각전과 무분각전으로 구별되면서 육의전은 시전에 부과된 국역을
한데 모아 국가에 납부하는 의무도 지니게 되었다.[179] 이제까지
평시서에서 직접 수행하던 각종 시전에 대한 국역징수 업무를 육
의전이 수행함으로써, 육의전은 국역의 납세청부 조직의 성격도

---

176) 《宣祖實錄》 선조 34년 6월 乙酉. "平市署官員 …… 敢於各色市廛 逐朔收捧 無名之米
　　以爲私濫之用 冤號盈路 極爲駭愕"
177) 주 158 참조.
178) 주 155 참조.
179) 시전상인의 국역부담에 대해서는 변광석, 앞의 책(주 1) 참조.

지니게 된 것이다.

요컨대 육의전체제는 처음부터 육의전이라는 명칭으로 등장한 것이 아니었다. 초기에는 6개 시전이 1691년 시전 내부의 자율적인 통제조직으로 출현하였다가, 전체 시전의 국역부담비율인 분역과 분등이 조정되고 이 과정에서 시전상인의 자율적인 통제시스템에 기초하여 각종 국역을 부담지우는 체제, 곧 납세청부조직으로서의 육의전의 성격이 부가되면서 비로소 확립된 것이다.180) 다시 말해, 17세기 후반 개별시전에 따라 다르게 주어졌던 금난전권이 시전의 증가에 따라 모든 시전에 일률적으로 주어졌고, 시전의 증가, 금난전권의 일반화에 따라 시전자체의 규율을 담당하고 국역을 청부하는 조직으로서 육의전이 성립한 것이다. 이렇게 육의전의 성립과정을 이해한다면, 금난전권과 육의전의 성립이 매우 밀접한 관계가 있다고 한 앞서의 채제공의 언급은 매우 적확한 이해라고 평가될 수 있다. 이와 같이 17세기 말에서 18세기 초를 거치면서 재편된 시전체제는 1791년(정조 15) 신해통공辛亥通共으로 육의전을 제외한 모든 시전의 금난전권이 혁파될 때까지 18세기 서울상업의 기본구조를 형성한 것이었다.

---

180) 육의전은 6개 시전을 의미하는 것이 아니라 육주비전이라는 표현에서 보듯이 국역부담비율이 가장 높은 시전을 6개의 주비로 묶은 것을 의미한다. 그러므로 육의전을 구성하는 시전은 6개의 시전만이 아니었다. 육의전을 구성하는 시전은 19세기 초반까지 7개 시전이었고, 그 이후에는 8개, 9개로 증가하기도 했다. 그렇다면 앞서 시전의 불법행위를 자체적으로 검찰하는 6개 시전과 조금은 거리가 있는 것으로 생각될 수 있다. 그러나 육의전이 처음부터 육주비전으로 등장한 것이 아니라, 초기에는 시전 가운데 가장 세력이 큰 6개 시전이 자체 감찰업무를 담당하다가 1705년 무렵 분등이 확정되고, 이에 따른 분역이 부과되면서 국역부담이 상대적으로 가벼운 시전 두 개를 합해 하나의 주비로 만들어 다른 5개 시전과 합하여 육의전이라고 불렸던 것으로 이해한다면 이 문제가 어느 정도 설명될 수 있을 것이다. 이와 같은 육의전 성립초기의 사정이 없다면 굳이 7~9개 시전을 육주비전으로 묶어서 파악할 아무런 필요성도 없을 것이다.

5. 맺음말

이상에서 17세기 서울상업체제의 변동과정에 대해 살펴보았다. 주지하듯이 17세기 전반기 조선사회는 임진왜란과 병자호란의 영향으로 심각한 피해를 입었으며, 그 후반기는 대동법의 전국적 실시, 금속화폐의 유통과 중개무역의 성행이라는 상업부면에 매우 중요한 영향을 미친 사건들이 계속된 시기로서, 이 시기 상업변동의 내용과 폭은 매우 다양했고, 또한 넓은 것이었다. 본론에서 다소 개설적인 언급이 없지 않았던 것도 바로 이 시기 서울상업체제 변동내용을 몇 가지 요소만으로 추릴 수 없었기 때문이다. 아래에서는 본론에서 논의된 바를 요약하여 결론으로 삼고자 한다.

16세기 이래 순조롭게 발전하고 있던 서울 상업은 그 후반기에 이르러 소빙기 기후에 따른 자연재해의 집중, 그리고 그 여파로 발생한 두 차례의 전란으로 말미암아 크게 동요되었다. 비록 왜군에 의해 점령된 시기가 1년도 채 안 되는 짧은 기간에 지나지 않았지만, 서울의 상업체제는 상업시설의 파괴, 상인의 환산으로 말미암아 완전히 붕괴되었다. 그러나 전쟁은 종전 국가적 유통경제의 기반을 철저하게 붕괴시킨 것이긴 했지만, 다른 한편으로 인구의 사회적 이동을 활성화시킴과 더불어 부족한 물자를 최대한으로 활용하지 않으면 안 되는 사회적 조건을 만들어 민간차원의 유통경제가 활성화되는 계기를 만들어 냈다. 더욱이 명군의 참전은 은화가 일반적인 교환수단과 가치축장수단으로 기능하는 계기가 되었을 뿐만 아니라, 조선의 경제가 청나라의 은경제권에 편입됨으로써 대외교역의 활성화에 기반하여 유통경제가 활성화되는 바탕이 마련될 수 있었다.

그러나 이러한 은화유통경제는 전쟁이라는 상황에서 발생한 이른바 전쟁특수경제의 한 단면이었다. 전쟁이 끝난 뒤 은화공급이 중단되자 은화부족으로 다시 16세기적 추포경제체제로의 회귀현상이 나타나고 있었다. 은화는 청과의 무역에서 일반적 지불수단과 구매수단으로서 기능을 했지만, 국내유통분야에서 가치척도와 일반적 교환수단, 가치저장수단으로서의 기능은 제한적이었기 때문이다. 그러나 이러한 은화유통의 제한성은 전국적인 차원에서 나타난 것이었고, 서울에서만큼은 17세기 전반기에 이미 은화유통이 매우 보편화되어 금속화폐유통의 경제적 토대가 정착될 수 있었다. 17세기 전반부터 여러 차례 금속화폐통용이 시도될 수 있었던 것은 이와 같은 서울에서의 은화유통기반이 있었기 때문이었다.

한편 전쟁 때문에 많은 사람들이 생계를 위해 상품유통에 종사함으로써 상인층이 대폭 늘었을 뿐만 아니라, 농업에서의 시장을 향한 생산이 진전되면서 농촌의 상품유통기구인 장시도 임진왜란 이후 큰 폭으로 증가하였다. 특히 임진왜란 이전까지 장시설립이 금지되던 경기 지역에도 장시가 크게 늘어났다. 그러므로 서울상업체제는 경기 지역 장시와 관련되면서 성장하였는 바, 이는 17세기 후반 이후 농민적 상품화폐경제체제와의 관련성이 심화된 서울상업의 성격변화를 예비하는 것이기도 했다.

또한 광해군대를 전후하여 종전의 조세수취를 기반으로 한 국가적 상품화폐경제체제도 회복되기 시작하였다. 그에 따라 서울에서는 시전행랑이 복원되고 상인층도 다시 모여들어 상업체제도 정상화되었다. 복구된 서울상업체제 아래에서 시전상인들은 임진왜란 이전의 상인층이 아닌 군병들과 일반주민들로 새로 충원되었다. 이른바 시전상인의 교체가 나타난 것이다. 임진왜란 이후 서울을 중심으로 한 전국적인 유통망은 붕괴되었지만, 장시발달에 기초한 민간부분의 상품유통경제와 국가적 상품유통경제가 부분적으로 회복되면서 서울의 상업체제만은 빠르게 복구될 수 있었다. 물론 전국적인 상품화폐경제의 회복은 17세기 후반 이후였지만, 서울의 상업은 이보다 앞서서 복구된 것이다.

이처럼 임진왜란 이후 정비되기 시작한 17세기 전반의 서울상업체제는 16세기의 방납과 대외교역 등 주로 국가적 상품유통경제와 지배층의 사치품유통에 기반한 서울상업체제의 구조를 그대로 계승한 것이었지만, 상인층의 교체와 장시발달에 기초한 농민적 상품화폐경제와 일정 정도 연관성을 지녔다는 점에서 16세기적 상업체제와는 차이가 있는 것이었다.

한편 17세기 중엽 이후 전국적으로 실시된 대동법은 중앙정부 주도로 국가수용품을 조달하는 체제였으므로, 재정운용의 독자성을 상실한 각 아문에서는 독립된 재원을 확보하기 위한 상행위를 전개하였다. 무판이라고 불리는 이러한 관 주도의 상업활동은 공인 주도 아래의 공납물 조달이라는 대동법과 그 본질을 같이 하는 것이었다. 17세기 중엽까지 생산기반이 완전하게 회복되지 못한 형편이었기 때문에, 대동법 아래의 공인활동과 관 주도의 상업활동이 전국적인 상품유통을 주도해 나갈 수밖에 없었다.

또한 17세기 전반부터 수차례 걸쳐 시도되었던 금속화폐의 유통이, 생산력이 회복되어 농민적 상품화폐경제가 성장하는 17세기 후반에 이르러 비로소 성공함으로써, 전국은 상품화폐경제체제로 진입할 수 있었다. 전국적인 차원에서는 17세기 후반에 이르러 동전유통의 기반이 확고해졌지만, 서울에서는 이미 17세기 중엽 이래 상당량의 금속화폐가 유통되고 있었다. 이는 여러 차례 시도된 정부의 화폐유통정책이 대부분 시전상인을 매개로 동전을 보급하는 것이었기 때문이기도 하였고, 다른 한편으로는 대동법 아래에서 공인들에게 지급된 미포를 비롯한 금속화폐들이 모두 서울을 중심으로 유통되었기 때문이었다. 이와 같은 동전의 광범한 유통을 기반으로 17세기 후반 서울상업은 이전 시기와는 다르게 재편될 수 있었던 것이다.

17세기 중엽까지 주로 국가적 상품유통경제의 활성화, 특히 관주도의 경제체제의 성장과 결부되어 성장하고 있던 서울의 상업체제는 17세기 후반 이후 국제교역의 활성화를 계기로 크게 변모하기 시작하였다. 17세기 후반 이후 전개된 청-조선-일본의 국제교역은 16세기적인 동아시아 국제교역체제를 기본적으로 계승한 것이었지만, 중국과 일본의 직교역로가 봉쇄된 상황에서 중국의 비단원사를 수입하여 이를 왜관에서 일본상인들에게 은화를 받고 수출하는 조선상인의 중개무역이 주도한 것이었다. 이러한 중개무역은 1720년까지 지속되었는 바, 중개무역을 통해 얻어진 막대한 부가 대부분 서울의 역관층과 권세가문, 사상층에게 집적될 수 있었다. 이러한 부는 서울의 상품화폐경제를 민간부분이 중심이 되는 상업체제로 변화시킨 중요한 요소였다. 이 요소는 임진왜란 직후부터 경기 지역 장시망과 연계되고 있었던 서울의 상품화폐경제체제에서 농민적 상품화폐경제체제와의 관련성을 더욱 심화시키는 것이었다. 이른바 조선전기까지 주로 국가적인 조세수취체제의 운용에 기반했던, 곧 중세국가의 수도로서 국가적 상품유통경제의 중심기능을 기반으로 성장하고 있던 서울의 상품화폐경제의 모습을 민간유통의 중심으로 크게 바꿔놓은 것이다.

이처럼 서울상업체제에서 국가적인 상품유통의 요소보다 민간부분의 유통경제요소가 지배적인 자리를 차지하게 되면서 서울에서는 종전의 시전상인 외에 새로운 상업세력도 등장하기 시작하였다. 17세기 전반 시전상인과 함께 서울의 상업계를 양분하던 세력은 훈련도감 군병들이었다. 이들은 급료로 받는 요포만으로는 생계를 유지할 수 없었기 때문에 정부에서는 이들의 상행위를 허용하였다. 그러나 병자호란 이후 군사적 위협이 완화되면서 이들의 상업행위에 대한 제한이 가해지기 시작하였고, 이는 1675년(숙종 1) 을묘사목의 제정으로 제도화되었다. 을묘사목은 좌시난전·요로설전·가전소시·수지물판매 등 다양한 방법으로 전개되었던 군병들의 상행위 가운데 좌시난전·요로설전의 형태를 금지하고, 다만 가전소시·수지물판매에 한정하여 상행위를 허가한 조치였다. 이러한 제한조치에도 불구하고 1680년대 이전까지 군부의 위세가 높았으므로, 군병들의 난전활동은 좌시난전은 물론 심지어 시전행랑까지 차지하여 영업을 할 정도로 기세를 부렸지만, 1680년대 이후부터는 차츰 위축되었다. 1680년대 이후 군병들은 독자적으로 상행위를 전개하기 보다는 사상난전 세력과 결탁하여 난전활동을 전개하고 있었다.

17세기 후반에는 서울의 인구가 증가함에 따라 시장의 규모도 차츰 확대되었으며, 또한 민간유통부문이 지배적인 자리를 차지하면서 사상세력들이 본격적으로 등장하기 시작하였다. 17세기 전반에도 사상난전 세력들이 존재하긴 했지만, 당시에는 시전상업계를 위협할 정도로 성장하지는 못하였다. 그러나 17세기 후반에 이르면, 사상세력들은 세력가나 궁방 등과 결탁하여 외부에서 물품이 반입되는 요로를 장악하여 전塵을 벌이거나, 또는 시전행랑을 차지하는 등 다양한 난전상업을 전개하였다. 이러한 난전활동은 시전상인들의 이익을 심각하게 침해하는 것이었으므로, 시전상인들의 난전상인에 대한 금압요구가 거세졌고, 이 과정에서 시전상인들의 이익을 옹호하는 금난전권도 확립되었다.

원래 난전행위에 대한 금제는 조선전기부터 금난이라 하여 존재하던 것이었다. 17세기 전반까지 금난은 비시전계 사상들의 자유상업을 금단하는 것도 물론 포함되었지만, 비시전계 사상의 성장이 미약했기 때문에, 주된 단속대상은 시전상인들의 불법상행위에 맞춰져 있었다. 그러나 17세기 후반 사상난전이 본격적으로 나타나 시전상인들의 이익을 침탈하고 있었으므로 종전과 같은 막연한 금난규정으로 권세가나 궁방 등과 결탁한 난전세력을 제대로 단속할 수 없었다. 그에 따라 1668년(현종 9) 형조와 한성부漢城府의 금제로 난전조항이 독립되었고, 이를 계기로 각 시전에서는 자신의 물종을 요로에서 설전하여 판매하는 행위를 단속하는 특별한 금리가 17세기 말부터 창설되기 시작하였다. 이 당시 난전행위 단속 근거는 시안에 등록하여 국역을 부담하지 않는다는 점에 있었다. 아직까지 평시서 시안에 물종별로 자세하게 주관물종이 기록되지 않았기 때문에 비시전계 상인들의 자유상행위 금지가 주된 금난전의 내용을 이루고 있는 것이다. 이러한 사정에서 난전물 속공권과 난전인 착납권을 주요내용으로 하는 금난전권이 확립된 것이다. 이와 같이 성립된 금난전권은 처음부터 모든 시전에 주어진 것이 아니라 개별시전에 대해 특별한 권리로서 주어진 것이었고, 권리내용도 시전에 따라 각각 다른 것이었다. 개별시전마다 다양한 내용으로 구성되었던 금난전권은 18세기 전반 시전이 대폭 증가하면서 모든 시전의 일반적인 권리로 주어졌고, 이를 기초로 독점적 유통권을 장악하는 조선후기 시전체제가 성립할 수 있었던 것이다.

이와 같은 금난전권의 확립과 궤를 같이하여 시전의 부담인 시역도 차츰 국역체제로 변동하였다. 조선전기의 시역은 시전상인들에게 인두세 형식으로 부과된 좌고세, 시전행랑 사용의 대가로 부과된 공랑세를 비롯하여 정부에서 필요한 물자를 조달하는 책판의무와 각종 잡역부담으로 구성되고 있었는데, 17세기 후반 이후 시전상인들에게 장빙미와 대내수리역이 고정적으로 부과되면서 국역체제로 변모되어 갔다. 물론 국역에는 조선전기 시전상인들이 부담했던 정부에서 필요한 물자를 조달하는 의무도 포함되었다. 다만 17세기 전반 시전의 주된 부담이 조사접대역詔使接待役과 세폐와 방물 등 수탈적인 대청관계에서 파생되는 부담으로서 매우 무거운 것이었다면, 17세기 후반 이후에는 이러한 수탈적 대청관계가 청산되면서 시전상인의 부담은 주로 대내수리역을 중심으로 한 국역이 중심을 이루게 된 것이다.

17세기 후반 이후 국역체제가 확립되면서 육의전도 성립되었다. 육의전이 창설되었던 까닭은 그전에 평시서에만 맡겨지던 시전관리업무를 시전상인 자율적으로 관할할 필요성 때문이었다. 17세기 후반에도 인구증가와 시장규모의 확대에 따라 상당수의 시전이 새로 창설되었는데, 이와 같이 시전이 늘어나고 금난전권의 확립으로 시전상인들의 정치·사회적 위세가 높아지면서 시전에서 발생하는 각종 불법행위를 자체적으로 규찰하기 위해 1691년 무렵 6개 시전이 최초로 조직된 것이다. 평시서에서는 시전통제업무를 자율적으로 관할하기 위해 창설된 6개 시전에 시전상인들에게 부과된 국역의 조달업무를 맡겼고, 이를 기초로 육의전이 1705년 무렵 제도적으로 성립하였다. 다시 말해, 1691년 시전상인들을 자율적으로 통제·검찰하는 시전으로 6개 시전이 정해졌다가 이러한 자율적 통제시스템에 기초하여 각종 국역도 육의전에 부과되고, 육의전이 국역을 다시 각 시전에 분배하는 체제가 확립되면서 육의전체제가 확립된 것이다.

이처럼 17세기 말에서 18세기 초에 걸쳐 국역체제와 육의전체제가 확립됨에 따라 모든 시전을 유분각전과 무분각전으로 구별하는 제도도 만들어졌다. 이처럼 국역의 확립, 육의전과 유분각전·무분각전의 구별이 제도적으로 정착되면서 1706년(숙종 32)부터 평시서 시안에는 그전과 달리 각 시전이 주관하는 물종이 구체적으로 기록될 수 있었다. 이와 같이 17세기 말에서 18세기 초를 거치면서 재편된 시전체제는 1791년(정조 15) 신해통공으로 육의전을 제외한 모든 시전의 금난전권이 혁파될 때까지 18세기 서울 상업의 기본구조를 형성한 것이었다.

17세기에서 18세기 초에 걸쳐 진행된 시전체제의 재편과정을 추적하면서 우리는 국역부담을 위해 모든 시전에 독점적 영업권을 주는 금난전권과 육의전을 중심으로 모든 국역이 조달되는 시전체제가 국초부터 있었다거나, 임진왜란 직후인 17세기 전반부터 성립되었다는 이제까지의 이해가 잘못된 것임을 확인할 수 있었다. 요컨대 어용상업체제라고 일컬어지는 시전체제도 조선왕조 개창 이후 그 제도적 모습이 그대로 유지된 채 18세기 말 신해통공을 계기로 크게 변동한 것이 아니라, 각 시대의 사회변동에 따라 상인세력의 성격, 유통물품에 대한 관계방식인 유통체계, 비시전계 상인을 통제하는 권리인 금난전권, 시전의 관리장부인 시안 내용 등에 있어서 매우 다양하게 변모하고 있었던 것이다.

그동안 조선후기 상업사 연구에서는 18세기 이후 등장하는 사상난전 세력에 많은 관심이 두어졌을 뿐, 정작 중요한 시전체제에 대해서는 법제적 수준의 이해로 만족해 왔다. 이러한 이해체계가 얼마나 단순한 것인가를 우리는 이 장의 논의를 통해 확인할 수 있었다. 그러므로 각 시기 사회변동의 내용에 맞춰 시전체제가 어떤 단계를 거치면서 변화·발전해왔는가를 해명하는 작업은 앞으로 새로운 관점과 시각으로 연구되어야 할 과제일 것이다.

제3장 18세기 서울상업구조의 변동과 시전상업

1. 머리말

조선후기 서울 상업에 대해서는 그동안 상당한 연구가 축적되었다. 1970년대 난전亂廛과 사상私商에 대한 연구를 필두로 하여, 최근에는 개별시전 연구와 경강상업에 대한 연구가 진전되었다. 그 결과 18세기에는 상업담당세력이 특권상인인 시전상인에서 자유상인인 사상으로 변했을 뿐만 아니라 유통로와 상품유통체계, 시장권에 이르는 구조적인 변화가 이 시기에 나타났음이 확인되었다.[1] 그럼에도 이와 같은 결론이 더욱 설득력을 지니려면, 이러한 상업체제 변동이 구체화했던 서울의 도시상업에 대한 총체적인 이해가 필요하다고 생각된다.

그동안의 연구는 주지하듯이 서울의 시전체제와 그에 대한 대항세력으로서 사상들의 활동에 초점이 맞춰진 것이었다. 그러나 18세기 서울 상업은 시전체제와 사상들만으로 이해할 수 있는 단순한 구조를 지닌 것은 결코 아니었다. 이 시기 서울 상업은 중세적인 틀을 벗어나 새로운 모습을 보이고 있었기 때문에, 이와 같은 시전과 사상 사이의 대립구도로서만 이해해서는 당시 상업구조 속에서 새로 등장하는 많은 요소들을 놓칠 가능성이 많다. 특히 18세기 서울의 상업문제를 상업사적인 관점에서 뿐만 아니라 서울 도시의 구조문제와 관련시켜 이해하고자 한다면 상공업지대

---

[1] 조선후기 상품화폐경제의 발달에 대한 연구사적 정리는 고동환, 〈상품유통경제의 발전〉, 《한국역사입문2-중세편》, 한국역사연구회편, 풀빛, 1995 참조.

의 편성과 더불어 시전상업 이외의 각종 영업의 발달모습을 이해
하는 것이 필수적이다.

이 장에서는 이러한 문제의식 속에서 그동안 연구에서 소홀히
다루었던 시전과 사상 사이의 대립이 구조화되는 과정, 그리고 도
시상업의 한 모습으로서 시전상업 외의 점포상업, 수공업과 상업
적 농업문제, 그리고 이와 같은 상업변동의 최종적 귀결로서 상권
확대와 상품유통체계 변동문제를 동일한 시각에서 다룸으로써 18
세기 상업구조변동의 총체성을 복원해 보고자 한다. 아울러 이를
통하여 도시사都市史의 관점에서 18세기 서울의 도시구조가 어떻
게 변모하고 있는지에 대한 이해도 꾀할 수 있게 되길 기대한다.

2. 시전제도의 정비와 신설 시전의 증가

1) 시전제도의 정비

서울의 시전제도는 17세기 말을 전후하여 그 이전시기와 전혀
새로운 모습으로 재편되었다. 17세기 후반 사상난전이 대두하면서
난전물 속공권과 난전인 착납권을 주요 내용으로 하는 금난전권
이 17세기 최말기에 성립하였고, 이를 바탕으로 국역체제가 정착
하였다. 또한 18세기 초에 이르러서는 시전의 자율적인 통제조직
으로서 육의전이 성립하였고, 이러한 육의전을 중심으로 국역을
각 시전에 분정하는 체제가 정착하여 유분각전有分各廛과 무분각
전無分各廛의 구분도 비로소 발생하였다.2)

한편 평시서에서는 모든 시전의 등급을 나누고, 각 시전에 국역

---

2) 이 책의 제2장 참조.

을 부담시켰다. 시전의 등급을 분등分等이라 했으며, 시전이 부담하는 역을 분역分役이라고 했다.

조선전기에는 한성부에서 행랑간가行廊間架를 얼마나 차지하는가를 기준으로 시전상인의 등급을 매겼지만,3) 조선후기에는 행랑세가 폐지되었기 때문에 시전의 잔성殘盛에 따라 등급을 매겼다. 시전의 등급은 국역國役을 부담하는 기준이 되었다.4) 조선후기 시전의 등급은 두 가지였다. 하나는 각 시전의 규모에 따라 매겨지는 등급으로서, 규모가 가장 큰 시전에서 작은 시전으로 차례대로 1등전에서 9등전까지 매기는 것이다. 둘째는 분역의 등급이다. 분分은 국역을 부담하는 비율을 의미하는 것으로, 육의전이 시전에 부과된 국역을 다시 각 시전에 나누어 준다는 의미에서 붙여진 것이다.5)

분등은 민진후閔鎭厚가 평시서 제조일 때인 1705년(숙종 31)6)을 전후한 시기에 정해졌다고 파악되고 있다.7) 그러나 이때 각전의 분등이 처음 정해진 것은 아니다. 왜냐하면 민유중이 평시제조일 때인 1686년(숙종 12)에 이미 내어물전은 4등 8분역을, 외어물전은 9등 1분역을 담당하고 있었기 때문이다.8) 그러므로 이때 시전의

---

3) 《端宗實錄》 단종 원년 8월 丙申. "漢城府不詳錄市廛間架之數 及行商坐賈姓名諸色匠人等第 而以楮貨總數移文 故無所據 …… 請自今市廛間架數及匠人等第 商賈姓名 稅楮貨之數 明白載錄輪送"

4) 《備邊司謄錄》 영조 5년 7월 12일. "平市署提調 臣 金東弼 啓曰都下之設置 百各市肆 物分主客 錄在市案 隨其殘盛 平均等第 以應國役 乃是流來古規"

5) 《承政院日記》 1691책, 정조 15년 6월 26일. "今以不當之名色 聚斂於市民 …… 吏隷之數 旣甚夥然 堂郎之俸 亦自不薄 此皆責出於六廛 而六廛又爲分定於各廛 名之曰分役"

6) 《市民謄錄》 乾, 乙酉(1705), 閔 判書大監 平市署 提調時, 48쪽.

7) 《備邊司謄錄》 영조 27년 5월 25일. "六矣廛及各廛分等 皆故判書閔鎭厚爲提調時所定 今爭請改正而亦不許矣"

8) 《市民謄錄》 乾, 57~58쪽.

분등이 크게 조정된 것으로 이해된다. 이때 정해진 분등과 국역부
담의 비율을 지칭하는 분역은 일정한 관계가 있었다. 등급이 높으
면 분역이 높고 등급이 낮으면 분역이 낮았다. 그러나 분등의 기
능과 성격에 대해서는 거의 밝혀져 있지 않다.[9]

　시전의 분역은 국초에 시전제도를 창설하면서 정해진 것으로서,
원래 종묘와 궁궐을 수비하는 경비를 각 시전에서 일정액을 나누
어 부담한 것에서 유래되었다.[10] 시전상인들은 평시서 시안에서
마련한 정간책井間冊의 규정에 따라 각자 국역을 부담하였다.[11] 분
역은 전업廛業의 크고 작음과 인명人名의 많고 적음에 따라 정한
것으로 파악되고 있다.[12] 가장 규모가 크고 상인수가 많은 입전立
廛의 10분역에서 규모에 따라 차츰 낮아져 소규모 시전은 1분역을
담당하였으며, 아주 영세한 시전에는 분역을 부과하지 않았다. 18
세기 후반 120여 개의 시전 가운데 분역을 지는 시전은 37개로 유
분각전이라 불렀다. 분역을 지지 않는 나머지 80여 개의 시전은
무분각전으로 불렀다.[13] 유분각전은 국역만이 아니라 대궐 안팎

---

9)《탁지지》나《만기요람》에서 분등이 기록되지 않고 다만 분역만이 기록된 것을 보아
　분등은 18세기 후반에는 거의 의미를 상실하거나 또는 국가의 공식적인 파악대상이
　아니었던 것으로 여겨지기도 한다.

10)《各廛記事》, 127쪽. "國初分設市廛於鐘樓街上 旗亭百隊 次第排列於御路左右者 亦一
　宗廟宮闕守衛之備"

11)《各廛記事》地, 辛未(1691) 2월 일, 127쪽.;《各廛記事》, 42쪽. "市上百物 各有其主 各
　各井井 責應國役 至於紙地 乃是紙廛之所主"

12)《備邊司謄錄》순조 11년 6월 11일. "朝家設置平市署 案付百各廛 賣買物種 自由所主
　非但爲渠輩資生之業 實是應國家事役之地 則隨其廛業之大小 人名之多寡 各定分役".
　1705년(숙종 31)에 민진후가 평시서 제조를 맡고 있었다는 점은 제2장 주 175의 기사
　에서 확인된다.

13)《度支志》〈版籍司〉版圖部 市廛, 有分各廛. "各廛中稍實者 量定分數 以應國役 稱有分
　各廛 自十分至一分 凡三十七廛 每當國役 十分廛應十分 一分廛 應一分 闕內外諸上司
　各處修理塗褙軍 亦依此出役"

과 제상사諸上司의 수리도배군修理塗褙軍도 마찬가지로 분수에 따라 출역하였다.[14] 이렇게 규정된 분分은 유분각전이 담당하는 국역 전체의 담당비율을 나타내는 것으로 이해된다. 《만기요람》에 기록된 유분각전의 분역을 모두 합하면 총 106이므로, 이들 분역은 각 106분에 얼마를 부담하는 부담률로 이해하는 것이다.[15]

시전의 등급과 분역은 평시서 시안 개정 때 조정되는 것이 상례였다. 현재 시안개정이 있었던 해는 1664년(현종 5), 1686년(숙종 12), 1706년(숙종 32), 1758년(영조 34)으로 확인된다.[16] 또한 시안 전체의 개정이냐 아니냐는 불확실하지만, 1715년(숙종 41)에 장목전長木廛의 시안이 개정되고 있다.[17] 어물전의 분역과 분등이 조정된 1686년(숙종 12)과 1706년(숙종 32)은 모두 시안개정이 이루어진 해였다. 그러나 꼭 시안개정이 아니어도 등급과 분역은 수시로 변동하였다. 다시 말해, 각전各廛이 그전에 담당하지 않던 역을 맡게 되면 등급을 내리거나 또는 완호完護를 위하여 감역減役하는 것

---

14) 《度支志》 版籍司 版圖部 市廛 各廛數目.

15) 河原林靜美, 앞의 논문(주 2), 6쪽 참조. 이 논문에서는 유분각전의 총 분역합계를 93으로 계산하고 있지만 이는 잘못된 계산으로, 만기요람의 총 분역의 합계는 105이다. 田川孝三은 분역의 의미를 100비로 이해한다. 분역의 합계 105 가운데 임진왜란 이후 설치된 연초전煙草廛 3분, 연죽전煙竹廛 1분, 은전銀廛 2분, 청포전靑布廛 5분을 제외하면 총분역의 합계는 97분이라고 해석하고 있는 것이다. 필자도 田川孝三의 견해가 타당한 것으로 이해하고 있다. 청포전은 임진왜란 이전부터 존속하다가 병자호란 이후에 중국산 마포의 수입이 중단되자 잠시 혁파되었다가 1668년에 다시 복설되었다(《承政院日記》 221책, 현종 11년 10월 8일 "古有其市 丁丑亂後 唐物不通 仍爲革罷 戊申(1668)秋 還爲復立"]. 청포전이 임진왜란 전에 존재했다면 시전의 분역은 99일 것이다. 시전의 증설과 폐지는 수시로 변동하기 때문에 증감이 있을 것이지만 애초 분역을 상정할 때는 100분비를 염두에 두고 정했을 것으로 추정하는 것이 타당하다고 생각한다.

16) 《備邊司謄錄》 정조 12년 정월 16일. "取考本營所在前後市案 則一卷年條未詳 一卷康熙三年修正 一卷康熙二十五年修正 一卷康熙四十五年修正 一卷乾隆二十三年修正 合爲五卷"

17) 《備邊司謄錄》 정조 13년 12월 21일.

이 규례였던 것이다.18)

이처럼 17세기 말을 전후하여 시전체제가 재편된 것은 정부에 대한 물자조달이나 진배를 주된 기능으로 삼고 있던 서울의 시전체제가 민간에 대한 상품판매 중심으로 그 성격이 변해갔음을 의미하는 것이다. 이와 같은 사정은 시안의 정비과정에서도 나타나고 있었다. 조선후기에는 시안에 시전 이름을 등록하여 국역을 부담하게 하는 대가로 특정상품에 대한 독점적 판매권을 부여하는 시안제도를 운영하였다.19)

이러한 시안제도가 언제부터 발생했는지에 대해서는 확실하지 않으나, 시안에 등록되는 내용은 시대에 따라 달랐다. 적어도 17세기 말까지는 시전의 이름, 그리고 국가에 대한 시전의 국역부담 비율을 나타내는 분역과 분등만이 기록되었을 뿐, 상인의 이름은 기록되지 않았다.20) 다만 각 시전의 취급 물종 가운데 중요한 품목만 몇 종류 기록된 것으로 보인다. 예컨대, 1659년(효종 10) 백목전白木廛 상인들이 상목常木을 자신들이 주관하는 물종이라고 주장하였는데, 이에 대하여 다른 시전상인들이 상목은 온 나라에서 유통되는 통화通貨인데 어찌 백목전이 홀로 독점할 수 있는가 항의하면서 분쟁이 발생하였다. 그리하여 평시서에서 시안을 검토한 결과 상목과 은자銀子가 백목전의 물화로 기록된 것이 확인되었다. 그런데 시안의 상목이라는 기록 뒤에는 '의도전물화矣徒廛物貨'라고 쓰여 있었다. '의도矣徒'라는 표현은 관청에서 쓰는 용어가 아니었으므로, 평시서에서는 백목전인들이 평시서 서리들과 결탁하여

18) 《各廛記事》天, 丙戌(1766) 정월 일, 48쪽. 分役減等 枏籠勿侵事. "各廛段 有一無前之役 或爲降等 或爲完護減役者 自是市上規例"
19) 시안제도의 운영에 대해서는 변광석, 앞의 책(제2장 주 1) 참조.
20) 《承政院日記》영조 7년 6월 9일. "至於本署市案 元無人名載錄之規"

몰래 은자항목 밑에 이를 끼워 넣은 것으로 판단하였다. 그러므로
평시서에서는 이와 같은 물종을 시안에 그대로 두는 것은 부당하
므로 호조와 논의하여 각전에 속한 물화를 고쳐서 성책成冊하여
삼법사에 분송하였고, 이로써 출금出禁하도록 하였다.[21] 이 사례에
서 알 수 있듯이 1659년 이전에 이미 평시서 시안에는 각 시전이
취급하는 대표적인 물종 정도는 기록되어 있었던 것이다.

시전에서 취급하는 모든 물종이 평시서 시안에 자세히 기록된
것은 1706년(숙종 32)부터였다.[22] 한 시전에서 취급하는 물종이
모두 망라되어 기록되었다는 점은 시전에서 판매하는 상품의 종
류가 대폭 늘어났음을 반영하는 것임과 동시에, 판매물종을 특정
함으로써 비시전계 상인들의 난전활동뿐만 아니라 시전상인 사
이의 판매물종을 둘러싼 각종 혼란과 분쟁을 방지하고자 하는
것이기도 했다. 또한 이와 같은 평시서 시안의 취급상품 등록은
수공업자인 장인들에 대한 상업자본의 지배를 확고히 하는 계기

---

21)《承政院日記》효종 10년 3월 13일. "頃者市民之呈訴於本府 白木前人則以爲 常木乃渠
前之物 而諸前人則以爲常木 乃一國通行之貨 非白木前所可獨當者 臣等取考本府及平市
合市案 則常木銀子 皆錄於白木前下 而銀子名目之下 有矣徒前物貨之語 蓋矣徒云者 乃
渠輩私語 非公家文字 故平市人以爲 白木前人 請囑胥吏, 潛錄銀子於渠前之下 以此推之
則常木之載錄 不可取信云 其間情僞, 誠爲難知者 旣疑其潛錄 仍存市案 事體不當 請令
平市署及戶曹同議 各前所屬物貨 改爲釐正成冊 分送三法司 以爲出禁之地 上曰 依啓"

22)《備邊司謄錄》정조 12년 정월 16일. "取考本署所在前後市案 則一卷年條未詳 一卷康
熙三年(1664)修正 一卷康熙二十五年(1686)修正 一卷 康熙四十五年(1706)修正, 一卷乾隆
二十三年(1758)修正 合爲五卷 而康熙二十五年前市案 則無論某廛物種間 不區別載錄 自
康熙四十五年始爲詳錄 內外長木廛案內 雜材木等八種中 松椽一種 筆跡稍大 明是追錄
而不錄其追錄委折 乾隆二十三年市案 不過謄書舊本 且皆踏印 則椽木追錄 當在於乾隆
二十三年以前 而年條旣遠 無可憑考 其他各廛若干物種之近來追錄者 皆以提調處決 懸
錄踏印 至於刀擦 則間間有之 而或是謄時誤書之致 或有中間查正之處 姑無他換改奸弄
之跡 爲先以批旨內辭意 嚴飭該署 若或以換弄等事 復有現發 則該郎官依律重勘 該提調
一體草記嚴處之意 永爲定式 市案一件 亦爲藏置本司 雖有不得已追錄之事 大則筵稟 小
則報備局後施行事 竝爲分付何如 答曰允"

로 작동하였다.

시전제도가 시전 상호 간의 자율적인 규제, 민간에 대한 상품판매에 대한 규율을 중심으로 정비되었기 때문에 1706년을 전후하여 비시전계 상인의 난전활동에 대한 규제도 강화되었다. 17세기말에 성립한 금난전권은, 시전상인들이 저지른 불법행위를 경시서京市署나 한성부, 사헌부 등에서 규찰한 조선초기의 금난禁亂과 달리 시전상인들의 독점적 영업행위를 보장하는 특권이었는 바, 이를 토대로 비시전계 상인들의 난전활동에 대한 강력한 규제가 행해진 것이다.

그러나 금난전권의 권리내용인 난전물 속공권과 난전인 착납권에 대한 행사방식은 한 번 법제화된 이래 고정되어 계속 지켜진 것이 아니라 풍·흉의 차이, 시전상인의 세력여하 등에 따라 수시로 변화하였다. 금난전권이 처음 확립되었을 때, 9개 시전은 한성부가, 5개 시전은 시전상인이 난전인을 직접 착납하도록 규정했는데, 나중에 시전이 증가하는 과정에서 금난전권의 행사는 모든 시전으로 확대되고 그 권리내용도 한성부에서 난전인을 착납하는 것으로 변해갔다는 것이다.[23]

이와 같이 난전에 대한 관할 기관이 한성부로 일원화되는 시기는 육의전이 성립하고 평시서 시안에 물종별 구분이 분명히 기록되는 1706년부터였다.[24] 또한 1710년(숙종 36)에는 '난전물 가격이 속전에 못 미칠 경우에는 경중을 가려 태笞를 가한다'는 법이 제정되었고,[25] 1713년(숙종 39)에는 착납권의 주체를 평시서와 한

---

23) 《日省錄》 정조 10년 3월 24일. "亂廛定法之初 九廛則自京兆出禁 其外五廛則使廛人捉納者 法意有在 其後各廛名色 不勝其繁 亂廛之禁 一用九廛之例"

24) 《新補受敎輯錄》 〈刑典〉 禁制. "亂廛事 移送京兆[康熙 丙戌(숙종 32년, 1706)承傳]"

25) 《新補受敎輯錄》 〈刑典〉 禁制. "亂廛之物 折價不及贖錢者 從輕重決笞 而出禁三司 一

성부에서 시전상인으로 바꾸는 조처가 내려졌으며,[26] 1724년(경종 4)에는 난전물 속공권을 철폐하고 난전인 착납권만을 인정하였다.[27] 그러나 이 조처가 제대로 시행되지 않자 1736년(영조 12)에 난전물 속공권의 철폐를 다시 강조하고 있다. 그리고 1727년(영조 3)에는 시전상인이 난전인을 직접 착납하는 것을 금하고 한성부에서 이를 전담하도록 바꾸었으며,[28] 1741년(영조 17)에는 시전인에 의한 난전인 착납금지를 또다시 강조하고 있다.[29]

이상에서 보듯이 17세기 말에 시전상인의 특권으로 성립된 금난전권은 권리내용의 사소한 변동이 계속 이어지긴 했지만 18세기 전반을 거치면서 확실한 특권으로 정착하였다. 이와 같이 시전상인들의 금난전권이 확립되었던 까닭은 비시전계 상인인 사상들이 성장하여 상품유통에서 독점적 지위를 누리던 시전상인을 위협했기 때문이었다. 예컨대 어물의 유통지배권을 놓고 벌어진 여러 분쟁을 자세히 기록한 《시민등록市民謄錄》이나 《각전기사各廛記事》의 자료에서도 1715년까지는 주로 내어물전과 외어물전, 곧 시전상인 사이의 분쟁기록이 주를 이루었으나, 1715년부터는 내·외어물전과 사상들 사이의 분쟁이 주를 이루고 있다.[30] 이는 1715년을 계기로 어물유통에서의 대립구도가 시전상인과 난전상인의 대립으로 변하였음을 나타내는 것으로서, 이는 어물난전 상인이 성장했음과 더불어, 비시전계 상인에 대한 통제를 주요 내용으로

體爲之〔康熙 庚寅(숙종 36년, 1710) 承傳]"

26) 《新補受敎輯錄》〈刑典〉禁制. "亂廛人 使市人捉告推治〔康熙 癸巳(숙종 39년, 1713) 承傳]"

27) 《秋官志》제4편, 掌禁部, 法禁 亂廛條.

28) 《英祖實錄》영조 3년 6월 庚寅.

29) 《備邊司謄錄》영조 17년 9월 19일.

30) 이 책의 제6장 참조.

하는 금난전권이 시전상인들의 법적 권리로 확고히 정착되었기 때문이었다.

2) 신설시전의 증가

1710년을 전후하여 금난전권의 권리내용이 강화되면서 서울 상업계 내부에 비시전계 상인들에 의한 시전창설이 크게 증가하였다. 조선후기 신설시전이 증가하는 시기는 두 차례에 걸쳐 있었는데, 17세기 후반과 18세기 전반이었다. 난전으로 출발한 서소문 밖의 생선전이 1702년 정식 시전으로 인가받은 것은 이 시기 신설시전의 대표적인 사례이다. 서소문 밖의 생선난전은 처음에는 소수인이 매매하였으나 1660년 무렵에는 도성 안의 생선전과 그 크기를 다툴 만큼 성장하였고, 1696년(숙종 22)에는 서소문 밖의 생선난전에서 장사하는 사람은 2~30인에 달할 정도로 성장하였다. 당시 도성 안의 생선전에서 장사하는 사람들은 십여 명 수준이었다. 서소문 밖의 생선난전이 도성 안의 생선전보다 규모가 컸던 것이다. 이 생선난전은 1702년(숙종 28) 평시서 시안에 등록됨으로써 공식적인 시전으로 인가를 받았다.[31]

또한 1660년 무렵에는 문외미전門外米廛[32]·서강미전西江米廛, 1680년 무렵에 마포미전麻浦米廛과 1671년에 서소문 밖에 외어물전外魚物廛이 각각 창설되었고, 계아전鷄兒廛, 남초전南草廛, 문외우

---

31) 《新補受敎輯錄》〈刑典〉禁制. "生鮮亂廛 令三司輪回出禁 亦令本署錄於市案 一體差役 〔康熙壬午(숙종 28년, 1702) 承傳〕"

32) 미전은 1631년 무렵부터 서소문 밖에 있었지만, 평시서에 정식 등록되어 응역하는 시전은 아니었다. 문외미전이 평시서에 정식으로 등록되어 응역하는 것은 1660년 무렵부터였다(《承政院日記》현종 원년 8월 7일. "米廛 元在鍾樓前路 而聞西小門外 亦有米廛 旣不應役 又難猝禁 本司官員 非不欲一體差役 而上有人言 不敢擅便矣 領相曰 門外米廛 三門外民皆以爲便 只可均役而已 何必禁斷乎 上曰然則一體差役可也").

전門外隅廛, 문외상전門外床廛 등도 이 시기에 창설되었다.33) 양태
전凉台廛은 1664년 무렵에 창설되었으며,34) 비록 금방 혁파되긴
했지만 망건전網巾廛도 1676년(숙종 2)에 창설되었고,35) 청포전靑
布廛도 1668년(현종 9)에 복구되고 있었다.36)

　17세기 후반에 창설된 시전들은 대부분 동일한 물종을 판매하
는 시전이 이미 있음에도 판매처를 달리하여 도성 밖이나 경강 등
지에 설치된 것들이었다. 게다가 이들 신설시전의 판매물종은 대
부분 미곡이나 어물, 과일 등 도성민들의 일용소비품이었다. 이러
한 사실을 통해 이 시기 신전창설의 원인이 서울의 거주인구 증가
에 따른 소비증가였음을 확인할 수 있다. 또한 새로운 시전이 도
성 밖이나 한강 주변에 집중적으로 창설되었다는 점은 이 시기 인
구증가가 도성 밖이나 한강 주변을 중심으로 이루어졌음을 의미
하기도 한다.37)

　시전창설이 대거 이루어진 두 번째 시기는 18세기 전반이었다.
이 시기에는 상품유통량의 증가와 새로운 상품의 등장에 따라 새
로운 시전이 대거 등장하였다. 야장冶匠들은 1732년(영조 8)에 파
철전破鐵廛38)을 창설하였고,39) 도자장刀子匠들은 1744년(영조 20)

<hr>

33) 이 책의 제6장 참조.
34) 《承政院日記》숙종 10년 6월 23일. "凉太廛設置 已過二十餘年 今難卒罷 而所謂凉太
　　皆是城外無依寡女及砲手妻 手造爲業 賣食資生"
35) 《承政院日記》숙종 2년 10월 24일. "氈笠網巾 皆自砲手等所出 而發賣資生者也 近來
　　網巾廛人等 至於上言 戶曹覆啓 砲手則禁斷 市人則使之專利 殊甚未便 且所謂網巾廛
　　曾所未有之廛也 今年始出"
36) 《承政院日記》현종 11년 10월 8일. "靑布乃軍兵所需之物也 古有其市 丁丑亂後(1637)
　　唐物不通 仍爲革罷 臣戊申(1668)秋 受任之後 還爲設立"
37) 고동환,《조선후기 서울상업발달사연구》, 지식산업사, 1998 참조.
38) 파철전은 1753년(영조 29) 이전에 잡철전雜鐵廛으로 이름을 바꾸었다(송찬식,《李朝後期
　　手工業에 관한 硏究》, 서울대 출판부, 1973, 20쪽 참조).

에 도자전刀子廛을 설립하였다.40) 1720년대에는 엽초葉草를 가공하여 판매하는 절초전折草廛이, 1747년(영조 23)에는 칠전漆廛이 창설되었으며,41) 1757년(영조 33)에는 호위청 군사들이 이미 의전衣廛이 있음에도 신의전新衣廛을 창설하였다.42) 이밖에도 이 시기 신전 창설은 채소, 기름, 젓갈 등 매우 미미한 물종에까지 미치고 있었다. 이러한 사정에 대해 1741년(영조 17) 특진관特進官 이보혁李普赫은 다음과 같이 말하고 있다.

> 서울에서 놀고먹는 무리들이 평시서에 서류를 제출하여 시전을 새로 설립한 자가 5~6년 내에 매우 많아졌다. 이들은 상품을 판매하는 일보다 난전 잡는 일에 전념하고 있다. 심지어 채소나 기름, 젓갈 같은 것도 마음대로 거래할 수 없을 정도이다. 지방민이 가져오는 소소한 물건을 판매하여 먹고사는 서울의 영세민들이 금난전권의 피해를 입어 장차 교역이 끊어질 형편이다. 정부의 고관들 가운데는 난전으로 서울의 상거래 질서가 난잡해질 것을 염려하는 사람들이 있지만, 그것은 이와 같은 폐단을 상세히 모르는 까닭이다.43)

이보혁은 18세기 전반 무뢰배들이 금난전권의 특권을 얻기 위해 소소한 물종에까지 시전을 창설하고 있음을 얘기하고 있는

---

39) 《日省錄》정조 11년 9월 8일. "壬子年(1732)間 閑雜人等 始作雜鐵廛"
40) 《日省錄》정조 14년 2월 14일. "刀子廛市民李潤英等上言 以爲甲子年(1744)與尙衣院刀子匠 同爲設廛 載錄於市案矣"
41) 《備邊司謄錄》영조 23년 9월 8일.
42) 《備邊司謄錄》영조 33년 정월 5일.
43) 《備邊司謄錄》영조 17년 6월 10일.

것이다.

18세기에 창설된 시전들은 크게 두 가지 성격을 띠고 있었다. 첫째는 파철전, 도자전의 경우에서 보듯이 수공업자들이 주체가 되어 시전을 창설한 경우이다. 수공업자들은 서울의 상품화폐경제 가 활성화됨에 따라 종전의 소극적인 판매방식에서 벗어나 독자 적인 시전을 창설하여 자신의 생산물을 판매하고자 했다. 둘째는 군문이나 권세가와 결탁한 사상들이 금난전권의 강화를 배경으로 상품판매보다는 비시전계 상인들을 대상으로 금난전권을 행사함 으로써 이익을 보기 위하여 창설한 시전이다. 이보혁은 이를 '난전 을 잡는 일'로 표현하고 있다. 이는 금난전권의 제도적 확립 이후 상품 판매보다는 시전에 등록하여 독점적 판매권을 확보하는 일 이 더 많은 이익을 남겼음을 의미한다. 그러므로 1747년(영조 23) 대사간 홍상한洪象漢은 이때 창설된 시전들을 '모리간세배牟利奸細 輩의 이익을 독점하려는 계책으로 창설된 것'으로 이해하고 있었 다.[44] 이러한 시전들 대부분은 사상들이 스스로 전호廛號를 만들 어 평시서 시안에 등록함으로써 금난전권을 획득하였다.[45] 평시 서의 승인을 받지 못한 사상세력들은 평시서가 아닌 다른 권력기 관과 결탁하여 신전창설을 시도하기도 하였다.[46]

신설시전이 행사하는 금난전권으로 인해 피해를 보는 영세 소 민들의 어려운 처리를 염려하는 다수의 관료들과 달리, 시전을 주 관하는 평시서의 입장은 이러한 신전 창설에 긍정적이었다. 새로

---

44) 《備邊司謄錄》 영조 23년 10월 20일.
45) 《備邊司謄錄》 정조 15년 정월 28일.
46) 《備邊司謄錄》 영조 5년 7월 12일. "都下之設置百各市肆 物分主客 錄在市案 而隨其殘
　　盛 平均等第 以應國役者 乃是流來古規 一有變幻 輒致混淆 紛鬧之端 其不輕而重 有如
　　此者 而近來人心巧詐 無賴遊食之輩 必欲戙奪市利 百計紛拏 或至圖設新廛 而不由本署
　　出沒他司 誣飾呈訴 爭訟多端"

운 시전의 창설은 시전에 대한 수세량收稅量의 증가를 의미했기 때문이다.[47] 이와 같이 권력과 연계된 사상세력들과 평시서의 이해관계가 서로 일치하면서 18세기 전반기에는 상당수의 시전이 신설될 수 있었던 것이다.

사정이 이렇게 되자, 시전상인의 금난전권은 상품유통에 대한 지배권을 확보하는 데 가장 강력한 권한으로 기능하게 되었다. 이에 따라 18세기에는 상인이면 누구나 권세가나 각 아문과 결탁하여 시전을 창설하려고 하였다. 그 결과 시전의 수는 크게 증가하였다. 1630년대 시전의 수는 고작 30여 개에 지나지 않았지만, 18세기 말에 오면 평시서 시안에 등록된 시전만 육의전 7곳, 유분각전 30곳, 무분각전 40곳, 여인전女人廛 18곳, 연강전沿江廛 15곳, 방곡잡전坊曲雜廛 10곳 등 총 120곳으로 늘어났다.[48] 150여 년 동안 시전의 수가 4배가량 증가한 것이다.

3. 난전상업의 전개와 통공정책의 추진

1) 난전상업의 전개

1710년을 전후하여 금난전권의 권리내용이 강화된 것은 비시전계 사상들의 난전활동이 크게 활성화되었기 때문이었다. 이제까지의 연구에서는 18세기 상업의 가장 큰 특질로서 시전상업과 경쟁한 사상들의 난전활동을 꼽아 왔고, 이에 대해서 상당한 연구도

---

47)《備邊司謄錄》영조 23년 9월 8일. "都下無賴之類 以小物種 設立廛名 平市署 爲其收稅 許錄市案 故近來加設之廛 其數甚多 以致市廛淆雜 爲弊百端 年前因聖敎 自廟堂取來該署市案 一一釐正 使不得加設雜廛矣"
48)《弘齋全書》권164, 日得錄 文學, 日得錄 市摠冊.

축적되어 있다.[49) 18세기에 나타난 난전의 양상은 다음과 같이 크게 여섯 가지로 정리할 수 있다.[50)

첫째, 수지물手持物이나 자신이 직접 제조한 물품판매를 합법적으로 허용받았던 훈련도감 군병들의 수지물과 수조물手造物 이외의 판매행위로서, 이러한 형태의 난전은 17세기 후반에 극심하게 전개되어 시전상인들과 경쟁하는 단계까지 진전되었지만 18세기 금난전권이 확립되면서 차츰 감소하는 추세에 있었다. 오히려 군병들의 상행위는 합법적으로 허용된 수지물이나 수조물의 판매조차 시전상인들의 불법적인 억압으로 인해 위축될 정도였다.[51)

둘째, 외방의 향상鄕商이나 선상船商들이 직접 소비자들에게 물건을 판매한 행위로서, 이는 영세 소상인에 의해 전개된 난전이었다. 서울 주민들 가운데서도 흉년이 들면 생계유지를 위해 소소한 물건을 판매하는 소상인들이 많았다. 이러한 난전활동도 군병들의 난전활동처럼 18세기 전반 금난전권의 확립으로 차츰 위축되고 있었다. 그리하여 정부에서는 이들 소상인들의 생계유지를 위해서 시전상인들의 금난전권을 부정하는 통공정책을 취하게 된 것이다.

---

49) 18세기 난전상업에 대해서는 다음의 연구가 참고된다.
　　최병무, 〈이조시기의 시전〉, 《역사논문집》2, 1958.; 유원동, 〈18세기 후반기에 있어서 봉건상업의 붕괴과정-亂廛을 중심으로〉, 《아세아학보》4, 아세아학술연구회, 1967.; 김영호, 〈조선후기에 있어서의 도시상업의 새로운 전개-亂廛을 중심으로〉, 《한국사연구》2, 한국사연구회, 1968.; 강만길, 〈都賈商業과 反都賈〉, 《조선후기 상업자본의 발달》, 고려대 출판부, 1973.; 오미일, 〈18·19세기 새로운 공인권·廛契 창설운동과 亂廛活動〉, 《규장각》10, 서울대학교 도서관, 1987.; 이 책의 제6장 참조.
50) 김영호는 18세기 난전을 (1) 소상품생산자·소상인에 의한 난전, (2) 사상도고에 의한 난전, (3) 시전 상호 간의 난전으로 구분하고 있다[김영호, 앞의 논문(주 30) 참조]. 그러나 이러한 형태의 난전과 더불어 시전상인 하부에 종속되었던 여객주인, 중도아들이 시전을 배제하고 직접 소비자에게 판매하는 형태 등도 난전으로 이해되어야 할 것이다.
51) 이 책의 제2장 참조.

셋째, 서울의 수공업자들이 자신이 제조한 물품을 시전을 거치지 않고 판매하는 행위로서, 이것은 조선전기 시전상업체제가 상인만이 아니라 수공업자들이 직접 제조한 물건을 판매할 수 있도록 허용한 데서 시작되어 17세기까지 일상적으로 전개되던 상행위였다. 이러한 사정은 이엄耳掩을 제조·판매하는 이엄전耳掩廛의 사례에서 잘 드러나고 있다.

> 이엄장耳掩匠 등이 제조한 이엄을 출시발매出市發賣하여 저절로 1전이 되었기 때문에 이엄전이라 칭하여 평시서에 속하게 하였다. 작년 이래로 이엄장 등은 내역內役 외에 제상사, 제궁가諸宮家에서 매일 착거捉去하는 숫자가 많아 장인들이 가을에서 봄까지 각처에서 오래 입역하여 하루도 집에 있으면서 자기 물건을 제조하여 자생할 처지가 못 되었으므로 이엄전은 자연히 혁파되었다. 그러므로 평시서에서는 이미 그 시안을 지워버리고 비변사에 첩보하여 공조에 이속시켰다.[52]

다시 말해, 17세기 후반 이엄장들은 어떠한 형식적 규제 없이 이엄전을 자연스럽게 창설하여 상행위를 하고 있었고, 1678년(숙종 4) 이엄전이 폐지될 때에도 18세기 시전상인들과 달리 이에 대해 반발하지 않았다. 이는 제조업자인 이엄장들 스스로의 물품판매행위가 너무나 당연한 권리로 당시까지는 수용되고 있었기 때문이었다. 그러나 금난전권이 제도로 확립되고, 1706년 시안에 물종별 구분이 명확해지면서 이처럼 수공업자들이 스스로 제조한 물품을 판매하는 것도 난전행위로 지목되어 금지되었다.

---

52)《備邊司謄錄》숙종 4년 9월 27일.

가장 대표적인 사례가 야장과 잡철전, 모의장毛衣匠과 상전床廛, 주피장周皮匠, 복마전卜馬廛과 지상전紙床廛, 총장驄匠과 상전, 가칠장假漆匠과 칠목기전漆木器廛, 도자장과 도자전 사이에 벌어진 분쟁이다.53) 이 분쟁들은 야장과 잡철전, 모의장과 입전의 경우처럼 원료매입권을 둘러싼 분쟁의 형태로 전개된 경우도 있었지만, 그 밖에 경우는 모두 수공업자들이 제조한 제품의 판매권을 둘러싸고 벌어지고 있었다. 이러한 분쟁에서 주목되는 점은 이들 수공업자들이 18세기 이전부터 제조판매행위를 하고 있었지만 중간에 파전罷廛되었다가 18세기 후반에 이르러 자신들이 제조·판매하던 물종이 대부분 시안에 등록되어 시전상인들이 전매하는 것으로 바뀌면서 나타난 분쟁이었다는 점이다.

예컨대 주피장은 그전에 설전設廛하여 물건을 판매하다가 지상전紙床廛이 환산하여 파전된 이후에 다시 설전했으나 복마전인 卜馬廛人들의 무소誣訴에 의해 또다시 파전되면서 분쟁이 시작되었고,54) 휘항揮項의 판매독점권을 둘러싼 상전과 모의장의 분쟁도 모의장인들이 직접 제조하여 매매하던 물종에 대해 상전인들이 시안에 휘항 물종이 등록되어 있다는 이유로 휘항을 자유롭게 판매하였기 때문에 시작되었다.55) 총장과 상전의 분쟁도 총장이 예전부터 말총으로 갓이나 망건網巾·탕건宕巾 등의 물건을 직접 제조

---

53) 이 분쟁에 대해서는 강만길, 〈市廛商業의 工匠支配〉,《조선후기 상업자본의 발달》, 고려대 출판부, 1973.; 송찬식, 〈상업자본의 수공업지배-상인물주의 출현을 중심으로〉,《조선후기 수공업에 관한 연구》, 서울대 출판부, 1973 참조.

54)《承政院日記》경종 1년 윤6월 15일. "周皮匠人等 因紙(床-탈락?)廛之渙散罷廛 仍前設市事 呈于平市署 即爲許施矣 又因卜馬床廛等之誣訴 旋卽革罷云 周皮匠人之作廛 旣非新刱 仍前設市 而卜馬廛及紙床廛 所賣名色各異 廛名自別 則不可因卜馬廛人之誣訴市署 禁斷旣設之廛"

55)《備邊司謄錄》순조 11년 3월 19일. "毛衣匠等以爲 揮項一種 本是手造賣買資生矣 近來床廛人等 憑藉一二舊件 恣意亂賣 將至失業渙散之境"

하여 판매하였는데, 1781년(정조 5)에 상전상인들이 이러한 총물總
物을 시안에 등록하여 매점買占하였기 때문에 총장들이 이에 반발
하면서 시작된 것이었다.56) 칠기장과 칠목기전의 분쟁도 칠기장
이 예전부터 소반小盤을 제조·판매하였는데, 1770년 초에 칠목기
전이 새로 창설되면서 칠기장의 소반판매행위를 난전으로 지목하
여 발생하였으며,57) 도자장과 도자전의 분쟁도 원래 도자류刀子類
를 도자장인들이 직접 제조하여 판매하다가 1744년(영조 20)에 도
자장인과 다른 사람들이 합력하여 시전을 창설하였는데, 도자장인
들이 역役이 많아 판매영업을 중단한 이후에 시전상인들이 도자장
인들을 배제하고 이 물종에 대한 전매권을 주장하면서 발생한 것
이었다.58)

　이와 같은 사례에서 보듯이 원래 수공업자들에게는 제조판매권
이 허용되고 있었는데, 시안에 이러한 제품들이 시전상인들이 주
관하는 물종으로 등록되면서 수공업자와 시전상인 사이에 분쟁이
발생하였던 것이다. 정부에서 일방적으로 시전상인의 독점권을 옹
호하는 판결만을 내린 것은 아니었지만, 시전상인들은 시안에 전
관물종등록을 근거로 수공업자들을 통제·지배하는 계기를 마련하
고 있었다. 결국 18세기 후반 무렵에는 수공업자들의 판매영업권
이 차츰 부정되어 단순한 제조업자로 전락하게 된 것이다. 이는

---

56)《日省錄》정조 12년 8월 18일. "尙衣院聰匠洪德智 原情以爲 外方聰物 主管賣買 至於
　屢百年之久 床廛市民 忽生権利兼竝之計 辛丑年 潜自挾書於平市署市案 視若自己之業
　以其千百之物件 猶不滿欲 今此單物種 如是橫奪 傳來之業 已失於彼廛"

57)《備邊司謄錄》정조 8년 8월 20일. "假漆匠手金鼎澤等上言以爲 渠等生業 不過小盤 而
　元無料布之故 特許粧漆事資生 漆木器廛之新刱 不過十餘年 論其先後 自有主客之別 而
　今者一盤之斥賣 輒稱亂賣 都庫奪利"

58)《備邊司謄錄》정조 14년 2월 22일. "盖刀子廛卽刀子匠之本業 而中間因其役繁 不得列
　肆賣買 遂許他人之入參 一年二年 客反爲主 到今復業之願"

제조와 판매의 분리를 의미하는 것이었을 뿐만 아니라 상업자본
에 의한 수공업자 지배를 실현할 수 있는 중요한 계기를 만든 것
이었다.

난전유형의 넷째 형태는 세가勢家와 결탁한 사상들의 도고난전
상업으로서, 이들의 상행위는 서울 도성 안에만 국한된 것이 아니
라 지방에서부터 서울로 반입되는 유통로를 장악하거나 생산지에
서부터 상품을 매점함으로써 시전상업을 위협하였다.59) 예컨대
1782년(정조 6) 부민富民들이 서울로 반입되는 연초를 중간에 도집
都執하여 난매하고 있었으며,60) 1787년(정조 11)에 부상대고들이
서울 사대부 집안의 무역을 가탁하여 수많은 저포苧布를 저산칠읍
苧産七邑에서 도집하여 서울에서 난매하였고,61) 북어의 경우도 경
강상인들이 생산지인 원산이나 중간 경유지인 양주·포천 등지에
서 도집하여 서울에서 난매하고 있었다. 이들 어물난전의 거래규
모는 원산에서 한 번에 도집하는 액수가 수천 냥에서 만 냥에 이
를 정도로 대규모였다.62) 이러한 사상도고의 난전활동은 18세기
후반에 가장 극성하였는 바, 이는 시전을 정점으로 한 유통체계를
붕괴시키고 사상을 정점으로 한 유통체계를 확립하는 데 중요한
구실을 한 것이었다.63)

난전활동의 다섯째 형태는 시전을 정점으로 한 유통체계의 하

---

59) 사상도고의 난전활동에 대해서는 김영호, 앞의 논문(주 30) 참조.

60) 《備邊司謄錄》 정조 14년 2월 15일. "煙草廛市民以爲 近來畿邑要衝之處 多錢之類 別
生牟利之計 上京南草 中間邀執 以葉草發賣 亂賣之輩 兼以刞折 假作卜物 潛商入京 周
行亂賣"

61) 《備邊司謄錄》 정조 11년 1월 1일. "苧布廛市民以爲 近來亂廛熾盛之中 苧産七邑 無非
士夫農庄 而鄕曲頑悍輩 假託某物貿易 狼藉都執 輸置廊底 恣意亂賣 將至罷市之境"

62) 《各廛記事》 人, 嘉慶 9년(1804) 2월 일, 이문사 영인본, 284~299쪽.

63) 이 책의 제6장 참조.

부에 종속되어 있던 중도아中都兒, 여객주인旅客主人들이 시전을 거치지 않고 직접 소비자에게 물건을 판매하는 행위였다. 이는 시전체계의 유통질서를 혼란시키는 행위였다. 시전을 정점으로 한 유통체계 아래의 어물유통구조는 다음과 같이 설명할 수 있다. 외방선상들이 어물을 싣고 경강에 도착하면 경강여객주인들이 어물전 상인들에게 알리고, 이에 어물전 상인들이 경강에 나와 선상들이 싣고 온 어물을 구매한 뒤 중간도매상인 중도아에게 넘겼다. 중도아들은 다시 어물행상에게 넘겨 최종 소비자들이 어물을 구매하였다. 이와 같은 유통구조 아래에서 경강여객주인과 중도아들이 시전상인을 배제하고 직접 어물을 유통시킴으로써 시전상인의 어물에 대한 독점적 유통권을 형해화形骸化시키고 있었던 것이다. 이와 같은 여객주인과 중도아가 연결된 난전상업은 시전상인들에게 가장 위협적인 난전이었다.64)

마지막으로 난전의 여섯째 형태는 시전상인들 사이에 벌어진 난전활동으로서, 시전상인이 평시서 시안에 자신의 전관물종으로 등록되지 않은 물건을 판매하거나 또는 다른 시전의 영업구역을 침범하여 영업하는 행위가 대표적이었다. 예컨대 바늘[침자針子]의 전매권을 둘러싼 모자전帽子廛과 상전 사이의 분쟁, 구완기舊完器를 둘러싼 발리전鉢里廛과 문외시전門外匙廛 사이의 분쟁, 명악暝握·영건纓巾의 판매권을 둘러싸고 벌어진 입전과 면주전綿紬廛 사이의 분쟁, 수박[서과西瓜]과 참외[진과眞瓜]를 둘러싸고 벌어진 우전隅廛과 채소전菜蔬廛 사이의 분쟁, 해남포海南布와 문포門布를 둘러싸고

---

64) 《各廛記事》人, 嘉慶 18년(1813) 4월 일, 이문사 영인본, 301쪽. "各江船主人及江主人輩也 各處魚物 載到京江 則同主人等通寄於矢廛人 使矢廛散賣各處 自是定式之例 …… 其中(난전의 폐-인용자)最甚者 …… 近來江主人船主人輩 無狀魚物所載魚隻 若到江頭 則潛爲符同 任自賣買 盡歸於各處中都兒 矢徒廛人 漠然不知"

전개된 포전布廛과 저포전苧布廛 사이의 분쟁 등이 시안에 등록되지 않은 물종을 다른 시전에서 판매하였기 때문에 발생한 것이었다.65) 이러한 분쟁 가운데는 이들 제품의 원료를 취급하는 시전과 완제품을 판매하는 시전 사이의 분쟁도 있었으며, 새로 상품으로 등장한 물종을 차지하기 위해 비슷한 물종을 판매하는 시전 사이에 분쟁도 벌어졌다. 이러한 분쟁을 판결하는 가장 중요한 근거는 시안에의 등록여부였다. 그러므로 시전상인들은 시안을 몰래 고치거나 임의로 변조하는 불법행위를 감행하기도 하였다.66)

한편 시전상인 사이에 영업구역을 둘러싸고 벌어진 분쟁은 상미전上米廛, 하미전下米廛, 잡곡전雜穀廛 사이의 분쟁이 대표적이다. 상미전과 하미전은 국초에 설립되어 종루의 서쪽은 상미전, 동쪽은 하미전의 영업구역으로 삼고 있었다. 그러나 상미전 세력이 종루 동쪽인 철물교 지역까지 자신들의 영업구역으로 삼았기 때문에 1773년(영조 49) 분쟁이 발생한 것이다. 상미전과 잡곡전의 분쟁은, 원래 잡곡전은 특정한 영업구역의 제한 없이 도성 안팎 전체에 대해 잡곡을 판매하는 영업권을 소유하고 있었는데, 잡곡전에서 쌀을 판매하면서 이에 대한 수세권의 행사를 둘러싸고 발생한 것이다.67)

---

65) 이상 시전 사이의 상권분쟁에 대해서는 유원동, 〈19세기 초기 봉건상업의 붕괴과정〉, 《한국근대경제사연구》, 일지사, 1977 참조.

66) 《日省錄》 정조 12년 8월 18일. "床廛市民 忽生権利兼竝之計 辛丑年 潜自挟書於平市署市案 視若自己之業"; 《備邊司謄錄》 정조 12년 9월 4일. "床廛人符同本署書員 偸竊市案 刀擦床廛物貨中貫子之貫字 冒録渠廛物貨中 針子之針字 事竟發覺"; 《備邊司謄錄》 정조 14년 2월 15일. "辛未年 鉢里廛 以舊完器三字 潜自追録於市案 舊完器發賣 稱以亂廛"

67) 이상 미전米廛의 상권분쟁에 대해서는 오성, 〈米穀商人과 米價의 변동〉, 《조선후기 상인연구》, 일조각, 1989.; 이욱, 〈18세기 말 싸전(米廛)의 구조와 미곡유통〉, 《한국사학보》창간호, 고려사학회, 1996.; 吉田光男, 〈李朝後期 ソウルの 米商人組合 米廛につい

이상과 같은 난전활동 가운데 첫째·둘째의 형태는 서울 상업의 성장과 금난전권의 강화에 따라 18세기 후반기에는 차츰 위축되고 있었으며, 셋째 수공업자들의 판매권도 차츰 부정되어 시전상인들의 독점적 판매권에 종속되어 갔다. 18세기 후반에 전형적으로 나타나 시전상업을 가장 크게 위협했던 난전형태는 사상도고의 난전활동과 여객주인·중도아층의 난전활동이었다. 그리고 시전 상호 간의 상권분쟁의 형태로 전개된 난전활동은 18세기 후반 이후 본격적으로 전개되었다. 특히 19세기 서양물품이 중국을 거쳐 서울시장에 출현하면서 이와 같은 분쟁은 더욱 격화되었다.[68] 이는 이제까지 시안에 등록되지 않았던 물종이 새로운 상품으로 출현하면서 나타난 현상이었다.

이상에서 살폈듯이 18세기 전개된 난전활동은 그 유형이 매우 다양한 것이었다. 그러므로 난전에 대한 개념규정도 보다 엄밀하게 정의될 필요가 있다. 왜냐하면 이제까지의 연구에서는 난전을 주로 '시안에 등록되지 않은 상인들의 자유로운 상행위'라고 규정하고 있는데, 실제 18세기 서울에서의 난전활동은 이처럼 단순한 규정으로 포괄할 수 없을 정도로 다양하게 전개되었기 때문이다.

원래 난전이라는 규정은 17세기 후반 형조·한성부의 금제절목 禁制節目으로 규정된 이래 18세기에도 그 용어를 그대로 사용하고 있었지만, 난전의 내용은 서울 상업계의 분화와 발전에 따라 그 내용이 달라지고 있었다. 17세기 후반의 난전개념은 대부분의 연구자들이 지적하듯이 시안에 등록되지 않은 자들의 상행위를 지칭하는 것이었다. 그러나 시안에 시전별 주관물종이 기록된 1706

ㄷ), 《史潮》新17, 역사학회, 1985 참조.

68) 이와 같은 사정에 대해서는 고석규, 〈19세기 전반 서울시전상업의 동향〉, 《서울상업사》, 태학사, 2000 참조.

년 이후에는 여기에 더하여 시안에 등록되지 않은 물종을 임의판매하거나 영업구역을 넘어서 영업하는 행위까지 포함하였으며, 또한 시전체계의 하부에 종속되어 있던 여객주인과 중도아 등의 시전을 정점으로 한 유통체계를 벗어난 상행위까지 포함한 것이었다. 말하자면 18세기 난전개념은 시안에 등록되지 않은 상인들의 자유상행위는 물론, 시안에 등록되지 않은 물종을 판매하는 시전 상인의 행위, 그리고 시전의 독점적 유통체계를 어지럽히는 행위까지 포괄하는 것으로 대폭 확대되었던 것이다.

18세기 중·후반에 걸쳐 전개된 다양한 난전활동으로 인해 일부 품목에서는 금난전권의 권리내용에 변화가 나타나고 있었다. 18세기 이후 서울 인구가 30만 명 이상으로 증가하면서 서울 주민들의 수요가 늘었을 뿐만 아니라 시장영역도 도성 밖으로 확대되고 있었다.[69) 이와 같은 사정 아래에서 서울 주민들의 광범한 수요를 가졌던 어물, 미곡 등 일상필수품 유통을 시전상인만으로는 감당할 수 없었던 것이다. 그리하여 미전과 어물전魚物廛의 경우, 소비자를 직접 상대하는 영세 소상인에게 자유로운 영업행위를 허용하는 대신 이들에게 일정액을 수세함으로써 금난전권의 특권을 행사하고 있었다. 다시 말해 금난전권의 권리내용인 난전인 착납권과 난전물 속공권이 하부 소상인에 대한 수세권으로 변모된 것이다.[70)

2) 통공정책의 추진

18세기 전반 사상세력들의 신전창설은 미나리나 채소류 등 아

---

69) 고동환, 〈조선후기 서울의 인구추세와 도시문제발생〉, 《역사와현실》26, 역사학회, 1998 참조.

70) 금난전권의 내용이 수세권으로 전화되는 과정에 대해서는 이 책의 제6장 참조.

주 미미한 물종까지 확대되었다. 시전을 창설한 상인들은 이를 토대로 영세 상인들의 자유로운 판매를 억압하였다. 이는 시안에 등록하지 못하고 길거리에서 장사하는 영세 상인들에게 막대한 타격을 주는 것이었다. 이에 따라 정부에서는 신전창설을 금지하였고, 1741년(영조 17)에는 10년 내에 신설된 시전을 혁파하는 조치가 취해지기도 하였다.[71] 그러나 이러한 조치에도 불구하고 실제 혁파된 시전은 거의 없었다.[72] 그러므로 시전상인들의 영세 소상인 수탈은 계속될 수밖에 없었다. 이러한 문제를 해결하기 위해 정부에서 제시한 대책이 바로 금난전권의 완화를 주 내용으로 하는 통공정책이었다.[73]

1741년(영조 17)의 통공조치는 시전의 규모와 국역부담이 큰 시전의 난전은 엄금하였으나 규모나 국역부담이 적은 시전의 난전은 허락하였고, 금난전권의 행사지역도 서울의 성저십리城底十里 지역 안으로 제한하였으며, 시전인에 의한 난전착납금지는 다시 한 번 확고히 하였다.[74] 그러나 이러한 통공조치는 제대로 실행되지 못하였다. 이에 1751년(영조 27) 한성판윤 홍상한洪象漢이 다시 육의전 등 대전大廛의 난전은 엄금하고 그밖에 잡전의 경우는 난전을 금하지 못하도록 하는 조치를 건의했지만, 이 조치도 제대로 시행되지 못하였다.[75] 그리고 1755년(영조 31)에는 한성좌윤 한익

71) 《備邊司謄錄》 영조 17년 6월 10일.
72) 《備邊司謄錄》 영조 17년 9월 19일.
73) 18세기 통공정책에 대해서는 김동철, 〈蔡濟恭의 經濟政策에 관한 고찰-특히 辛亥通共發賣論을 중심으로〉, 《부대사학》4, 부산대학교 사학회, 1980.; 이욱, 〈18세기말 서울상업계의 변화와 정부의 대책〉, 《역사학보》142, 역사학회, 1994.; 변광석, 〈18세기 亂廛·都賈에 대한 정부의 정책〉, 《지역과역사》창간호, 부산경남역사연구소, 1996 참조.
74) 《備邊司謄錄》 영조 17년 9월 19일.
75) 《備邊司謄錄》 영조 27년 5월 25일.

모韓翼模가 종이나 어물 등 소소한 물종의 난전에 대해 통공을 실
시할 것을 주장했지만 시전상인들의 반대로 실시되지 못하였
다.76) 그 뒤 1764년(영조 40) 보민사保民司 설치를 계기로 육의전
을 비롯한 17개 시전에 대해서만 금난전권을 인정하고 나머지 시
전의 금난전권은 부정하는 대폭적인 통공정책이 취해졌다. 한성부
에서 직접 난전을 금하던 육의전을 포함한 9개 시전은 종전대로
한성부에서 난전을 금하도록 하고 어물전을 포함한 8개 시전은 시
전상인이 직접 난전인을 착납하도록 하며 나머지 시전에 대해서
는 금난전권을 폐지한 것이다.77) 그리고 4년 뒤인 1768년(영조
44) 육의전을 제외한 모든 시전의 금난전권을 부정하는 통공정책
을 취하였다.78) 그러나 이와 같은 정부의 초기 통공정책은 물가앙
등문제를 해결하지 못하였고, 나아가 시전상인의 강력한 반발을
받아 곧 철회될 수밖에 없었다.79)

이처럼 통공정책이 제대로 시행되지 않고 시전상인들에 의한
영세 소상인들의 침학이 그치지 않자, 정조는 신전을 창설하기 위
해서는 반드시 왕의 윤허를 받도록 하였고, 만약 이를 어기고 신
전창설을 허락한 판서判書와 당상堂上들은 제서유위율制書有違律로
처벌하도록 법제화하였다.80) 신전 창설 요건을 강화함으로써 소
시민을 보호하고자 한 것이다. 통공정책은 1786년(정조 10)에도 한
차례의 통공조치가 내려졌지만, 곧바로 철회되었다.81)

---

76) 《備邊司謄錄》 영조 31년 10월 15일.

77) 《備邊司謄錄》 영조 40년 11월 27일.

78) 《備邊司謄錄》 영조 44년 2월 5일.

79) 《承政院日記》 영조 44년 12월 14일.

80) 《大典通編》 戶典 雜令. "新廛·新契 非請蒙允 毋得許設 違禁判堂 以制書有違律論"

81) 《備邊司謄錄》 정조 11년 정월 1일.; 《承政院日記》 정조 14년 2월 19일.

이처럼 계속된 정부의 통공정책은 1791년(정조 15) 신해통공辛亥通共을 제외하고는 시전상인들의 강력한 반발에 부딪혀 그다지 큰 효력을 발휘할 수 없었다.[82] 채제공이 주도한 신해통공은 육의전을 제외한 모든 시전의 금난전권을 부정한 조치였다. 신해통공은 법으로 정해진 것이 아니라 비변사에서 물가를 안정시키고 소시민들의 생계를 보호하기 위해 임시적으로 취해진 조처였다.[83] 이와 같은 임시적 조치라는 평가에도 불구하고 신해통공으로 확립된 상거래 질서는 19세기에도 견고하게 지켜졌다.

신해통공조치가 법제화된 규정이 아니었기 때문에, 시전상인들은 국역 부담을 이유로 금난전권의 복구를 요구하였다. 1807년(순조 7) 발리전鉢里廛, 혜전鞋廛, 화피전樺皮廛, 청밀전靑蜜廛 등의 끈질긴 요구를 조정에서 수용하여 금난전권을 회복시켰지만,[84] 이후 곧바로 통공발매로 환원되었다. 그 이후에도 금난전권을 복구하려는 시전의 노력은 끊임없이 이어졌다. 예컨대 1829년부터 1849년까지 약 20년 동안에 금난전권을 복구시켜 달라고 요구한 시전들을 보면, 면자전綿子廛 13회, 의전衣廛 6회, 연초전煙草廛 8회, 진사전眞絲廛 4회, 월외전月外廛 3회, 내외시소전內外匙召廛 3회, 은국전銀麴廛 2회, 혜전 1회, 모자전帽子廛 1회, 치계전雉鷄廛 1회에 달하였다. 이와 같은 시전상인들의 금난전권 회복요구에도 불구하고 정부에서도 한 번도 금난전권을 허락해 주거나 이 요구에 동조한 적이 없었다.[85]

---

82) 이상 18세기 통공정책의 추진과정과 내용, 그리고 그 의의에 대해서는 한상권,〈英祖·正祖의 새로운 상업관과 서울상업정책〉,《서울상업사》, 태학사, 2000 참조.

83)《承政院日記》정조 18년 11월 24일 "至於通共發賣一款 本非朝令定制 而始以廟堂救弊之策 乃行一時權宜之政 意或爲都民一分厚生之利 故至今行之"

84)《備邊司謄錄》순조 7년 7월 29일.

85) 유원동,《韓國近代經濟史硏究》, 일지사, 1977, 349~350쪽.

신해통공은 난전상업을 합법화하는 것이었기 때문에 상품유통의 주도권을 사상에게 넘기는 계기가 되었다. 신해통공을 계기로 17세기말 금난전권·육의전과 국역체제의 확립으로 형성된 시전체제는 동요되었고, 19세기의 시전상업은 사상과의 경쟁 속에서 운영되지 않을 수 없었다.

4. 상가 확대와 점포상업의 발달

1) 삼대시三大市의 형성과 상가 확대

원래 서울의 상가는 조선초기 2천 칸이 넘는 규모로 종루鐘樓를 중심으로 동서쪽, 그리고 남대문 방향으로 T자형으로 건설된 시전 행랑이 유일한 상가였다. 그러나 도성 바깥에 인구가 밀집하면서 17세기 후반 이후 남대문 밖과 서소문 밖을 중심으로 한 상가가 조성되기 시작하였다. 앞서 본 바와 같이 1660년에서 1670년 사이에 이 지역에는 문외미전, 문외상전, 외어물전, 생선난전 등이 설치되어 종로시전과 함께 서울의 중요한 상가로 번성하였다. 이때 형성된 상가가 바로 칠패시장七牌市場이다. 칠패라는 명칭은 이곳이 우변포도청의 순라군巡邏軍 8패 가운데 남대문 밖에서 연지蓮池까지 순라를 도는 7패가 주둔하는 곳이라는 데서 유래하였다.[86]

한편 1760년 무렵에는 서울 동부東部의 어의동於義洞 근처에 또 다른 상가가 조성되었다. 영조가 어의동을 지칭하는 동촌東村에 민가를 많이 입주시키기 위하여 시전 설치를 허가하였던 것이다.[87]

---

86) 《六典條例》 권8, 捕盜廳 伏處.

87) 《備邊司謄錄》 영조 36년 4월 7일. "領議政 金(尙魯)所啓 東村許入市廛 聖敎誠好矣 而
為慮此村之漸至空曠 欲令民家多入 則一廛猶爲不足 自該署以門外數廛 量宜從便加數許

신설된 동촌의 시전들은 종로시전과 마찬가지로 평시서에서 관할
하였지만, 이들 가운데 계契 명칭을 사용하는 사람들은 준천사에
소속시켜 관리하고 있었다.[88] 이때 조성된 상가가 바로 이현상가
梨峴商街로 추정된다.[89] 이처럼 18세기 후반에 이르면 서울 도성
안팎의 상가는 종로의 시전상가와 이현·칠패시장을 합하여 삼대
시三大市로 불려졌다.[90] 18세기 후반 3대시로 파악되던 서울의 주
요 상업지대는 19세기에 이르면 소의문(서소문) 밖 시장이 덧붙여
져 4개 시장으로 확대되기에 이른다.[91] 18세기 후반 각 시전의 위
치와 판매 물종을 보면 다음의 〈표 1〉과 같다.

〈표 1〉 조선후기 시전의 위치와 판매물종

1) 육의전六矣廛

시전 이름	국역	위치	판매물종
입전立廛	10	광통교 주변 (전의감 동서쪽)	중국산 비단 : 공단貢緞, 대단大緞, 궁초宮綃, 생초生綃, 설한초雪漢綃, 일광단日光緞, 월광단月光緞, 운문대단雲紋大緞, 매죽단梅竹緞, 가계주紬, 용문갑사龍紋甲紗, 상사단相思緞, 통해주通海紬, 장원주壯元紬, 포도대단葡萄大緞, 조개비단, 금선단金線緞, 양화단兩和緞, 설사雪紗, 빙사氷紗, 호로단葫老緞, 만수단萬壽緞, 우단羽緞, 광월사光

入 則尤似有效矣 上曰所奏誠是 依爲之"

88) 《備邊司謄錄》 영조 36년 5월 16일 〈濬川司節目〉. "東村新入廛契中 以契爲名處 依燻
造契例 屬之本司 分出役丁 以爲濬渠之地爲白齊"

89) 칠패시장의 형성과정에 대해서는 비교적 자료가 풍부하나, 이현梨峴시장의 형성과정
에 대해서는 자료가 확실하지 않다. 앞의 자료에서 나오는 동촌은 어의동 지역을 일컫
는 것으로서, 이현 지역과 일치한다. 그러므로 이 장에서는 동촌에 설치된 시전을 바
로 이현상가의 효시로 잠정적으로 추정하였다. 동촌이 어의동 지역이라는 점은 《漢京
識略》 各洞 東部條 참조.

90) 朴齊家, 《貞蕤集》 권3, 詩集 城市全圖詩. "梨峴鍾樓及七牌 是爲都城三大市"

91) 《東國輿地備考》 권2, 漢城府 場市. "凡有四處 鐘樓街上 梨峴 七牌 昭義門外"

			月紗, 아롱단緞, 팔량주八兩紬, 쌍문초雙紋綃, 흑저사黑苧紗, 남추라藍縐羅 등
면포전綿布廛〔은목전銀木廛, 백목전白木廛〕	9	광통교와 종루 주변	무명과 은 : 강진목康津木, 해남목海南木, 고양高陽낳이, 강江낳이, 상고목商賈木, 군포목軍布木, 공물목貢物木, 무녀포巫女布, 천은天銀, 정은丁銀, 서양목西洋木, 서양주西洋紬 등
면주전綿紬廛	8	전옥서 앞 종루 주변	국산 명주明紬
지전紙廛	7	남대문로 1가 주변 동지전-포전 남쪽 서지전-면포전 남쪽	각종 종이류 : 백지白紙, 장지壯紙, 대호지大好紙, 설화지雪花紙, 죽청지竹靑紙, 선익지蟬翼紙, 화초지花草紙, 백면지白綿紙, 상화지霜花紙, 자문지咨文紙, 초도지初塗紙, 상소지上疏紙, 천연지川連紙, 모토지毛土紙, 모면지毛綿紙, 분당지紛唐紙, 궁전지宮箋紙, 시축지詩軸紙, 능화지菱花紙 등
저포전苧布廛	6	진사전 동쪽	모시류
내·외어물전內·外魚物廛	내(5)외(4)	내-이문 동서쪽 외-서소문 밖	좌반佐飯·염어鹽魚·건어류乾魚類 : 북어北魚, 관목어貫目魚, 골독어骨獨魚, 민어民魚, 석어石魚, 통대구, 광어, 문어, 가오리, 전복, 해삼, 가자미, 곤포, 미역, 다시마, 파래김, 우뭇가사리 등
포전布廛	5	면포전 건너편	무명 : 농포, 세포, 중산포, 함흥오승포, 심의포, 육진장포, 안동포, 계추리, 해남포, 왜포, 당포, 생계추리, 문포, 조포, 영춘포, 길주명천세포 등
청포전靑布廛	5	종루 동쪽	중침, 세침, 수바늘, 다홍삼승, 청삼승, 녹전, 홍전, 분홍전, 삼승고약, 공단고약, 감투모자, 회회포, 민강 사탕, 오화당, 연환당, 옥춘당 등

(*) 청포전靑布廛은 원래 내어물전과 합하여 하나의 주비로 육의전에 포함되었지만, 1794년(정조 18) 갑인통공으로 육의전에서 제외됨.

2) 유분각전有分各廛

시전 이름	국역	위치	판매물종
연초전煙草廛	3	하량교河良橋 남쪽	서초西草 및 각종의 연초
생선전生鮮廛	3	병문 동남쪽	민어, 석어, 석수어, 도미, 준치, 고등어, 낙지, 소라, 오징어, 조개, 새우, 전어 등

상전床廛 12곳			면빗, 참빗, 얼레빗, 쌈지, 줌치, 허리띠, 총전, 보료, 모담자, 간지, 주지, 당주지
망문상전望門床廛	3	의금부 망문 앞	
신상전新床廛	2	안국방 주변	
동상전東床廛	1	종루 남쪽	
수진상전壽進床廛	1	수진방	
포상전布床廛		종로 포전 앞	
철상전鐵床廛		철물교 주변	
필상전筆床廛		필동 주변	
남문상전南門床廛		남대문 근처	
염상전鹽床廛		이전履廛 동쪽 앞	
병문상전屛門床廛		생선전 병문 동남쪽	
정릉동상전貞陵洞床廛		정릉동 주변	
동현상전銅峴床廛		구리개	
지상전紙床廛		지전 앞	
미전米廛			하미, 중미, 극상미, 찹쌀, 좁쌀, 기장쌀, 녹두, 청태, 적두팥, 마채, 중태, 기름태 등
상미전上米廛	3	의금부 서쪽	
하미전下米廛	3	이현	
문외미전門外米廛	2	서소문 밖	
서강미전西江米廛		서강	
마포미전麻浦米廛		마포	
남문안 미전		수각교水閣橋 서쪽	
잡곡전雜穀廛	3	철물교 서쪽	미곡 이외의 잡곡 판매
유기전鍮器廛 바리전	2	내어물전 서쪽	각종 놋그릇 판매
은국전銀麴廛	2	전의감 동구 동쪽 입전笠廛 병문 근처	누룩 판매
의전衣廛 〔고착전古着廛, 넝마전〕	2	잡곡전 서쪽	의류대여업 및 헌옷 판매
면화전棉花廛 〔면자전綿子廛〕	2	광통교 북쪽	면화 등 솜 판매
이전履廛 〔혜전鞋廛〕	2	청포전 동쪽(종루 주변)을 비롯한 각처에 산재散在	각종 가죽신 판매. 유정혜油釘鞋는 종로의 혜전에서만 판매
화피전樺皮廛	1	동상전 동쪽	각종 채색의 물감과 중국산 과실 판매
인석전茵席廛	1	수진동 동구 서쪽	왕골과 부들로 만든 돗자리류 판매
진사전眞絲廛	1	의금부 동쪽	중국실과 국산 실, 갓끈, 주머니끈 등 판매
청밀전淸蜜廛	1	하피마병문下避馬屛門	각종 꿀 판매
경염전京鹽廛	1	숭례문 밖	소금, 꼴뚜기젓, 황새기젓 등 판매
체계전髢髻廛	1	내전은 칠목기전 남쪽, 외전은 서소문 밖	부인들이 머리에 얹는 가발류 판매

내장목전內長木廛	1	여러 곳에 산재	가옥건축용 목재 판매
철물전鐵物廛	1	여러 곳에 산재	주로 주물한 각종 철물 판매
연죽전煙竹廛 〔절초전切草廛〕	1	도가는 군기시 앞과 약현 藥峴 두 곳에 소재. 판매 처는 여러 곳	절초와 담뱃대, 재떨이 판매
내·외시저전 內·外匙箸廛	1	내전은 염탄전鹽炭廛 동쪽 외전은 서소문 밖	유기로 제작한 수저류 판매
우전牛廛	1	태평교 남쪽 언덕	소 판매
마전馬廛	1	태평교 남쪽 언덕	마필 판매

3) 무분각전無分各廛

시전 이름	위치	판매물종
외장목전外長木廛	성 밖에 소재	가옥건축용 목재 판매
채소전菜蔬廛	종루와 이현 2곳	각종 채소나 나물류 판매
우전隅廛(모전) 송현우전松峴隅廛 정릉동우전貞陵洞隅廛 문외우전門外隅廛 상우전上隅廛 하우전下隅廛 전우전典隅廛[전의감동모전]	큰 곳은 6곳 안국동 근처 정릉 근처 서소문 밖 주변 전의감 주변	각종 과일 판매 : 청실뇌, 홍실뇌, 건시, 홍시, 조 홍시, 밤, 대추, 호도, 잣, 포도, 경도, 오얏 석류, 유자, 복숭아, 용안, 여지, 당대추
혜정교잡전惠政橋雜廛	혜정교 옆	양산, 편박(발), 지거(횃불) 등을 판매
세물전貰物廛	여러 곳에 산재 도가는 혜정교 남쪽	혼인이나 상례 때 필요한 각종 물건이나 그릇 등을 대여함. 매 건의 대여료는 10전 미만.
양대전凉臺廛	돈의문 밖	갓을 만드는 양태 판매
잡철전雜鐵廛	여러 곳에 산재	적쇠, 못, 솥 등 각종 철물 판매
염전鹽廛	숭례문밖과 마포 2곳	소금 판매
백당전白糖廛	여러 곳에 산재	엿 판매
좌반전佐飯廛(4곳) 생선生鮮좌반전 상미上米좌반전 내어물內魚物좌반전 외어물外魚物좌반전	여러 곳에 산재 생선전 주변 상미전 주변 내어물전 주변 외어물전 주변	조린 어물 등 반찬 판매
계전鷄廛	광통교 주변	닭 판매
생치전生雉廛	생선전의 병문에 소재	꿩고기 판매
계아전鷄兒廛[계란전]	생치전 주변 광통교 계전과 이웃함	계란 판매

저육전猪肉廛〔저전猪廛〕	도성 안에 7~80곳	돼지고기 판매
복마제구전卜馬諸具廛	종루	짐을 싣는 말에 필요한 마구류 판매
내·외세기전內·外貰器廛		그릇 대여점
승혜전繩鞋廛	여러 곳에 위치 도가는 의금부 동쪽	미투리, 짚신 판매
상·하목기전上·下木器廛	상전-육조 앞 하전-이현	목기 판매
칠목기전漆木器廛 〔장전欌廛〕	여러 곳에 있는데 효경교 孝經橋에 가장 많다.	각종 칠목기와 궤, 장농 판매
등전鐙廛	광통교 주변	말안장 등 마구 판매
백립전白笠廛	어의동 병문	백립(가는 대나무로 틀을 짠 위에 베를 씌워 만든 갓으로 포립이라고도 함) 판매
흑립전黑笠廛	어의동 병문	흑립(검은 색 갓) 판매
초립전草笠廛	청포전 서쪽	초립(관례를 막 끝낸 아동들이나 관아의 심부름꾼, 광대 등이 쓰는 챙이 짧은 갓) 판매
자기전磁器廛	종루와 숭례문 밖 2곳	토산자기와 중국자기 판매
침자전針子廛		은침과 작은 바늘류 판매
분전粉廛(여러 곳)	내전은 종루 주변 외전은 서소문 밖 영희전 동쪽에 2곳	화장품 판매. 여성이 다니며 팔거나 앉아서 팔기도 한다.(여인전)
족두리전	종루 주변	족두리 및 아녀자의 패물류 판매
망건전網巾廛	종루 주변과 서소문 밖 2곳	망건 판매. 아침에는 서소문 밖, 낮에는 종루 주변에서 판매
내·외전립전內·外戰笠廛	내전은 마전교 외전은 돈의문 밖	군병들이 쓰는 갓인 우모전립을 판매
파립전破笠廛	어의동	파립破笠 판매
고초전藁草廛	숭례문 밖 흥인문 밖 2곳	지붕 잇는 볏짚, 울타리 엮는 싸리 등을 판매. 생삼生麻, 삶은 삼·칡〔葛〕·노끈·왕골·기령풀 따위 판매
초물전草物廛	서소문 밖	왕골이나 볏짚으로 만든 물건, 나막신 등 판매
죽물전竹物廛	숭례문 밖	크고 작은 대나무로 만든 물건 판매
이저전履底廛 〔혜저전鞋底廛, 창전昌廛〕	입전동笠廛洞 소재	소가죽 신발의 밑창을 판매
파자전笆子廛	성 밖에 위치	울타리를 엮는 발을 판매

합회전蛤灰廛	이현과 육조 앞 2곳	조개류 판매
전족전箭鏃廛	동대문 안 이교남천二橋南川 주변	화살촉 판매
도자전刀子廛	종루 주변	각종 패물및 노리개류 판매
염수전鹽水廛 〔간수전艮水廛〕	여러 곳에 산재	두부를 만들 때 필요한 간수 판매
종자전種子廛	여러 곳에 산재	각종 채소의 종자 판매
교자전橋子廛	회현방 동구	여러가지 가마〔橋子〕를 판매
형파전 荊把廛	성 밖에 위치	나무꾼이 쓰는 갈퀴 판매
남문외해전南門外醢廛	남대문 밖	젓갈류 판매
그림전	광통교 아래	각종 그림 판매
월외전月外廛		
모자전帽子廛		중국산 모자 판매
징전徵廛		징 판매
모의전毛衣廛		
거자전炬子廛		
우방전牛肪廛		소에서 나오는 기름 판매
판자전板子廛		
뉴농전杻籠廛		
사립전簑笠廛		
마포염전麻浦鹽廛	마포	소금 판매
마포칠목전麻浦柒木廛	마포	목재류 판매
마포잡물전麻浦雜物廛	마포	잡화 판매
마포간수전麻浦艮水廛	마포	두부를 만들 때 필요한 간수 판매
토정고초전土亭藁草廛	마포의 토정 지역	지붕 잇는 볏짚, 울타리 엮는 싸리 등 판매
토정시목전土亭柴木廛	마포의 토정 지역	땔감 판매
두모포시목전豆毛浦柴木廛	두모포	땔감 판매
용산시목전龍山柴木廛	용산	땔감 판매
용산소시목전龍山小柴木廛	용산	땔감 판매
옹리합회전甕里蛤灰廛	용산의 옹리 지역	조개류 판매
서강시목전西江柴木廛	서강	땔감 판매
흑석리시목전黑石里柴木廛	서강의 흑석리 지역	땔감 판매
뚝섬시목전纛島柴木廛	뚝섬	땔감 판매
뚝섬소시목전纛島小柴木廛	뚝섬	땔감 판매

전거:《萬機要覽》財用編 市廛.;《東國輿地備考》권 2, 漢城府 市廛.;《備邊司謄錄》
　　정조 8년 3월 21일〈各廛市民錢貨散貸別單〉.

〈표 1〉에서 확인되는 시전의 수를 보면, 육의전 9개, 유분각전 39개, 무분각전 85개로 총 139개 시전이다. 여기서 확인되는 시전의 종류는 모두 137곳이다. 동일한 시전명칭을 쓰면서도 내외로 구분되거나 상하로 구분된 시전, 판매처의 장소와 수가 밝혀진 곳은 모두 포함하여 계산한 숫자이다. 그러나 판매처의 수가 밝혀지지 않고 여러 곳에 있다고만 기록된 시전도 유분각전이 이전履廛·내장목전內長木廛·철물전鐵物廛·연죽전煙竹廛, 무분각전이 우전牛廛·세물전貰物廛·우전隅廛·잡철전雜鐵廛·백당전白糖廛·좌반전佐飯廛·승혜전繩鞋廛·저육전豬肉廛·칠목기전漆木器廛·분전粉廛·염수전鹽水廛·종자전種字廛 등이다. 여러 곳에 있다는 판매처를 1개 시전당 평균 5개로 가정하면 80곳이 된다. 또한《동국여지비고東國輿地備考》시전조市廛條에는 "소소한 여러 시전은 종류가 번다하여 다 기록하지 못한다."라고 얘기하고 있다. 이러한 사정을 감안한다면, 18세기 말·19세기 초반의 시전의 판매처는 모두 300여 곳이 넘을 것이다. 앞서 보았듯이 정조가 언급한 시전의 수 120개보다 훨씬 많은 시전이 서울에서 영업하고 있었던 것이다.

종로의 시전상가는 주로 궁궐이나 관아, 그리고 양반 사대부가에서 필요한 사치품이나 생활용품을 판매하는 시장이었다. 그러므로 주로 대낮에 거래가 이루어졌다. 종로 중심가의 시전상가는 대체로 2층 목조기와집이었는데,[92] 위층은 창고, 아래층은 점포로 사용하였다. 또한 건물은 입전의 경우 1방房에서 7방房으로 구분되어 각 방의 면적은 10칸間으로 되었는데, 그것을 다시 10분하여 영업에 종사하였다. 입전 외의 시전도 대체로 5방房에서 6방房 정도의 규모를 가지고 있었다고 추정된다.[93]

---

92) 이우성·임형택 편, 馬駔傳,《李朝後期漢文短篇集》上, 일조각, 1973.

93) 유원동, 앞의 책(제2장 주 1), 149~151쪽.

종로의 시전상가와 달리 이현과 칠패, 소의문 밖 시장은 주로 새벽녘에 거래가 활발하였다.[94] 이용자들도 서민들이 많았다. 남대문 밖에서 번성한 칠패시장은 어물유통의 중심지였으며, 이현시장은 도시 근교에 상업적 농업으로 재배된 채소들이 주로 팔리는 시장이었다. 18세기 후반 이현·칠패시장은 어물판매에 있어서는 유통물량이 내어물전보다 10배에 달할 정도였다.[95] 이현·칠패시장은 어물과 채소 거래에 있어서는 종로의 시전을 능가하는 시장으로 성장하였던 것이다.

한편 이 시기에는 동일한 시전에 속해 있으면서 판매처가 확대되는 현상도 나타나고 있었다. 예컨대 상·하미전 두 곳만 있었던 미전은 남문미전과 마포미전이 신설되어 네 곳으로 늘었고, 과일을 판매하는 우전은 송현松峴, 정릉동貞陵洞, 전동典洞, 문외門外의 상·하 우전과 남문南門 안의 우전 등 여섯 군데로 늘었으며, 잡화를 판매하는 상전床廛은 12곳으로 확대되었다.[96] 돼지고기를 판매하는 저육전은 1712년(숙종 38) 70~80곳에 달했다.[97]

또한 이 시기 서울의 상가는 독립된 건물이나 가가假家를 지어 영업하지 않고 〈표 1〉의 백당전白糖廛이나 도자전 사례에서 보듯이 상점 없이 노점이나 행상의 형태로 상품을 판매하는 경우도 많았다. 이밖에 미전이나 어물전의 경우도 시전상인에게 물건을 떼어다가 동네를 돌아다니면서 주민들에게 판매하는 '호창행매지류

94)《京都雜誌》市舖.“凡趨市者 晨集于梨峴及昭義門外 午集鐘街 一城之所需者 東部菜 七牌魚”

95)《各廛記事》地, 乾隆 11년(1781) 4월 일.“大抵梨峴七牌兩處無非亂廛 奪利都庫隱賣之 類 甚至於執房行貨賣買 十倍於本廛”

96)《萬機要覽》財用篇 5, 各廛 無分各廛;《漢京識略》市廛.

97)《承政院日記》숙종 38년 9월 28일.“猪肉廛則市案所載者 不過六七坐 而近來漸盛 幾 至七八十坐 以此懸房失利 典僕輩呼冤”

呼唱行賣之類'등의 행상이나 가로좌시街路坐市를 벌여 판매하는 소매상인들이 많았다. 이른바 가로잡시街路雜市가 바로 그러한 유형의 저자인 것이다.[98]

경강京江 지역도 조선후기 상품화폐경제의 성장에 따라 상업 중심지로 변하여, 이곳에는 모두 15개의 시전이 설치되었다. 또한 상업 중심지도 계속 확대되어 18세기 이전에는 3강, 18세기 중엽에는 5강, 18세기 후반에는 8강, 19세기 전반에는 12강으로까지 불리웠다. 이처럼 경강상업이 번성하고 있음은 18세기 후반 삼강에 설치된 술집이 600~700여 곳이고 여기서 술 제조에 소비되는 미곡만도 1년에 수만 석을 넘고 있다는 기록이나, 술을 빚어 놓은 항아리가 천여 개에 달하는 집도 있었다는 기록 등을 통해서도 충분히 짐작할 수 있다. 경강변은 새로운 상업 중심지로서만이 아니라 유흥가로서의 모습도 띄고 있었던 것이다. 이처럼 경강에 시전이 대거 설치되어 도성 안을 능가하는 상업 중심지로 성장하게 되자 도성에서 서강으로 가는 애오개길(아현동길)과 용산으로 가는 약점현길이 당시 서울에서 가장 번화한 도로가 되었다.[99]

또한 서울 도성 안팎에는 땔감 시장도 번성하였다.[100] 17세기 후반 이후 서울 인구가 증가함에 따라 자연히 난방용·취사용 연료인 땔감 소비가 크게 늘어났기 때문이다. 한강 상류에서 벌채된 목재가 집하되는 뚝섬 지역에는 400~500호가 모두 땔감 판매를 업으로 삼고 있었으며,[101] 서부 용산방 토정리에도 땔감 시장이

98)《備邊司謄錄》철종 4년 1월 18일. "漆木器廛市民以爲 街路雜市之賣買 新木器者 一切嚴禁事也 雖非許禁之物 新舊之器 各自有其市 以無相侵奪之意 亦爲申飭"

99) 경강 지역의 상업 발달에 대해서는 고동환, 앞의 책(주 37) 참조.

100)《備邊司謄錄》정조 13년 윤5월 12일. "近來松政解弛 柴馱之入東南城門者肆然 以生松枝作束 而不問有誰何者 至於上遊柴商以松作爲楮拙 全船來泊於京江者有之云"

101)《備邊司謄錄》영조 7년 6월 1일. "自前纛島居民 無他生理 賣柴爲業 一邊酬應平市署

번성하였다.[102]

이상에서 보았듯이 18세기 서울의 상가는 종로의 시전상가나 이현, 칠패 등의 상가만이 아니라 길거리에도 다양한 잡시雜市와 땔감 시장이 형성되었고, 경강 지역도 수로 교통의 중심지라는 교통상의 이점을 극대화하여 상업 중심지로 번성함으로써, 서울의 상업지대가 확대되고 있었던 것이다.

2) 점포상업의 발달

18세기 상업변동에서 이와 같은 상업지대의 확대와 더불어 특기해야 할 사실은, 시전상업 외의 점포상업도 발달하고 있었다는 사실이다. 19세기 초에 작성된 《동국여지비고》에는 시전과 다른 점포상업을 특별히 포사舖肆로 독립시켜 기술하고 있는데, 여기에는 현방懸房, 서화사書畵肆, 책사冊肆, 연사煙肆, 금교세가金橋貰家 등이 속한다.

현방은 소를 잡아 고기를 판매하는 곳으로, 반인泮人인 성균관 전복典僕들이 판매를 주관하였다. 고기를 매달아 판매했기 때문에 현방이라는 이름이 붙었는데, 중부에는 하량교·이전履廛·승내동·향교동·수표교 등 5곳, 동부에는 광례교·이교二橋·왕십리 등 3곳, 서부에는 태평관·소의문 밖·정릉동 근처 병문·야주현冶鑄峴·육조 앞·마포 등 7곳, 남부에는 광통교·저동·회현동·의금부 등 4곳, 북부에는 의정부·수진방·안국방 등 3곳이 있었고, 여기에 성균관에 소재한 현방을 합하여 모두 23곳에서 푸줏간 영업을 하고 있었다.[103]

公用 家家設廛 專以此資生矣 …… 四五百戶上中下民人等生理 一朝因一昌悌而見奪"

102) 《備邊司謄錄》 영조 6년 11월 7일.

103) 《東國輿地備考》 권2, 漢城府 舖肆.

약국은 주로 오늘날의 을지로 입구인 구리개〔동현銅峴〕근처에 집중적으로 분포하였다.104) 약국은 다만 병자에게 약을 지어 주는 역할만을 하는 것이 아니라 오늘날의 찻집처럼 시정인들의 약속의 장소이자 만남의 장소로서도 기능하였다.105) 그러므로 약국은 시정市井의 소문들이 발생하는 근원지이면서, 그러한 소문이 빠르게 확산되는 공간이기도 했다. 조선후기 발생하는 정치적 변란 사건의 대부분에 주모자들의 모의 장소나 만남의 장소로써 약국이 활용되는 것도 이러한 사정 때문이었다.106) 이러한 약국과 비슷한 기능을 했던 점포가 연사〔담배 가게〕였다. 담배 가게는 강독사講讀師들이 청중들을 대상으로 소설을 읽어주는 장소로도 제공되고 있었다.107)

그림판매점인 서화사는 대광통교 서남쪽 개천변에서 각종의 그림과 글씨를 판매하였으며,108) 책을 판매하는 책사는 정릉동 병문과 육조 앞 두 곳에 있었는데, 주로 사서삼경四書三經과 백가제서百家諸書를 판매하였다.109) 이 시기에는 직업적으로 책만을 판매하는 책장수도 등장하였고, 그 가운데 일부는 조선후기 한문소설의 주인공으로 등장하기도 하였다.110) 여러 곳에 산재한 금교세가는 종친 및 공주나 옹주의 옛 저택을 혼인을 앞둔 신부집에 빌려 주는

---

104) 위와 같은 조.

105) 이문규, 〈조선후기 서울 시정인의 생활상과 새로운 지향의식〉, 《서울학연구》5, 서울학연구소, 1995.

106) 영조 28년의 이양제사건, 정조 2년 서명완 등의 역모사건에서 약국은 이러한 기능을 하고 있다. 《英祖實錄》 영조 28년 4월 己酉.;《正祖實錄》 정조 2년 7월 乙巳 참조.

107) 李德懋, 《靑莊館全書》 권20, 雅亭遺稿 12, 銀愛傳.

108) 《漢陽歌》

109) 《東國輿地備考》 권2, 漢城府 舖肆.

110) 이우성·임형택 편, 鬻書曺生, 《李朝後期漢文短篇集》中, 일조각, 1973.

것을 업으로 삼고 있었다. 오늘날의 예식업이 점포상업의 일환으로 번성했던 것이다.

이와 같은 점포상업 외에도 18세기 서울은 도시상업의 발달로 새로운 기능을 지닌 영업들을 출현시켰다. 대표적인 것이 서비스업의 성격을 갖는 주점, 음식점, 기방, 색주가 등이었다. 남대문에서 종로에 이르는 거리에는 주점·팥죽집 등 음식점이 즐비하였으며, 서울 종루 거리에는 천 냥짜리 청루靑樓가 등장할 정도로 색주가가 번창하였다.111) 서울 지역에서 대표적인 색주가는 경강의 마포 지역과 홍제원, 남대문 밖 잼배, 탑골공원 뒷편, 수은동 등지였다. 이러한 음식료업 업소 가운데서도 '군칠'이라는 주점은 평양의 냉면, 개성의 산적 따위를 팔았는데, 밤에도 불을 켜놓고 영업을 하였다고 한다. 평양과 개성의 특미가 서울 주점의 메뉴로 등장할 정도였던 것이다. 이처럼 번창하는 주점에서는 수십 가지 안주를 제공하였고, 이에 젊은이들은 술값으로 패가망신하는 경우가 허다했다. 이와 더불어 쇠고기와 어물의 절반 이상이 주점의 안주로 소비되어 서울 시민의 찬거리 값이 폭등하기도 했다. 이와 같은 주점과 음식점의 발달, 곧 상업적 외식업의 발달은 인구의 밀집과 유동을 전제로 한 조선후기 도시발달과정에서 나타난 현상의 하나였다.112)

이와 같은 점포상업과 주점의 번성과 더불어 이 시기 새로 나타난 영업의 특징은 노동력 청부를 주로 하는 영업이 번성했다는 점이다. 18세기 생계를 위해 서울로 몰려든 유민들이 집적함에 따라 이들을 노동력으로 동원하여 이루어지는 마계馬契·운부계運負契 등

111) 이우성·임형택 편, 美僧,《李朝後期漢文短篇集》上, 일조각, 1973.
112) 강명관,〈조선후기 서울과 한시의 변화〉,《문학작품에 나타난 서울의 형상》, 한샘출판사, 1994.

의 하역운수업(荷役運輸業)과[113] 겨울에 얼음을 저장했다가 여름에 판매하는 장빙업(藏氷業)[114] 등이 이 시기에 독립적인 영업 분야로 발달해 간 것이다. 이와 같은 점포상업과 각종 영업의 번성은 시전상업의 변화 못지않게 18세기 서울의 상업구조를 이해하는 중요한 요소가 아닐 수 없다.

5. 민영수공업과 상업적 농업의 발달

1) 민영수공업의 발달

서울은 국내 최대의 소비도시이기도 했지만, 다른 한편으로는 국가에서 필요한 주요 수공업 제품을 조달하는 생산도시이기도 하였다. 조선초기 관영수공업체제 아래에서 주요 수공업 공장들은 대부분 관청에 소속되어 서울에 소재하였다. 15세기 후반《경국대전》에 등록된 서울의 관영수공업장은 모두 30여 개소였다. 이에 소속된 장인들 수는 2,800여 명으로, 이들은 30개 수공업 공장에서 129종의 일을 맡고 있었다. 이로써 보면 종로시전상가를 중심으로 한 지역은 조선전기에는 최대의 공업단지로서의 성격을 지니고 있었던 것이다. 종이나 그릇 등 넓은 작업공간이 필요한 분야는 도성 밖에서 제조되었지만, 음식이나 의복, 장신구, 기구 등은 대부분 궁궐이나 도성 안에서 제조되었다.

이와 같은 관영수공업체제는 무기화약류나 도자기 제조 등의 분야를 제외하고는 17세기 이후 차츰 동요되어 해체되기에 이른

---

113) 하역운수업(荷役運輸業)에 대해서는 고동환, 앞의 책(제2장 주 104) 참조.

114) 고동환, 〈조선후기 장빙역의 변화와 장빙업의 발달〉, 《역사와 현실》14, 한국역사연구회, 1994 참조.

다. 1785년(정조 9)에 편찬된 《대전통편》에 따르면 30여 개의 관영수공업 가운데서 사섬시, 전함사, 소격서, 사온서, 귀후서 등은 관아 자체가 없어졌고, 또 내자시, 사도시, 예빈시, 제용감, 전설사, 장원서, 도화서, 사포서, 양현고 등 10개 관아에 속해 있던 작업장에는 장인들이 한 명도 없었으며, 그 밖의 작업장에도 장인의 명목은 있었으나 실제는 거의 없었다고 기록하고 있다. 이러한 변화는 《대전통편》이 간행된 18세기 말 시점이 아니라 《속대전》이 간행된 1744년 무렵에 이미 현실화된 사실이었다고 《대전통편》에는 특기하고 있다.[115]

여기서 보듯이 18세기에는 관영수공업체제가 완전히 해체되고 민영수공업에 의한 시장생산이 크게 성장하였다. 민영수공업은 대동법의 실시를 계기로 비약적으로 발전한 것으로 보인다. 예컨대 대동법 실시 이전에는 종묘, 사직, 각능침各陵寢, 제상사에서 필요한 수철기水鐵器 십여 종을 황해도에서 직접 제조하여 진배하였는데, 대동법 이후에는 황해도에서 돈을 받고 공인들이 이를 서울 주변의 수철장으로부터 구입하여 조달하고 있다.[116] 이처럼 대동법은 서울에서의 수공업 생산을 크게 발전시켰던 것이다.

그러면 이처럼 발달한 서울의 민영수공업 현황을 《동국여지비고》를 통해 살펴보도록 하자. 《동국여지비고》의 장인조匠人條에서는 수공업 장인으로 금장金匠, 은장銀匠, 옥장玉匠, 두석장豆錫匠, 목수木手, 석수石手, 소목장小木匠, 대정大丁("鑄鐵造刀子雜物者 俗稱大丁"), 조주장造主匠, 모의장, 안장장鞍粧匠, 주자장鑄字匠, 숙수熟手, 각수장

---

115) 《大典通編》 工典 京工匠.

116) 《續大典》 工典 京工匠. "水鐵匠人 元額未充定者 隨現卽定(閑雜人設爐冶處 本曹擲奸錄案 軍兵則不可移定匠額 依亂塵例 移法司科罪(舊例 宗廟社稷各陵寢諸上司所用水鐵器 本曹卜定海西而 進拜 詳定後 自本道其價米收納宣惠廳 定貢人出給 使之擔當備納 凡十一種之器)"

刻手匠, 장책장粧冊匠, 칠장漆匠 등을 꼽고 있다. 또한 수공업 작업장인 장방匠房으로는 금방金房, 은방銀房, 옥방玉房, 두석방豆錫房, 능라방綾羅房, 주피방周皮房, 궁방弓房, 시방矢房, 사모방紗帽房, 각대방角帶房, 도자방刀子房, 안경방眼鏡房, 석경방石鏡房, 모의방毛衣房, 필방筆房, 입방笠房, 연죽방烟竹房 등이 있었다고 기록하고 있다. 이들 수공업장의 위치는 대부분 종로 시전상가를 중심으로 한 지역에 분포되어 있었다. 예컨대 은방의 도가都家는 백목전 도가의 남쪽과 내어물전 북쪽의 향도정동 두 곳에 있었으며, 두석방의 도가는 월내전月乃廛 남쪽에 자리하였다.117) 은방이 은을 판매하는 백목전 도가 근처에 있었다는 사실로 보건대 당시 수공업 작업장은 대부분 같은 제품을 판매하는 상점 근처에 자리 잡았던 것으로 이해된다.

한편 관영수공업장에 소속된 장인들도 이 시기에는 민간을 대상으로 한 제품을 제조하여 판매하였다. 공조 소속의 이엄장은 이엄전을, 공조 소속의 야장은 잡철전을 직접 운영하였으며, 모전계인毛氈契人들도 모전계인 근처에 터전을 점유한 뒤에 이곳에서 모전을 제조하여 일반에게 판매하고 있었다.118) 또한 와서瓦署에서도 사장私匠들이 기와를 구워 민간에 판매하였고,119) 조지서造紙署의 지장紙匠들도 국가에 납품하는 것 말고도 소비자에게 판매하기

---

117) 《東國輿地備考》 권2, 漢城府 匠房, 匠人.

118) 《貢弊》 5책, 毛氈契人. "矣等毛氈契 乃是國初設立之契 若自京兆成給立案於矣等 毛氈橋大路之傍 占得基地 造作毛氈 許多國役 擔當進拜 故基前居民與矣等 無相侵犯 家自家基自基 今至累百年之久 而呼稱毛氈橋 亦入於輿地勝覽矣 近來人心不古 矣等之基臺近處居民 稱以家前 驅迫矣等 或乘夜掘土爲壑 灌水成川 事不得接足 將未免失巢之鳥 此實莫大之痼弊是乎旀 且各殿宮襦栗及宗社以下石磬栗駕前馬彦赤栗 各衙門方席栗 矣等無不擔當 故自國初設契 滓餘毛段 戰笠匠來貿於矣契矣"

119) 《承政院日記》 효종 9년 9월 25일.

위해 종이를 생산하였다.[120] 이밖에 공조의 모의장, 상의원의 류
장이나 도자장 등도 합법적으로 수공업 생산품을 생산하여 사적
으로 판매할 수 있는 권리를 획득하였으며, 공조의 수철장은 전국
적인 범위에서 솥의 생산과 판매를 독점하였다.[121]

이처럼 민영수공업과 더불어 관청 소속의 장인들도 시장을 향
한 생산을 활발하게 전개함에 따라 차츰 서울의 수공업도 활성화
되어 갔다. 이와 같은 서울의 수공업 공장이 어떻게 분포되어 있
었는지는 오늘날까지 남아 있는 지명을 통해 어느 정도 살펴볼 수
있다.

관철동에는 금·옥·뿔 등으로 망건의 당줄을 꿰는 관자 제조장
이 있었으며, 철물교 근처에서는 칼·솥·문고리 등 철물을 다루는
장인들이 영업하였다. 오늘날의 종로 2가와 공평동 근처에서는 각
종 놋그릇을 만들어 판매하였는데, 지금까지 바리동이라는 지명이
남겨져 있다. 백목전 도가가 위치한 서린동 지역은 금방·은방·옥
방들이 집중되어 있었고, 모자·귀마개 등을 제조하는 이엄장도 이
근처에 작업장을 가지고 있었다. 또한 도성 밖인 신영동·부암동·
평창동 등지에는 훈조계가 있어 왕실이나 서민들에게 메주를 만
들어 공급하였으며, 부암동에서는 숯을 제조하여 판매하였다. 또
한 인왕산 기슭의 누상동·누하동에서는 담배쌈지를 제조하여 판
매하였고, 통의동과 창성동은 띳골이라 하여 허리띠를 제조하여
판매하였다. 태평로 1가의 쳇골에는 체를 제조하는 장인이, 묵정
동의 풀뭇골에는 쇠를 가공하는 사람들이 살았으며, 중구 저동의
모시전골에는 모시전을 중심으로 마을이 형성되었다. 한편 용산
지역에는 주성리·수철리·옹리 등의 지명으로 보아 쇠를 가공하거

---

120) 《漢京識略》各洞.
121) 송찬식, 《李朝後期 手工業에 관한 硏究》, 서울대 출판부, 1973, 44~45쪽.

나 옹기를 제조하는 장인들이 집단으로 거주하였으며, 와서가 있
어서 기와 제조를 담당하였다. 아현동에는 놋그릇 제조장인 유기
전 곧 바리전이 위치하였고, 마근동에는 망건 제조장이, 대현동에
는 망건·당줄·감투를 만드는 집이 많았다. 그리고 성동구 성수동
일대의 수철리에서는 서강의 수철리와 함께 무쇠를 다루어 솥·
칼·낫 등을 제조하였고, 뚝섬은 속칭 숯광골이라 불렸는데, 뗏목
으로 내려온 목재로 숯을 제조하여 판매하였다.[122]

2) 상업적 농업의 발달

17세기 후반 이후 급속히 상업도시로 성장함에 따라 서울에서
는 상업적 농업도 크게 성행하였다. 대표적인 것이 채소·과수농업
과 약초재배업이었다. 채소농업은 동대문 밖과 서대문 밖의 미나
리밭, 독립문 주변의 무·배추,[123] 왕십리의 무우, 살곶이다리의 순
무, 석교石橋의 가지·오이·수박, 연희궁 주변의 고추·부추·해채,
청파 지역의 미나리, 이태원의 토란 등이 가장 유명했다.[124] 이밖
에도 마늘, 파, 부추, 호박, 수박, 연초 등도 교외 지역에서 재배되
고 있었다.[125]

이와 같은 채소농업은 미곡농사보다 훨씬 많은 이익을 가져다
주는 것이었다. 19세기 초 우하영에 따르면 "미나리 2마지기를 심
으면 벼 10마지기 심어서 얻는 이익을 올릴 수 있고, 채소 2마지
기를 심으면 보리 10마지기를 심어 수확하는 것과 같은 이익을 올

---

122) 최완기, 《조선시대 서울의 경제생활》, 서울학연구소, 1995, 49쪽.
123) 이춘녕, 〈서울의 農業地帶小考〉, 《鄕土서울》47호, 서울특별시사편찬위원회, 1989, 21쪽.
124) 朴趾源, 《燕巖集》 別集, 穢德先生傳.
125) 《漢京識略》 各洞.

릴 수 있다."라고 하였다.126) 또한 정약용도 "서울 안팎과 번화한
큰 도시에 파밭, 마늘밭, 배추밭, 오이밭 따위는 논 4마지기의 땅
에 수백 냥의 이익을 얻을 수 있다."라고 하여 상업적 농업이 상지
상답上之上畓의 벼농사에 비해 10배 이상의 이익이 있음을 설명하
고 있다.127)

이와 같이 상업적 농업의 이익이 커지자 18세기 이후에는 도
성 안팎의 채소밭이 크게 증가하고 그 규모도 확장되었다. 1725
년(영조 1) 살꽂이벌에 있던 사복시司僕寺 둔전屯田도 채소밭으로
변했으며,128) 어영청에서 관할하는 동대문 밖의 채소밭도 생겨
났다.129)

또한 도성 밖 사포서司圃署에서 관할하는 채소밭은 30여 결에
달할 정도로 대규모였다.130) 이러한 채소밭들이 사복시, 사포서,
어영청 등 관청에서 경영하는 것이긴 해도, 당시 상업적 농업으로
전개된 채소농업의 발전상을 잘 보여주는 사례가 아닐 수 없다.
상업적 농업의 번성은 교외의 행락처를 상업적 농업지대로 변모
하게 하였다. 이옥李鈺은 《삼유홍보동기三遊紅寶洞記》에서 이러한
사정을 다음과 같이 얘기하고 있다.

　　기억하건대 내가 여덟 살 적에 집안 아버님의 장구杖屨(지
　　팡이와 신발)를 모시고 홍보동紅寶洞으로 꽃구경을 간 적이 있
　　었다. 홍보동은 연희궁延禧宮의 동편 의소묘懿昭墓의 남쪽에 있

126) 禹夏永, 《觀水漫錄》 輕稅勸農之策.
127) 丁若鏞, 《經濟遺表》 地官修制 田制十一 井田議 三.
128) 《備邊司謄錄》 영조 원년 3월 9일.
129) 《備邊司謄錄》 영조 36년 5월 16일 〈濬川司節目〉.
130) 《備邊司謄錄》 정조 10년 정월 5일. "司圃署外圃貢人 以爲本署劃給田畓三十餘結 以
　　爲各殿各宮 各樣菜蔬供上矣"

는데, 숲이 넓어 작은 초지가 될 만하고 온통 붉은 진달래꽃
으로 빽빽하여 햇빛이 새어들지 못하였다. …… 올해 신해년
(1791) 삼월 의소묘 시냇가를 지나 쉬다가 산자락을 몇 개 지
나 홍보동으로 가면서 또한 붉은 진달래꽃이 흐드러지게 피
었으리라 생각하였다. 그런데 막상 이르러 보니 꽃잎 하나도
찾아볼 수가 없었다. 꽃이 없었을 뿐만 아니라 나무도 없었
고, 나무가 없을 뿐만 아니라 뿌리 또한 없어졌다. 한 장정이
구덩이를 파고 재와 똥을 채워서 바야흐로 호박을 심을 준비
를 하고 있는 것이 보였다. …… 아 13년 만에 재차 와서 놀
았으며, 또다시 13년 만에 놀러왔는데 어찌하여 전에는 꽃이
변하지 않았는데 뒤에는 변하였단 말인가.131)

이옥은 연희궁 동쪽 의소묘 남쪽에 자리한 홍보동을 1765
년·1778년·1791년 13년 간격으로 세 차례 방문하였는데, 1778년
까지는 진달래가 흐드러지게 피어 꽃놀이를 즐겼지만, 1791년 세
번째 방문했을 때 이곳은 수많은 꽃을 볼 수 없었을 뿐 아니라 나
무들도 모두 사라져 호박을 재배하는 상업적 농업지대로 변모하
였음을 얘기하고 있는 것이다.

한편 용흥구궁龍興舊宮이 불타기 전 인가가 즐비했던 도성 안 지
역에도 사대부들이 채소밭을 경영하고 있었다.132) 사대부들도 상
당한 이익을 올릴 수 있었기 때문에 상업적 농업에 참여하고 있었
던 것이다.

---

131) 실시학사 고전문학연구회 역주, 〈三遊紅寶洞記〉, 《李鈺全集》 1권, 소명출판, 2001.
132) 《備邊司謄錄》 영조 36년 4월 1일. "傳曰 …… 本宮(舊闕-인용자)南墻外 古則人家稠密
　　今則便成菜田 龍興舊宮 若在野村 尋常寒心 大抵士夫 嫌其隱僻 便得要處於基地 菜田
　　爲業 此莫重都城之地 爲士夫者 擧一兩得也"

이처럼 도성 안에서도 상업적 농업이 활성화되자 1744년(영조 20)에 편찬된《속대전》에서는 "경성京城 안에서 화전花田 및 내 농포內農圃, 미나리밭[근전芹田]을 제외하고 기경起耕하는 자는 장 杖 100에 처한다."라는 규정을 신설하여 도성 안의 농업을 억제 하였다.133) 그러나 이 조처는 도성 안에서 상업적 농업을 영위하 던 사람들의 반발을 불러일으켰다. 이에 정부에서도 1748년(영조 24) 민가에서 대대로 경작하던 토지에 대해서는 계속 경작을 허 용하고 다만 신전경작新田耕作만을 금하도록 함으로써134) 기존에 도성 안에서 상업적 농업을 영위하던 자들을 인정하지 않을 수 없었다.

한편 이 시기에는 채소농업뿐만 아니라 홍화紅花, 자초紫草와 같 은 약초도 상업적으로 재배되었다. 흔히 어혈 등을 푸는데 쓰이는 홍화는 독립문 주변에서 재배되었기에 이 일대를 홍화동으로 불 렀고, 충정로에서 만리동으로 넘어가는 고개를 약고개라 했는데 이 또한 약초 재배가 성행한 까닭이었다. 또한 상업적으로 과일나 무를 전문적으로 재배하는 층들도 생겨났다. 인왕산 기슭 누각동 이나 이화동에는 살구나무, 교북동에는 살구·복숭아·감나무, 창신 동에는 복숭아·앵두나무, 세검정에는 자두나무가 많았고, 동숭동 에는 잣나무가 많아서 잣골이라는 이름이 전해지고 있다.135) 이밖 에도 18세기에는 각종 화초나 분재를 취미로 삼는 사람들이 늘어 남에 따라 이들을 전문적으로 길러 판매하는 자들도 생겨났다.136)

---

133)《續大典》戶典 田宅.

134)《英祖實錄》영조 24년 11월 甲寅. "舊制禁都城四標內起耕 上以民家世耕之田不宜混禁 以致失業 命京兆只禁新田 勿禁舊耕"

135) 최완기,《조선시대 서울의 경제생활》, 서울학연구소, 1995, 33쪽.

136) 姜彝天,《漢京詞》城北城南業賣花.

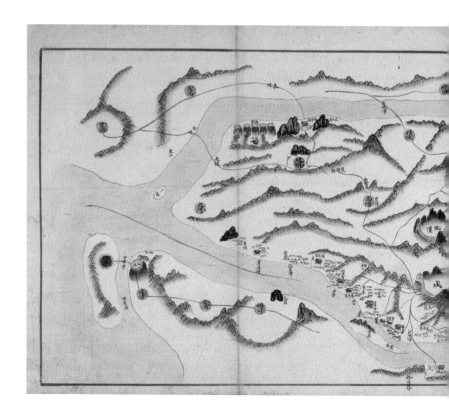

이처럼 18세기 상업적 농업은 채소류나 약초류에 그치지 않고 과일과 꽃 재배에 이르기까지 그 범위가 크게 확대되고 있었다.

6. 상권商圈 확대와 유통체계의 변화

1) 서울 상권의 확대

조선후기 상품화폐경제의 발달은 육상뿐만 아니라 해상의 교통도 크게 진전시켰다. 그 결과 육지의 장시 시장권은 대장시를 중

〈그림 1〉《동국여도》의 〈경강부임진도〉 ⓒ서울대학교 규장각한국학연구원

심으로 통합되어 갔으며, 포구 시장권 또한 대포구를 중심으로 통
합되어 갔다. 이와 같은 장시 시장권과 포구 시장권이 결합되면서
18세기 이후에는 전국적 시장권이 형성되기 시작하였다.[137] 이에
따라 서울의 상권도 크게 확대되어 갔다. 18세기 중엽 이중환李重
煥은 서울의 상권확대현상을 다음과 같이 말하고 있다.

137) 고동환, 〈조선후기 交通發達과 全國的 市場圈의 형성〉, 《문화역사지리》8, 한국문화
역사지리학회, 1996.

강배가 오가는 것을 말한다면 …… 나라 안에서 오직 한강
이 가장 크고 근원이 멀며 조수를 많이 받는다. 동남쪽으로
청풍의 황강, 충주의 금천과 목계, 원주의 흥원창, 여주의 백
애촌과 동북쪽은 춘천의 우두촌, 낭천의 원암촌과 정북쪽으로
연천의 징파도에는 배편이 서로 통하며, 아울러 장삿배가 외
상거래를 하는 곳이다.[138]

다시 말해 한강 뱃길을 통해 경강상인들이 북한강 상류인 춘천
과 낭천, 남한강 상류인 청풍과 충주·원주·여주, 그리고 임진강
쪽으로는 연천 지역에서까지 외상으로 거래할 수 있었다는 것이
다. 이는 곧 이들 지역이 경강 지역과 하나의 시장권으로 통합되
고 있음을 반영하는 것이다. 이와 같은 뱃길을 통해 서울 상권이
확대되는 모습은 18세기 중엽에 그려진 《동국여도東國輿圖》의 〈경
강부임진도京江付臨津圖〉에서 잘 표현되고 있다.

이 지도에는 당시 수로교통의 중요성을 반영하여 강줄기가 사
실보다 훨씬 확대되어 강조되고 있다. 이 지도에 나타난 한강과
임진강의 수로망은 이중환이 말하고 있는 경강상권의 범위와 일
치하고 있다. 이 지도는 서울의 상권이 한강과 임진강의 수로를
매개로 경기도는 물론 강원도와 충청도 일부 지역까지 포섭하고
있음을 반영하는 지도인 것이다.

한편 육로교통의 발달에 따라 서울과 전국이 긴밀하게 연결됨
으로써 서울의 상권은 육로교통을 통하여도 차츰 확대되고 있었
다. 서울 주변의 수원, 안성, 개성과 같은 도시가 서울의 배후도시
로 성장하였을 뿐만 아니라, 도성 외곽에는 누원점과 송파장시와

---

138) 《擇里誌》 卜居總論, 生理.

같은 새로운 유통거점이 창출되었다.139) 이와 같은 전국적 시장권의 형성과정에서 나타난 서울 상권의 확대는 서울의 상품유통체계의 변화를 초래하였다.

2) 상품유통체계의 변화

원래 서울의 유통체계는 외부로부터 들어오는 상품에 대한 구매독점권과 소비자에 대한 판매독점권을 장악한 시전상인을 정점으로 형성되었다. 곧 시전을 정점으로 하는 상품유통체계〔시전체계市廛體系〕는 향상鄕商·선상船商-여객주인-시전상인-중도아-행상行商-소비자로 연결되는 구조를 가지고 있었다. 이러한 상품유통체계는 시전상인이 갖는 금난전권을 기초로 형성된 것이었다.

그러나 시전을 정점으로 한 유통체계는 18세기 후반 종로의 시전상가 외에 이현과 칠패시장이 중요한 시장으로 부각되는 동시에, 서울 외곽에 송파와 누원 등이 새로운 유통거점으로 성장하면서 차츰 붕괴되기 시작하였다. 여객주인, 중도아, 서울의 사상세력들은 시전상인을 능가하는 자본력으로 송파장, 누원점 등을 근거로 도고활동을 벌이면서 독자적인 유통망을 구축하였다. 예컨대 누원점의 상인들은 안으로는 서울의 중도아와 체결하고 밖으로는 송파장시의 상업세력과 연결하여 서울을 경유하지 않고도 함경도 지역의 상품을 전국 각지로 분송分送하는 유통체계를 형성하였다.

칠패의 중도아나 송파장과 누원점의 부상富商들은 송우장·누원점-송파장·사평장-서울의 칠패·이현-소비자로 이어지는 유통로와, 송우장·누원점-송파장·사평장-인근 장시로 이어지는 유통로

---

139) 이상 서울의 상권商圈확대현상에 대해서는 고동환, 〈조선후기 京畿地域 場市網의 확대-서울시장권과의 연계성을 중심으로〉, 《金容燮敎授停年紀念韓國史學論叢》, 김용섭 교수정년기념한국사학논총간행위원회, 1997 참조.

를 개발하였다. 이른바 시전을 정점으로 한 유통체계와는 전혀 다른 독자적인 유통체계를 통해 상품을 거래한 것이다. 새로운 유통체계의 담당자들은 권세가와 연결된 사상대고나 또는 기존 시전을 정점으로 하는 유통체계의 하부에서 상업행위를 하던 여객주인, 중도아층들이었다. 이들 가운데 새로운 유통체계를 장악한 세력은 송파 등 신흥상업도시의 부상대고들로서 이들의 출신은 대부분 경강상인京江商人이었다.

새로운 유통체계는 생산지에서부터 소비지까지 모든 유통체계를 부상대고가 장악하여 판매하는 것이었다. 그것은 봉건권력이 부여한 구매독점권과 판매독점권에 근거하여 판매하는 '염가늑매廉價勒買'의 방식이 아니라, 상당한 자본력과 조직력에 기초하여 '무천매귀貿賤賣貴'하는 방식이었다.140) 생산지에서 서울까지 이어지는 모든 유통체계를 장악함에 따라 가격의 조절능력도 대폭 향상되어, 이들에게는 최대한의 상업이윤이 보장될 수 있었다. 이러한 유통체계는 시전상업과는 다른 사상체계私商體系의 성격을 가지는 것이었다. 이들에 의해 구축된 유통체계는 환전책換錢冊을 갖추었을 뿐만 아니라 유통량도 한 달에 4천~5천 냥, 1년에는 수만 냥에 달할 정도였다. 이것은 경강상인 등 부상대고에 의해 장악된 새로운 유통체계가 우연적·일시적이 아니라 항상적·구조적으로 운영되고 있었음을 보여주는 것이라 하겠다.

이와 같은 새로운 상품유통체계는 사상층의 참여와 더불어 서울 도성 안의 전통적인 상업 중심지 이외에 서울 주변 새로운 유통거점의 창출이라는 조건 속에서 가능한 것이었다. 사상체계의 성립은 무엇보다 시전상인에게 종속되어 있던 서울의 상품유통을

---

140)《備邊司謄錄》정조 13년 4월 20일. "都雇之貿賤賣貴 取殖要利 專出於富漢之手 操縱舞弄"

자유롭게 만들었다. 1791년 육의전을 제외한 모든 시전의 금난전
권을 부정한 신해통공辛亥通共은 바로 이와 같은 유통체계의 변화
를 정부당국에서 추인한 것임과 동시에, 사상을 정점으로 하는 유
통체계의 기반을 공고히 하는데 결정적인 계기가 된 것이었다.[141]

7. 맺음말

18세기 서울의 상업은 상업도시로 성장하는 과정에서 크게 변
동하였다. 17세기 후반을 계기로 서울의 중심적 상업기관인 시전
제도가 정비되기 시작하였다. 종래의 시전이 주로 국가에 대한 의
무부담을 중심으로 운영되었던 데 비해, 17세기 말 이후 시전은
일반 주민들을 대상으로 한 상거래를 중심으로 운영되었다. 그 결
과 1706년을 전후하여 평시서 시안에 각 시전이 주관하는 물종이
자세히 기록되기 시작하였고, 이를 계기로 비시전계 상인인 난전
상인의 상행위를 금지하는 시전상인의 금난전권도 보다 명확한
권리로 성립할 수 있었다. 이와 같이 17세기 후반에서 18세기 초
시전제도가 크게 정비되고 금난전권이 확립되어 간 까닭은 비시
전계 상인이 성장하여 시전상인의 유통권을 위협했기 때문이었다.

18세기 초 물종별로 시안 등록이 이루어지고 금난전권이 강화
됨에 따라 유통의 독점권을 보유한 시전상인의 이익은 더욱 커졌
다. 그러므로 비시전계 상인들도 이러한 특권을 확보하기 위하여
신전창설新廛創設을 시도하였다. 그 결과 18세기 전반기에는 소소
한 물종에도 대부분 시전이 창설되었다. 17세기 후반에도 신전창

---

141) 이상 시전체계의 붕괴와 사상체계의 확립에 대해서는 이 책의 제6장 참조.

설이 많았지만, 이때 창설된 시전들은 대부분 미전이나 어물전, 생
선전 등 도성민들의 일용소비품을 판매하는 시전들로서, 이미 있
던 도성 안의 본전本廛 외에는 대부분 도성 밖에 설치된 것이 특
징이다. 그러나 18세기 전반에 설치된 시전들은 수공업자에 의해
설치된 시전이거나 또는 사상 세력들이 평시서나 권세가와 결탁
하여 설립한 시전이 대부분이었다. 18세기 전반 시전 설치의 목적
은 상품거래를 통해 이익을 보는 것보다 오히려 비시전계 상인에
대한 금난전권의 행사를 통해 이익을 얻기 위한 것이었다. 그러므
로 이 시기에는 영세 소시민들의 자유로운 상행위는 크게 억제될
수밖에 없었고, 반면에 시전은 크게 늘어났다. 17세기 전반 30여
개에 지나지 않았던 시전이 18세기 말에 이르면 120여 개로 늘어
났던 것이다.

　17세기 후반 이후 서울 인구가 증가하고 도시공간이 성 밖까지
확대되면서 서울의 시장규모도 확대되었다. 이러한 시장의 확대에
따라 18세기 전반 이후에는 난전상업도 활발하게 전개되었다. 난
전의 형태는 수지물판매가 합법적으로 허용된 군병들의 난전, 외
방 향상과 선상에 의해 전개된 난전, 수공업자들이 직접 제조·판
매하는 난전, 부상대고와 세력가의 하인들이 생산지나 서울로 상
품이 반입되는 중간에서 물건을 매집하여 전개하는 난전, 시전체
계 하부에 종속되었던 여객주인·중도아층에 의해 시전상인을 배
제하고 상품을 유통시키는 난전, 그리고 시안에 등록되지 않은 물
종을 판매하면서 나타난 시전 상호 간의 난전 등 매우 다양하게
전개되었다.

　이 과정에서 난전에 대한 개념도 차츰 확장되어 갔다. 17세기
후반 금난전권이 성립하는 단계에서의 난전규정은 주로 시안에
등록되지 않은 상인들에 의한 자유 상행위를 지칭하는 것이었으

나, 1706년 각 시전이 주관하는 물종이 시안에 자세히 등록된 이후부터는 시안에 등록되지 않은 물건을 판매하는 다른 시전상인의 행위도 난전에 포함되었을 뿐만 아니라 여객주인·중도아의 난전처럼 시전을 정점으로 한 유통체계에서 벗어나는 상행위까지 난전으로 규정되었던 것이다. 그리고 서울시장의 확대에 따라 어물이나 미곡 등 일상필수품을 판매하는 어물전·미전의 경우에는 금난전권의 권리내용도 난전인 착납권과 난전물 속공권이라는 형태에서 차츰 수세권으로 변모되고 있었다. 이러한 현상들은 서울의 상권이 확대되고 시장규모가 커지면서 나타난 것이었다.

한편 17세기 최말기에 확립된 금난전권을 기초로 18세기 전반에는 소소한 물종에 대해서도 시전이 창설되었으므로, 영세 소상인들의 자유로운 매매가 크게 위축되었다. 이는 곧 서울빈민들의 생계에 막대한 타격을 가하는 것이었다. 그러므로 정부에서는 이 문제를 해결하기 위해 18세기 중엽부터 지속적인 통공정책을 추진하였다. 그러나 18세기 중엽 이래 시행된 통공정책은 1791년 신해통공조처가 내려지기 이전까지는 시전상인의 강력한 반발로 실패하였다.

18세기 서울 상업발달의 양상은 이와 같은 시전제도 자체의 변화와 난전상업의 성행 외에 서울 안의 상가가 확대되고 시전이 아닌 점포상업이 성장한다는 점에서도 찾아진다. 서울의 상가는 원래 조선초기에 건설된 종로시전 상가가 유일한 상가였으나, 17세기 후반에 남대문 밖의 칠패시장, 18세기 중엽에 이현시장이 출현하여 18세기 후반에는 삼대시로 불렸으며, 19세기 전반에는 소의문昭義門 밖 시장까지 합하여 4곳의 상가가 형성되었다. 또한 이 시기에는 시전 외에 약국藥局, 연사, 현방, 책방冊房 및 그림가게 등의 점포상업도 도심 곳곳에서 성행하였다. 그뿐만 아니라 18

세기 도시화의 진전에 부응하여 음식점이나 주점, 색주가 등의 각
종 서비스업도 번창하였다. 그리고 생계를 위해 서울로 몰려든 유
민들이 집적됨에 따라 이들을 노동력으로 동원하여 이루어지는
마계馬契, 운부계運負契 등의 하역운수업荷役運輸業과 겨울에 얼음
을 저장했다가 여름에 판매하는 장빙업藏氷業 등도 이 시기에 독
립적인 영업분야로 발달해갔다.

이러한 현상은 18세기 서울 상업이 시전과 사상의 단순한 대립
구도로만 전개된 것이 아니라, 시전상업·점포상업·사상들의 난전,
그리고 각종 영업분야로 매우 다양하게 전개되었음을 의미하는
것이다. 이러한 상업분야 외에도 서울에서는 민영수공업이 발달하
여 종로를 중심으로 한 지역과 서강과 용산, 뚝섬 일대에 수공업
지대가 형성되었으며, 도성 안팎에서 채소나 담배, 약초, 과일과
꽃 재배를 전업적으로 영위하는 상업적 농업도 발달하였다.

이처럼 18세기 서울의 상업구조는 특권적 어용상업체제인 시전
체계 자체의 구조 변화만이 아니라 상가의 확대와 수공업, 상업적
농업의 발달을 수반하는 것이었다. 특히 이 시기에는 교통발달로
인하여 전국적 시장권이 형성되기 시작한 시기였다. 이를 배경으
로 하여 서울의 상권도 차츰 확대되었다. 우선 서울의 상권이 도
성외곽지역인 송파, 누원 등지뿐만 아니라 광주, 수원, 개성, 강화
등지까지 확대되었다. 이처럼 서울상권이 확대됨에 따라 서울 내
부의 유통체계도 큰 변동을 겪지 않을 수 없었다.

원래 서울에서의 상품유통체계는 시전을 정점으로 한 상품유통
체계였다. 다시 말해 서울에 반입되는 모든 물품은 반드시 시전상
인을 거쳐서 유통되는 특권적 상업체제였던 것이다. 그러나 도성
외곽인 송파나 누원 등에 새로운 상품유통거점이 발생하자 사상
들은 시전상인의 금난전권이 미치지 않는 송파와 누원을 직접 연

결함으로써 시전상인을 배제하고 상품을 전국으로 유통시킬 수
있는 유통체계를 확립하였다. 이것이 바로 사상을 정점으로 하는
사상체계였던 것이다.

사상체계의 성립은 무엇보다 시전상인에게 종속되어 있던 서울
의 상품유통을 자유롭게 만들었다. 1791년 육의전을 제외한 모든
시전의 금난전권을 부정한 〈신해통공〉은 바로 이러한 유통체계의
변화를 정부당국에서 추인한 것임과 동시에, 사상을 정점으로 하
는 유통체계의 기반을 공고히 하는데 결정적인 계기가 된 것이었
다. 이와 같은 변화는 단순히 사상의 성장으로만 설명될 수 있는
것이 아니다. 시전체계의 붕괴와 사상체계의 성립이라는 서울 상
업계의 본질적 변화는 사상의 성장이라는 측면 외에도 점포상업
과 수공업, 상업적 농업의 발달, 그리고 상가와 상권의 확대 등의
요소가 복합적으로 반영된 결과였던 것이다.

제4장 19세기 시전상업의 쇠퇴
—면주전綿紬廛을 중심으로

1. 머리말

조선시대 시전상업의 구조와 성격에 대한 해명은 조선시대 상업연구의 핵심적인 주제이다.[1] 그동안 조선초기 시전의 형성과정을 비롯하여 임진왜란·호란기의 시전상업의 동요와 17세기 말 시전상업의 재편, 그리고 18세기 시전상업의 성장에 이르기까지 조선시대의 시전상업에 대한 많은 연구가 축적되었다. 18세기 이후에는 이들 시전상인과 대결하면서 성장한 사상私商과 난전亂廛에 대해서도 연구가 이루어졌으며, 이러한 대결의 귀결점인 1791년 신해통공辛亥通共에 대해서도 상당한 연구가 축적되어 오늘날 우리는 조선후기 시전상업의 실상에 대해 자세한 이해를 가지게 되었다.[2]

이와 같은 18세기를 중심으로 한 시전과 난전상업에 대한 연구와 달리 19세기 시전상업에 대한 연구는 매우 부진한 편이다. 19세기 전반 시전상업의 동향을 다룬 연구가 있지만,[3] 개항을 전후

---

1) 조선후기 상업사 연구의 성과에 대해서는 고동환, 〈상품유통경제의 발전〉, 《한국역사입문2-중세편》, 한국역사연구회편, 풀빛, 1995.; 고동환, 〈조선후기 상품유통의 발달〉, 《한국사 33-조선후기의 경제》, 국사편찬위원회, 1997 참조.
2) 대표적인 연구를 들면 다음과 같다. 고동환, 《조선후기 서울상업발달사연구》, 지식산업사, 1998.; 박평식, 《조선전기 상업사연구》, 지식산업사, 1999.; 이태진 외, 《서울상업사》, 태학사, 2000.; 변광석, 《조선후기 시전상인연구》, 혜안, 2001.; 이 책의 제5장 참조.
3) 고석규, 〈19세기 전반 서울의 시전상업〉, 《서울상업사》, 태학사, 2000.

한 시기, 곧 중국·일본·서양 상품이 국내시장에 유통될 때 시전상
인들이 어떻게 대응했는지에 대해서는 거의 연구가 이루어지지
않았다.

시전은 각종 상회사가 신설되는 개항 이후에도 여전히 중요한
상업기관이었다.[4] 그럼에도 시전상업은 이 시기 상업사 연구의
주된 관심에서 비켜서 있었다. 개항 이후 근대적인 기업의 형성을
전망하고자 하는 연구자들은 시전상업보다는 상회사商會社에 관심
을 집중하였다. 연구자의 관심 부족에 더하여, 시전상업 관계자료
의 부족 또한 개항 이후 시전상업 연구의 부진을 초래한 또 하나
의 원인이었다.

이 장에서는 개항 전후기 시전상업에 대한 연구부진을 타개하
고자 새로 발굴된 면주전綿紬廛 도중都中의 자료들을 활용하여 시
전상업의 동향을 실증적으로 밝혀보고자 한다. 본 연구에서 주로
활용한 자료는 일본 경도대학京都大學 가와이문고河合文庫에 소장된
자료들로서, 이들 문서는 개항 직전인 1840년대부터 1900년대 초
까지를 대상으로 하기 때문에 이 시기 시전 내부의 사정을 매우
소상하게 밝혀줄 것이다.[5] 이 자료 외에도 《비변사등록》을 비롯

---

4) 《통상휘찬通商彙纂》에는 갑오개혁으로 금난전권이 폐지된 이후에도 육의전은 소매점으
   로서 경성京城상업계의 중심이었다고 기록하고 있다(《通商彙纂》 제70호, 韓國事情, 京城,
   1904년 11월).

5) 최근 須川英德는 〈市廛商人과 國家財政: 가와이문고(河合文庫) 所藏의 綿紬廛 資料를
   中心으로〉(2008년 4월 낙성대연구소 정기발표회 발표문)라는 논문에서 180권을 넘는 방대
   한 가와이문고河合文庫에 대해 자세히 소개한 바 있다. 가와이문고의 면주전 관계자료
   는 국내에는 경도대학자료의 복사본이 서울학연구소, 국사편찬위원회, 국립중앙도서관
   에 부분적으로 소장되어 있으며, 이 가운데 《면주전상하책綿紬廛上下冊》, 《면주전일용
   책綿紬廛日用冊》, 《토주계회계책吐紬契會計冊》, 《수주이소전장건기水紬二所專掌件記》, 《조
   비계전장등록措備契專掌謄錄》은 서벽외사해외수일본栖碧外史海外蒐佚本의 하나로 아세아
   문화사에서 1984년 영인되었다. 영인본을 간행할 때 해제를 담당한 강만길 교수는
   《토주계회계책》, 《수주이소전장건기》, 《조비계전장등록》을 면주전 도중의 문서가 아

한 관찬 연대기의 단편적 자료들도 서울시장과 시전상업의 전반
적 동향을 파악하는 데 도움을 줄 것이다.

이 연구에서는 개항 이전 시전상업과 도고상업都賈商業의 동향
을 서울시장의 변화와 관련하여 고찰하고, 개항 이후 외국상품과
외국상인의 진출에 따른 서울시장의 급격한 변화 속에서, 육의전
가운데 3번째 규모를 자랑하던 면주전이 어떠한 사정으로 영업인
1명의 영세한 시전으로 전락해 갔는지를 해명하고자 한다. 이를
통해서 개항의 충격이 전통적인 상업체제인 시전체제에 미친 영
향이 어떠했는지를 분명히 이해할 수 있을 것이다.

2. 개항 이전 시전상업과 면주전

1) 서울시장의 성장과 시장정책의 변화

조선의 전국적 시장은 18세기 중엽을 전후하여 형성되었다.6) 예
컨대 개성부開城府 남면南面 예성강禮城江에 사는 사공沙工 김중재金
中才는 격군格軍 12명과 함께 개성부의 물주物主 김진철金振哲의 돈
2,200냥을 가지고 1752년(영조 28) 2월 13일 예성강을 출발하여 충
청도 은진 강경포에서 쌀 540석을 구매한 뒤에, 경상도 영일 포항
에서 명태어 50동同과 미역 340동을 구매하고, 강원도 삼척에서 잡
어雜魚를 구매했다.7) 자본규모 2,200냥(쌀 540석)에 달했던 이 개성

닌 공인계貢人契 문서로 설명하고 있으나, 이는 잘못된 설명이다.

6) 고동환, 〈조선후기 交通發達과 全國的 市場圈의 형성〉, 《문화역사지리》8, 한국문화역
　사지리학회, 1996.

7) 《典客司日記》권11, 丁丑(1753) 6월 21일. "沙工金中才所告內 矣徒等十名段 俱以開城
　府南面禮城江所居之民是白遣 金勝億矣徒三名段 以全羅道康津居民 累年同務興販乙仍
　于 矣徒十三名 開城府居均役廳屬金七奉船隻良中 物主同府居金振哲錢文二千二百兩持

의 선상船商은 개성, 충청도 강경포, 경상도 포항, 강원도 삼척 지역을 한 번의 항해에서 포괄하고 있는 것이다. 이 선상의 사례는 전국적 시장이 18세기 중엽 이미 형성되었음을 알려준다.

18세기 말·19세기 초의 사정을 전하는 《천일록千一錄》에는 "평안도의 흉년으로 쌀값이 올라가자 삼남 지역의 미곡 선상들이 앞다투어 평안도로 몰려갔는데, 평안감사와 각 읍의 수령들이 억지로 쌀값을 내리자 미곡 선상들은 평안도로 가지 않고 황해도로 뱃길을 돌렸다. 때문에 평안도 장시에서는 돈이 있어도 쌀을 구입할 수 없었다."라고 얘기하고 있다.8) 이 사례는 미곡의 유통이 시장가격에 따라 이루어지고 있음을 보여준다.

미곡시장이 시장가격을 기준으로 형성되고 있었기 때문에, 삼남 지역의 미곡도 가격이 높은 서울의 경강에 집적되었다가, 흉년 등의 사정으로 서울보다 쌀값이 비싼 지역이 생기면 다시 그 지역으로 반출되었다. 1762년(영조 38)에는 삼남에서 경강에 집적되었던 미곡의 1/3이 서울보다 쌀값이 비싼 지방으로 반출되고 있었다.9) 1809년(순조 9)에도 경강 지역에 집적되었던 수천 석에 달하는 미곡이 쌀값이 비싼 충청도·전라도 지역으로 사나흘 만에 유출되었다.10) 이러한 사례들은 시장가격에 따라 미곡유통이 좌우되고 있

載 上年二月十三日 自禮城江同騎發船 同月二十日往于忠淸道恩津地 貿米五百四十石離
發 五月初五日到慶尙道迎日浦項發賣 換貿明太魚五十同 逢授於食主人朴守乭家 又貿甘
藿三百四十同 載持發船 閏九月十七日往于江原道三陟地 餘錢一千五百兩 貿載小雜魚
十月初一日發船 回向本土"

8) 禹夏永, 《千一錄》 賑政. "關西大饑設賑 而道伯及各邑守宰 皆以勒減市直 爲第一活民
之策 三南米商船載米穀及到關西界聞風 回避移泊于海西 故關西場市逐絶穀物 飢民持錢
無以販穀"

9) 《備邊司謄錄》 영조 38년 6월 27일. "今春則自三南上來之穀物 爲米商潛自賣送于外方
者 幾居三分之一云"

10) 《備邊司謄錄》 순조 9년 6월 12일. "至於都下 則近聞江上貿穀積儲之類 近見亢旱如此

는 현실과 함께, 전국적 시장의 중심이었던 경강京江이 전국의 미
곡가격을 조절하는 중앙시장의 기능을 담당하였음을 보여준다.

19세기 이후 서울의 전국적 시장의 중심기능은 더욱 강화되었
다. 1817년(순조 17) 경강에 몰려드는 상선商船은 해마다 1만 척을
헤아릴 정도였다.11) 어선과 조운선을 제외한 상선만 1만 척이라고
했으니 그 규모를 짐작할 수 있을 것이다. 특히 한강이 얼어붙는
겨울철과 태풍이 불어 배의 운항이 불가능한 계절을 제외한다면,
하루에 최하 30척은 경강에 몰려들었을 것이다. 철도가 놓이기 이
전 가장 중요한 상품유통로는 물길이었기 때문에, 경강을 거점으
로 전국적으로 상품이 유통되었던 것이다.12)

19세기 서울시장은 전국적 시장의 중심으로서 통합력을 높이는
한편, 중국과의 시장관련성도 깊어지고 있었다. 19세기 서울시장
에서는 중국산 상품은 물론 서양상품들도 흔히 찾을 수 있었다.
18세기 말 박제가朴齊家가 읊은 〈성시전도시城市全圖詩〉에는

봉성鳳城(만주)의 융모戎毛, 연경燕京의 생사生絲, 함경도의 마
포麻布, 한산 모시, 쌀, 콩, 기장, 조, 피, 보리, 느릅, 남, 닥,
옻, 솔, 오동, 가래나무, 콩나물, 마늘, 생강, 파, 부추, 겨자, 버
섯, 포도, 대추, 밤, 귤, 배, 감13)

謂此時莫失 一齊收藏 各相乘勢 而又恐法司之知機沮搰 必於暮夜無知之時 移峙於江外
遠處 仍爲船載潛發 分送於兩湖價騰之處 數三日之間 己不知位幾千包云"

11) 《備邊司謄錄》 순조 17년 3월 25일. "顧今諸路商舶之載魚鮮米穀輻輳京江者 歲以萬計"

12) 고동환, 《조선후기 서울상업발달사연구》, 지식산업사, 1998. 최근 《명례궁상하책明禮
宮上下冊》의 물가자료를 토대로 한 연구에서는 서울의 미곡시장이 경기·충청·황해 지
역과 통합되었고, 경상도·전라도 지역과는 단절되어 있었다고 주장하고 있다(이영훈,
〈19세기 서울시장의 구조와 특질〉, 낙성대연구소 정기발표회 발표요지문, 2007). 그러나 이러한
결론은 단편적인 물가자료만을 가지고 내려진 것으로, 다양한 자료를 통해 보면 서울
시장은 18세기 중엽 이후 전국적으로 통합되고 있음을 확인할 수 있다.

라고 하여 만주와 북경 등지에서 생산된 상품들이 유통되고 있음을 말하고 있고, 1844년(헌종 10)에 저술된 《한양가漢陽歌》에는

> 팔로八路는 통하였고, 연경, 일본日本 다 있구나. 우리나라 소산所産들도 붓그럽지 안큰마는 타국물화他國物化 교합交合하니 백각전百各廛 장홀시고, …… 백목전白木廛 각색방各色房에 무명이 쌓여어라. 강진목康津木, 해남목海南木과 고양高陽낳이, 강江낳이며, 상고목商賈木, 군포목軍布木과 공물목貢物木, 무녀포巫女布와 천은天銀이며 정은丁銀이며 서양목西洋木과 서양주西洋紬라14)

라고 하여, 중국과 일본은 말할 것 없고 서양의 면포와 비단도 서울시장에서 유통되고 있음을 말하고 있다.

중국이나 서양의 상품이 19세기 이후 서울시장에서 활발하게 유통된 까닭은 대청무역에서 조선이 유효한 결제수단을 가질 수 있었기 때문이다. 17세기 중엽에서 18세기 전반까지 청·일 사이의 중개무역을 통해 막대한 이익을 얻을 수 있었지만,15) 18세기 전반을 계기로 청·일 사이의 직교역이 활성화함으로써 중개무역의 이익이 사라졌다. 이에 따라 조선은 청나라와의 교역에서 결제수단을 확보하지 못해 잠시 위축되었다. 그러나 가삼家蔘재배와 18세기 말 홍삼紅蔘제조의 성공으로 대청무역의 결제수단을 획득한 이후 중국산 상품의 도입이 활성화한 것이다.16)

---

13) 朴齊家, 《貞蕤集》 詩集 권3, 城市全圖詩.

14) 송신용 교주校註, 《漢陽歌》, 정음문화사, 1949.

15) 이태진, 〈國際貿易의 성행〉, 《韓國史市民講座-조선후기의 상공업》9, 일조각, 1991 참조.

16) 김정미, 〈朝鮮後期 對淸貿易 전개와 貿易收稅制의 시행〉, 《한국사론》36, 서울대 국사

18세기까지 중국에서 수입되는 상품은 비단이 주된 것이었다. 이밖에 서책과 약재 등이 반입되긴 했지만, 이들 상품은 민간의 일상적 소비품이기보다는 왕실이나 사대부들에게 소비되는 것이었다.

그러나 19세기에 수입되는 중국이나 서양의 상품들은 일반 평민들도 널리 소비하는 것이었다.《한양가》에서는 당화唐貨를 주로 취급했던 청포전靑布廛에서 중침中針, 세침細針, 수繡바늘, 다홍삼승포茶紅三升布, 청삼승포靑三升布, 녹전綠氈, 홍전紅氈, 분홍전粉紅氈, 삼승고약三升膏藥, 공단貢緞, 고약膏藥, 감투모자, 회회포回回布, 민강閩薑, 오화당五花糖, 연환당軟環糖, 옥춘당玉春糖 등을 판매하고 있다고 노래하고 있다.[17]

이와 같은 일상소비품과 더불어 각종 직물류가 19세기 중엽 중국을 통해 대거 유입되었다. 그러므로 1847년(헌종 13)에는 '서양의 면포가 서울시장에 출시된 이후 조선에서 생산되는 면포가 무용지물이 되어 무명을 짜는 사람들이 모두 실업'하게 되었으며,[18] 1852년(철종 3)에는 '서양목 유통이 날이 갈수록 증가하니 국산 면포의 유통이 두절되어, 이를 생산하고 판매하는 사람들이 실업할 지경'에 이르렀다고 얘기하고 있다.[19]

이와 같은 중국을 통해 수입된 중국산 및 서양 직물류 소비가 일반화하자 1834년(순조 34) 전지평前持平 이병형李秉瑩은 이를 사치풍조 때문이라고 판단하고 "관복官服, 조복朝服, 군복軍服, 융복戎

학과, 1996.; 이철성,《조선후기 대청무역사연구》, 국학자료원, 2000 참조.

17) 송신용 교주,《漢陽歌》, 정음문화사, 1949.

18)《備邊司謄錄》헌종 13년 1월 25일. "西洋木 出來之後 土産之木 自歸無用 以致失業 …… 洋木 歲益熾盛 以致土産之無勢 理勢卽然"

19)《備邊司謄錄》철종 3년 1월 25일. "洋木貿遷 歲加月增 閑雜之類 惟意買賣 故常産之木 市絶交易 實爲失業之端"

服, 호수虎鬚, 작우雀羽 등 매우 번거롭게 제정되어 있는 궁궐과 사대부의 각종 관복제도를 단순화하고, 직품이 높은 사람을 제외하고 중국산 비단을 사용하지 못하도록 하며, 각 영의 장교들은 겨울에 무명, 여름에 모시옷으로 복장을 통일함으로써 우리나라 소산인 명주, 모시, 무명을 사용할 것"을 상소하고 있다.20) 이 상소에서 보듯이 중국산 비단은 물론 서양산 면포류의 소비자층은 사대부층만이 아니라 각 영의 장교층에서 평민에 이르기까지 모든 계층이 망라되어 있었다.

19세기 전반 조선의 경제는 정부의 재정부문에 견주어 민간시장부문이 우위를 점하는 경제체제였다. 예컨대 1810년(순조 10) 호조의 지출은 쌀 11만 2천여 석, 돈 37만 5천여 냥, 1811년의 수입은 쌀 9만 7천여 석, 돈 24만 냥이었다.21) 이와 같은 호조의 지출액을 서울에서 술 빚는 데 소비되는 미곡량과 비교해보자. 18세기에는 유흥문화가 크게 번성하여 술집이 급증하였다. 17세기 말 1백여 개22)에 지나지 않던 서울의 술집은 18세기 후반 1만 호로 급증하였다.23) 1810년 1만 곳에 달하는 술집 가운데 큰 술집은 수천

---

20) 《備邊司謄錄》 순조 34년 4월 10일. "前持平 李秉瑩上疏 …… 其一 奢侈爲消財之尾閭 先自宮闕 克行節省 痛革侈風 且百官章服之朝服官服 所用不一 軍服戎服 爲弊甚鉅 虎鬚雀羽 無補於異 朱笠絲笠 無稽於古 另行更張 刪去繁文 而紬苧綿布 爲我國土産 若不能一朝變更 則無寧皆用本土之産 秩高者外毋得用緞屬 各營褊校 則用冬木夏苧 定爲新制事也"

21) 《備邊司謄錄》 순조 11년 4월 18일. "戶曹判書 沈象奎 所啓 …… 若以用下言之 則雖如昨年無事之時 米爲十一萬二千餘石 錢爲三十七萬五千餘兩 且以應入見之 則今年元稅與加入 合而計之 米不過九萬七千餘石 錢不過二十四萬餘兩"

22) 《章箚彙編》(奎 12865) 83책 5권 前萬戶 李泰培 疏 "以數十年前觀之 都城內外酒戶 僅可百數 欲求美釀者 必遠求於他部里里 郊外則又無大肆 至於近年 都民嗜酒之習 趨利之風 日變而月異 五部四十餘坊 坊坊曲曲 皆揷酒帘 十室之洞 五爲酒戶"

23) 《承政院日記》 정조 10년 11월 24일 "閭巷酒家之多 無如近日 雖以五部內言之 戶數之多 大率六萬 而賣酒之家 不啻什之二三 摠而計之 則殆過萬家"

여 호를 헤아렸고, 1년에 술 빚는 데 소비되는 미곡만도 수십만
석에 달하고 있다.[24] 1811년 서울의 큰 술집 한 곳에서 술 빚는
데 들어가는 미곡이 한 달에 30~40석이었으며, 작은 술집 한 곳
에서도 한 달에 십여 석 규모였다.[25] 18세기 후반 경강 지역의 술
집이 600~700여 곳이었기 때문에,[26] 600~700여 곳에 달하는 술
집 가운데 큰 술집을 50곳, 작은 술집을 600곳으로 가정하면, 경강
지역 술집에서 술 빚는 데 소비되는 미곡만도 한 해에 9만 3천 석
에 달하였던 것이다. 이처럼 경강의 술집에서만 한 해 소비되는
미곡량이 호조에서 한 해 지출하는 미곡량과 비슷했다. 1년 수십
만 석을 소비하던 서울 전체 술집에서의 미곡소비량은 미곡과 동
전을 합한 호조의 1년 전체 지출량을 능가하였다. 또한 1810년 현
방懸房에서 진배하는 액수만 4~5만 냥이었다.[27] 진배보다는 민간
을 대상으로 쇠고기를 판매하는 영업이 주된 것이라는 점을 감안
한다면, 현방의 1년 총매출은 진배에 견주어 세 배는 되었을 것이
다. 현방의 1년 총매출액이 호조의 1년 동전지출액의 절반을 차지
하는 것이다. 현방에 견주어 규모가 훨씬 큰 육의전의 경우는 1년
의 총매출액이 호조 재정보다 훨씬 많았을 것이다.

　여기서 보듯이 19세기 전반에는 시장의 규모가 정부재정부문에
견주어 훨씬 커졌기 때문에, 정부당국자들의 시장에 대한 인식도

---

24) 《承政院日記》순조 10년 3월 15일. "蓋都下戶口, 殆近五萬, 而其中大酒家, 至爲數千餘
戶之多云, 名以酒家, 則一年所釀, 多或至數百石, 小不下百餘石, 統而計之, 則一年都下
之糜穀, 至於幾十萬石乎"

25) 《備邊司謄錄》순조 11년 4월 18일. "酒政糜費不少 大釀酒家 月費三四十石米 小釀亦
不下數十石"

26) 《正祖丙午所懷謄錄》武臣兼宣傳官 李熙燮 所懷. "江上各處貿販之人 大釀則 將至數百
石 三江酒家 幾至六七百 則統計一年所費 幾過累萬石"

27) 《備邊司謄錄》순조 11년 8월 18일. "懸房市民等以爲 各處進排 通計一年 合爲四五萬金"

바뀌지 않을 수 없었다. 18세기 영조나 정조 때의 정부는 물가를 통제 가능한 영역으로 인식하고 있었다. 영조는, 실패로 끝나기는 했지만 한때 동전부족으로 전황錢荒이 심해지자 순목령純木令을 내려 동전유통을 제한하는 조치를 취하기도 했다. 정조대에는 미가를 내리기 위해 정부보유곡을 초호발매抄戶發賣, 감가발매減價發賣, 공가예하貢價豫下 등의 형식으로 방출함으로써 시장의 미가를 조절하고자 하였으며, 물가등귀의 원인을 도고에서 비롯된다고 파악하여 시전과 사상들의 도고행위를 금지하는 조치를 취하기도 했다.[28]

그러나 19세기에는 정부개입으로 물가를 통제할 수 없다는 인식이 자리 잡아 갔다. 1858년(철종 9) 비변사에서는 좌우포도청에서 경강의 무곡선상貿穀船商들을 기찰하는 일에 대해

　　물가의 높고 낮음은 강제로 위협하여 고르게 할 수 있는 일이 아니다. 근래에 좌우포도청에서 쌀을 거래하는 경강민들을 도적처럼 체포하고 있는데, 무릇 쌀값이 오르고 내릴 때에 따라 신축적으로 대응하면서 이익을 취하는 것은 매우 통탄스러운 일이지만, 이것은 장사하는 사람들이 기량에 따른 것이며, 포도청에서 간섭해서는 안 되는 것이다.[29]

라고 하여, 쌀값을 관청이 개입하여 억지로 조정하는 것은 올바른 대처가 아니라는 점을 분명히 하고 있다. 1864년(고종 1) 영의정

---

28) 고동환, 〈정조대 상업발달의 양상과 상업정책〉, 《18세기 연구》3, 한국18세기학회, 2001.
29) 《備邊司謄錄》 철종 9년 8월 18일. "物價貴賤低昂 有非威脅可齊 而近來兩捕廳之視貿穀江民 有若執盜者然 夫乘時射利 操縱伸縮於刁騰翔踊之際者 雖甚可痛 而商賈伎倆在此 非捕廳所干涉之事也"

조두순趙斗淳도 "물가의 높고 낮음은 자연스러운 세에 따른 것으로 정부의 명령이나 위협으로 고르게 할 수 없는 것이다."라고 하였다.[30] 물가를 시장 시스템에 맡겨두어야 한다는 인식은 대원군 집권기에도 그대로 계승되고 있는 것이었다.

1817년(순조 17) 전국적으로 면화가 흉년이 들었으나 예외적으로 충청도와 황해도에서는 평년작을 거두었기 때문에 상인들이 이 지역에 몰려들어 면화를 독점하였다. 이러한 도고행위에 대해 대신臺臣 김유헌金裕憲은

> 부상富商들이 면화를 도거리하는 것은 폐단이기는 하지만, 물화의 거래는 자연에 맡겨두는 편이 당연한 것입니다. 만약 법으로 이를 금지한다면 오히려 백성들을 어지럽게 만드는 단서가 됩니다. 원근의 장사치들이 도고를 금지한다는 소문을 듣고 몰려들지 않게 된다면, 이것이야말로 더욱 어려운 일이 될 것입니다.[31]

라고 하여, 자유로운 면화의 유통을 위해서는 도고조차도 용납되어야 한다고 주장하였다. 상품의 유통은 수요와 공급이라는 시장 원리에 맡겨야지, 억지로 간섭하면 오히려 많은 부작용이 발생한다는 것이다.[32] 이러한 인식이 정착될 수 있었던 것은 이 시기

---

30) 《日省錄》 고종 1년 10월 5일. 〈大王大妃殿命米直高低勿令兩捕廳操縱〉 "物價高低 此有自然之勢 非政令威脅所能齊之者也"

31) 《備邊司謄錄》 순조 17년 11월 11일. "臺臣 金裕憲 以木棉都賈之弊 頃有疏陳 …… 綿農連年告歉 而惟幸兩西稍勝 故富商之都執権利 或意有此弊 而物貨去來 當任其自然而已 立法禁之 則反爲擾民之端 易致遠近商賈之聞風不集 此實難處"

32) 이와 같은 입장은 주 8의 자료에서 보듯이, 평안도에서 미곡가를 억지로 통제하자 평안도 주민들이 돈이 있어도 쌀을 구매할 수 없는 부작용이 발생하고 있다는 현실인식

시장의 규모가 정부의 개입으로 통제가능한 영역을 벗어났기 때문이었다.[33]

2) 시전상업의 변화와 도고상업의 성행

(1) 정유결처丁酉決處와 외국산 상품의 통공발매

19세기 전반 시전상업체제는 육의전 외에 발리전鉢里廛 등 소수의 시전에 한해서 추가적으로 금난전권을 허용하는 조치가 내려지긴 했지만, 기본적으로 1791년(정조 15)에 내려진 신해통공의 틀을 그대로 유지하였다. 금난전권이 전면적으로 복구되지는 않았지만, 특정 시전이 몇몇 상품에 대해 전관할 수 있는 권한을 부여하거나 수세권을 인정하는 등, 시전상업의 특권성도 여전히 인정되고 있었다.[34] 이처럼 육의전을 제외한 금난전권을 부정하는 신해통공과 시전상업의 특권성을 인정하는 조처를 동시에 지켜나간 것은 시전상인들이 정부와 왕실에 대해 국역부담을 지고 있기 때문이었다.[35]

앞서 언급했듯이 19세기 서울의 시장에는 중국과 서양산 직물

과 상통하는 것이었다.

33) 고석규는 이와 같은 세도정권기 후반과 대원군 집권기에 나타난 물가와 시장에 대한 정부의 인식을 자유방임적인 불간섭 경제정책으로 규정하고 있다(고석규, 앞의 논문(주 3) 참조]. 성리학적 명분이 지배했던 조선왕조의 시장에 대한 정책은 맹자의 "關市機而 不征"이라는 원칙에 충실했다는 점에서 불간섭 원칙이라고 할 수 있다(이헌창, 〈유학 경제사상의 체계적 정립을 위한 시론〉, 《국학연구》3, 한국국학진흥원, 2003). 그러나 유교사상을 기본으로 하는 경제정책은 세도정권기에만 나타나는 특징적인 정책이라기보다는 조선왕조 전 시기를 관통했던 정책이었다. 정부개입을 최소화하고 시장의 수급에 맡겨 상품유통을 자유롭게 하자는 이러한 인식은 시장의 규모가 정부의 통제범위를 넘어섰기 때문에 나타나는 어쩔 수 없는 대응의 한 형태라고 이해해야 할 것이다.

34) 고석규, 앞의 논문(주 3) 참조.

35) 시전상인의 이와 같은 어용적 성격에 대해서는 이 책의 제7장 참조.

류가 대거 유통되고 있었다. 이들 수입직물류는 시안에 등재되지 않은 새로운 상품이었다. 이러한 수입직물류의 유통은 물종별 전관권專管權을 규정하고 각 시전에 특정 상품의 유통독점권을 인정하던 시전상업체제에 갈등과 혼란을 일으켰다.

가장 먼저 신상품의 등장에 위기를 느낀 것은 국산 마포를 판매하던 포전布廛이었다. 1836년(헌종 2) 중국산 문포門布와 해남포海南布가 시장에서 유통되자, 포전상인들은 중국산 직물류의 수입과 유통의 금지를 요구하였다. 그러나 이러한 요구는 수용되지 않았다.[36] 포전상인들은 자신들의 요구가 수용되지 않자, 그 이듬해인 1837년(헌종 3) 이들 상품의 독점적 판매권 획득에 주력하였다. 이 과정에서 중국과 서양산 마포의 전관권을 둘러싸고 저포전苧布廛 상인과 분쟁이 발생하였다. 포전상인들은 해남포가 염색한 마포이므로 포전에 전관권이 두어져야 한다고 주장하였고, 저포전 시민들은 문포는 저포전에 속해야 한다고 주장하였다. 포전상인은 문포 외에도 각종 중국산 당포唐布는 마포이므로 당연히 자신의 시전에 속해야 한다고 주장하였다.[37]

당시 문포·해남포의 전관권을 둘러싼 포전과 저포전의 분쟁 외에도, 서양포·당목唐木의 분속分屬을 둘러싼 백목전과 청포전의 분쟁, 중국산 백사白絲를 원료로 제작된 주단紬緞衣의 판매권을 둘러싼 입전立廛과 의전衣廛 사이에 분쟁 등이 발생하였다. 이에

---

36) 《備邊司謄錄》헌종 2년 1월 15일. "布廛市民等 挽近以來 門布·海南布與各樣唐布 亂出居多 隨以亂賣 由是而市樣凋敗 莫可收拾 自今禁其亂賣 俾爲支保事也 唐貨之母得濫出 邊禁本自截嚴 則到今狼藉 誠甚駭然 從當有飭禁之擧 而又況市案所無者 尤何可刱出別般禁亂乎"

37) 《備邊司謄錄》헌종 3년 1월 11일. "苧布廛市民等 以爲海南布 旣以色類麻布 屬之布廛 門布則屬之本廛事也 布廛市民等 以爲各樣唐布 幷屬本廛事也 兩廛相訟 經歲不息 有此呼籲 極爲可駭 而其所歸屬 亦難直決 第令平市署 詳察物議 指一論報後 稟處"

대해 정부는 중국을 통해 수입된 중국산 및 서양산 직물류에 대
해 통공발매하도록 결정하였다. 이것이 바로 1837년(헌종 3)의
'정유결처'이다.38) 통공발매를 결정한 까닭은 '수입된 직물류는
시안에 등록된 물종이 아니고, 토산土産도 아니어서 항상적으로
유통되는 물품이 아니라는 점'이었다. 이로써 중국에서 수입되는
모든 상품은 시전에서 자유롭게 유통될 수 있었다.39)

  외국산 직물류의 통공발매 결정에도 불구하고, 외국산 직물류
유통으로 피해를 입고 있던 시전상인들은 외국산 직물류의 전관
권을 계속 요구하였다. 특히 토산에 견주어 수요가 훨씬 컸던 서
양 면포가 대거 수입되자 국내산 면포를 판매하던 백목전이 큰 피
해를 입었다. 백목전 상인들은 서양산 면포의 수입금지를 일차적
으로 요구하고, 수입금지가 실현되지 않을 경우 자신들에게 서양
산 면포의 판매전관권을 줄 것을 요구하였다.40) 백목전의 요구는
정유결처에 따라 수용되지 않았다. 그럼에도 백목전은 1843년(헌
종 9),41) 1844년(헌종 10),42) 1847년(헌종 13),43) 1852년(철종 5)44)

---

38) 정유결처에 대해서는 고석규, 앞의 논문(주 3) 참조.
39) 《備邊司謄錄》 헌종 3년 2월 11일. "貢市民 詢瘼 苧布兩廛之海南布門布相訟事 白木靑
  布兩廛之西洋布唐木分屬事 衣廛之紬緞衣主賣事 令平市署 論報後 稟處之意覆 啓分付
  矣 該署今纔報來 而海南布門布 昨年旣有惠堂決給 今不必銷刻 西洋布唐木 旣非市案現
  載之種 又非土産恒有之物 不須梗屬一廛 只今隨分互賣爲宜 紬緞衣則通共之後 亦不必
  專屬衣廛 而散賣漸多 該廛之弊敗滋甚 應役則自如 不可無軫念之道 姑以此一種爲主物
  不害爲蘇殘之政 該署報辭 槪亦如此 並依此施行 大抵此輩之粉聒 計在專利 利專於已則
  害歸於人 理勢之所不能免 其在一視不平之義 有難偏聽而曲施 此後如或不悛 復售爭端
  則斷當嚴繩 並以此申明分付 何如 大王大妃殿答曰 依爲之"
40) 《備邊司謄錄》 헌종 13년 1월 25일. "白木廛市民等以爲 西洋木 出來之後 土産之木 自
  歸無用 以致失業 燕商貿來 一切防禦 而不然 則專屬矣廛事也 洋木 歲益熾盛 以致土産
  之無勢 理勢卽然 不可無軫念之道 依前 與帽廛互賣 俾無他各廛相侵之弊"
41) 《備邊司謄錄》 헌종 9년 3월 5일. "銀木廛市民等以爲 西洋木近因木荒 多有貿出者 而
  旣是綿織 宜屬矣廛 而亂賣居多 後弊無窮 自今私賣者 繩以亂廛之律事也 已有丁酉決處

공시인순막貢市人詢瘼 때 동일한 요구를 제기하고 있다. 서양산 삼승마포三升麻布의 유통으로 영업이 어려워진 모자전帽子廛에서도 1843년,[45] 1844년[46] 연이어 이의 유통금지를 요구하였다. 외국산 직물류의 난매금지를 요청한 입전, 백목전, 포전, 저포전은 모두 육의전 소속이었다. 육의전 상인들의 거듭된 요청에도 불구하고 1837년 정유결처의 외국산 직물류의 통공발매원칙은 고수되었다.

중국과 서양산 직물류가 서울의 시장에서 자유롭게 유통될 수 있었기 때문에, 1840년 이후 중국을 통해 수입되는 외국산 직물류는 대폭 증가하였다. 외국산 직물류 수입량이 어느 정도 증가했는지 구체적으로는 알 수 없지만, 대중국 무역의 결제수단으로 인정되는 포삼액包蔘額의 증가를 통해 대강의 추세를 짐작할 수 있다. 포삼액은 1837년(헌종 3) 이전 8천 근이었지만, 1841년(헌종 7)에는 2만 근으로 증가했고, 1847년(헌종 14)에는 4만 근으로 증가하였다. 정유결처 이후 10년 만에 포삼액이 5배가량 증가한 것이다.

者 依前施行 無敢煩籲"

42) 《備邊司謄錄》헌종 10년 2월 13일. "白木廛市民等以爲 西洋木卽矣廛之主張買賣者 自今私賣 許用亂廛事也 已有昨年決處者 而更此煩籲 極涉屑越置之"

43) 《備邊司謄錄》헌종 13년 1월 25일. "白木廛市民等以爲 西洋木 出來之後 土産之木 自歸無用 以致失業 燕商貿來 一切防禦 而不然 則專屬矣廛事也 洋木 歲益熾盛 以致土産之無勢 理勢卽然 不可無軫念之道 依前 與帽廛互賣 俾無他各廛相侵之弊"

44) 《備邊司謄錄》철종 3년 1월 25일.

45) 《備邊司謄錄》헌종 9년 3월 5일. "帽子廛市民等以爲 挽近絶無帽子買賣 廛勢蕩敗 從以三升西洋布 亂賣居多 渙散在卽 無以支保 三升西洋布亂賣之類 依法典嚴禁 關西錢限二萬兩 亦依己例貸下 俾爲資活之地事也 西洋布事亦依丁西決處施行 三升則係是原禁之物 申飭該署與京兆 凡所亂賣之類 一切禁斷 關西錢 則前所貸下 今旣準納 該廛事勢 在所軫念 而亦不可視以恒式 以一萬兩更爲貸下 限十年排納之意 分付該道道臣"

46) 《備邊司謄錄》헌종 10년 2월 13일. "帽子廛市民等以爲 矣廛物種 專以燕貨爲主 自今各色西洋緞紬紋 西洋布 及各樣染色布 屬之亂賣 另加禁斷事也 旣非市案所載 又有各年決處 置之"

포삼무역 외에도 홍삼을 매개로 한 잠상潛商이 증가했기 때문에, 대중국 교역액은 그 이전 시기보다 훨씬 증가했을 것이다.47) 중국과의 무역에서 조선이 결제할 수 있는 능력이 5배 이상 증가했기 때문에 1840년 이후 중국에서 수입되는 외국산 직물류는 그 이전보다 5배 정도는 증가했을 것으로 추정할 수 있을 것이다.

이처럼 서양산 직물류의 유통이 늘어나자, 1852년(철종 3) 백목전 상인들은 "한잡지류閑雜之類들이 오로지 서양 면포의 매매만을 일삼아 국산 면포의 거래가 단절될 지경에 이르렀기 때문에, 연상燕商들의 외국산 직물류 수입을 금지하라."라고 요구하였다. 비변사에서는 "만약 연상의 무역을 금지한다면 시전상인이 아닌 사람들의 호소가 뒤따를 것이기 때문에 이를 금지할 수 없다."라고 하여 백목전의 요구를 수용하지 않았다.48) 여기에서 우리는 중국을 통해 외국산 직물류를 수입하는 전문적인 무역상인이 연상이라고 불렸으며, 이들의 영향력이 육의전의 강력한 반대도 물리칠 정도로 막강했음을 알 수 있다.

개항 이전 서울의 시장은 시전상인의 우월권은 인정되고 있었지만, 국내 상품은 물론 외국산 직물류가 자유롭게 유통되는 시장으로 변모하였다. 이러한 시장의 확대와 자유로운 상품유통을

---

47) 이철성,《조선후기 대청무역사연구》, 국학자료원, 2000, 153쪽,〈표 3-1〉19세기 전반 포삼무역액과 포삼세 규모 변화표 참조.

48)《備邊司謄錄》철종 3년 1월 25일. "白木廛市民等以爲 洋木貿遷 歲加月增 閑雜之類 惟意買賣 故常庶之木 市絶交易 實爲失業之端 燕商貿來 一切防禁 而不然則係是綿紬 旣有所主 嚴立科條 無或更犯事也 此廛之以此呼籲久矣 而前後覆啓之不許者 盖出於洋木 雖是綿織 燕貨 異於土産之故 則今亦只依丁酉決處 施行而已 至若燕商防禁 有非廛人所可煩訴者 置之 布廛市民等以爲 北來布物之不由京市 負賣於近畿及江郊者 物件則自邑屬公 散之各處者 於其所散要路 從其駄數 一一使矣屬收稅事也 靑布廛市民等以爲 各色 氈私賣 與西洋各種亂賣 特令禁斷事也 或事係創始 而有此煩訴 或屢經稟決 而呼籲不止者 俱極無嚴 一幷置之"

지지하는 정부의 정책은 19세기 중엽 이후 사상도고가 성장하는 바탕이 되었다.

(2) 도고상업의 성행

도고는 18세기 중엽 이후 보편화하는 현상이다.[49] 18세기 도고는 시전의 금난전권 아래에서 이루어지는 것으로, 서울시장에서만큼은 그 이익을 실현하기 어려웠다. 사상도고들은 대부분 체포되고 난전물은 압수당하는 것이 일반적이었다. 일부 사상도고들은 생산지로부터 헐값에 상품을 사들여 시전상인의 하부에 있던 중도아中都兒와 연계하여 시전상인을 빼돌리고 서울시장에 상품을 유통시키기도 했지만, 이러한 사례는 어물 등 일부에 국한된 것이었다. 대부분의 사상도고들은 금난전권이 미치지 않는 송파松坡나 누원점樓院店에 상품유통의 거점을 형성하여 서울로 반입되는 상품을 동북 지역이나 삼남 지역으로 유출함으로써 이익을 창출하였다.[50]

그러나 신해통공 이후 도고행위는 서울의 시장을 직접 대상으로 할 뿐만 아니라 전국으로 확산되었고, 도고의 대상이 되는 물종도 미곡 등 주요 상품 외에 일상의 소소한 생필품에 이르기까지 매우 다양했다.

1810년(순조 10) 개성상인들은 제주도에서 생산되어 육지로 반출되는 갓의 양태[凉臺]를 해남과 강진에서 독점하였다. 이로써 서울에서의 양태유통이 단절될 지경에 이르기도 했다.[51] 1817년

---

49) 18세기 도고상업에 대해서는 강만길, 《조선후기 상업자본의 발달》, 제5장 都賈商業과 反都賈, 1973 참조.

50) 이 책의 제3장 참조.

51) 《備邊司謄錄》 순조 10년 1월 10일. "凉臺廛市民等 以爲 近來 松商益熾 操縱權利 又爲

(순조 17) 개성상인들은 전국적인 면화 흉년일 때, 황해도·충청 도 지역에서 면화를 독점하여 상당한 이익을 얻고 있다.[52] 1814 년(순조 14)에는 군문에서 사용하는 화약과 총기·도검류,[53] 1817 년(순조 17)에는 채소전에서 판매하는 생파[生葱]나 고초苦椒,[54] 1829년(순조 29)에는 일본에 주로 수출하는 소가죽의 유통에서도 도고행위가 성행하였다.[55] 1833년(순조 33) 서울에서 발생한 쌀 폭동도 김재순金在純이라는 경강여객주인京江旅客主人의 미곡도고 米穀都賈에서 비롯된 것이었다.[56] 1850년(철종 1)에는 창전昌廛이 취급하는 소가죽,[57] 1852년(철종 3)에는 면자전綿子廛에서 취급하 는 솜[去核],[58] 1854년(철종 5)에는 채소전에서 취급하는 길경吉更

都賈於濟州 出來咽喉之康津海南等地 直爲派送於都會各處 故京城入來絶無 物種極貴 松商都賈之弊 各別痛禁 依帽子廛人之下往灣府 定價以給於松商例 送人於康津海南等處 從時價定給於松商及各處事也"

52) 《備邊司謄錄》순조 17년 11월 11일. "綿農連年告歉 而惟幸兩西稍勝 故富商之都執権 利 …… 待價操縱之弊 松京尤甚"

53) 《純祖實錄》순조 14년 2월 壬寅. "領議政金載瓚啓言 三軍門牒報以爲 弓箭外軍器 無 得私造私賣 法禁至嚴 而近來藥丸銃刀 列肆爛賣 甚至作契都賈 若不嚴斷 後弊難言 自 今申明舊典 嚴立科條爲辭矣"

54) 《備邊司謄錄》순조 17년 정월 14일. "菜蔬廛市民等以爲 …… 至於生葱 苦椒 自前收稅 於散賣之人者 而近爲牟利輩之都賈 無以收稅"

55) 《純祖實錄》순조 29년 11월 己亥. "捕廳啓 罪人金守溫招以爲 …… 又以牛皮都賈事言 及 則興魯云 己圖出文蹟云 而約以渠則作賊於江上 興魯爲內應爲招安之計云"

56) 《純祖實錄》순조 33년 3월 辛巳. "備局啓言 近來國綱解弛 民習獰悍 甚至日昨都市之 變而極矣 …… 見今商賈 多聚於江上 市直反踊於歲初 日日勺蹬 轉至幾萬家 待此擧火者 多有齎錢而未售 則市人質商 互相和應 暗地約束之跡 不問可知 今使亂民抵法 而容貸此 輩 則將無以底定騷擾 奠安窮乏 請各米廛首頭人等 令秋曹 一倂捉來 査實後嚴刑島配 京內江上都賈積置者 又使京兆捕廳 另加檢飭 俾無得如前壅穀 亦毋敢因端擾市"

57) 《備邊司謄錄》철종 원년 2월 12일. "昌廛市民等以爲 牛皮之三南兩西私商都賈及東萊 義州邊門闌入等弊 一切嚴禁事也 或事係猥越而看作歲課 或屢經稟決而終不知止者 俱極 無嚴 並置之"

58) 《備邊司謄錄》철종 3년 정월 25일. "綿子廛市民等以爲 三南兩西去核上來時 挽近無賴

과 같은 소소한 물종에도 도고가 발생하였다.59)

이와 같이 19세기 중엽 이후 도고행위는 미미한 물종에 대해서도 일반화했으며, 도고행위의 주체도 소민小民은 물론 궁방宮房, 사대부가와 향반토호鄕班土豪에 이르기까지 확산되었다. 19세기 중엽이후 도고상업은 모든 상업행위에 일반적으로 나타나는 현상의하나로 정착한 것이다. 이러한 사정에 대해 1861년(철종 11) 포도청에서는 다음과 같이 말하고 있다.

> 물종도고는 이른바 상품을 도거리하는 것〔権利〕이다. 소민들이 아주 사소한 이익을 챙기기 위해 종종 도고를 행한다. 요새는 위로는 중앙각사와 궁방, 사대부가에서 지방의 향반, 토호에 이르기까지 도고를 능사能事로 여기지 않음이 없다. 무릇 거래가 행해지는 것은 비록 한줌의 채소나 한바리의 땔감이라는 소소한 물건에도 모두 주관하여 조종하는 곳이 있다. 물가는 이로 말미암아 날로 오르고 내려갈 줄 모른다. 민생이날로 어려워지는 것은 모두 이 때문이다.60)

이와 같은 도고행위는 고종조에 들어서서 더욱 심화되고 있었다. 1864년(고종 1)과 1875년(고종 12) 도고에 대한 다음의 두 기록을 살펴보기로 하자.

之類 要路抑買 列市街路 假托上納 惟意権利 城內外都賈之類 一幷禁斷事也"

59) 《備邊司謄錄》 철종 5년 4월 2일. "菜蔬廛市民等以爲 兩裝峴居民 吉更一種 要路都賈之弊 嚴禁事也"

60) 《左捕廳謄錄》 辛酉(1861) 12월 11일. "物種都賈 即所謂権利也 小民競刀錐之利者 往往有似此名色 而今即上司各官房士族家 以至鄕班土豪 莫不以此爲能事 凡以賣買爲名者 雖菜把柴馱之微 擧有主管操縱之處 物價之日踊不低 民生之日用漸漸艱乏 職此之由也 …… 各場市各浦口 奸究作用有無 一一修成冊報來"

　　도고란 것은 무슨 명색인가? 교통의 요지나 큰 도회지, 먼
변방이나 궁벽한 시골이거나 할 것 없이 곳곳에 자리 잡고
앉아서 갖가지 물건을 독점하고는 값을 높였다 낮추었다 하
면서 사고파는 것을 조종하고 다른 사람의 재산을 함부로 빼
앗아서 제 욕심만 채우고 있다.[61]

　　근래에 육해陸海소산을 물론하고 모두가 중간에서 조종하기
때문에, 가격이 한번 오르면 다시 내려가지 않는다. 그러므로
원근의 물화가 유통될 수 없어서 공사公私의 일용日用이 점차
어려워지고 있다.[62]

　　도고가 서울은 물론 궁벽한 시골까지 널리 확산되었고, 이로
말미암아 물가가 올라 공사가 모두 어려움을 겪고 있는 것이다.
이에 따라 정부에서는 1838년(헌종 4),[63] 1874년(고종 11),[64] 1875
년(고종 12),[65] 1882년(고종 19)[66] 팔도八道와 사도四都, 각 장시와
포구에 도고금단령을 내렸지만, 도고는 근절되지 않았다. 이처럼

---

61)《高宗實錄》고종 1년 정월 丙寅. "大王大妃敎曰 所謂都賈 又何名色也 通邑大都 遐土
　　僻鄕 處處盤據 物物拘執 低仰價直 操縱賣買 討索侵困 惟意充慾"

62)《忠淸道監營狀啓謄錄》7책, 乙亥(1875) 12월 13일(《各司謄錄》7, 충청도 편2, 국사편찬위원
　　회, 358쪽). "物種都賈 是所謂権利也 挽近以來 毋論陸海所産擧皆中間操縱 其價一踊 更
　　不低下 以之而遠近物貨 不得流通 以之而公私日用 轉甚艱遺"

63)《備邊司謄錄》헌종 4년 2월 14일. "抵都賈之弊 無論廛民與私商 在法當禁 則惟在法司
　　之詳察公決 今不必更爲申令"

64)《高宗實錄》고종 11년 1월 癸巳. "敎曰 外道多有都賈名色云 此不可不痛禁者也 裕元
　　曰 自廟堂常所禁飭者 而未知近日果何如也 敎曰 聞近亦有之 而外道物種 因此不得上來
　　以致京中物價刁騰 甚可痛惡 都賈名色 一竝嚴禁可也 裕元曰 謹依下敎 發關各道矣"

65)《高宗實錄》고종 12년 12월 戊辰. "物種都賈 卽是権利也 物價騰踊 貨不流通 公私日益
　　艱匱 民勢殆將爰斃 各場市浦口都賈名色 亟令革罷 作俑者 竝爲刑配何如 允之"

66)《高宗實錄》고종 19년 6월 庚辰. "敎曰 各種都賈 大關民弊 一竝革罷"

정부에서 도고금단령을 자주 내렸다는 사실은 도고가 그만큼 일반화되었음을 의미한다.

도고가 보편화하였다는 점은 지방 포구주인들의 상업행위 자체를 도고로 인식하고 있다는 점에서도 확인된다.[67] 19세기 이후 지방포구에서는 포구주인층이 없으면 상거래가 불가능할 정도였다. 포구주인의 도고행위를 불법적인 행위라기보다는 꼭 필요해 없어서는 안 될 거래요소로 인식하였고, 이를 '일반적인 규칙[通規]'으로까지 받아들이고 있었던 것이다.[68]

19세기 전반기의 정치는 세도정치라는 독점적 정치운영형태로 특징지어진다. 전근대 상업이윤이 독점을 전제로 한 것이라고 한다면, 세도정치는 상업이윤의 독점과 매우 잘 어울리는 체제였다. 시전상업의 금난전권을 기초로 한 유통독점은 상인들 사이의 경쟁이 배제된 독점으로서, 그 근원은 정부권력에서 비롯된 것이었다. 그러나 육의전 외에 모든 시전의 금난전권이 부정된 신해통공조처 이후 시전상인들 사이에도 경쟁을 전제로 한 독점이 요구되었다. 이와 같은 경쟁을 전제로 한 상업유통시스템 아래에서 우월한 지위를 획득하기 위해서는 다른 상인보다 자본력·조직력의 측면에서 우월성을 지니고 있어야 했다. 조직력과 자본력의 우위와 함께 세도정권과의 결탁은 상업이윤을 최대한 확보하기 위한 필수 조건이었다.[69]

19세기 전반기 세도정권은 통공화매通共和賣를 기본으로 하는

---

67) 고동환, 〈18·19세기 외방포구의 상품유통발달〉, 《한국사론》13, 서울대 국사학과, 1985 참조.

68) 《光緒 十一年 黃海道四邑各浦旅閣都節目》(奎 18288의 10) "浦無主人 則商不居接 物無儲聚之道 有浦有主 一世之通規"

69) 고동환, 《조선후기 서울상업발달사연구》, 지식산업사, 1998 참조.

신해통공의 원칙을 준수하였고, 외국산 물품의 유통도 자유시장에 맡겨두는 정책을 펼쳤다. 이러한 정책은 서울시장만을 주요한 유통시장으로 삼고 있던 시전상인들보다는 전국의 상품가격에 대한 정보는 물론 중국시장과의 관련성을 가지고 있던 사상들이 상업이윤을 축적할 수 있는 매우 유리한 요소로 작용하였다. 이러한 조건 아래에서 사상들의 독점상업인 사상도고가 19세기 중엽 이후 성행할 수 있었던 것이다.

3) 면주전의 조직과 영업의 쇠퇴

(1) 면주전의 조직

조선후기 시전은 도중이라는 동업조합을 바탕으로 전방廛房과 도가都家 등의 물적 설비를 통해 운영되었다. 시전 도중은 개인의 출자액수에 따른 의무와 권리에 차등이 주어지는 근대적인 회사조직이라기보다는 혈연적 유대를 바탕으로 나이를 기준으로 도중 안의 위계와 서열이 정해지는 전근대적인 원리에 기초한 길드적 조직이었다. 도원의 가입에서 혈연적 차별이 존재했지만, 일단 가입한 뒤에는 모든 구성원 사이에 권리에서의 차별은 없었다. 도중은 투표로 선출된 2개월에서 6개월의 짧은 임기의 임원들에 의해 민주적으로 운영되었다. 시전 도중은 각종 요역을 비롯한 국역부담을 책임지고 수행해야 했으며, 나아가 시전 도중의 질서를 유지하는 구실을 담당하였다. 그러므로 모든 시전은 스스로 준수해야 할 규칙인 입의立議나 완의完議를 제정하고 엄격한 상벌제도를 통해 시전조직을 유지하였다.

시전 도중은 도원들의 구체적인 상업활동에 대해서는 간섭하지 않았다. 그러므로 구체적인 상품가격의 결정, 상품의 구매 등은 모두 개별 상인들의 자율적인 판단에 따라 이루어졌다. 도중은 독립적 자영업자들인 개별 상인들이 공동의 번영과 상호부조를 위해 결성된 동업조합의 성격을 지녔던 것이다. 다만 도중은 특정 상품에 대해서는 서울 안에서 판매할 수 있는 면허권을 관리하여 이의 대가로 일종의 면허료라고 할 수 있는 가입비와 도원들이 영업에서 발생하는 이익 가운데 일부를 분세分稅의 형식으로 받았고, 전방의 사용료로서 방세房稅도 징수하였다. 도중에서는 이러한 재원을 기초로 정부에서 부과한 각종의 국역의무를 담당하였다.

시전의 물적 설비로서 도가는 시전 도중의 사무실 겸 창고로 이용되고 있었는데, 전방은 칸間으로 구분되고 각 칸은 다시 7~10개의 방으로 구분되어 시전상인들은 이 방에 소속되어 영업활동을 전개했다. 각 방에 소속된 상인 수는 2명에서 20여 명에 이를 정도로 매우 다양했다. 이처럼 시전상인들의 기본 영업단위가 바로 방이었고, 이에 소속된 상인들은 방세를 의무적으로 납부해야 했다.[70]

면주전은 국산 비단을 판매하는 육의전의 하나로 중국산 비단을 판매하는 입전, 국내 면포를 판매하는 백목전에 이어 8분역을 담당하는 3번째 규모의 시전이었다. 1786년(정조 10) 당시 면주전 상인의 수는 115명에 달했다.[71] 면주전의 조직을 살펴보면, 면주전 도중 산하에 보용소補用所, 왜단소倭單所, 호장소護葬所, 예선소預先所, 보폐소補弊所, 세폐계歲幣契, 토주계吐紬契, 상주계上紬契, 수주계水紬契, 생식계生殖契, 무주계貿紬契 등의 조직이 있었다. 보용소는 면주전 전체의 주요한 운영자금을 관리한 재무담당 조직이었

---

70) 이상 시전의 구조와 조직에 대해서는 이 책의 제5장 참조.

71) 《日省錄》 정조 10년 12월 14일.

으며, 왜단소는 왜인예단倭人禮單을 조달·납품하는 조직, 호장소는 면주전 구성원과 그 가족의 장의나 제사를 상호부조하기 위한 기금을 관리하는 조직, 보폐소는 1875년까지는 세폐歲幣의 면주를 도련擣鍊하는 자금과 세폐를 진배하고 남은 이익을 관리·운용하는 조직이었다. 그리고 세폐계는 세폐, 토주계는 토주吐紬, 상주계는 상주上紬, 수주계는 수주水紬를 조달·납품하기 위한 조직이었다. 생식계와 무주계는 비방裨房 구성원이 참가하는 조직으로서, 도원들의 상호부조를 주된 기능으로 하고 있었다. 조비계는 시전 도중의 각종 업무를 처리하기 위한 조직으로 보인다. 이와 같은 도중 산하에 다양한 계와 소의 존재는 면주전의 영업과정에서 일을 중심으로 조직이 분화되었음을 보여준다.

면주전 영업을 담당하는 전방은 오늘날 종각의 십자로 남서쪽에서부터 지하 대형서점인 영풍문고가 있는 부근, 그리고 남대문 근처에도 있었다.72) 면주전의 각종 규례를 자세히 기록하고 있는 국립중앙도서관 소장의《등록謄錄》자료에 따르면, 면주전 건물은 대신방大新房, 제1방, 제2방, 제3방, 후1방, 후2방으로 구성되었다. 이들 방에 대한 수세는 매년 6월과 12월 두 차례에 걸쳐 나누어 징수했다. 대신방에는 21개 방이 있었는데, 매방마다 동전 4냥씩을 거두어 1년에 총 납부액은 84냥이었다. 제1방, 제2방, 제3방에는 각각 10개의 방이 있었는데, 매방마다 1년에 동전 5냥씩 거두었다. 제1방, 제2방, 제3방에서는 1년에 각각 50냥씩을 납부했다. 후1방은 12방, 후2방은 4개의 방으로 구성되었고, 이들 각 방에서도 1년에 동전 5냥씩을 거두었다. 후1방, 후2방에서 내는 1년 방세는 모두 60냥이었다.73)

---

72) 須川英德, 앞의 발표문(주 5) 참조.

73) 《謄錄》(국립중앙도서관 소장) 房稅收稅 收稅每年 六月臘月 兩等分半捧上 銀價每兩代文

방房의 구성원들은 고정된 것이 아니라 6개월마다 부분적으로 교체되는 것이 상례였다. 후1방을 예로 들면, 1870년 6월의 구성원은 십좌十座인 태승太昇 외에 10명이었지만, 1870년 12월에는 행수인 유태劉泰를 비롯한 19명이었다. 수주계 일소一所의 구성원도 1870년 6월에는 33명이었지만, 1870년 12월에는 43명이었다. 면주전의 방세는 도원 1인당 6개월에 2냥에서 2냥 5전을 징수했다. 19세기 후반 상황을 기록한 《면주전방세책綿紬廛房稅冊》에 따르면 수주계 이소二所의 6개월 방세수입 규모는 70냥에서 100냥 안팎이었다.[74] 방세수입이 해마다 다른 것은 방의 구성원이 시기에 따라 증감이 있었기 때문이다.

면주전 도원들은 단일한 면주전 도중에 소속되어 도중의 통제를 받았지만, 구체적인 영업활동은 개별 도원들의 자체적인 판단에 따라 독립적으로 이루어지고 있었다. 면주전 도원들은 동일한 면주전 소속 상인이었지만, 다른 방에서 영업하는 상인들과는 완전히 독립적인 영업을 영위하였다. 동일한 방에 소속된 상인들은 기본적으로 공동구매, 공동출자, 공동회계를 했던 것으로 이해된다. 그러므로 동일 방에 소속된 자들 사이에는 혈연적 유대를 바탕으로 한 결속의 필요성이 높았고, 이는 신입도원의 가입시 혈연관계를 우선시하게 된 요인이었다.[75]

二兩五戔

大新房 二十一房 每房稅銀子 一兩六戔式

第一房 十房 每房稅銀子 二兩式

第二房 十房 每房稅銀子 二兩式

第三房 十房 每房稅銀子 二兩式

後一房 東南邊十二房 每房稅銀子 二兩式

後二房 東北邊四房 每房稅銀子 二兩式

74) 《綿紬廛房稅冊》(河合弘民文庫 소장자료).

75) 신입도원에 대한 가입심사와 가입비[예전禮錢] 징수, 도원에 대한 상벌에 대해서는

(2) 면주전 영업의 쇠퇴

19세기 전반 면주전은 큰 위기에 봉착하고 있었다. 자신들이 전관했던 국산 비단의 판매영업권을 입전 상인들이 침해하고 있었기 때문이다. 면주전은 국산 명주실로 직조된 비단〔상사직단常絲織緞〕의 판매를 독점하던 시전이었다. 그런데 중국산 비단실로 직조한 비단〔당사직단唐絲織緞〕을 판매하는 입전 상인들이 비단을 짜는 수공업자들과 결탁하여 국산 명주실로 중국산 비단과 비슷하게 짠 비단을 판매함으로서 면주전의 생업을 빼앗고 있었던 것이다. 그러므로 면주전 상인들은 1829년(순조 29) 입전의 상사직단 판매 금지를 요청하였고, 이에 비변사에서는 면주전의 요청을 받아들여 입전의 상사직단 판매를 금지하였다.76) 그러나 이러한 결정은 입전상인과 평시서의 반발로 말미암아 곧 취소되었다. 상사직단은 오래전부터 입전에서 판매해 온 물종이기 때문에 이를 금지하는 것은 부당하다는 입전과 평시서의 주장을 비변사에서 받아들였기 때문이다.77)

이때 면주전은 입전이 판매독점권을 가진 흑주黑紬도 면주전에서 판매할 수 있도록 허용해 줄 것을 요구하였다. 흑주는 국산 명주실로 직조하여 흑색으로 염색한 것으로서, 왕실에 대한 진배는 면주전에서 담당했지만 흑주의 판매권은 입전이 소유하고 있었다.

이 책의 제5장 참조.

76) 《備邊司謄錄》순조 29년 2월 1일. "綿紬廛市民等以爲 …… 緞紬迴異 各有其主 而立廛
人輩 符同匠人 國中所産常絲 一並都聚 依倣唐物 暗地織出 狼籍行賣 近來紬物之踊貴
專由於此 許多進排 萬無辦備之望 自今立廛物種 以常絲織造者 一切嚴禁 …… 紬廛緞廛
名各不同 紬廛則以常絲織紬 緞廛則以唐絲織緞 緞紬各異 買賣亦殊 則緞廛之常絲織緞
係是奪人生利 自今爲始差或如前織賣 則以亂廛例施行"

77) 《備邊司謄錄》순조 29년 5월 13일. "歲初 詢瘼時 因綿紬廛市民所懷 立廛之以常絲織
緞一款 嚴加禁斷之意 回達蒙依 而近聞立廛民所訴 且見平市署論報 則此是年久之事 有
亂遞然變革云 向前回達 置之何如 答曰"

면주전이 흑주진배로 입은 손실을 보전하는 차원에서 흑주의 판매권을 요구한 것이다. 이 요구는 이때 수용되지 않았지만,[78] 상사직단을 입전에 다시 복속시키는 결정을 내리면서 이를 보완하는 조치의 하나로 흑주의 판매권을 면주전에 귀속시켰다.[79] 이처럼 흑주의 판매권이 면주전으로 귀속되자 그 이듬해인 1830년(순조 30) 입전에서는 흑주와 흑주로 제조된 명악영건幀握纓巾 등은 자신들이 판매하는 물종이기 때문에 면주전에서 판매하지 못하도록 조치해 달라고 요청하였다.[80] 이때 비변사에서는 입전의 요구를 받아들이지 않았으나,[81] 그 뒤 흑주와 명악영건의 판매권은 입전에 귀속된 것으로 보인다. 1846년(헌종 12) 면주전 상인들이 흑주와 명악영건의 판매권을 면주전에 환속還屬해 줄 것을 요청하고 있기 때문이다.[82] 이처럼 면주전은 입전과의 상사분쟁商事紛爭에서 자신들의 권리를 계속 상실하였다. 비변사와 평시서에서는 입전의

---

78) 《備邊司謄錄》순조 29년 2월 1일. "綿紬廛市民等以爲 矣廛物種 無論正色與間色 色之爲名者 皆得以染賣 而惟獨黑之一色 只責進排 不許行賣者 實是刻骨之寃 …… 黑紬一種 亦依古規 永爲行賣之意 成給節目事也 …… 至於黑色禁賣 旣有年前定式 不可遽然變通置之"

79) 《備邊司謄錄》순조 29년 8월 8일. "立廛之常絲織緞禁斷事 詢瘼回達 置之事 草記 答曰 常絲織緞 旣曰年久 有亂變革 請畏禁斷之令 則紬廛民之失利 亦不可不念 黑色紬之立廛行賣者 還屬紬廛 以爲兩廛無寃之地 可也"

80) 《備邊司謄錄》순조 30년 1월 13일. "立廛市民等以爲 …… 至於黑色紬 本是紬廛之物 而且還屬該廛之 則黑色買賣 雖非矣廛之所禁 幀握纓巾 自是矣廛所賣之物 紬廛之以黑紬造賣者 特爲禁斷事也 …… 常絲之許用於立廛 黑紬之還屬於紬廛 旣有昨特判 俾爲兩廛無寃之政 則到今煩聒 大關民習 並置之"

81) 《備邊司謄錄》순조 31년 정월 12일. "立廛市民等以爲 瞑握纓巾 本是矣廛所賣之物 紬廛市民之憑籍黑色 肆然亂賣者 特爲禁斷事也 此廛此訟之執言者 盖有戊申判下 而再昨秋特判決處之時 雖以黑紬一種 屬之紬廛 亦未有瞑巾等項之指名幷及故也 今此呼寃 容或無怪 此則另加禁斷 俾無更事爲紛挐之意 分付平市署"

82) 《備邊司謄錄》헌종 12년 2월 17일. "紬廛市民等以爲 黑紬瞑握纓巾 還屬本廛事也 前後文蹟 決處昭然 今又呼籲 極涉屑越 置之"

이익을 옹호하였고, 그 결과 면주전의 상세商勢는 위축되지 않을
수 없었다.

한편 1840년 이후 중국을 통한 서양산 직물의 수입이 본격화하
면서 이에 대한 전관권을 둘러싼 분쟁이 면주전과 모자전, 면주전
과 입전, 입전과 모자전 사이에서 발생하였다. 중국산 비단의 판매
권은 입전이 소유하였으나, 서양산 면포와 비단의 판매를 주관하
는 시전은 정해지지 않았기 때문이다. 가장 먼저 서양산 마포와
비단, 면포에 대한 판매독점권을 주장한 시전은 모자전이었다. 모
자전은 비단을 제외한 중국산 직물을 판매하는 시전이었기 때문
에 1844년(헌종 10) 중국을 거쳐서 수입된 서양산 직물의 전관권
도 주장하였지만, 정유결처에 따라 이 주장은 수용되지 않았다.[83]
면주전에서는 1847년(헌종 13)[84]과 1850년(철종 1)[85]에 서양에서
수입되는 각종 비단과 문단紋緞의 유통독점권을 요구하였으며, 입
전에서는 1853년(철종 4) 자신들의 시안에 각종 단초緞綃와 대문포
大紋布, 백사 등이 입전의 판매물종으로 평시서 시안에 등록되어
있다는 점을 빌미로 서양산 문단의 전관권을 요청하였다. 이와 같
은 서양산 직물류의 전관권을 둘러싼 분쟁에 대해 비변사에서는
비단으로서 무늬가 있는 종류는 입전에서 판매하고, 면사綿絲는 모
자전에서 전관하도록 결정하였다. 또한 서양산 면포는 백목전과
모자전에서 함께 판매하고, 서양산 비단〔양주洋紬〕 종류는 입전과
면주전에서 함께 판매하도록 결정하였다. 서양산 직물류에 대한

---

83) 《備邊司謄錄》 헌종 10년 2월 13일. "帽子廛市民等以爲 矣廛物種 專以燕貨爲主 自今
各色西洋緞紬紋 西洋布及各樣染色布 屬之亂賣 另加禁斷事也 旣非市案所載 又有各年
決處 置之"

84) 《備邊司謄錄》 헌종 13년 정월 25일. "帽子廛市民等以爲 紬廛民之呼訴 平市專管西洋
紬賣買者 事理無當 自今西洋各種 依前專管事也"

85) 《備邊司謄錄》 철종 원년 2월 12일. "綿紬廛市民等以爲 有紋與各色洋紬 特禁亂賣事也"

모자전, 면주전, 입전, 백목전 사이의 분쟁은 자신의 주관하는 물
종과 종류가 동일한 물종을 판매하는 시전이 함께 판매하는 것으
로 결론을 내린 것이다.[86]

이처럼 면주전 상인들은 흑주·서양산 비단 등에 대한 전관권을
요구했지만 대부분 거부되었고, 서양산 비단에 관해서만 입전과
함께 독점 판매할 수 있는 권한을 얻었을 뿐이었다. 19세기 중엽
중국산 비단과 서양산 직물류의 광범한 유통은 국산 비단생산을
위축시켰으며, 그 결과 국산 비단의 유통을 독점하는 면주전의 상
세 또한 크게 위축되지 않을 수 없었다.

이밖에도 19세기 전반 면주전 상세가 위축된 원인의 하나로 면
주전의 잦은 화재를 꼽을 수 있다. 면주전은 1841년(헌종 7)에 큰
화재를 당하였다. 이 화재는 1805년(순조 2)에 이어 30여 년 만에
당하는 대형 화재였다. 정부에서는 면주전 상인들을 지원하고자
진휼청과 병조에서 각각 1천 냥씩 총 2천 냥을 5년 기한의 무이자
로 대여하였고, 면주전 상인에게 부과된 요역 또한 1년에 한해 탕
감하는 조치를 취하였다.[87]

그러나 화재가 발생한 지 3년 만인 1844년(헌종 10) 면주전은
다시 큰 화재를 당했다. 이때 화재로 80여 칸에 달하는 면주전
전방 건물은 말할 것도 없고 각종 상품이 모두 불에 타버려 거의
1만 냥에 달하는 손실을 입었다.[88] 면주전 상인들은 이와 같은

86)《備邊司謄錄》철종 4년 정월 28일.
87)《備邊司謄錄》헌종 7년 3월 9일. "綿子廛又有火災矣 驚動矜惻之外廛民失所 不可無別般軫恤之擧 令廟堂酌量稟處事 命下矣 謹考 先朝乙丑 亦有此廛回祿之災, 因特敎以賑廳兵曹錢各一千兩 無邊貸下 限五年排納矣 今亦不宜異同 依已例擧行事 分付賑廳兵曹何如 答曰允"
88)《備邊司謄錄》헌종 10년 11월 5일. "司 啓曰 以司謁口傳 下敎曰 向於動 駕時見被災綿紬廛 尙未改建 令貢市堂上 招致該廛市民 詳問後草記事 命下矣 臣等 謹以下敎辭意 詳

혹심한 피해로 면주전 건물의 복구를 엄두도 못 낼 지경이었다. 이와 같은 처지였기 때문에 헌종은 비변사로 하여금 면주전 상인들을 지원할 방안을 강구하라고 특별히 명령하였다. 이와 같은 헌종의 특교特敎에 따라 비변사에서는 면주전 상인들의 요구를 받아들여 진휼청 돈 2천 냥, 금위영·어영청에 보관중인 목면 각 10동同을 무이자로 대출하고, 이를 10년 뒤에 갚도록 조치하였다. 아울러 면주전의 각종 요역도 1년 동안 탕감하도록 조처하고 있다.[89] 면주전 전방건물은 화재 발생 이듬해인 1845년(헌종 12)에 재건되었다.[90]

1844년 대화재 이후 20년 뒤인 1864년(고종 1)에 면주전은 다시 화재를 당했다. 이때의 화재는 시전 전방이 아닌 도가에서 발생한 것이었다. 이때의 화재로 도가 50여 칸과 좌시수직방坐市守直房 40여 칸 등 총 90여 칸에 달하는 건물은 물론, 도가에 보관하고 있던 각종 회계장부도 모두 불에 타버렸다. 정부에서는 도가의 중건重建자금으로 선혜청에서 돈 5천 냥을 대여하여 5년에 걸쳐 무이자로 상환하게 조처하였다.[91] 그러나 면주전은 이와 같이 유리한

問於該廛民人等處 則以爲 廛勢近甚蕩殘 又遭回祿 公私物件之入於燒燼 殆近萬金 凋敗
尤無餘地 而以若廛樣 八十餘間營建 萬無其望 尙今未就 只增悶隘云矣 敢啓 答曰 令廟
堂從長稟處"

89)《備邊司謄錄》헌종 10년 11월 10일. "左議政權 所啓 日前被災綿紬廛市民 招致詳問後
草記 有令廟堂從長 稟處之命矣 廛勢今至凋弊 特敎出於隱恤 曾於似此之時 或有公貨許
貸之例矣 賑廳錢二千兩 禁御兩營木各十同 依此例出給 使之限十年無邊排納 該廛徭役
亦令限一年蠲減 俾爲改葺安接之地 何如 上曰 依爲之"

90)《京都大學所藏韓國古文書–綿紬廛關係文書》綿紬廛實態(고문서번호 1597). "營建年月
日 憲宗十二年乙巳三月十六日上樑"

91)《日省錄》고종 1년 12월 26일. "命綿紬廛重建物力以惠廳所在甲胄價米中折錢五千兩貸
下限五年排納 綿紬廛市民等訴 則以爲日前失火時 居接都家五十餘間及坐市守直房四十
間 合九十餘間 盡爲被燒 各項進排措備物種與擧行文簿 一未收拾云矣 市民之失業 已爲
可矜 況綿紬廛 最稱凋殘 重建物力 經紀無路云 以惠廳所在 甲胄價米中 折錢五千兩貸

조건의 대출금도 제때 갚아나가기 어려웠다. 그러므로 이듬해인 1865년(고종 2) 면주전 상인들은 상환기일을 7년으로 연장해 줄 것을 요청하여 허락을 얻고 있다.[92] 면주전 도가 건물은 2년 뒤인 1866년(고종 3)에 비로소 재건되었다.[93]

이처럼 19세기 전반 면주전은 입전과 잦은 분쟁에서의 패배, 외국산 비단의 국내 유통, 잦은 화재로 상당한 어려움에 처해 있었다. 그러므로 당시 조정에서도 면주전을 시전 가운데 가장 가난하고 형편이 어려운 시전으로 인식하고 있었다. 1864년 대형화재로 도가가 불탔을 때, 면주전 도중에서는 도가건물을 재건할 물력도 마련하지 못할 처지였다.[94] 대형 화재의 빈발과 국산 비단의 수요 감축으로 개항 이전부터 면주전은 크게 쇠락하고 있었던 것이다.

下 使之待開歲趁速營葺 貸下錢則限五年排納惠廳之意請 分付 允之" 1864년 대화재로 모든 회계장부가 불타버렸기 때문에 오늘날 경도대학 가와이문고에 소장되어 있는 면주전 관계자료는 대부분 1865년(을축년)을 기점으로 하고 있다.

92) 《日省錄》고종 2년 1월 24일. "綿紬廛市民等以爲 矣廛失火後 惠廳錢五千兩貸下者 殘廛事力 實無以五年排納 特許展限施行事也 公貨特貸 已是廣絶之澤 排納辰年之請 甚涉無謂 而殘廛事勢 合施終始之恤 限七年排捧事 分付惠廳"

93) 《乙丑 正月 各項賞案》, 丙寅(1866) 11월 일. "都家營建時 次知 極力苦務 故僉位公論後 次知 銀子 二十兩 曹司 十兩 賞給"

94) 《日省錄》고종 1년 12월 26일. "況綿紬廛 最稱凋殘 重建物力 經紀無路云"

3. 개항 이후 외국상인의 진출과 면주전의 몰락

1) 외국상인의 진출과 서울시장의 변화

(1) 외국상인의 진출

개항 이전 중국과 서양산 직물류의 유통으로 혼란을 경험하고 있던 서울의 시장은 1882년 조청수륙무역장정朝淸水陸貿易章程으로 서울이 개시장開市場이 되어 외국상인들의 진출이 본격화하고 그 이듬해인 1883년 개항된 인천을 통해 수입된 상품이 서울에 유입 됨으로써 양적으로 성장하였을 뿐만 아니라 질적으로도 큰 변화 를 겪었다.95)

서울에 침투한 최초의 외국상인은 임오군란 직후 3천 명의 북 양육군北洋陸軍을 따라온 청상淸商 40여 명이었다. 일본상인도 임 오군란 이후 협동조協同組와 대창조大倉組의 10명 내외가 국내로 들어와 남산 기슭에서 일본인을 대상으로 한 상업에 종사하였다. 1883년 11월 최혜국조관最惠國條款에 따라 영국의 상점개설권이 일 본에도 허용되자 일본공사관은 일본상인의 서울진출 억제정책을 해제했다. 자국의 주둔군에 봉사하는 군인상인의 성격을 지녔던 청상과 일상들은 1885년 후반기를 기점으로 서울시장을 침탈하는

---

95) 개항 이후 상업의 동향에 대해서는 다음의 논문이 참조된다. 한우근,《韓國開港期의 商業硏究》제1부, 일조각, 1970.; 강만길,〈大韓帝國期의 商工業問題〉,《아세아연구》 16-2, 고려대 아세아문제연구소, 1973.; 신용하,〈19世紀末의 韓國對外貿易의 展開와 商權問題〉,《아세아연구》17-2, 고려대 아세아문제연구소, 1974.; 손정목,《韓國開港期 都市變化過程硏究》5장, 일지사, 1882.; 김경태,〈甲申·甲午期의 商權回復問題〉,《한국 사연구》50·51합집, 한국사연구회, 1985.; 김정기,〈1890년 서울상인의 撤市同盟罷業과 示威투쟁〉,《한국사연구》67, 한국사연구회, 1989.; 박경룡,〈開化期의 漢城府 商業硏 究〉,《鄕土서울》52호, 1992.; 이헌창,〈1882~1910년 서울시장의 변동〉,《서울상업사》, 태학사, 2000.

〈표 1〉 1882년 이후 청·일 거류민과 상인의 서울진출 상황[96]

연도	청상淸商		일상日商	
	상 인	상 점	상 인	상 점
1883	99	19		
1884	352	48		
1885	111	25	71	15
1886		14		
1887				26
1888			370	
1889	600여	80여		85
1890	625	近100	625	
1891	751			
1892	957			
1893	1,254	142		

※ 전거: 중앙연구원 근대사연구소 편,《청계중일한관계사료淸季中日韓關係史料》.; 강만길 편,《명치관보발췌주조선일본국령사관보고明治官報拔萃駐朝鮮日本國領事館報告》.;《日本外交文書》.;《漢城週報》.

외국상인의 성격으로 변모하였다.

특히 1885년 말 25개의 상점에 111명이 영업하던 청나라 상인은 1889년에 상점 80여 호, 상인 600여 명으로 격증하였다. 일본 상인도 1885년 7월 일본군 철수 직전에는 15개의 상점이었지만, 1889년에는 일본상인은 600여 명, 상점이 85호로 격증하였다. 1882년 이후 서울에 침투한 청상과 일상의 추세를 보면 위의 〈표 1〉과 같다.

청국 상인은 서울의 종로와 남대문, 동대문을 중심으로 한 조선 상인이 상권을 장악한 시장 전역에 널리 침투하였다. 특히 거상 동순태호同順泰號를 비롯한 30여 개의 청나라 상점은 종루 근처인

96) 김정기, 앞의 논문(주 95)에서 재인용.

수표교 바로 북쪽에 밀집하였다. 반면 일본상인은 남산과 진고개에 주로 몰려 자신들만의 상권을 형성하였고, 유럽인들은 정동에 주로 거주하였다.

이와 같이 1882년 이후 외국상점의 출현은 육의전의 외국상품 판매독점권을 붕괴시켰고, 부수적으로 인천 개항장 객주의 서울시장 진출을 차단했다. 특히 청국상인들은 서울 주민에게 일용품을 공급하는 조시朝市에도 진출하여 조선상인의 상권을 위협하였다. 19세기 후반 서울의 조시는 남대문, 동대문 안쪽, 기타 도성 안팎의 수 개소에서 열렸으며, 개시시간은 매일 아침 3~4시부터 시작하여 해뜨기 직전까지, 취급품목은 곡식류, 잡화, 과자, 사탕, 소금, 과일, 자기, 종인, 야채, 건어물, 생선, 연초 등이었다. 청국상인의 일용품 판매시장 진출 외에도 서울의 시장을 크게 위협했던 것은 외국상인들에게 어떠한 상세商稅도 부과되지 않았다는 점이었다. 지방에서 상업활동을 하는 청상과 일상들에게는 지방관이 여러 명목의 상세를 부과하여 잦은 마찰을 빚었지만, 서울에서는 청상과 일상에게 어떠한 세금도 징수하지 않았다. 이와 같은 외국상인의 서울진출은 시전상인뿐만 아니라 노점상인과 난전상인들의 공동반발을 일으켜, 1890년 상인들의 철시투쟁으로까지 진전되었다.[97]

(2) 서울시장의 변화

1883년 인천이 개항됨으로써 서울의 시장이 개항장 무역권에 편입되었기 때문에 서울의 시장은 크게 변동하였다. 서울의 시장에는 수입품이 대량으로 집하되었고, 수출품도 일정량 집하되었

97) 김정기, 앞의 논문(주 95) 참조.

다. 수출입이 늘어나는 만큼 서울시장은 성장하였던 것이다. 이 가운데서도 섬유제품을 중심으로 한 외국상품의 서울시장 유입은 서울시장의 규모를 확대시킨 중요한 요인이었다.

섬유제품의 서울유입 양상을 보면, 1894년 청일전쟁 이전 인천에서 금건金巾으로 환산한 서양면포의 연간 수입량은 30만 반反을 상회하였다. 인천의 수입 면제품 가운데는 1897년까지는 금건이, 1898~1902년까지는 방적사紡績絲가, 1903년 이후는 시팅이 최대 품목이었는데, 이들 대부분은 서울을 통해 유통되었다. 마포麻布도 개항 이전부터 중국산 문포門布·해남포海南布 등이 수입되었지만, 1890년 이후부터는 인천항을 통한 중국산 마포의 수입이 본격화하여 1896년부터 수입품 가운데 중요한 품목에 꼽히고 있었다. 비단의 경우도 개항 이전부터 중국을 거쳐 대량 수입되었지만, 1885년부터는 일본산 비단인 갑비견甲斐絹도 수입되기 시작하였다. 외국산 비단 가운데 가장 수요가 많았던 것은 중국산 비단이었다.[98]

서울에 진출한 중국상인 동순태同順泰가 상해上海의 동태호同泰號와 거래한 장부를 분석한 연구에 따르면, 동순태가 수입한 상품은 견직물, 마직물, 은지금銀之金, 식품, 약료, 잡화, 기타 상품인데, 이 가운데 대부분이 견직물이었다. 1894년의 수입액 5만 2천 냥 가운데 3만 5천 냥이 견직물이었으며, 1895년에는 14만 7천 냥 가운데 11만 냥이 견직물이었다. 1894년과 1895년 두 해 동안 상해의 동태호에서 동순태로 수입된 견직물은 총 14만 7천 냥에 달했다. 전체 수입액 가운데 74퍼센트가 견직물로서, 그만큼 중국산 비단의 수요가 많았음을 의미한다.[99]

98) 이헌창, 앞의 논문(주 95) 참조.
99) 石川亮太, 〈朝鮮 開港後における華商の對上海貿易—同順泰資料通して〉, 《東洋史研究》63-4, 동양사연구회, 2005.

이사벨라 버드 비숍은 이와 같은 외국산 섬유류의 수입으로 조선사람들의 의복문화가 급속하게 변했음을 다음과 같이 말하고 있다.

외국 상품수요가 창출된 지 13년도 채 못됐다는 것을 고려한다면, 한국인들이 외제품에 의존하고 있는 정도는 놀랄 만한 것이다. …… 특히 표백되지 않은 셔츠천과 한랭사, 모슬린, 아마포, 아이들 의복용의 터키레드는 한국인의 기호를 완전히 사로잡았다. 다만 솜으로 채워 넣은 겨울옷의 보수주의만이 외국산 울wool 제품에 굴하지 않고 있는데, 그 부문에서의 수입은 문자 그대로 전무하다고 말할 수 있다.[100]

다시 말해 겨울옷인 솜옷을 제외하고 무명이나 삼베, 모시 등에 의존하던 조선인들이 셔츠천, 한랭사, 모슬린, 아마포, 터키레드 등 외국산 직물로 만든 옷을 선호하게 되었다는 것이다. 값싼 중국 및 서양산 섬유류의 유통이 조선의 의생활 문화를 크게 바꾸었기 때문에 국내산 면포와 비단의 생산과 유통은 위축되었던 것이다.

2) 진배進排 위주의 면주전 영업과 면주전의 몰락

개항 이후 외국산 상품의 유통은 시전상업에 큰 곤란을 초래하였다. 1887년(고종 24) 의정부에서는

근래 모든 시전상인들의 위세가 극히 어려워졌다. 가장 힘든 것은 난매亂賣이다. …… 법을 무시하고 권세를 믿는 무리

---

100) 이사벨라 버드 비숍 지음, 이인화 옮김, 《백년 전 한국의 모든 것, 한국과 이웃나라들》, 살림, 1994, 32쪽.

들이 거리낌 없이 난매한다. 심지어 다른 나라의 상인과 결탁
하여 함부로 매매하니, 국역을 응하는 시전상인들은 헛되이
빈자리만 지키고 있을 뿐이다. 시전상인들이 자신의 영업을
그만 둘 지경에 이르렀다.[101]

라고 하여, 금난전권의 통제를 받지 않던 외국상인들과 결탁하여
자행되는 난매행위로 말미암아 시전상인들이 매우 어려워졌다고
말하고 있다. 이러한 난매행위는 시전질서를 뿌리부터 흔드는 것
이었다. 외국상품의 유입과 자유로운 영업이 가능한 외국인의 시
장진출로 시전상업은 전반적 위기에 봉착했고, 이는 해가 갈수록
심화되고 있었다.[102] 이러한 위기상황에서 시전상인들이 택한 것
이 1890년의 철시투쟁이었다.

시전체제의 전반적 위기 속에서 가장 어려운 처지에 놓였던 시
전이 바로 면주전이었다. 앞서 언급했듯이, 면주전 영업의 쇠퇴는
개항 이전 중국과 서양산 직물류의 반입에서 시작되었지만, 개항
이후 사정은 더욱 악화되었고, 1888년(고종 25)에는 여러 달 영업
을 철폐하기도 했다.[103] 이와 같은 어려운 사정을 1892년(고종 29)
의정부에서는 다음과 같이 말하고 있다.

각 시전 가운데 가장 어려운 시전이 면주전입니다. 전방은
대부분 문을 닫거나 헐어버린 것이 많고 면주전 도원都員들은

101)《備邊司謄錄》고종 24년 10월 13일.
102)《高宗實錄》고종 25년 5월 癸酉."議政府啓 各廛民之朝家顧恤 由來自別 而挽近凋殘
轉甚 弊端滋興"
103)《備邊司謄錄》고종 25년 5월 22일."綿紬廛年前拣摸 未始非到底曲輪 而物價日益刁
騰 應受不免積淹 了無實效 屢月撤閉 念其事勢 誠極矜悶"

점점 흩어지게 되어 형편이 불쌍하다는 것은 세상 사람들이
다 알고 있습니다.104)

다시 말해, 판매처인 전방은 대부분 문을 닫거나 헐렸을 뿐만 아
니라 도원들도 뿔뿔이 흩어져 매우 불쌍한 처지에 놓였다는 것이
다. 면주 판매로 이익을 낼 수 없었기 때문에 스스로 영업을 포기
하는 경우도 있었다. 1877년(고종 14) 면주전 상인 백봉규白奉奎는

> 저는 제이방第二房 서쪽에서 토리吐里를 판매하는 자인데,
> 지금의 형세가 너무 어려워서 영업을 지속할 수 없습니다. 그
> 러므로 감히 호소하건대 두 번까지 방세를 납부한 다음에는
> 영업을 그만 둘 수 있도록 허락해 주시기 바랍니다.105)

라고 하여, 면주전 도중에 영업을 그만둘 수 있게 해달라는 소지所
志를 올리고 있다. 이 사례는 당시 면주전 상인들의 면주판매를 통
해서는 얻는 이익으로는 방세조차 감당하기 어려웠음을 잘 보여
주고 있다.

개항 이후 민간에 대한 면주판매가 이익을 제대로 내지 못했으
므로, 면주전의 주된 영업은 민간판매보다는 왕실과 정부에 대한
진배로 바뀌었다. 면주전 상인들은 마치 공인貢人처럼 진배가 없으
면 근본을 상실한 것이라고 인식하였고,106) 자신들의 전재錢財도

---

104) 《備邊司謄錄》 고종 29년 12월 6일. "綿紬廛市民等以爲 …… 各市中最至殘者 卽此市
也. 廛舍則每多停撤 人額則漸至渙散 景色矜悶 世所共悉"

105) 《京都大學所藏韓國古文書 ― 綿紬廛關係文書》 所志類〔연대: 丁丑(1877), 고문서번호:
1209〕. "恐鑑仰達 矣身 第二房西邊二房吐里接用矣 到今形勢不敷 萬無隨行之路 故玆敢
仰訴爲去乎 俯諒情由後 兩次納稅後 退去之地 千萬幸甚"

106) 《京都大學所藏韓國古文書 ― 綿紬廛關係文書》 等狀〔연대: 庚寅(1890), 고문서번호:

모두 관수官需라고 얘기하고 있었다.107) 정부나 왕실에 대한 진배
는 원래 공인들의 몫이었다. 시전상인들도 필요에 따라 정부에서
필요로 하는 물자를 책판責辦의 형식으로 납품하기는 했지만, 시전
의 주된 영업은 민간을 대상으로 한 것이었다. 그러나 이 시기 면
주전은 민간에 대한 판매보다는 진배를 주된 영업으로 하는 영업
조직으로 바뀐 것이다.108)

　면주전에서 왕실이나 정부에 진배하는 비단은 백토주白吐紬, 각
색토주各色吐紬, 경용주經用紬, 급대주給代紬, 각색수주各色水紬 등이
었다.109) 매년 정월에 상주上紬 30필疋을 왕실에 진배하여 매필당
9냥씩 수가受價했으며, 매년 6월에는 염남수주染藍水紬를 모든 전
궁殿宮에 1동同씩 진상하여 1동에 700냥을 받았다. 이밖에 백토주·
각색토주·경용주·급대주·각색수주 등은 정해진 양이 없이 수시로
진배하였고, 토주吐紬는 1필당 16냥 5전, 경용주와 급대주는 1필당
6냥씩 수가하였다.110) 이와 같은 정규적인 진배 외에도 면주전에

1588]. "大抵貢市之民 亦一化育之物也 爲公而無頉進排 爲私而有業事育 則可謂樂莫樂
　　而此外何求 所以爲貢市民者 無進排之役 則卽忘其本而失其根也"

107)《京都大學所藏韓國古文書 － 綿紬廛關係文書》等狀〔연대: 壬辰(1892), 고문서번호:
　　1590]. "綿紬廛市民等 白活 右謹陳所志矣段 矣廛錢分 卽官需之物也"

108) 須川英德은 면주전 도중문서의 분석을 통해 '시전상인은 시장의 상품유통에 아무런
　　영향력이나 통제력을 지니지 않고, 다만 국가에 대한 진배와 그로부터 얻어지는 이익
　　의 분배, 국역의 균평한 부담, 도원 사이의 상호부조, 금융을 주로 한 집단으로서 반관
　　반민半官半民의 외부기관'이라고 규정하고 있는데[須川英德, 앞의 발표문(주 5)], 이는 개
　　항 이후 면주전이 직면한 특수한 사정에서 비롯되는 것이다. 이러한 면주전의 특수사
　　정을 시전 전체의 성격으로 일반화해서는 안 될 것이다.

109) 주 73의 면주전 조직이 토주계, 수주계, 상주계 등 명주의 종류에 따른 진배 기능을
　　중심으로 구성된 것은 이와 같이 면주전의 진배물종이 다양했기 때문에 나타난 것이다.

110)《京都大學所藏韓國古文書 － 綿紬廛關係文書》綿紬廛實態 (고문서번호: 1580) 進排秩.
　　每年正月 上紬三十疋 御前進上 受價每疋九兩式
　　每年六月 染藍水紬 各殿宮一同式進上 每同受價七百兩式
　　白吐紬 各色吐紬 經用紬 給代紬 各色水紬 無恒定進排

서는 정부에서 필요로 하는 비단을 수시로 진배하였다. 예컨대 중국사신의 세폐, 가례도감嘉禮都監, 청나라나 미국공사 등 진배하는 곳 또한 다양했다.111) 중국사신에게 진헌進獻하는 명주만 해도 수십 동에 달하였고, 금액만도 7~8만 냥에 달하였다.112)

경도대학 소장 면주전관계 고문서에는 1879년(고종 16) 10월에서 1780년(고종 17) 8월까지 매달 왕실에 진배한 구체적인 물종의 종류와 수량이 기재되어 있다. 이를 구체적으로 보면 1879년 10월에 자적토주紫的吐紬 9척 8촌, 1879년 11월 황수주黃水紬 33척 6촌·흑토주黑吐紬 2척·자적토주 6필 6척, 1880년 1월 남수주藍水紬 1촌 1분 4리, 1880년 2월 자적토주 23척 8촌, 1880년 3월 진홍수주眞紅水紬 1필 1척 2촌·남수주 7칠 27척·자적토주 2필 13척 4촌, 1880년 5월 남수주 1필 3척 3촌 2분·홍수주紅水紬 3척 5촌·흑수주黑水紬 2필 7척·남토주藍吐紬 3필 47척 5촌·자적토주 49척 5촌·흑토주 47척 7촌, 1880년 6월 홍수주 2필·진남수주眞藍水紬 20척·흑토주

吐紬每疋受價 十六兩五戔式
經用紬　給代紬　每疋受價六兩式

111) 《京都大學所藏韓國古文書 ─ 綿紬廛關係文書》 等狀 (고문서번호: 921-2). "前後進排數甚夥然中 今番嘉禮都監進排水紬 其內入水紬十八同 吐紬五同 美使淸使進排水紬 贈給紬五同餘疋 合爲二十八同餘疋 這間董董繼納 迨今未受價 爲參萬餘金是乎 則以若殘市 豈可有支撑之道是乎㫆 見今亦 矣等各殿宮進排染藍水紬爲七同 少不容緩 則蕩盡無餘中 何可有辦納之策乎 到此旣業之情勢 擧槪仰訴爲白去乎 伏乞參商敎是後 同未下受價三萬餘金 卽爲某樣區別然後 庶免渙散之境 特蒙支保之澤 千萬望良爲白只爲 行下向敎是事"

112) 《京都大學所藏韓國古文書 ─ 綿紬廛關係文書》 等狀 (고문서번호: 921-1). "矣徒廛之迎勅時 東西奔走 竭蹶奉承之狀 業已齊訴是白加尼 伏蒙河海之澤 依例從貴米上下 無弊奉行是白乎乃 來頭許多進排 勢將末由 幾至渙散之境是白乎中 今番進賀使行 奏請使行 進香使行 三次方物進獻綿紬 爲數十同外 他入用進排紬屬 亦不可一一枚擧 到處窘迫 難以支保 庶可照燭而 送勅後受價段置 以本色米邊上下 特垂終始之惠 使矣徒廛 安業支存之地 千萬祝手爲白只爲"

47척 7촌·자적토주 2필 32척 3촌·남토주 4필 25척 2촌, 1880년 7
월 흑수주 14척 6촌 3분 1리·자적토주 1필 5척 7촌, 1880년 8월
다홍수주多紅水紬 25필·자적토주 3필 6척 9촌 5분·초록토주草綠吐
紬 3필·간색토주間色吐紬 1필이었다.[113) 1880년 1월에서 8월까지 8
개월 동안 왕실에 진배한 총액은 64필에 달하고 있다.

진배는 왕실재정의 여유가 있을 때에는 시전상인에게 확실한
이윤을 보장하는 거래였지만, 왕실재정이 여유가 없을 때는 책판
이나 무역처럼 일방적인 수탈이 될 수밖에 없는 거래였다. 개항
이후 정부와 왕실재정의 악화로 말미암아 진배가進排價를 받지 못
하는 경우가 많아졌다. 1876년 당시에도 면주전에서 받지 못한 진
배가가 2만 5천 냥에 달하였고,[114) 1890년대 가례도감과 미국과
청국공사 등에 총 28여 필을 납품했으나 3만 냥에 달하는 돈을 받
지 못하고 있다.[115) 이와 같은 미수가액은 해가 갈수록 늘어 1891
년(고종 29)에는 미수한 액수가 총 20여만 냥에 이를 정도였다.[116)

개항 이후 면주전 상인들은 주로 왕실에 진배하여 그 대가를 수

---

113) 《京都大學所藏韓國古文書 − 綿紬塵關係文書》 會計關契資料 (고문서번호: 2223-1).

114) 《京都大學所藏韓國古文書 − 綿紬塵關係文書》 等狀〔연대: 丙子(1876) 고문서번호:
　　1574〕 綿紬塵市民等 等狀. "右謹陳等狀緣由段 矣徒塵所懷 已悉於前狀 至伏蒙三千兩先
　　給之膏音是白乎乃 此是大監敎是 山恩海德 罔敢圖報之萬一 而塵勢之難保 幾乎弩末竿
　　頭 非不知猥濫之罪 然情窮勢迫 冒萬死更懇爲白去乎 伏乞洞燭矣徒塵可矜可憐之情狀
　　特垂終始之惠澤 一依磨鍊 上下幸免公私之償誤 千萬祝手是如乎 大抵疾痛呼母 赤子之
　　常情 是故其由伏達 而受價條統計 洽爲二萬五千餘兩 其中三千兩之先給 不爲不多 此所
　　謂計不入量是白遣 當頭進排進獻 綿紬十餘同 則價本爲萬有餘兩 當此凋殘之時 從何處
　　辦備乎 以此塵民之相顧無語 措手沒策 齊聲呼訴爲白去乎 參商敎是後 別般曲護 使矣塵
　　民 俾無失業渙散之地 伏俟更爲處分爲白只爲 行下何敎是事"

115) 주 109와 같음.

116) 《備邊司謄錄》 고종 29년 12월 6일. "綿紬塵市民等 以爲 進排之際 每年落本 爲八九
　　萬兩 而來末受價 亦爲二十餘萬兩 則方物進獻綿紬歲幣綿紬各色水紬各色吐繡 如前 進排
　　染濫水紬與平市署軍役 限十年蘇醒間停退 其他 進排 已有戊子 判下節目 以此遵行事也"

수함으로써 명맥을 유지할 수 있었는데, 정부재정의 악화에 따라 진배가를 제때 수령하지 못해 상당한 곤란을 겪게 된 것이다. 특히 1880년대 이후 면주가격의 급속한 상승으로 말미암아 정부나 왕실에서 지불하는 진배가가 원가 이하로 내려갔다. 여기에 더하여 종래는 전문錢文·무명·쌀·포 등으로 지급되던 것이, 무명·쌀·포가 아닌 전문으로, 그것도 이미 시세와 동떨어진 공정비가에 따라 지급되었다. 그러므로 진배를 위주로 하던 면주전의 재정은 거의 파탄지경에 이르렀고, 진배와 공정가격에 의한 수가라는 물자조달시스템은 물가상승 속에서 해체되어 갔다.[117]

이와 같은 진배가에 의한 면주 조달이 면주전의 상황을 악화시켰기 때문에, 1886년(고종 23) 면주전의 폐단을 시정하는 조치가 취해졌다. 수주水紬 가격의 1/3을 쌀로 지급하고, 사신使臣에게 진배한 면주가綿紬價를 진배가가 아닌 시가로 지급하며, 색토주色吐紬 진배가를 쌀로 지급하는 등의 조치였다.[118] 이 시기 당오전 발행으로 화폐가치가 크게 떨어졌기 때문에 돈보다 쌀로, 당오전 발행으로 물가가 급등했기 때문에 진배가보다는 시가로 지급받는 것

---

117) Owen Miller, *The silk merchants of the Myonjujon: guild and government in late Choson Korea*, 런던대학 아시아·아프리카연구소 박사학위논문, 2007 참조.

118)《備邊司謄錄》고종 23년 12월 7일. "府 啓曰 綿紬廛市民等 以凋殘難支之狀 呈訴本府 其蘇捄之策 令戶曹 講究措處矣 今見所報 則其一該廛進排水紬價 以米錢木三分磨鍊 而一分米代錢 以本色上下事也 旣載定例 則奚爲而而錢代米乎 宜有呼寃之端 依舊例施行 其一該紬之使行衣資 則代錢直下 內入則從時價上下事也 以今物價 其所落本 卽必至之勢也 不容不別般顧恤 使行衣資 姑令代錢 內入則元進排外 如有加用 許以時價上下 其一色吐紬價 依表裡吐紬契受價例 移牒惠廳 純未上下事也 進排則一也 而或米或錢 安得無向隅之歎乎 依吐紬契例施行 其一方物進獻紬價 以錢米六分磨鍊 而一分米代錢 以本色上下事也 此亦依定例 以米準給 其一禮宮 進上上紬價 從時直上下事也 進獻所需 事體尤別 恐難擅便寘之 至若尙衣院內需司機器局 所納紬 自是各該司私貿入用者 而近來例外責辦 果係殘廛鉅瘼 從今以往 更勿侵及於市人 凡進排衙門下屬輩 貪緣誅求之弊 嚴加禁斷 隨現重繩 而并以此意 成節目尊行 何如 答曰允"

이 면주전 재정에 크게 유리했던 것이다. 그러나 이와 같은 정부의 조치만으로는 면주전이 회생될 수 없었다. 앞서 언급했듯이 정부 재정의 악화에 따라 미수가액이 점점 늘어나 1892년에는 20여만 냥에 달하고 있었기 때문이다.

면주전은 시전 가운데 3번째로 규모가 큰 시전이었다. 그러나 개항 이후 면주전의 사정이 악화되면서 면주전은 거의 몰락에 이르고 있었다. 면주전의 도원은 1786년(정조 10)에 115명이었다가, 1832년에는 193명으로 늘었지만, 1870년대에는 120명 정도로 크게 줄어들었다.[119] 그러나 1892년에는 면주전 전방에서 영업하는 도원이 40여 명이 채 되지 않았으며,[120] 1905년에는 영업인이 단 2명에 지나지 않았다.[121] 1892년(고종 29) 한 면주전 도원이 면주전 대방大房에 올린 다음과 같은 소지는 거의 파산상태에 이른 면주전의 상황을 적나라하게 보여주고 있다.

우리 면주전은 창설된 이후 사람과 재물이 매우 풍족하여 시전 가운데 3번째 규모를 자랑했습니다. 사람들이 매우 아름답다고 칭송하는 시전이 바로 면주전이었습니다. 최근에 어려움이 극심해졌습니다. 최근 전방에 나와 영업하는 사람이 전보다 못하여 40명이 채 되지 않고, 제대로 모양을 갖춘 사람은 더욱 적습니다. 어떤 자는 끼니도 제대로 잇지 못해 동가식서가숙東家食西家宿하고 있으며, 겨울이 따뜻해도 춥다고 호

---

119) 須川英德, 앞의 발표요지문(주 5) 참조.

120) 《京都大學所藏韓國古文書 - 綿紬廛關係文書》所志類〔연대: 壬辰(1892), 고문서번호: 1208〕. "見今出市者 漸不如古 接房之員 不滿四十"

121) 《京都大學所藏韓國古文書 - 綿紬廛關係文書》綿紬廛實態〔연대: 乙巳(1905), 고문서번호: 1597〕. "綿紬廛 創設年紀 國初設立 廛人數 四十餘人 營業者數 二人"

소하며. 농사가 풍년이어도 굶주림에 울부짖습니다. 부모님을
봉양하지 못할 뿐 아니라 가족들도 돌보지 못합니다.[122]

　개항 이후 면주전 상인들은 가족의 봉양은 물론 끼니도 잇지 못
하는 처지로 내몰렸던 것이다. 이와 같은 면주전의 파산상태는
1900년대 일본인들이 기록한 《면주전실태綿紬廛實態》라는 자료에
서도 극명하게 나타난다.

> 現營業者의 數爻: 一人
> 都中의 關係人 幾何: 四十餘人
> 都中에 負債有無: 數萬金
> 都中에 資産有無: 無
> 都房貰金收入이 每個月幾何: 八円
> 契有無 契의 性質及資本高: 無
> 都家의 所在地及間數幾何: 中部堅坪坊禁府後洞瓦家六間
> 都家의 現今價格: 時價四百円[123]

　1900년대 면주전에 도원으로 등록된 사람은 40여 명이었지만,
실제 전방에서 영업하는 사람은 1명에 지나지 않았다. 면주전 도
중의 자산은 한 푼도 없었으며, 부채만 수만 냥에 달하고 있었다.
또한 앞서 보았듯이 면주전의 하부에 존재했던 다양한 계契 조직
도 모두 사라졌다. 다만 중부 견평방堅坪坊 금부후동禁府後洞에 있

---

122) 《京都大學所藏韓國古文書 - 綿紬廛關係文書》所志類〔연대: 壬辰(1892), 고문서번호:
　　1208〕. "恐鑑仰達爲白去乎 矣身等 有所情勢 猥濫冒沒 稟告大房前 而嗟維我廛 創始以後
　　人器之盛 財貨之富 爲三等之最 而人之甚美極稱者 必曰紬廛矣 挽近以來 雕殘極矣 見
　　今出市者 漸不如古 接房之員 不滿四十 而擧僚成樣者甚少 或饔飱不繼 東食西宿 冬煖
　　呼寒 年農啼饑 侍不奉養 率不保蓄"
123) 《京都大學所藏韓國古文書 - 綿紬廛關係文書》綿紬廛實態 (고문서번호: 1581).

는 기와 6칸, 400엔円에 달하는 도가건물만이 유일한 자산이었다. 개항 이전 시전상인 가운데 3번째로 규모가 컸던 면주전이 부채가 수만 냥에 달하고 영업인이 1명에 지나지 않을 정도로 몰락하였던 것이다.

4. 맺음말

그동안 한국사 연구에서 개항 이전과 이후를 통일적으로 이해하고자 하는 시도는 그리 많지 않았다. 세계자본주의 시장체제로의 강제적 편입이라는 개항 이후 역사적 환경이 개항 이전 자기완결적 체제를 유지했던 폐쇄적 왕조사회와는 크게 달랐기 때문이다. 그러므로 개항을 획기로 한국의 역사상은 전통과 근대의 단절이라는 한계를 불가피하게 노정할 수밖에 없었다. 이러한 한계는 개항 이후 연구자들은 조선후기 사회에 대해 무관심한 반면, 조선후기 연구자들은 개항 이후 제국주의적 상품화폐경제체제에 전통적 상업체제가 어떻게 적응·변화해갔는가를 추적할 의지가 없었기 때문에 나타난 현상이었다. 이 연구는 이러한 한계를 극복하고 전통적 상업체제인 시전체제가 개항이라는 충격 속에서 어떻게 대응·변모해 갔는지를 면주전을 중심으로 살펴본 것이다. 이하에서는 앞서의 논의를 요약함으로써 맺음말에 대신하고자 한다.

19세기 전반 서울의 시장은 외국산 직물織物이 유통되면서 성장하였다. 시장의 성장으로 정부의 재정부문에 견주어 시장부문이 규모면에서 차츰 우위를 점하게 되었다. 이는 곧 시장에 대한 인식을 바꾸어 놓는 계기가 되었다. 국가의 개입을 통해 물가나 상품의 유통을 통제하려는 시도가 차츰 줄어들었으며, 물가와 상품의 유통은 수요와 공급이라는 시장원리에 맡겨두어야 한다는 인식이 보편적 인식으로 자리 잡아 간 것이다.

이러한 인식을 바탕으로 외국산 직물류의 통공발매를 결정한 것이 1837년(헌종 3)의 정유결처였다. 정유결처 이후 외국산 직물류의 수입은 그 이전에 견주어 5배 이상 증가한 것으로 추정된다. 이러한 외국산 직물류의 수입유통은 금난전권을 바탕으로 유지되던 시전상업에 동요를 가져왔다. 여전히 시전상인의 우월권은 인정되고 있었지만, 서울의 시장은 국내 상품은 물론 외국산 직물류가 자유롭게 유통되는 시장으로 변모하였다. 19세기 전반기 세도정권은 통공화매를 기본으로 하는 신해통공의 원칙을 준수하였고, 외국산 물품의 유통도 자유시장에 맡겨두는 정책을 펼쳤다. 이러한 정책은 서울시장만을 주요한 유통시장으로 삼고 있던 시전상인들보다는 전국의 상품가격에 대한 정보는 물론 중국시장과의 관련성을 가지고 있던 사상들이 상업이윤을 축적할 수 있는 매우 유리한 요소로 작용하였다. 이러한 조건 아래에서 사상들의 독점상업인 사상도고가 19세기 중엽 이후 성행할 수 있었던 것이다.

값싼 서양산 직물류의 수입과 유통은 국내의 비단의 생산과 유통을 위축시켰다. 그러므로 국산 비단의 전매권을 소유했던 면주전의 영업도 차츰 쇠퇴하기 시작하였다. 또한 면주전은 입전과의 분쟁에서의 패배, 잦은 화재로 인한 막대한 피해 때문에도 상세가 쇠락하였다.

개항 이후 서울의 시장은 1882년 서울시장의 개방, 1883년 인천개항으로 수출입품이 대량으로 집하되는 시장으로 변모하였다. 개항 이후 서울시장은 수출입이 성장하는 만큼 성장하였다. 그러나 이와 달리 서울에서의 시전상업체제는 동요되고 있었다. 금난전권의 통제에서 벗어난 외국상인의 진출과 섬유제품을 중심으로 한

외국상품의 서울시장 유입으로 시전상업이 전반적 위기에 봉착하
였던 것이다. 이러한 위기는 해가 갈수록 심화되었고, 1890년 시
전상인들은 최후의 방책으로 철시투쟁까지 전개하였다.

　이러한 시전상업의 전반적 위기 속에서 가장 어려운 시전이 면
주전이었다. 개항 이전 시전상인 가운데 3번째로 규모가 컸던 면
주전은 개항 이후 외국산 섬유제품의 유입으로 민간판매가 크게
위축되었다. 면주전은 민간판매보다는 정부나 왕실에 대한 진배로
겨우 명맥을 유지할 수 있었다. 그러나 한말 시기 왕실재정과 정
부재정의 악화로 말미암아 진배가를 제대로 받을 수 없게 되자,
면주전은 부채가 수만 냥에 달하고 영업인이 1명에 지나지 않을
정도의 매우 영세한 시전으로 몰락해 갔던 것이다.

제5장 시전 도중都中의 조직과 영업구조

1. 머리말

조선시대 시전의 구조와 성격에 대한 해명은 조선시대 도시상업 연구의 핵심부분을 이룬다. 시전상인은 국역부담의 대가로 금난전권이라는 독점적 유통권을 장악한 특권 어용상인으로 이해되고 있다. 이러한 이해체계는 일제 강점기에 이루어진 시전상인에 대한 이해체계가 그대로 계승된 것이다.[1] 조선사회에서 차지하는 시전의 비중을 고려한다면, 이러한 이해체계는 너무 단순한 것이 아닐 수 없다. 단순한 이해체계를 넘어 시전상업체제를 구조적으로 이해하기 위해서는 무엇보다도 시전상인의 내부조직이나 성격, 영업활동의 구체상이 해명되어야 할 것이다. 그동안 조선시대 상업사 연구에서도 부분적으로 시전에 대한 연구가 이루어졌지만, 상인의 내부조직이나 영업활동에 대해서는 거의 연구가 이루어지지 않았다.[2]

1) 黑正巖, 〈ギルドとしての京城六矣廛〉, 《經濟史論考》, 岩坡書店, 1923.; 鮎具房之進, 〈市廛攷〉, 《雜攷, 姓氏攷及族制攷, 市廛攷》, 1937.; 李能和, 〈李朝時代京城市制〉, 《稻葉博士還曆紀念滿鮮史論叢》, 1938. 이들 초기연구에서는 시전내부조직과 운영에 관한 중요 자료들을 제시하고 있다. 黑正巖의 논문은 조선총독부 중추원이 작성한 포전布廛에 관한 구관조사서舊慣調査書를 근거로 작성된 것이며, 이능화의 연구에는 《입전완의문서立廛完議文書》, 《입전입의立廛立議》, 《입전완의의의해석立廛完議疑義解釋》의 자료가 부록으로 실려 있어 포전과 입전의 조직과 운영에 대한 중요한 정보를 제공하고 있다.
2) 시전 내부조직에 대해서는 1955년 유원동에 의해 그 해명이 시도되었는데, 유원동은 《입전완의문서》를 바탕으로 시전조직이 혈연적 폐쇄성에 기초한 길드조직으로 규정하였다. 유교성(유원동), 〈서울 六矣廛硏究-李朝都市商業의 一考察〉, 《역사학보》8, 역사학회, 1955 참조.

　이제까지의 시전 연구는 상업에 큰 관심이 없었던 정부 기록에 의존한 것이 대부분이었다. 그 때문에 시전의 국역부담이나 난전인에 대한 처벌문제 등 주로 정부와 시전상인의 관계나 금난전권의 행사 등에 연구가 집중될 수밖에 없었다. 시전상인이 스스로 남긴 상업활동에 대한 자료가 매우 드물기 때문에, 시전이 어떻게 조직되었고 운영되었는지에 대해 연구가 이루어질 수 없었던 것이다.

　자료적 한계와 더불어 그동안 시전 내부조직에 대한 연구가 진척되지 못했던 것은 조선후기 상업사에 대한 연구관심이 시전상업에 대항하여 성장한 사상의 난전상업에 집중되어 왔기 때문이기도 했다. 이는 상업사 연구가 변동과 발전에만 관심을 두고, 구조와 운영에 대한 관심이 소홀했기 때문에 나타난 결과였다.[3] 최근에서야 어물전과 미전米廛 등 개별 시전과 시전상인에 대한 연구가 시도되고 있지만, 여전히 시전의 구체적인 조직형태와 그 운영에 대해서는 해명이 미흡한 편이다.[4]

　시전은 도가都家라는 사무소 겸 창고를 갖추고 도중이라는 동업조합조직을 바탕에 두고 운영되었으며, 도중의 산하에 각기 다른 판매조직을 구성하여 운영되었다. 곧 시전은 전廛이라는 도원都員이 영업하는 물적 설비와 이 설비를 소유하는 도중이라는 인적 조직의 결합체로서 존재하였다. 이 장에서는 새로 발굴한 시전관계

---

3) 발전과 변동을 중시하고 구조와 운영을 소홀히 한 것은 상업사 분야만이 아니라 그동안 조선후기 사회경제사 연구의 일반적 한계로 지적되고 있다. 이에 대해서는 고동환, 〈상품유통경제의 발전〉, 《한국역사입문2-중세편》, 한국역사연구회편, 풀빛, 1995 참조.

4) 吉田光男, 〈李朝後期 ソウルの米商人組合〈米廛〉について-1791年 辛亥通共前後を中心に〉, 《史潮》新17, 역사학회, 1985.; 고동환, 이 책의 제6장 논문.; 이욱, 〈18세기말 싸전(米廛)의 구조와 미곡유통〉, 《한국사학보》창간호, 고려사학회, 1996.; 변광석, 《조선후기 시전상인연구》, 혜안, 2001.

입의문서立議文書, 그리고 면주전 도중에서 남긴 자료들을 통해 시전 도중의 조직과 운영, 시전의 영업방식을 해명하고자 한다. 이러한 작업은 조선시대 시전을 이해하는 데 가장 기본적인 정보들을 제공해 줄 수 있을 것이다.

2. 도중의 가입조건과 시전상인의 위계

1) 도원의 가입

개별 시전들은 저마다 도중이라는 조합을 구성하여 정부에 대한 국역 부담을 총괄하고, 상품판매권을 독점하였다. 그러므로 모든 시전상인은 시전의 도중에 의무적으로 가입해야 하는 의무를 지녔다. 도중에 가입한 시전상인을 도원이라고 불렀다. 각 시전의 도원, 곧 시전상인은 아무나 될 수 있었던 것은 아니고 엄격한 심사에 의해 가입여부가 결정되었다.

시전에 가입하는 형태는 기존의 도원과 혈연관계에 있는 자와 없는 자로 크게 구분되었다. 혈연을 매개로 도중에 가입하려면 도원 가운데서도 선생직先生職 이상의 사람과의 혈연관계가 있어야 했다.[5] 도원과 아무런 혈연관계가 없는 상태에서 처음으로 시전 도중에 가입하는 형태를 판신래인출시判新來人出市라고 했다.

혈연관계가 있는 자가 도중에 가입할 때에도 혈연적으로 가까운 사람을 우대하고, 혈연관계가 먼 자들은 가입비와 면흑례전面黑禮錢을 더 받았다. 혈연관계의 원근에 따라 가입비 등을 차별한 것이다. 시전상인이 될 수 있는 가장 유리한 조건은 선생의 아들

---

[5] 후술하듯이 선생先生은 시전 도중에서 최고의 위계를 지닌 시전상인을 일컫는 용어이다.

이나 사위였다.

신입도원이 도중에 납부하는 가입비와 면흑례전은 시전마다 달랐으며, 시기에 따라서도 달랐다. 시전 도중의 선생先生과 혈연관계가 있는 자들의 가입자격과 가입비용을 표로 나타내면, 다음 〈표 1〉, 〈표 2〉와 같다.6)

〈표 1〉 입전立廛의 시時·구舊선생 자손의 가입비

자격	출시형태	가입비	소패예전 小牌 禮錢	대패예전 大牌 禮錢	면흑례전 面黑禮錢
시時선생의 자子·서婿	출시出市	3냥	1냥	10냥3전	
구舊선생의 자·서	출시	6냥	〃	〃	
구선생의 자	아동출시 兒童出市	3냥	〃	〃	
구선생의 진손眞孫	승음출시 承蔭出市	20냥	〃	〃	20냥
시·구선생의					
외손外孫·진증손眞曾孫	승음출시	25냥	〃	〃	25냥 25냥 30냥
외증손外曾孫·진손서眞孫婿	승음출시	30냥	〃	〃	
외손서·진증손서	승음출시	30냥	〃	〃	
진손·진증손·외손·외증손	미입장출시 未入丈出市	3냥	〃	〃	
진손	아동승음출시 兒童承蔭出市	20냥	〃	〃	20냥
진증손·외손	아동승음출시	25냥	〃	〃	25냥

6) 이하 모든 〈표〉의 전거는 《입전입의문서立廛立議文書》, 《지전입의紙廛立議》, 《도자전완의刀子廛完議》, 黑正嚴 논문의 포전관련 자료에 의거했기 때문에 개별 표에는 전거표시를 생략했다. 《지전입의》는 규장각 소장자료이고, 《도자전완의》는 미국의 UC 버클리 동아시아도서관 아사미컬렉션 소장자료로서, 도자전 상인들의 소송기록인 〈등급문서謄給文書〉와 함께 서울학연구소의 미국소재 서울학관계자료 탐사작업의 일환으로 수집된 것이다. 도자전 등급문서에 대해서는 이 책의 제8장 참조.

〈표 2〉 포전布廛·지전紙廛·도자전刀子廛 시時·구舊선생 자손의 가입비

시전	가입자격	가입비	비 고
포전	시선생의 자·서	15냥	
지전	〃	3냥	
도자전	〃	15냥(30냥)	( )안의 액수는 1845년 이후 증액된 금액
	시선생의 제질弟姪	25냥(50냥)	
	재가입자	25냥(75냥)	
	구선생의 아들	(75냥)	

〈표 1〉과 〈표 2〉에서 보듯이, 시선생의 아들과 사위에게는 가입비 3냥, 면흑례전은 면제한 반면 외증손자는 가입비 30냥·면흑례전 30냥을 징수했다. 혈연관계에서도 여계보다는 남계를 우대하였다. 예컨대 손자의 경우 가입비 20냥·면흑례전 20냥이지만, 외손자의 가입비는 25냥·면흑례전은 25냥이었다.

이처럼 도중에의 가입은 혈연관계가 기본이었고, 세습적인 가입자격의 범위는 증손대까지 한정되었다. 시전의 동업길드적인 강인한 단결력은 이와 같은 혈연 중심의 조직이었기 때문에 가능한 것이었다.

한편 영업권의 계승에서도 당시 신분제와 친족제도의 상황을 반영하여 다양한 제한을 두었다. 입전에서는 선생과 천인 사이에 태어난 자식들에게는 영업권의 계승을 인정하지 않았고,[7] 지전紙廛의 경우에는 서자庶子의 계승권을 부정했으며, 양자養子로 입참入參한 사람은 예조 입안을 상고한 뒤에 가입을 허락하였고, 선생의 아들이지만 다른 사람에게 입후立後한 자의 계승권도 인정하지

---

7) 《立廛立議》"門地卑賤之人 先生子·壻賤産之類 切勿許入爲乎矣 萬一許參 則其等矣任論以其人子施行"

않았다.8)

전연 혈연관계가 없는 판신래인은 도중 총회에 회부하여 엄격한 전형을 거쳐 가입 여부를 결정하였다. 상첩賞帖을 받은 도원이 추천한 판신래인은 가입비를 할인받았다. 지전의 경우는 추천된 사람에 대해 방중房中에서 가부可否를 물어 부가 3점 이상이면 가입을 허락하지 않았다.9) 이런 절차를 거쳐 가입이 허락되면, 판신래인은 가입비로 예은禮銀과 신입예식에 드는 비용인 면흑례전을 내야 했다.10) 판신래인의 가입절차와 가입비용도 시전마다 달랐는데, 입전·도자전·포전·지전의 사례를 보면, 다음의 〈표 3〉과 같다.

〈표 3〉 판신래인의 가입절차와 비용

시전	가입절차	가입비	소패	대패	면흑례전
입전立廛	도중회의에서 동의	50냥	1냥	10냥 3전	
		40냥*	〃	〃	40냥
도자전刀子廛	부否가 3표 이상이면 불허	50냥 (150냥)			연초 5근
포전布廛	상첩常帖 받은 자의 추천	28냥			
지전紙廛		5냥			

* 상첩을 받은 도원의 추천으로 가입할 경우.

---

8) 《紙廛立議》(奎 古 5129-64). "新舊先生庶子則 切勿許入是矣 領席中生時玆 承嫡之子 與長孫間 一人 只爲許入是遣 …… 同官中 養子入參之人 則禮曹立案相考後許入 而先生 子之爲人繼後子 切勿許入事"

9) 《紙廛立議》"判新來入屬之人 則自房中捧可否 否字三點 則切勿許入事"

10) 《立廛立議》"判新來人必須大會 頒布收議 皆曰可入 然後 捧禮銀子五兩爲於 面黑禮段 乾納除良 大房全數設行"

판신래인의 가입에도 제한이 있었다. 입전의 경우 다른 업종에 종사하는 시전상인의 신규가입을 불허했으며, 19세기 중엽부터는 나이가 오좌五座나 십좌十座의 연령에 달한 경우는 가입을 허락하지 않았다.11)

2) 도원의 위계와 승진

시전 도중은 철저한 위계로 편성되었다. 도원들의 위계는 시전에 따라 조금씩 달랐으나, 대체로 군중群衆(또는 軍中), 시행수時行首, 십좌, 오좌, 선생 또는 영위領位12)의 순이었다. 도원의 위계를 정하는 기준은 나이였다.13) 이능화李能和가 작성한《입전완의의의 해석立廛完議疑義解釋》에서도 오좌, 십좌, 점원廛員은 모두 나이를 기준으로 위계를 삼았다고 해설하고 있다.14) 나이를 기준으로 위계를 삼은 것은 시전이 혈연적 유대에 바탕을 둔 폐쇄적 조직이라는 특성과도 밀접히 관련된다. 나이는 생물학적 나이를 의미하는 것이지만, 그렇지 않은 경우도 있었다. 입전의 경우, 19세기 중엽 이전에는 오좌·십좌에 상당하는 판신래인들의 나이를 일률적으로 24세로 등록하게 하였다.15) 나이가 40세·50세여도 새로 가입하는 도원들의 나이를 24세로 등록했다는 것이다. 이것은 도원의 위계

11)《立廛立議》"判新來人 年至五·十座 則雖納百金 切勿許入"
12)《입전입의》의 승진규정에서는 시행수-십좌-오좌-영위의 위계를 설정하고 있지만,〈六矣廛都家規則與任員〉,《商業に關する調査書》(국편 도서번호 中 B13j50)에서는 대방大房의 구성원으로 십좌-오좌-선생으로 설정하고 있다. 이로 미루어 볼 때, 선생과 영위는 시전 도중에서 동일한 위계였음을 짐작할 수 있다.
13) 이와 같이 시전도원들의 위계를 정하는 기준이 나이였으므로, 면주전의 주요 문서를 종합하여 목록을 작성한《雜物都錄冊》(京都大學 河合弘民文庫)의〈乙丑 五月 日 各項文書冊 新措備都錄〉에도 모든 도원들의 나이를 기록하는 연치年齒 항목이 들어있다.
14)《立廛完議疑義解釋》"五·十座 廛員以年歲老少 爲其座次也"
15)《立廛立議》"舊例年雖五十 以年二十四懸錄"

를 정하는 나이가 시전상인으로서 실제 영업한 기간과 밀접한 관련을 가졌음을 의미하는 것이다. 오좌·십좌에 해당하는 판신래인들의 나이를 24세로 등록했다는 점은 시전 도중에 가입할 수 있는 가장 늦은 나이가 24세였다는 추정을 가능케 한다.[16] 어린 나이에 부업父業을 계승하기 위해 시전에 나와 장사를 배우는 것을 아동출시兒童出市라고 했다. 아동출시는 15세 때부터 이루어지는 것이 일반적이었다.[17] 15세 때 처음 시전에 나와 일을 배운 아동들도 수년간의 수습기간을 거친 다음 24세 이전에 정식 도원의 자격을 취득했을 것이다. 이렇게 이해한다면, 나이는 곧 도원으로서 영업한 기간과 일치하게 되는 것이다.

도원들은 일정한 나이가 되면 승진했다. 지전의 경우 군중은 37세가 되면 시행수로, 40세가 되면 십좌로 승진하였다.[18] 십좌가 오좌로 승진할 수 있는 조건은 명시되지 않았는데, 나이를 중시한 시전의 위계로 볼 때 50세가 되면 오좌로 승진하는 것으로 보인다. 그리고 선생은 영위 또는 영좌領座로도 불렸는데, 대체로 60세가 되면 승진하는 것으로 이해된다.[19] 그리고 70세 이상을 칠십영좌七十領座라 하여 크고 작은 연회 때 차려진 음식 등을 따로 보내어 예우하고 있다.[20] 도원들은 승진할 때마다 예전을 냈는데, 입전과 도자전의 예전은 다음의 〈표 4〉와 같다.

---

16) 《立廛立議》 "判新來人 出市 禮銀五十兩 年至五·十座 則切勿許入"

17) 《立廛完議疑義解釋》 兒童出市(《조선봉건말기사회경제사자료집》, 309쪽).

18) 《紙廛立議》 "年滿三十七歲 則陞時行首 四十歲 則陞十座事 呈單大房事"

19) 《立廛完議疑義解釋》 "別任領位 六十以上之領位也"

20) 《立廛立議》 "人間七十古來稀 亦不可無優老之典 七十歲領座段 行罰外 大小宴會 則備物裏送爲齊"

〈표 4〉 입전과 도자전 도원의 승진 때 내는 예전(면흑례전 포함)

시전	시행수時行首	십좌十座	오좌五座	영위領位
입전	12냥	18냥	12냥	5냥
도자전		10냥	7냥	

한편 이들 각각의 위계를 점하는 도원들의 숫자도 시전에 따라 달랐다. 육의전의 경우, 군중은 500명에서 1천 명, 오좌와 십좌는 각각 50명에서 100명 안팎, 선생은 보통 20명에서 30명 안팎으로 구성되었다.[21] 1786년(정조 10) 시전상인들이 상언을 올렸는데, 이 때 전체 71개 시전의 2천 1백여 명의 상인이 상언에 참여하고 있다.[22] 이 가운데 육의전을 구성하는 시전상인의 수를 보면, 입전 248명, 백목전 17(217?)명,[23] 면주전 115명, 저포전 93명, 포전 79명, 지전 65명, 내어물전 30명, 외어물전 140명으로, 모두 787(987?)명이었다.

---

21) 〈六矣廛都家規則與任員〉, 《商業に關する調査書》

22) 《日省錄》 정조 10년 12월 14일. 이 자료에는 철물상전鐵物床廛, 지상전紙床廛, 남문상전南門床廛, 백립전白笠廛, 흑립전黑笠廛, 도자전刀子廛, 내세기전內貰器廛, 교자전轎子廛, 초립전草笠廛, 복마제구전卜馬諸具廛, 내시전內匙廛, 문외시전門外匙廛, 청밀전淸蜜廛, 승혜전繩鞋廛, 판자전板子廛, 인석전茵席廛, 칠목전漆木廛, 혜전鞋廛, 창전昌廛 등 20개 시전상인의 수는 기록되어 있지 않다. 이들 시전의 상인 수를 10명으로 계산한다면, 전체 시전상인의 수는 2천 3백여 명이 될 것이다.

23) 육의전 가운데 두 번째로 규모가 큰 백목전 상인의 수가 17명이라는 점은 선뜻 납득이 되지 않는다. 입전이나 면주전 상인의 수를 비교해 보면, 백목전 상인의 수도 2백 명 안팎이 되어야 합당한 것이라고 생각된다. 《일성록》의 기록에서 17명으로 표기된 것은 2백이라는 숫자가 탈락된 것으로 보인다. 백목전 상인의 수를 217명으로 계산한다면, 육의전 상인의 수는 987명이 된다. 주 21의 《商業に關する調査書》에서는 육의전의 구성하는 개별시전의 상인 수를 6백 명에서 1천 2백 명 사이라고 얘기하고 있는데, 이는 육의전 전체 조합원 수를 지칭하는 것으로 이해된다.

3. 시전 도중의 조직과 운영

1) 도중의 조직

　도중은 도원들의 동업조합이면서 최고 의사결정기구였다. 도중은 간부들의 모임인 대방大房과 일반 조합원들의 모임인 비방裨房(또는 卑房, 群衆)으로 구분되었다.24) 도중에는 다양한 직임이 있었다. 시전상인의 위계는 대부분 시전이 동일하였지만, 각종 임원은 시전에 따라 다양했다.

　대방의 최고 직임은 나이가 많고 덕이 높은 자로 영구직인 영위가 있으며, 그 아래에 나이가 많고 사무를 잘 아는 자로 대행수大行首를 임명하였다.25) 실질적으로 시전 도중을 대표하고 책임지는 자는 바로 대행수로서, 임기는 대체로 2개월이었고, 시전에 따라 6개월이나 3개월인 경우도 있었다. 대행수 밑에는 대행수와 임기를 같이하는 상공원上公員, 하공원下公員이 있어서 도중의 사무를 담당하였다. 이들 대행수와 상공원, 하공원을 시전의 삼소임三所任이라고 불렀다.26) 이러한 임원에는 신분이 미천한 자는 임명될 수 없었다.27) 대방은 이들 삼소임과 함께, 직임을 맡지 않은 선생·오좌·십좌로 구성되었다.

　한편 비방은 시행수, 행수와 상임上任, 하임下任, 사환수두使喚首頭, 군중으로 구성되었다. 시행수의 임기는 영구직이었지만, 행수 이하의 직임은 삼소임의 임기와 마찬가지로 보통 2개월에서 6개

---

24) 〈六矣廛都家規則與任員〉,《商業に關する調査書》
25) 〈六矣廛都家規則與任員〉,《商業に關する調査書》"領位 以年高德邪者 擇任 永久存任 大行首 以年高知事者 擇任 每年 二次 或四次 改差"
26) 〈六矣廛都家規則與任員〉,《商業に關する調査書》
27) 《紙廛立議》"本房所任 差出之時 卑賤人 切勿擬望事"

월이었다. 군중은 시전상인의 최하층으로서, 임원을 맡지 않은 일
반 도원을 일컬으며, 청년점원이라고도 불렸다.28)

　이와 같은 일반적 구성을 갖는 도중 조직을 입전에서 구체적으
로 살펴보기로 하자.《입전입의》에 기록된 좌목에는 입전의 직임
으로 대행수, 도영위都領位, 차지영좌次知領座, 별임영좌別任領座, 도
행수都行首, 오좌, 의임矣任, 실임實任, 서기書記, 서사書寫 등이 기록
되어 있다. 대행수는 입전의 최고 우두머리이다. 도중 안에서 발
생하는 모든 문제에 대한 최종 결정권을 지닌 자로서, 모든 명령
과 상벌을 결정하였고, 시전 내부의 기강확립과 재화의 관리에 대
한 최종적 책임을 지고 있었다.29) 대행수는 선출직으로 임기는 2
개월이었다. 1845년 이전에는 연임이 가능했지만, 1845년 이후에
는 맡은 일이 고되다는 이유로 연임을 불허하고 대행수직을 그만
둔 지 10개월 이후에야 다시 대행수직에 취임할 수 있도록 했
다.30) 대행수의 선출은 호상도행수護喪都行首와 담당 유사有司가
오좌나 십좌 가운데 적당한 10명을 천거하면 이들 가운데 도원들
의 권점圈點을 가장 많이 받은 후보가 선출되었다. 그리고 선거과
정의 공정성 확보를 위해 추천된 후보의 친척들은 투표에서 배제
하였고, 자천自薦하거나 개인적인 정리情理에 따라 투표한 자에 대
해서도 처벌하였다.31)

---

28)《立廛完議疑義解釋》"軍中 非任員之一般廛員 謂之軍中 或云靑年廛員也"

29)《立廛立議》

30)《立廛立議》"大行首 乃廳中最苦之任也 一年再任 殊甚偏苦 今後乙良 十朔內 切勿擬望
爲齊"

31)《立廛立議》"大行首差出時 護喪都行首與矣有司 眼同五·十座中可合十員擬望 自下至
上 捧圈點 以書多爲任後 限二朔遞任爲乎矣 循私與勤點者 及厚殼之人 自媒參望 又勤
其點 汚穢尊風者 看出誤點者 並以衆人子施行 現露則高下勿論 罰三盆事 都行首有故不
參 則 時存領座代爲 而參望人員一族 並不許圈點事"

도영좌都領座〔또는 도영위都領位〕32)는 도중 전체의 우두머리로서, 대행수 이하의 임원을 거친 자이면서 나이가 많고 덕을 겸비한 자 가운데 선임하였다. 임기는 종신직이었고, 도중의 고문역을 담당하였다.33) 차지영좌는 영위 가운데 직접적인 사무를 책임지는 영위였고,34) 별임영위는 60세 이상으로 임원직을 맡지 않은 영위였다.35)

상·하 공원을 입전에서는 의임이라고 불렀다.36) 이들은 도중의 실무를 주관하는 사람으로서, 상공원은 도중의 사무를, 하공원은 도중의 회계를 담당하였다. 이들의 선임은 대행수가 오좌나 십좌 가운데 후보자 3명을 추천하고, 여기서 도원들의 동의를 가장 많이 얻은 자를 임명하였다.37)

서기는 오좌나 십좌, 군중을 가리지 않고 글 잘하는 자를 선임하였다. 오좌나 십좌이면서 서기가 된 경우는 칠십영좌의 예에 따라 예우하였으며, 군중이 서기가 된 경우는 시행수나 사환을 가리지 않고 바로 십좌로 승진시킨 뒤에 승차례陞差禮를 받지 않고 도가에서 비정備呈만을 받으며 육십영좌六十領座의 예에 따라 예우하였다.38)

서기를 보좌하는 서역書役(또는 서사)은 두 사람을 선임하며, 이들의 임기는 고정된 것이 아니라 수시로 교체하였다. 서역 아래의

---

32) 영좌領座는 영위와 같은 뜻이다.《입전입의》에는 "都領座, 別任領位"라고 기록되어 있지만,《입전좌목立廛座目》에는 "都領位, 別任領座"로 기록되어 있다.

33) 黑正嚴, 앞의 논문(주 1) 참조.

34)《立廛完議疑義解釋》"次知領座 有責任之領座也 領位雖多 皆虛位 而次知領位幹事"

35)《立廛完議疑義解釋》

36)《立廛完議疑義解釋》

37) 黑正嚴, 앞의 논문(주 1) 참조.

38)《立廛立議》

3. 시전 도중의 조직과 운영 245

사환 등과 같은 최하 실무직도 서역과 마찬가지로 수시로 교체하
였다. 지전의 경우 사환은 2일, 색장色掌은 5일, 시행수 색장은 10
일마다 돌아가면서 맡도록 규정하고 있다. 이처럼 하급실무를 담
당한 도원들에게는 각종 요역을 면제하는 특전이 있었다.[39]

한편 지전의 좌목에는 수석首席, 본방本房, 수좌首座, 상임, 하임,
상소임上所任, 하소임下所任, 선생, 조사曹司가 기록되어 있는데, 입
전에 견주어 간단한 편이다. 그러나 이들 직위를 입전과 비교해
보면, 수석은 입전의 대행수, 본방은 입전의 도영좌, 수좌는 입전
의 도행수와 비슷한 업무를 담당한 것으로 추정된다. 그 아래 실
무진들이 담당하는 업무도 입전의 실무진과 크게 다를 바가 없었
을 것이다. 다만 지전에서는 동성 육촌同姓 六寸, 이성 사촌異姓 四
寸 내의 친척들은 삼소임에 함께 임명될 수 없도록 하는 상피相避
규정을 두고 있다.[40]

포전 도중의 임원도 입전과 비슷하여 도영위, 대행수, 상공원과
하공원의 4명이 있었다. 포전의 대행수와 상하공원의 임기는 2개
월이며, 임원은 재임 중에 특별한 복장을 하고 도포道袍를 입었다.
이들 임원들은 보수가 없는 명예직으로서, 복장대服裝代로 10냥을
받았을 뿐이다.[41]

이처럼 도중의 임원은 조합원이 모두 참여하는 투표를 거쳐 선
임되었다. 도중의 임원 가운데서도 핵심적인 임원은 삼소임으로
서, 이들에게는 별도의 보수가 지급되지는 않았지만 분세分稅를
면제받는 특전이 주어졌다.[42] 그뿐만 아니라 이들이 만약 시전의

---

39) 《立廛立議》

40) 《紙廛立議》, "三所任相避 限同姓六寸異姓四寸"

41) 黑正巖, 앞의 논문(주 1) 참조.

42) 《立廛立議》, "大行首四所任分稅段 勿捧爲齊"

이익을 옹호하다가 형조나 한성부로부터 처벌을 받을 경우에는
시전 도중이 보상을 하였다.43)

2) 도중의 운영

시전 도중은 질서를 유지하려고 엄격한 상벌규정을 마련하여
운영하였으며, 중요한 문제를 논의하고 결정하고자 정기회와 임시
회를 개최하였다. 도중에서는 국역의무를 수행하는 임무도 수행하
였고, 그밖에 동업조합으로서 공동의 번영을 기원하려는 치성致誠
활동, 도원의 경조사에 대한 상호부조활동도 담당하였다.

(1) 상벌규정

시전 도중은 스스로 지켜야 할 입의立議나 완의完議와 같은 규약
을 만들어 이를 지키지 않은 자들을 처벌함으로써 조합의 규율과
질서를 유지하고자 했다. 그뿐만 아니라 시전에 부과된 각종 역을
수행하는 과정에서 정부관서로부터 죄를 입은 경우나 또는 시전
에 부과된 의무를 매우 잘 수행했을 때는 상첩도 수여했는데, 도
중에서 개인 조합원의 노고를 금전적으로 보상하는 성격이 강한
것이었다. 요컨대 시전 도중의 질서는 금전적인 보상이나 벌금으
로 유지되었던 것이다. 이와 같은 상벌규정도 시전에 따라 달랐는
데, 처벌규정을 각 시전별로 보면 다음 〈표 5〉, 〈표 6〉, 〈표 7〉과
같다.

---

43) 《立廛立議》 "三所任 以本廛事 或致受罪 則依刑·漢例論賞 而願以子·壻代賞 則許施爲
於"

〈표 5〉입전의 처벌규정

처벌명	벌금	처벌행위
맹문시행 盟文施行		분세거납자에 대한 처벌규정을 제대로 집행하지 않은 의임矣任. 대행수에게 불경한 자. 도가를 사사로이 열고 닫는 자.
기인자시행 其人子施行		선생이 천인과 혼인하여 낳은 사람의 가입을 허락한 의임.
중인자시행 衆人子施行		대행수 차출 때 개인적인 부탁을 받고 투표한 자. 대행수 차출 때 후보가 표를 구걸하거나 후보 본인이 자신에게 투표한 자.
모모등물시행 某某等物施行		도가접주인都家接主人이 도가의 훼손 때 곧바로 수리하지 않았을 경우.
벌일분罰一盆	5냥	분세를 납부하지 않은 도원의 좌우에 이웃한 방房과 해당 방房의 수두소임首頭所任.
벌이분罰二盆	10냥	대행수에 뽑힌 뒤에 취임하지 않는 자. 대방의 월말문서 작성 때 회계를 규정대로 집행하지 않은 의임.
벌삼분罰三盆	15냥	대행수 차출 때 개인적인 부탁을 받고 투표한 자 대행수 차출 때 후보가 표를 구걸하거나 자신에게 투표한 자 도가의 훼손 때 곧바로 수리하지 않은 도가정주인을 곧바로 출가出家시켜 모모등물시행의 처벌을 하지 않은 의임. 분세를 납부하지 않고 행패를 부리는 동관.
벌오분罰五盆	25냥	분세를 납부하지 않은 당사자.

〈표 6〉도자전의 처벌규정과 처벌내용

처벌명	벌금	직무정지기간	해당행위
물례勿禮	4냥	당일	회좌시會座時에 강소綱所가 자리에 앉은 뒤에 참석하지 않은 자.
상벌上罰	6냥	3일	방세房貰와 분전分錢을 3일 안에 납부하지 않은 동관. 새로 천거된 소임所任이 무단으로 염피厭避한 자.
손도損徒	10냥	5일	회람해야 하는 문서[회문回文]을 회람시키지 않은 자.
삭명손도 削名損徒	20냥	10일	소임 앞에서 언어불공言語不恭할 경우. 회문을 잃어버린 자. 소임의 인수인계를 3일 안에 수행하지 못한 경우.

| 영출永黜 | 30냥 | 20일 | 소임을 아무런 이유 없이 회피하는 경우.
좌상座上이 처벌되어 영업이 정지된 도원을 사사로이 처벌을 해제하여 다시 가입시킬 경우.
소임 앞에서 취언능욕醉言凌辱할 경우.
소임을 인수인계할 때 금전과 물품을 누락시킨 자.
분전分錢을 내지 않은 자. |
| 영물永勿 | 50냥 | 30일 | 매년 봄·가을로 나누어 내는 3냥씩의 재전齋錢을 내지 않은 자.
대행수나 영반좌상領班座上 앞에서 언어불공한 자.
술을 마시고 능욕凌辱할 경우. |

〈표 7〉 지전의 처벌규정

처벌명	처벌내용
손도	회좌시會座時에 윗사람에게 불경하거나, 사사로이 잡답하는 자. 시행수와 이목선생耳目先生이 대소회좌시大小會座時와 방구좌시房俱座時에 단의單衣로 참석하는 자. 사환군중使喚軍中이 이목선생전에 실례失禮할 때. 범군凡軍과 오조五曹 사서역司書役 수행 때 행역하다가 사환을 개차改差한 자. 시급한 군역을 조사曹司가 거역할 경우. 전중廛中의 조비지물措備之物을 이용한 자가 이자(3푼 이자율)와 본전을 내지 않았을 경우. 회좌시會座時에 오조 사서역이 불근不勤할 경우. 회문이 유체留滯될 경우 해당 의임을 손도로 처벌. 자신보다 윗사람에게 날마다 예배를 드리지 않은 자.
중점벌 中點罰	임시회의 개최 때 불참자나 지각한 자.
일벌一罰	회의 때 소란을 피운 자. 참석하지 않은 자. 범군 및 오조 사서역 수행 때 사환을 개차한 자. 상하이목上下耳目이 공회公會 때에 교체되지 않았는데도 자리를 비워 출입한 자.
별벌別罰	임원 교체 뒤 문서를 3일 안에 인수인계하지 못한 신구등新舊等 이목耳目. 제료諸僚 가운데 삼강전三綱前에서 실례한 자. 범군역시凡軍役時에 공물을 횡령한 자가 군수軍首 삼좌三座. 범군과 오조 사서역 식상食床 거역한 자. 시급한 군역을 전기지인廛基之人이 거역할 경우. 염피벌厭避罰을 저지른 삼강三綱을 눈 감아 준 이목. 전중廛中의 조비지물을 이용한 자가 이자와 본전을 기한 안에 내지 않았을 경우.
전재투식벌 廛財偷食罰	군역 때 공물을 자신이 차지한 자.
염피벌 厭避罰	삼강중 외방이라고 칭하여 경체徑遞했는데, 다시 10일 안에 출입지원이 있을 경우.

10냥벌	임기(60일)를 넘겨서 업무를 보는 검거檢擧.
20냥벌	시임능욕자時任凌辱者. 색장色掌 별차지別次知 차비差備 거역拒逆과 전재錢財투식. 방중房中을 탁란濁亂시켜 좌상을 능욕한 자. 여사군舉士軍과 인산시因山時 통수通首를 거역한 자. 임기(60일)를 넘겨서 업무를 보는 유사.

〈표 5〉에서 보듯이 입전의 처벌규정은 크게 맹문시행형盟文施行刑과 벌금형인 벌분형罰盆刑으로 구분된다. 맹문시행의 처벌은 기인자시행其人子施行, 중인자시행衆人子施行, 모모등물시행某某等物施行으로 나뉘는데, 기인자는 남의 자식, 중인자는 부모 모르는 자식, 모모등물은 개새끼, 말새끼의 뜻으로 규약을 위반한 자들에게 도덕적 수모를 안겨줌으로써 처벌하는 조항이다. 한편 벌분은 1분盆에서 5분盆까지 구분하여 5냥에서 25냥의 벌금형을 부과하였다. 맹문시행형과 벌분형은 동시에 부과되는 경우가 많았다.

〈표 6〉 도자전의 처벌조항은 입전과 달리 맹문시행의 처벌은 없고 직무정지기간과 동시에 벌금형으로 구성되었다. 처벌의 명칭과 벌금액수, 직무정지 기간이 명시된 벌안罰案을 따로 두고 있어서 처벌의 경중을 한눈에 알 수 있게 해 준다.

〈표 7〉에서 보이는 지전의 처벌규정 가운데 손도벌損徒罰은 일시적으로 해당자를 도원명부에서 제외하여 직무를 정지하는 처벌로 이해된다. 이보다 더 큰 처벌은 삭명손도削名損徒라 하여 도원명부에서 아예 이름을 제적하여 직무를 정지하는 처벌이었다. 그밖에 별벌, 일벌, 염피벌, 중점벌 등에 대해서는 벌금의 부과여부는 명확하지 않지만, 도자전의 사례에서 미루어 보면 벌금형이 병과되었던 것으로 추측된다. 지전에서는 20냥벌에 해당하는 다섯 가지의 죄목을 오관사五關事라 하여 중범죄로 다루었는데, 이러한 범죄가 발생했을 경우에는 반드시 대방에 보고하여 처벌등급을

결정하였다.

이와 같은 시전 도중의 처벌규정을 보면 대부분 도덕적 규범을 어기거나 회의불참자, 업무인수인계에서 실수, 방세房稅·분세나 재전齋錢 등 도중에 납부해야 할 의무를 어긴 자들에 대한 처벌이 주를 이루고 있다. 또 대부분의 처벌이 벌금형의 성격을 지님으로써 경제적 이익을 도모하는 이익집단으로서 시전 도중의 면모를 잘 드러내고 있다.

한편 도원에게 부과된 임무를 잘 수행하거나 어려운 물품의 구입에 공이 큰 자들에 대해서는 상첩을 발급하여 보상하고 있다. 면주전의 문서 《각항상안各項賞案》에 나타난 사례를 보면, 면주전에 부과된 각종 역을 수행하는 과정에서 정부관서로부터 죄를 입어 처벌을 받은 경우, 또는 도가의 건축에 공이 큰 사람이나 면주전에서 얻기 어려운 백토주白吐紬를 구입하여 면주전 도중에 납부한 자 등에 대해서 금전적으로 보상하고 있다. 보상액수는 2냥에서 20냥 안팎이었고, 이 상금은 직접 현금으로 지불되기보다는 상첩을 받은 뒤 본인이나 자서제질子壻弟姪 가운데 시행수·십좌 등으로 승진할 때 내야 하는 예전을 감해 주는 조치 등으로 보상되거나, 신판래인의 추천에도 효력을 지녔다. 상첩은 첨위공론僉位公論이라는 도중 주요 간부들의 동의를 얻어 내려졌으며, 일부는 상첩을 부여하는 규약인 입장立章에 근거하여 내려주기도 했다.[44]

(2) 도중의 회의

도중의 회의는 정기회와 임시회로 구분되며, 정기회는 월례회와 주요 직임을 교체하는 체임대회遞任大會가 있었다. 포전의 경우 해

---

44) 《乙丑 正月 日 各項賞案》(河合弘民文庫 소장자료).

마다 정월 4일 모든 도원이 도가에 모여 회의를 열었고,[45] 지전의
경우 재산상의 중대문제가 일어났을 때 임시회의를 열어 의결했
다.[46] 도자전의 경우에는 매달 초4일 월례회를 열었고, 체임대회
는 매년 정월과 7월 두 차례 열었다. 체임대회에는 모든 성원이
의무적으로 참여해야 했다. 참석하지 않은 자에게는 벌금을 부과
했는데, 사정이 있는 자에게는 1냥, 무단불참자에게는 2냥의 벌금
을 부과했다.[47] 입전과 지전의 경우 삼소임의 임기가 2개월이었기
때문에 직임을 교체하기 위한 정기회가 2개월에 한 번은 열렸던
것으로 보인다. 정기회에서 논의되는 사항은 신입 도원에 대한 동
의여부, 입의의 수정이나 연중행사의 결정, 회계보고 등이었다.

(3) 치성과 상호부조

도중은 동업조합의 성격을 지녔기 때문에, 시전 도중의 공동번
영과 안녕을 위해 여러 곳에 치성을 드리는 행사도 주관했다. 입
전의 경우 남대문 밖의 남관왕묘南關王廟에 매년 10월 초순에 치성
을 드렸으며, 보정불普靜佛과 산신, 그리고 각 곳의 부군당府君堂에
도 제사를 지냈다.[48] 백목전의 경우는 동대문 밖의 동관왕묘에 치
성을 드린 것으로 보인다.[49] 이처럼 시전상인들이 관왕묘에 치성
을 드리는 것은 무신武神인 관우關羽가 재신財神의 성격도 지녔기

45) 黑正巖, 앞의 논문(주 1) 참조.
46) 《紙廛立議》"或有急急時會座之事是去等 下任與色掌眼同 搜其各房諸員 某某記姓 以
  來然後 某員中若晩時入來 會座畢後 一打點區別爲乎矣"
47) 《刀子廛完議》
48) 《立廛立議》
49) 오늘날 남아 있는 동관왕묘의 뜰에는 백목전에서 기증한 석등이 남아 있다. 이로 미
  루어 보건대, 육의전의 수전首廛인 입전은 남관왕묘에, 두 번째 시전인 백목전은 동관
  왕묘에 대한 치성을 주관하였던 것으로 이해된다.

때문이었다.

동업조합의 기본적 기능은 상호 간의 상호부조를 통해 공동의 이익을 도모하는 것이기 때문에 상호부조기능은 도중을 운영하는 데 매우 중요한 요소였다. 그러므로 각 시전의 입의와 완의에는 도원의 경조사 때, 각 경우에 따라 얼마의 부조를 할 것인지를 매우 상세히 기록하고 있다.

3) 도중의 재정

도중은 자체적인 재정을 마련하여 이를 바탕으로 각종 국역을 부담하거나, 또는 도중 내부의 상호부조, 치성 기타 다양한 행사의 비용으로 충당하였다. 시전 도중의 수입은 도원들이 도중에 가입하거나 승진 때 납부하는 예전과 벌금, 방세, 분세, 그리고 자금을 도원에게 대여하여 받는 이자 등 다섯 부분으로 구성되었지만, 주된 부분은 방세와 분세였다.[50]

예전과 벌금은 앞서 보았듯이 시전에 따라 차등이 있었고, 그 수입규모는 일정치 않았다.

방세는 방에 소속된 시전상인 개개인에게 징수한 일종의 전방 사용료였다. 후술하듯이 시전상인들이 영업하는 시전행랑은 크게 칸間으로 구분되었고, 각 칸은 다시 10개 안팎의 방으로 나뉘었다. 시전상인들은 모두 방에 소속되어 영업을 하고 있었다. 방세는 봄·가을 2회로 나누어 걷는 것이 일반적이었지만, 일부 시전에서는 월세로 걷는 경우도 있었다.[51] 포전에서는 6개월에 2냥 5전,[52]

---

50) 信夫淳平,《韓半島》, 54쪽에서는 도중의 가입비인 면허료 곧 감찰료鑑札料와 각전이 판매하는 화물 또는 그 대가에 대하여 부과하는 분세가 도중의 공유자금이 된다고 서술하고 있다.
51) 방세는 〈都家事例〉,《商業に關する調査書》에서는 달마다 내는 월연금月捐金이라고 표

면주전은 6개월에 2냥~2냥 5전을 방세로 징수했다.[53]

면주전의 각종 규례를 자세히 기록한 국립중앙도서관 소장의 《등록謄錄》에 의하면, 면주전의 방은 대신방大新房, 제1방, 제2방, 제3방, 후1방, 후2방으로 구성되었다. 이들 방에 대한 수세는 매년 6월과 12월 두 차례에 걸쳐 나누어 징수했다. 대신방에는 21개의 방이 있었는데, 매방마다 동전 4냥씩을 거두어 1년 납부액은 모두 84냥이었다. 제1방, 제2방, 제3방에는 각각 10개의 방이 있었는데, 매방마다 1년에 동전 5냥씩 거두었다. 제1방에서 1년에 내는 방세는 50냥이었다. 12방으로 구성된 후1방과 4개의 방으로 구성된 후2방에서는 1년에 각각 60냥과 20냥을 방세로 납부하였다.[54] 19세기 후반 상황을 기록한 《면주전방세책》에 따르면 면주전의 수주계水紬契 일소一所의 6개월 방세수입규모는 70냥에서 100냥 안팎이었다.[55] 방세수입은 해마다 달랐는데, 이는 방의 구성원이 시기에 따라 증감이 있었기 때문이다.

분세는 판매를 담당하는 도원뿐만 아니라 도원들에게 물건을 공급하는 개성상인, 평양상인, 의주상인이나 객주들에게도 부과하였다. 상품판매량에 따라 도원들에게 걷는 분세는 영업세의 성격이었으나, 개성상인 등 상품을 공급하는 자들에게는 유통세와 비슷한 성격을 지닌 것이었다. 분세의 양은 물종에 따라 달랐다. 예컨대 입전의 경우는 원래 도원들에게는 판매하는 상품 가운데 엽

현되고 있다. 이 자료에서는 도원 매 사람이 한 달에 5전에서 7~8전을 도중에 납부했다고 하는데, 전체적인 액수가 방세와 대략 비슷하다.

52) 黑正嚴, 앞의 논문(주 1) 참조.
53) 《綿紬廛房稅冊》(河合弘民文庫 소장자료).
54) 이 책의 제5장 주 70 참조.
55) 위와 같음.

단엽緞은 매필 3분, 통단桶緞은 매필 1전 5분씩을 걷고, 객주와 의주상인들에게는 통단 매필당 5전씩, 엽단 매필당 1전 5분씩을 징수했다. 객주와 의주상인들에게 도원들보다 3~5배에 달하는 무거운 분세를 거둔 것은 객주와 의주상인들은 서울 시내에서 이런 물종을 판매할 수 있는 영업권이 없었기 때문이다. 만약 객주나 의주상인들이 분세 납부를 거부할 경우에는 입전에서는 이들을 난전율로 처벌하고 있다. 분세를 납부하지 않은 도원들도 처벌했다.

입전의 분세 징수규정은 1870년에 개정되었다. 도원과 개성상인, 역관, 의주상인, 평양상인들에게 척화隻貨는 매태每駄 10냥, 입단立緞은 매필 3분씩 수세하였으며, 엽단은 매필 9분, 통단은 매필 3전씩 징수했다. 분세가 증액된 이유는 엽단과 통단의 유통량이 전에 비해 10분의 1로 감소한 반면, 가격은 3배나 뛰어 종량세로 징수하던 분세수입이 줄었기 때문이다. 또한 이때부터 도원들이 다른 상인들로부터 상품을 구매할 때에도 분세가 부과되었다. 구매상품에 대한 분세징수는 판매할 때와는 달리 구입가격 1냥당 2분씩 징수하였다. 이처럼 종전과 달리 도원들이 물건을 구매할 때에도 분세를 징수하였다는 것은 19세기 후반에 이르러 시전 도중이 개별 도원들의 상업행위에 대한 통제가 강화되었음을 반영하는 것이다. 분세를 납부하지 않은 도원에 대한 처벌도 바뀌었는데, 1870년 이전에는 1년 동안 판신래인으로 강등한 뒤 삼분벌三盆罰을 부과했지만, 1870년부터는 오분벌五盆罰로 강화되었다.

징수된 분세는 도중의 운영경비로 사용되었다. 객주와 의주상인에게 걷는 분세 가운데 절반은 대방에서 사용하였고, 나머지 절반은 좌상座上의 음식접대에 사용하였다. 도원들이 물건을 구매할 때 내는 분세의 20퍼센트는 좌상의 음식접대에, 80퍼센트는 대방에 귀속되었다.56)

한편 포전에서도 분세를 구전口錢이라고 하여 판매금액의 1
퍼센트를 5일에 한 번씩 징수하였다.57)

시전 도중에서는 예전·벌금·방세·분세 수입을 바탕으로 조성된
자금을 도원들에게 대여하여 이자를 받음으로써 자금을 늘려갔
다.58) 면주전에서 각종비용을 지출한 내용을 5일마다 기록한《면
주전상하책綿紬廛上下冊》59)을 살펴보면, 처음에는 380냥의 자금으
로 76명 도원에게 월 5퍼센트의 이자율로 대여하여 1년 이자 228
냥을 받았고, 이자를 합한 금액 608냥을 다시 대출하여 모두 995
냥 6전을 조성하고 있다. 이러한 이식利殖활동은 전체 도중 차원은
물론 개별 계 단위에서도 운영되었다.《수주이소전장등록水紬二所
傳掌謄錄》60)에는 면주전 산하의 수주이소에서 운영한 자금현황이
기록되어 있다. 예컨대 1864년 5월 15일《수주이소전장건기水紬二
所傳掌件記》를 보면, 수주이소의 운영자금 1,842냥 3전 8분 가운데
15냥 6전 5분을 장완길張完吉에게 무이자로 대출하고, 나머지
1,826냥 6전 8분을 6개월 동안 대여하여 이자로 109냥 6전을 받고
있다. 이 경우 이자율은 6개월에 6퍼센트로서, 월 1퍼센트의 이자
율로 대출하고 있다. 또한 면주전 산하의 조비계措備契에서도 독자

---

56)《立廛完議文書》

57) 黑正巖, 앞의 논문(주 1) 참조

58)〈都家事例〉,《商業に關する調査書》"本 都中 人員이 各出股金ᄒ야 合株殖利 以補
經費"

59)《면주전상하책》(河合弘民文庫 소장자료)은 1878년 정월 1일부터 그해 말까지 1년분의 기
록으로서, 면주전의 상품거래를 기록한 것이 아니라 조합자금의 운영에 대한 기록이다.

60)《수주이소전장등록水紬二所傳掌謄錄》(아세아문화사 영인본)은 주로 수주이소에서 운영한
총자금 현황을 6개월에 한 번씩 기록한 문서이다. 여기에는 수주이소에서 수주이소에
소속된 상인들에게 대출한 돈과 이자, 그리고 보용소補用所에서 수리비용으로 지출한
돈, 수주이소에 새로 가입한 사람에게 거둔 입참례전의 수납, 각종 부의금, 치위금致慰
金 등의 지출관계 등도 기록되어 있다.

적으로 자금을 운영하고 있는데, 이를 기록한 장부가《조비계전장
등록措備契傳掌謄錄》으로 남아 있다.[61]

앞에서 보듯이 면주전의 경우 면주전 전체 도중과 각 계 단위
로 다양한 자금을 대여하여 이자를 받아서 도중을 운영하고 있
었다. 이자율은 면주전 도중의 경우 월 5퍼센트였고, 수주이소의
경우 월 1퍼센트로 매우 낮았던 것으로 나타난다. 아마도 면주전
도중 차원의 대출은 공식적인 성격의 대출이어서 당시 일반적
이자율이 적용되었던 것으로 보이며, 수주이소나 조비계는 구성
원들은 친족 등 혈연관계로 맺어졌기 때문에 이자율이 면주전
도소에 견주어 훨씬 낮았고, 나아가 무이자 대출관행도 많았던
것으로 보인다.

도중의 경비지출은 도중의 운영경비, 부조비용, 국가에 대한 의
무부담, 요역, 기타 각종 행사나 예물 등에 지출하였다. 수지잉여
금을 어떻게 사용했는지 명확하지 않지만, 일부 자료에서는 잉여
금은 집회 때 음식비용으로 소비한 것으로 나타난다.[62] 포전의 경
우는 건물의 수선비, 경조금, 잡비, 도가의 경비와 집회의 비용, 각
종 국역부담금으로 지출되었다.[63]

이상에서 도중의 재정운영상황을 살펴보았지만, 시전 도중이 활
용하는 전체 재정 규모를 파악할 만한 자료는 현재 남아 있지 않
다. 단편적으로 남아있는 면주전 회계장부를 통해 면주전 도중의
전체 재정 규모를 짐작해 보면,《면주전일용책綿紬塵日用冊》에는 1

---

61)《조비계전장등록措備契傳掌謄錄》은 면주전 도중에서 도원들에게 대여한 금액과 이자
등을 기록한 책이다.
62)〈六矣塵都家規則與任員〉,《商業に關する調査書》
63) 黑正巖, 앞의 논문(주 1) 참조. 한편 信夫淳平은 육의전에서는 국역부담 외에도 평시
서 제조가 사용하는 공비公費로 봄·가을 2회에 얼마씩 나누어 상납하는 관습이 있다고
말하고 있다(信夫淳平,《韓半島》, 東京堂書店, 1901, 54쪽).

천 냥 안팎, 수주 2소 2천 냥, 조비계 2천 냥 정도의 자금을 운영하
고 있었다. 면주전에는 이밖에도 수주 1소, 토주계가 있었으므로,
이들 각 단위의 자금운영규모를 2천 냥 정도로 추정한다면 대체적
으로 면주전 도중이 1년 동안 활용하는 재원은 대략 1만 냥 규모
로 추정될 수 있다. 이 자금은 시전상인의 상업자본이 아니라 동업
조합인 도중에서 운영하는 조합비의 성격을 갖는 것이다.

　이러한 자금은 도중의 공유재산이었기 때문에 도원들이 공동으
로 관리하였다. 만약 도원이 도중을 탈퇴한다고 해도 도중의 재산
에 대한 청구권을 행사할 권리는 소유하지 않았으며, 도중의 부채
에 대해서도 어떠한 책임도 지지 않았다.[64] 다만 개별적으로 도원
이 도중에 대해 부채를 진 경우에는 이를 갚아야 할 의무는 있었다.

4. 시전의 영업구조

1) 도가와 시전행랑

　도중의 사무실인 도가와 직접 매매행위가 이루어졌던 시전행랑
이 시전의 주요 건물이었다. 도소라고도 불리는 도가는 시전 도중
의 본부로서 도중의 사무실이면서 각종 회의가 열리는 장소였고,
부속건물로 창고도 있었다. 오늘날 서울 시전도가의 전체적인 모
습을 알려 주는 자료는 거의 없다. 다만 일제 초기 조선총독부에
서 개성의 시전도가를 조사한 다음과 같은 자료가 남아 있으므로,
이를 통해 서울 시전도가의 모습을 짐작할 수 있다.

---

64) 《民事慣習回答彙集》[조선총독부 중추원 편, 1933(昭和 8), 京城], 〈都中除名者の持分に關
　　する件(大正 六年)〉 5월 8일.

건축양식은 장방형의 건물로서 가운데는 넓은 정원으로
둘러싸여 있고 마당의 중앙에 사무실에 적합한 1동을 세워
사무를 본다. 정면을 입구 문으로 하고, 문의 좌우 및 다른
3방향은 낭하로 연결되며, 의자가 있는 간구間口 1칸에서 2칸
단위로 작은 방이 있다. …… 건물의 대소에 따라 방수의 차
이가 있지만, 청포전계의 부속도가는 28방이며, 그 가운데 24
방이 창고로 사용된다.65)

여기서 보듯이 개성의 시전 도가는 사무실과 창고 건물로 구
성되었고, 창고는 한 칸 단위로 상품을 보관하였음도 알 수 있
다. 개성의 청포전 부속도가는 28방이었고, 이 가운데 24방이 창
고로 활용되고 있었다. 이러한 개성의 시전도가의 구조는 서울의
시전도가와 크게 다르지 않았을 것이다. 다만 규모에서는 서울의
시전도가가 훨씬 컸다. 예컨대 1864년(고종 1) 화재로 탄 면주전
은 도가 50칸과 좌시수직방坐市守直房 40칸을 합하여 모두 90여
칸 규모였다.66)

서울의 시전도가의 모습을 알려주는 단편적인 자료들을 통해
서울 시전도가의 구체적인 모습을 살펴보도록 하자. 포전 도가는
65평 규모의 1층 목조기와집으로 '포전도가布廛都家'라는 간판을
달았다.67) 모리스 꾸랑은 "광통교 근처에 중요한 상인조합의 본거
지인 대여섯 채의 2층 집이 있다."라고 얘기하고 있다.68) 이로 미
루어 볼 때, 주요 시전의 도가건물은 2층이었던 것으로 보인다. 도

---

65) 善生永助,〈廛契·博物契〉,《朝鮮人の商業》, 朝鮮總督府, 1925, 20~27쪽.

66)《日省錄》고종 1년 12월 26일.

67) 黑正巖, 앞의 논문(주 1) 참조.

68) 모리스 꾸랑 저, 이희재 번역,《韓國書誌-수정번역판》, 일조각, 1994, 3쪽.

가는 상품의 보관창고기능도 겸했으므로, 입전에서는 도가접주인
都家接主人을 두어 지키게 하였고, 도난당한 물건이 발생했을 때는
도가접주인이 배상책임을 졌다.[69] 입전과 달리 포전에서는 도가
의 수직인을 따로 두지 않고 밤에 도원들이 돌아가면서 숙직하면
서 도가를 관리하였다.[70]

시전상인들이 장사하는 장소는 전廛, 공랑公廊, 행랑이라고도 불
리는 건축물로서, 조선초기 한양으로 천도한 이후 국가에 의해 종
로 일대에 2천여 칸 규모로 건설되었다. 그러나 조선초기에 세워
진 시전행랑 건물이 조선후기까지 그대로 유지되었던 것은 아니
었다. 중간에 화재로 소실되거나 건물이 낡아 신축하는 경우가 많
았다. 신축할 경우에는 민간에서 자본을 조달하여 건축하였다. 부
민富民의 재력으로 건축된 시전행랑을 사용하는 시전상인들은 부
민에게 행랑의 사용료를 지불하였다.[71] 이처럼 정부 재정으로 시
전행랑을 건설하지 않았기 때문에 17세기 후반에는 공랑세公廊稅
도 사라졌던 것이다.[72]

시전행랑의 구조를 보면, 행랑건물은 2층 목조기와집으로 건설
되었고, 1층은 점포로, 2층은 상품을 보관하는 창고로 이용되었
다.[73] 그동안 시전행랑이나 시전건물은 모두 단층이라는 것이 통
설이었으나, 앞서의 모리스 꾸랑의 언급이나 다음 〈그림 2〉에서
보듯이 시전건물 가운데는 2층 건물도 존재했다.[74]

---

69) 《立廛立議》

70) 黑正巖, 앞의 논문(주 1) 참조.

71) 《備邊司謄錄》 영조 10년 5월 17일. "大抵廛家 非市人等自辦造作者也 在前則富民有財
   力者 出物營造 以爲收稅之地矣"

72) 《磻溪隨錄》 권1, 田制 上, 雜說. "大典雖有公廊定稅 而今則市賈公廊 皆無常稅"

73) 黑正巖, 앞의 논문(주 1) 참조.

74) 서울 도성 안의 민가가 대부분 단층이었다는 점을 감안한다면, 종로변에 늘어선 시전

〈그림 2〉 1907년 서울 시전 사진. 가마꾼 뒤편으로 포목전布木廛이 보이고, 오른편에 2층 시전건물이 보인다. ⓒ정성길(개인소장)

시전행랑의 규모는 어떠했을까. 시전행랑의 규모를 전체적으로 알려주는 자료는 현재까지 발견되지 않고 있다. 시전의 화재 때의 피해 사정을 알려주는 기록에서 시전의 규모를 부분적으로 추정할 수 있을 뿐이다.75) 이를 통해서 시전 규모를 살펴보면, 1771년 (영조 41) 화재로 소실된 의전衣廛의 행랑은 기와 16칸·초가 7칸

행랑이 모두 2층으로 지어졌다는 서술은 의심의 여지가 없지 않다. 〈그림 2〉의 1907년 사진에서도 2층 건물은 하나만 보이고 있고, 포전 간판을 단 건물은 단층이기 때문이다. 그러나 전통적인 한옥 건물의 구조를 볼 때 지붕과 처마는 단층구조를 지녔지만, 내부의 다락을 활용하여 건물을 2층으로 활용하는 것은 규모가 큰 한옥에서 일반적인 관행이었다.

75) 이하의 시전 규모에 대한 자료는 대부분 화재 발생 때의 피해규모를 보고한 자료에 근거한 것들이다. 그러므로 여기서 제시된 건물간수는 소실된 시전건물을 의미하며, 전체 시전건물의 규모를 의미하는 것은 아니다. 소실을 면한 건물이 있다고 가정하면, 여기서 제시되는 건물 칸수보다는 실제 시전규모는 훨씬 컸을 것이다.

모두 23칸 규모였으며, 면주전·면포전·망문상전 등 세 개의 시전
에 소속된 건물은 수백여 칸에 달하였다.[76) 또한 1840년(헌종 6)
화재 때 소실된 저포전 건물은 133칸, 진사전眞絲廛은 50칸, 상전
이 120칸, 입전의 경우는 본청만 50칸에 이르렀고,[77) 1844년(헌종
10) 화재로 소실된 면주전 행랑의 규모는 80여 칸에 달하였다.[78)
또한 화재기록을 살펴보면, 1841년 종루 서변계西邊契 면자전綿子
廛의 화재로 기와집 38칸,[79) 1844년 화재로 면주전 전방 80칸, 망
문 현방懸房 15칸,[80), 1853년 중부 서린방 상사동계에서 불이 나
서, 필상전筆床廛 도가 16칸,[81) 1863년 중부 장통방 종현계鐘懸契
의 마상전馬床廛 도가의 화재로 기와집 25칸,[82) 1864년 장통방 전
옥내계 면주전 화재로 기와집 90칸,[83) 1864년 중부 장통방 종현
계의 화재로 종각 22칸, 포전 310칸, 지전 128칸, 면자전 128칸,
동상전 210칸, 화피전 48칸,[84) 1869년 중부 장통방 종루동변계 마
상전의 화재로 기와집 25칸, 면자전 128칸, 지전 22칸, 포전 345
칸, 동상전 120칸, 종각 30칸, 도자전 32칸이 각각 소실되었다고
기록되고 있다.[85) 이로써 보면 육의전의 행랑규모는 적어도 100
칸 안팎이었고, 소소한 시전의 경우도 2~30여 칸 규모를 지녔던

---

76) 《備邊司謄錄》 영조 47년 4월 1일.

77) 《日省錄》 헌종 6년 11월 24일.

78) 《日省錄》 헌종 10년 11월 7일.

79) 《右捕盜廳謄錄》 2책, 辛丑 3월 9일, 2권 45쪽.

80) 《右捕盜廳謄錄》 4책, 甲辰 4월 25일, 4권 99쪽.

81) 《右捕盜廳謄錄》 10책, 癸丑 8월 9일, 10권 293쪽.

82) 《左捕盜廳謄錄》 12책, 癸亥 7월 22일, 3권 357쪽.

83) 《右捕盜廳謄錄》, 고종 1년 12월 19일. 20권 592쪽.

84) 《左捕廳謄錄》 12책, 甲子 고종 1년 1월 22일, 3권 360쪽.

85) 《左捕盜廳謄錄》 15책, 고종 6년 9월 4일, 3권 543쪽.

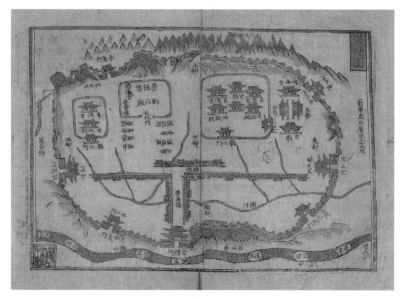

〈그림 3〉 존재 위백규 《환영지》의 한양도 ⓒ서울역사박물관

것으로 이해된다.

　시전의 행랑은 어떤 모습이었을까. 〈그림 3〉은 잘 알려진 존재存齋 위백규魏伯珪의 《환영지寰瀛誌》에 그려진 한양도이다. 이 그림의 중앙에는 시전행랑의 모습이 잘 표현되어 있다. 시전행랑은 운종가와 광통교를 중심으로 T자 형태로 배치되었으며, 행랑의 간가間架는 몇 칸마다 기와지붕을 올린 형태로 그려지고 있다. 하나의 시전은 한 칸 안에 다시 몇 개의 방으로 구분하여 영업하였다. 입전의 경우 1방에서 7방으로 구분되어 있었으며,86) 포전의 경우는 5방으로 구분되었고, 각 방은 10칸(약 10평)으로 나뉘었으며, 다시 각 칸을 10

---

86) 《立廛完議文書》廛約一班. "六矣廛市井(商人曰 市井) 社會的階級 與吏胥相出入 世稱上村人 世傳其業 各用房號 如立廛一房·二房乃至七房等 廛有都家 卽會議廛務 處理公事之所也"

분하여 도원은 그곳에서 영업하였다.[87] 〈그림 3〉에 나타난 기와지붕은 각 시전을 구분하는 것으로 보이며, 그 옆의 조그마한 구획들은 시전행랑의 간間을 표시한 것으로 보인다. 시전상인들은 이러한 간을 다시 몇 개의 방房으로 구획하여 영업하였다.

조선후기 행랑의 규모를 나타내는 데 사용된 칸[간間]은 우리가 흔히 알고 있는 개념으로, 건물의 기둥을 기준으로 건물 규모를 표현하는 개념이다. 그러나 조선초기 시전행랑의 칸은 이와는 다른 개념이었다. 17세기 후반 유형원은 시전행랑 1칸의 규모를 남북 6보步, 동서 10보로 규정하고 있다.[88] 이를 현대의 미터법으로 환산해 보면, 남북 7.2미터, 동서 12미터이다. 1칸의 면적은 86.4평방미터이며, 이를 평으로 계산하면 26평 정도로 계산된다.[89] 조선전기 행랑 1칸의 규모가 매우 넓었음을 이해할 수 있을 것이다. 이와 같이 시전행랑의 규모를 나타내는 칸의 개념이 달라진 것은, 시전행랑의 구조가 조선초기의 그야말로 행랑이라고 하는 가설적인 건물에서 조선후기 여러 차례에 걸쳐 개건되어 정식적인 건물로 전환되면서 나타난 현상이라고 이해된다.

2) 영업조직

시전은 상인들의 동업조합인 도중과 판매영업조직으로 크게 구분된다. 앞서 살폈듯이 도원은 도중의 규약을 준수하고 경비를 납부하는 의무를 지녔지만, 도원들의 영업행위는 도중에게 일일

---

87) 黑正巖, 앞의 논문(주 1) 참조.
88) 《磻溪隨錄》 권1, 田制 上. "凡公廊基 每南北六步 東西十步 爲一座 俗稱一間"
89) 길이를 재는 단위로서 보步의 크기는 주척으로 6척, 영조척으로 3척 8촌에 해당한다고 설명한다. 주척 1척은 약 0.2미터이므로 1보는 1.2미터로 계산된다(《華城城役儀軌》 卷首, 圖說. "用周尺六尺爲一步 營造尺則三尺八寸爲一步").

이 간섭받지 않고 완전 독립하여 영업하였다. 그러므로 도원은 독립적 자영업자로서 지위를 지녔고, 도중은 독립적 자영업자들이 자신들의 권리와 이권을 옹호하고자 조직된 단체인 셈이었다. 그러므로 도원은 동일한 시전에 속해 있는 상인이긴 했지만, 서로 경쟁적인 처지에 있었던 것이다.

그렇다면 구체적인 시전의 영업조직은 어떻게 편성되어 있었을까. 이를 알려 주는 자료는 그다지 많지 않다. 여기서는 가와이河合弘民가 수집한 면주전 관계자료에서 나타나는 사실을 통해 면주전의 영업조직을 살피기로 하겠다.

면주전은 국산 명주를 판매하는 8분역을 부담하는 육의전 가운데 하나이다. 면주전에는 면주전 도중이 있었고, 그 산하에 수주계, 토주계吐紬契, 백사계白絲契, 조비계, 무주계貿紬契, 생식계生殖契 등의 계 조직이 있었다. 계는, 계의 명칭에서 보듯이 주로 면주전 영업의 분화과정에서 발생한 것으로 이해된다. 수주계·토주계·백사계는 판매물종별로 조직된 것이며, 무주계는 국산 명주의 구매를 전담하는 조직, 생식계는 도원들 사이의 자금을 조성하여 금융업무를 담당하는 조직, 조비계는 시전 도중의 각종 업무를 처리하는 조직으로 이해된다. 이들 계는 독립적인 회계단위로서 운영되었던 것으로 보인다. 오늘날 남아 있는 자료들을 살펴보면, 각각의 계 단위에는 전장등록專掌謄錄이 남아 있는데, 이 전장등록의 주요내용으로 이들 각 계의 재정운용상황이 기록되어 있기 때문이다.

한편 수주계의 경우에는 그 산하에 1소所, 2소 등이 따로 조직되어 있었다. 수주계 2소는 주로 서울 북문 근처에서 영업했던 것으로 이해되며, 1소는 서울 중부 지역에 위치했던 것으로 추측된다.90) 다시 말해 면주전에서 수주를 판매하는 영업조직은 장소를 달리하여 두 군데 존재하였고, 이들은 수주계 산하의 소 단위로 편성되어 있었던 것이다. 《수주계이소회계책水紬契二所會計冊》이 작성된 것으로 보아 이들 소의 회계도 면주전 도중이나 수주계 전체와 달리 독립적으로 이루어지고 있었던 것으로 보인다.

이처럼 영업장소에 따라 조직된 소와 달리, 종로의 면주전 도중의 산하에 구체적으로 영업을 담당하는 단위로 방房이 존재했다. 앞서 보았던 국립중앙도서관 소장의 《등록》에는 면주전에는 대신방, 제1방, 제2방, 제3방, 후1방後一房, 후2방後二房 등 총 6개의 방이 있었고, 6개의 방 아래에 다시 세분화된 방이 존재하였는데, 대신방에는 21개의 방, 제1방·제2방·제3방에는 각각 10개의 방, 후1방에는 12개의 방, 후2방에는 4개의 방이 있었다고 기록하고 있다.[91] 이 방 아래에 소속된 소규모의 방이 실제 영업이 이루어지는 장소였다. 한편 가와이문고의 면주전 관계자료에는 1방, 2방, 3방, 후1방, 후2방, 후3방, 외3방外三房 등 모두 7개의 방이 있었다고 기록하고 있다. 방의 개수도 시기에 따라 변동한 것이다.

이와 같은 6~7개의 방이 실질적인 영업조직으로 기능하였다. 각 방에는 적게는 2명에서 많게는 20여 명의 상인들이 있었고, 이들 방을 실질적으로 총괄하는 우두머리인 수두소임首頭所任이 있어 방에서 영업하는 상인들이 시전 도중에 납부하는 분세를 징수하였다. 방의 구성원들은 고정된 것이 아니라 6개월마다 일부분은 교체되는 것이 상례였던 것으로 보인다.[92]

입전의 영업조직은 1방에서 7방까지 있었으며,[93] 포전은 5방으

---

90) 《綿紬塵房稅冊》(河合弘民文庫 소장자료).

91) 이 책의 제4장 주 70 참조.

92) 면주전 각 방의 구성원 변동에 대해서는 이 책의 제4장 주 71 참조.

93) 《立塵完議文書》, 塵約一班. "六矣塵市井(商人曰 市井) 社會的階級 與吏胥相出入 世稱 上村人 世傳其業 各用房號 如立塵一房·二房乃至七房等 塵有都家 卽會議塵務 處理公 事之所也"

로 구분되었고, 각 방은 10칸(약 10평)으로 나뉘었으며, 다시 각 칸을 10으로 나누어 도원은 그곳에서 영업하였다.[94]

한편 시전상인들은 종로의 시전행랑 외에 자신의 집에서도 상품을 판매할 수 있었는데, 이를 재가在家라고 했다.[95] 예컨대 종이를 판매한다면 '지전재가紙廛在家', 면포를 판매한다면 '면포전재가綿布廛在家'라는 간판을 걸고 자신의 집에서 영업을 했던 것이다.[96]

지금까지 살폈듯이 시전의 영업조직은 한마디로 정의할 수 없을 정도로 매우 복잡했다. 동업조합조직으로서 도중이 있었고, 도중 산하에 담당업무나 판매물종별로 계가 조직되었으며, 판매장소별로 소가 자리했다. 또한 실제 영업을 담당하는 장소인 행랑 안에 기초적인 영업조직으로서 방이 있었다. 시전상인들은 방에 소속되어 영업했고, 방에서 장사하지 않는 상인들은 자기 집에 독자적인 점포를 개설하여 영업할 수 있었다.

이러한 시전의 복잡한 영업조직이 나타나게 된 까닭은 상품을 판매할 수 있는 권한을 모든 도원들이 소유하고 있었으나 이들이 단일한 회사조직에 예속된 것이 아니라 독립자영업자로서 영업했다는 특성에서 비롯되는 것이었다. 같은 시전의 상인으로서 동일한 상품을 판매했다고 해도 상인들은 다른 방에 소속된 상인들과는 완전히 독립적으로 영업을 했다. 동업조합의 조합원으로서 도원들은 금난전권의 수호 등 자신들의 권리를 옹호하는 데 대응을 같이 했지만, 장사에서는 서로 경쟁적인 위치에 있었던 것이다. 다만 동일한 방에 소속된 상인들은 기본적으로 공동구매, 공동출자, 공동회계를 하였던 것으로 이해된다. 그러므로 동일한 방에 소속

---

94) 黑正巖, 앞의 논문(주 1) 참조.

95) 善生永助, 〈商業用語〉, 《朝鮮人の商業》, 朝鮮總督府, 1925.

96) 鮎具房之進, 앞의 논문(주 1) 참조.

된 자들 사이에는 무엇보다도 혈연적 유대를 토대로 한 결속 필요
성이 높았을 것이다. 이로 말미암아 상업이 발달해 가는 추세 속
에서도 시전조직의 혈연적 폐쇄성이 그대로 유지되었던 것이다.
그러나 앞서 면주전의 사례에서 보듯이 취급물종이나 장소에 따
라 영업조직이 분화되고 있었다는 점은 시전상업이 혈연적 폐쇄
성을 극복하지 못한 가운데서도 영업조직의 합리성을 추구하고
있었음을 보여주는 사례라고 할 수 있을 것이다.

3) 영업방식

구체적으로 시전상인들이 어떻게 상품을 판매했는지에 대해 살
펴보기로 하자. 시전상인들이 장사하는 장소는 1평 남짓한 세분화
된 방이었다. 상인들은 이곳에 앉아 손님을 기다렸다. 영업이 이루
어지는 공간이 이렇게 좁았기 때문에 상품의 진열은 최소한에 그
칠 수밖에 없었다. 한말 개성시전의 영업방식을 조사한 자료에는
"영업은 구식의 점두店頭에서 대소의 거래를 앉아서 판매하며, 상
품은 정면과 그 양쪽에 여러 단으로 쌓아서 진열하였다. 예전에는
거의 견본품만을 진열하고, 거래품은 도가라 칭하는 창고에 저장
하여 두었다."라고 묘사하고 있다.[97] 종로 시전에서의 장사모습도
이와 비슷하였을 것이다.

시전에서의 영업방식은 취급하는 물종에 따라 달라지게 마련
이다. 입전과 같이 중국산 비단을 취급하는 시전은 주로 종로의
시전행랑에 앉아서 손님을 기다린 것과 달리, 쌀과 같이 공급원
이 매우 다양하고 수요가 광범한 상품인 경우 여러 곳에 미전米
廛이 존재하여 특권적 상인과 달리 일반적인 사상과 다름없이 쌀

97) 善生永助,〈商人及商廛〉,《朝鮮人の商業》, 朝鮮總督府, 1925, 13~17쪽.

을 판매했다.[98] 그리고 공급원이 서해나 동해소산인 어물을 주로 취급하는 어물전의 경우도 상당히 다른 모습을 보이고 있다. 여기서는 입전과 어물전을 중심으로 구체적인 영업방식을 살펴보도록 한다.

입전에서 판매하는 중국산 비단은 개성상인과 의주상인, 그리고 역관譯官에 의해 조달되었다. 수입한 중국산 비단은 종로의 입전행랑에서 판매되었다. 입전상인은 종로의 시전전방 문 바로 앞에 퇴청退廳이라고 하는 작은 방에 방석을 깔고 앉아 손님을 기다렸다. 그런데 어떤 사람이 종로에 물건을 사러 와도 자신이 원하는 물건을 파는 곳을 금방 알 수 없었다. 상품진열이 최소화되었기 때문이다. 그러므로 구매자는 자신이 구매를 원하는 상품을 판매하는 상점을 찾기 위해 종로를 배회하게 마련이었다. 이때 이 손님에게 큰 소리로 무슨 물건을 사러왔는가 묻는 사람들이 있었다. 이들은 시전상인이 아니라 아직 점포를 가지지 못한 가난한 사람들로서, 손님을 시전점포로 이끌고 간 뒤에는 중매인이 되어 흥정을 붙여 거래가 성사되도록 도와주는 사람이었다. 이 사람들을 여리꾼餘利軍이라고 불렀다.[99] 여리꾼은 시전상인이 책정한 값보다 더 높은 가격으로 물건을 팔아 주고 그 차액을 먹었는데, 이 차액을 '여리餘利'라고 했다. 여리꾼은 특정가게에 전속된 것이 아니었다. 따라서 자기 몫을 챙기려면 주인이 작정한 가격을 손님보다 먼저 알아내서 그보다 비싼 값에 팔아야 했다. 그러므로 손님이 알아듣지 못하도록 암호를 사용해 가격을 알아냈는데, 이 암호를 '변어弁語'라고 했다. 변어는 주로 파자破字의 원리를 이용하는 일이 많았다.

---

98) 吉田光男, 앞의 논문(주 4) 참조.

99) 여리꾼은 상점으로 손님을 불러들이는 사람이라는 의미에서 열입군閱入軍이라고도 불렀다(善生永助, 〈商業用語〉, 《朝鮮人の商業》, 朝鮮總督府, 1925).

예를 들어 1은 천부대天不大, 2는 인불인仁不人과 같이 사용했다. 이와 같은 방식의 암호를 사용하여 손님 몰래 가격을 알아내어 그보다 높은 가격으로 흥정을 붙였던 것이다.100)

한편 어물의 유통은 비단의 거래와는 달랐다. 당시 서울에서 유통된 어물은 서해산 어물과 동북산 어물(주로 북어)로 구분된다. 서해산 어물은 선상들이 용산이나 마포 등 경강으로 가져오면, 경강의 여객주인이 어물전 상인에게 배가 도착했음을 통보하고, 어물전 상인이 나와 어물선상들과 흥정하여 어물을 매입하였다. 이때 어물선상과 어물전 상인 사이의 거래는 공정한 것이 아니었다. 금난전권을 보유한 어물전 상인들은 헐값으로 어물을 구입하고자 하였다. 만약 어물전인이 제시한 가격에 판매를 하지 않을 경우, 어물선상들은 다른 곳에 임의로 판매할 수 없었으므로 앉아서 어물을 썩히는 도리밖에 없었다. 그러므로 대부분의 어물선상들은 손해를 보면서도 어물전에 어물을 넘기지 않을 수 없었고, 이 과정에서 어물전 상인은 막대한 이익을 볼 수 있었다. 이와 같은 불공정거래의 바탕은 말할 것도 없이 금난전권이었다.

한편 동북산 어물은 함경도 연안에서 포획한 명태를 말린 북어가 원산에 집하되었다가, 의정부의 누원점樓院店[다락원점]을 경유하여 서울로 반입되었다. 이와 같은 어물의 서울반입을 담당한 상인들을 북상北商이라고 불렀는데, 이들도 모든 어물을 어물전인에게 넘기지 않으면 안 되었다. 이 중간과정을 매개하는 여객주인은 동대문 안에 건립된 경모궁 근처의 여객주인이었다. 이와 같이 여객주인을 매개로 어물전에 집하된 어물은 어물전에서 직접 소비자를 상대로 판매되기도 했지만, 대부분은 중도아中都

---

100)《立廛完議疑義解釋》, 京城六矣廛行用邊語.

兒나 어물행상들에게 분배되었고, 이들이 골목골목을 돌아다니면서 가정에 판매하였다. 그러므로 어물전인들은 개개 소비자들에게 판매하는 것보다는 외부로부터 반입되는 어물에 대한 독점적 구입권에 훨씬 많은 신경을 쓰고 있었던 것이다.101)

5. 맺음말

조선후기 시전은 도중이라는 동업조합의 인적 조직과 시전행랑과 도가 등의 물적 설비를 토대로 운영되었다. 시전 도중은 개인의 출자액수에 따라 의무와 권리에 차등이 주어지는 근대적인 회사조직이 아닌 전근대적인 길드조직이었다. 조합원인 도원들을 결속시키는 중요한 요소는 혈연적 유대였고, 위계와 서열도 나이를 기준으로 정해졌다. 도중 가입에는 혈연적 차별이 존재했지만, 일단 가입한 뒤에는 권리에 있어 차별은 없었다. 도중의 임원 선출이나 주요 사항을 결정할 때 1인 1표 방식의 도원 투표로 결정되었다. 임기 2개월에서 6개월 사이의 임원들에 의해 도중은 민주적으로 운영되었다.

도중은 각종 요역을 비롯한 국역부담을 책임지고 수행해야 했으며, 나아가 도중의 재정과 질서를 유지하는 역할을 하였다. 그러므로 모든 시전은 스스로 준수해야 할 규칙인 입의나 완의를 제정하고 엄격한 상벌제도를 통해 시전조직을 유지하였다. 시전의 상벌제도는 대부분 금전적인 보상이나 벌금의 형태로 부과되었다. 전근대사회에서 이익공동체라는 동업조합을 유지 운영하기 위한

---

101) 이 책의 제6장 참조.

규율로서, 이와 같은 금전적인 대상代償규율이 철저하게 고수되고 있었던 것이다.

도중은 도원들의 구체적인 상업활동에 대해서는 간섭하지 않았다. 그러므로 구체적인 상품가격의 결정, 상품의 구매 등은 모두 개별 상인들의 자율적인 판단에 따라 이루어졌다. 다시 말해 도중은 독립적 자영업자들인 개별 상인들이 공동의 번영과 상호부조를 위해 결성된 동업조합의 성격을 지녔던 것이다. 다만 도중은 특정 상품에 대해 서울 안에서 판매할 수 있는 면허권을 관리하고, 이의 대가로 일종의 면허료라고 할 수 있는 가입비와 도원들이 영업에서 발생하는 이익 가운데 일부를 분세의 형식으로, 그리고 행랑의 사용료로서 방세를 징수하였다. 도중에서는 이러한 재원을 바탕으로 정부에서 부과한 각종의 국역의무를 담당하였다. 그뿐만 아니라 시전 도중은 개별 도원들에게 있어서는 금융기관으로서의 기능도 담당하였다. 도중의 재산을 도원들에게 대여하여 이자를 징수함으로써 재정을 관리하였던 것이다.

시전의 물적 설비로서 도가와 시전행랑이 존재했다. 도가는 시전 도중의 사무실 겸 창고로 이용되고 있었는데, 행랑은 칸으로 구분되었고, 각 칸은 다시 7~10개의 방으로 구분되어 시전상인들은 방에 소속되어 영업활동을 펼쳤다. 각 방에 소속된 상인 수는 2명에서 20여 명에 이를 정도로 매우 다양했다. 시전상인들의 기본 영업단위가 바로 방이었고, 이에 소속된 상인들은 방세를 의무적으로 납부해야 했다.

한편 시전의 영업조직도 19세기에 와서는 판매상품의 종류나 담당업무에 따라 다양하게 분화하는 모습을 보이고 있었다. 면주전의 경우 수주계·토주계·백사계 등의 판매물종별 상인집단이 따로 계를 결성하고 있었으며, 또한 조비계나 무주계처럼 담당업무에 따른 분화도 이루어지고 있었다. 그리고 판매장소도 종로의 시전행랑만이 아니라 다양한 곳에서 영업활동을 펼쳤는데, 이러한 장소에 따른 판매조직은 '소所'라는 명칭으로 구분하고 있었다. 또한 개별 도원들은 시전행랑에서 영업하지 않고 자신의 집에서 시전의 상품을 판매할 수도 있었는데, 이러한 것을 재가라고 불렀다.

　시전상인들의 상품판매 방식은 취급하는 상품의 유통경로에 따라 매우 다른 모습을 보이고 있다. 고급사치품인 중국산 비단을 판매하는 입전의 경우는 주로 종로의 시전행랑에서 앉아서 손님을 기다린 것과 달리, 쌀이나 어물과 같은 일용필수품의 판매는, 비록 금난전권이라는 특권을 지니긴 했지만 일반 사상과의 경쟁 속에서 영업을 하지 않으면 안 되었다. 더욱이 어물전의 경우는 같은 어물이라고 해도 동해와 서해소산 어물의 유통경로가 달랐기 때문에 서울로 반입되는 어물을 독점하기 위한 다양한 노력을 기울이지 않으면 안 되었다.

제6장 시전과 상품유통
─어물전과 어물유통

1. 머리말

전근대 상품유통은 개별 상품의 특성에 따라 유통구조가 각기 다른 것이 일반적이다. 그러므로 전근대 상품유통의 구조를 해명하기 위해서는 무엇보다도 개별상품의 특성에 따른 유통구조를 면밀히 조사한 뒤에 상품유통의 일반구조를 파악하는 것이 옳을 것이다. 사정이 이러한 데도 그동안 조선후기 상품유통 구조에 대한 연구는 '시전체계市廛體系'와 '사상체계私商體系'라는 두 대립적인 상품유통 체계를 추출하고 전자의 붕괴와 후자의 대두를 봉건적 특권상업의 붕괴와 자유상업의 성장으로 일반화하는 수준에 머물렀을 뿐, 상품의 개별적 특성에 따른 유통구조의 다양한 차별성을 고려하지 않았다.[1]

물론 조선후기 상업사에서 가장 중요한 변화가 '시전체계'의 붕괴와 '사상체계'의 확립이라는 점을 부인할 수 없다. 그러나 이렇게 일반화함으로써 몇 가지 문제가 일어나게 되었다. 우선 시전체제의 중요성이 상대적으로 소홀하게 다루어져 왔다. 시전체제 연구에서도 개개 시전이 자신이 주관하는 물종을 어떠한 방식으로 유통시키는가라는 '시전체계'에 대한 구명은 거의 이루어지지 않았고, 다만 시전과 난전세력과의 대립과정을 중심으로 다루어졌을 뿐이었다.

---

1) 안병태, 〈商品貨幣經濟の構造と發展〉, 《朝鮮近代經濟史研究》, 日本評論社, 1975.

그동안 시전체제에 대해서는, 평시서 시안에 시전의 이름과 주관하는 물종을 기재한 뒤 평시서에서 부과한 분역에 따라 국역을 부담하고 그 대가로 독점적 판매권을 소유하며, 다른 사람들이 이 물종을 유통시킬 경우 난전인은 착납되고 난전 물건은 속공되는 금난전권이 행사되었다고 이해되어 왔다. 이러한 수준의 이해는 법제적 규정수준에 지나지 않는 것으로서, 조선후기 상업사에서 시전이 차지하는 위치에 견주어 단순한 이해라고 평가되는 것이다. 비록 육의전과 난전에 대해서는 중요한 연구가 축적되어 있지만,2) 시전의 상품유통기구와 상품유통경로(유통체계)에 대한 본격적인 연구는 이루어지지 못하였다.

사실 '시전체계'를 올바로 이해하기 위해서는 시전상인들이 자신들이 주관하는 물종에 어떻게 관계하고 있었는가, 그리고 상품을 서울로 반입하는 선상船商이나 지방상인들과의 관계는 어떠한 것이었고, 시전을 거쳐 소비자에 이르는 상품유통경로는 어떠했는가를 명확히 밝혀야 할 것이다. 이것이 명확해져야 비로소 '시전체계'의 역사적 성격과 의의가 밝혀질 것이며, 나아가 18세기 말에 새로 성립하는 '사상체계'의 의미도 분명해질 것이기 때문이다.

'사상체계'와 '시전체계'의 차이는 그동안 상업 세력의 차이에

---

2) 조선후기 시전제도와 난전, 상품유통에 대해서는 다음의 연구가 참고된다.
최병무, 〈이조시기의 市廛〉, 《역사논문집》2집, 1958.; 유원동, 《한국근대경제사연구》, 일지사, 1977.; 안병태, 〈商品經濟の發展と私商—18世紀を中心に〉, 《朝鮮史研究會論文集》5, 조선사연구회, 1968.; 김영호, 〈조선후기에 있어서의 도시상업의 새로운 전기〉, 《한국사연구》2, 한국사연구회, 1968.; 강만길, 《조선후기 상업자본의 발달》, 고려대출판부, 1973.; 河原林靜美, 〈18·9世紀における廛人と私商について〉, 《朝鮮史研究會論文集》12, 조선사연구회, 1975.; 金昊鍾, 〈조선후기 魚鹽의 유통실태〉, 《大丘史學》31, 대구사학회, 1986.; 오미일, 〈18·19세기 새로운 貢人權·廛契 창설운동과 난전활동〉, 《규장각》10, 서울대학교 도서관, 1987.; 오성, 《조선후기 상인연구》, 일조각, 1989.; 변광석, 《조선후기 시전상인연구》, 혜안, 2000.

초점이 맞추어져 연구되어 왔다. 그러므로 독점적 어용특권상인으로서의 '시전상인'과 비특권적 자유상인으로서의 '사상私商'이 대비되면서 일부 연구자들은 시전체제의 붕괴를 곧 봉건상업의 붕괴와 일치시키기도 하였다.[3] 또한 이러한 차이를 특권에 의존한 '관상도고官商都賈'와 자본력과 조직력에 의존하는 '사상도고私商都賈'로 차별화하여 이해하고자 하는 견해도 제기되었다.[4] 한편 일부 연구자들은 시전상인과 사상세력이 모두 특권을 가졌다는 점을 근거로 1791년 '신해통공'의 의미를 재해석하고 있다. 다시 말해 사상들에 의해 전개된 상업은 궁방, 군문, 유력가문 등과 결탁하여 전개되었기 때문에 사상들의 상업도 특권적 성격을 지닌다는 것이다. 그러므로 이 연구에서는 사상세력을 시전상인과는 정치적 지향만을 달리한 세력이었다고 파악하고 있다.[5]

그러나 이러한 연구들은 모두 '사상체계'와 '시전체계'의 유통체계가 구체적으로 어떻게 운영되었는지를 제대로 해명하지 않고 수행된 것이기 때문에 근본적인 한계를 지닌 것이라 하지 않을 수 없다. 이러한 한계를 극복하기 위해서는 무엇보다도 그동안 법제적인 수준에서 이해되고 있던 '시전체제'에서의 유통체계를 이해하는 것이 중요할 것이다. '사상체계'와 '시전체계'의 본질적 차이는 담당세력이 아니라 유통체계, 곧 상업이윤 축적구조의 차이에

---

3) 유원동, 〈18세기 후반기에 있어서의 봉건상업의 붕괴과정-난전을 중심으로〉, 《아세아학보》4, 아세아학술연구회, 1967.

4) 강만길, 〈都賈商業과 反都賈〉, 《조선후기 상업자본의 발달》, 고려대 출판부, 1972. 한편 이병천 교수는 강만길 교수의 구분을 비판하고 구특권상인舊特權商人과 신특권상인新特權商人을 구분할 것을 제안하였다(이병천, 〈조선후기 상품유통과 여객주인〉, 《경제사학》6, 경제사학회, 1983).

5) 須川英德, 〈18世紀朝鮮における經濟動向について-亂廛·辛亥通共の再檢討〉, 《朝鮮學報》143, 조선학회, 1992.

있기 때문이다.

전근대 상업이윤은 본질적으로 계절적·지역적 가격차를 이용하여 획득되는 것이다. 이러한 양도이윤의 획득에서 가장 중요한 것은 하나의 상품이 어떠한 유통경로를 거치며, 누가 정점頂點에서 상품유통을 장악하고 있는가에 있다. 양도이윤의 축적 메커니즘은 여기서 결정된다. 그러므로 18세기 상업변동의 의미를 정확히 이해하기 위해서도 개별시전에서 상품유통구조를 면밀히 해명하는 것이 필요하다고 하겠다.

이 글은 이와 같은 문제의식을 바탕으로 18세기 어물전을 중심으로 서울의 어물유통구조를 이해하고자 하는 의도에서 작성되었다. 이 연구에서는 생산자에서 최종 소비자에 이르는 전일적全一的인 유통체제를 밝히기 보다는 서울의 어물전과 그 하부구조에 편입되어 어물유통에 관계했던 선상船商, 여객주인旅客主人, 중도아中都兒, 호창행매지류呼唱行賣之類 등을 중심으로 어물의 유통구조를 살펴보고자 한다.

이 글에서 이용한 주자료는 《각전기사各廛記事》와 《시민등록市民謄錄》이다.6) 이 자료들은 내·외어물전 사이의 분쟁, 내·외어물전과 난전세력 사이의 분쟁 기록이다. 이 기록들은 당시 어물전에서 어물을 어떠한 방식으로 유통시켰는지에 대해 매우 상세한 정

6) 《각전기사》와 《시민등록》의 자료를 근거로 상업세력인 어물전, 중도아, 난전, 도고와 내·외어물전 사이의 상사商事 분쟁에 대해 임인영, 안병태 교수가 많은 성과를 발표하였다. 이 글은 그러한 기초적 연구를 토대로 작성된 것이다.
　安秉珆, 앞의 논문(주 2).; 임인영, 《李朝魚物廛硏究》, 숙대출판부, 1977.; 임인영, 〈各廛記事考-봉건시전상업과 상인자본〉, 《조기준박사화갑기념논총》, 1977.; 임인영, 〈李朝市廛의 商事紛爭과 處決-시민등록연구(1)〉, 《논문집》9, 숙명여대 한국정치경제연구소, 1980.; 임인영, 〈李朝市廛의 商事紛爭과 處決-시민등록연구(2)〉, 《논문집》22, 숙명여대 한국정치경제연구소, 1982.; 임인영, 〈市民謄錄考〉, 《논문집》12, 숙명여대 한국정치경제연구소, 1983.

보를 담고 있다. 그러나 대부분 등장等狀이나 정소呈訴 형식의 기록이므로 어느 한쪽의 주장이 지나치게 노출될 수도 있고, 어떤 경우에는 사실관계를 의도적으로 왜곡하여 진술한 경우도 많아 자료해석에 신중함을 요한다고 하겠다.[7] 이 연구에서는 이러한 점을 충분히 염두에 두고 분쟁 기록보다는 시전체제 아래에서 어물유통구조의 변화라는 측면을 중심으로 논지를 전개하고자 한다.

2. 외어물전의 창설과 내·외어물전 사이의 분쟁

1) 외어물전의 창설과 국역부담의 변동

조선시대 시전제도는 하나의 상품에 대해 하나의 시전만을 허용하는 '일물일시一物一市' 체제로 운영되었다.[8] 이러한 일물일시의 원칙은 17세기 이후 서울인구의 증가와 지역공간의 확대, 그리고 이에 따른 상품유통량의 증가에 따라 동요되기 시작하였다. 하나의 시전만으로는 서울시민의 수요를 충족시키지 못했기 때문이다. 그러므로 동일한 상품을 취급하는 시전들이 여러 곳에 창설되었다. 예컨대 미전米廛은 상미전·하미전·문외미전·마포미전·서강미전 등 5곳, 염전鹽廛은 경염전·마포염전·용산염전 등 3곳, 상전床廛은 12곳에 설치되었다.[9] 17세기 이전에도 미전은 여러 곳에 있었지만, 동일 물종을 판매하는 시전이 본격적으로 여러 곳에 생

---

7) 이밖에도 이 자료를 이용한 많은 연구들이 자료의 연대추정을 잘못한 경우가 더러 있다. 《시민등록》의 연대추정에 대해서는 임인영, 〈시민등록고〉(1983)에서 기존연구의 오류를 바로잡고 있으므로 참고가 된다.
8) 《各廛記事》天, 2쪽. "一物兩市者 自古未有"(이하 《각전기사》와 《시민등록》의 쪽수 표시는 1977년 간刊 이문사以文社 영인본의 쪽수를 나타낸다.)
9) 18세기 서울의 시전분포에 대해서는 이 책의 제3장의 표 참조.

기기 시작한 시기는 17세기 후반 이후였다. 17세기 후반은 삼남 지역까지 대동법이 확대되고, 금속화폐가 통용되는 시기로서 상품 화폐경제가 비약적으로 발달한 시기였다. 나아가 이 시기에는 계속되는 흉년으로 유민流民들이 서울에 몰려들어 서울 인구가 크게 증가하였다. 외부에서 몰려든 유민들은 주로 서울 도성 밖에 거주하였다.10)

이처럼 도성 밖에 인구가 급증하여 어물에 대한 수요가 늘자 1671년(현종 12) 서소문 밖에 외어물전이 창설되었다. 외어물전을 창설한 사람들은 세력가의 노비들이었다. 1671년은 조선역사상 가장 참혹한 기근으로 알려진 경신대기근庚辛大饑饉으로 모든 사람들이 생계가 어려울 때였다. 그러므로 조정에서 금난禁亂 단속을 완화하여 빈민들이 어물을 판매하여 생계를 이어갈 수 있도록 조치하였다. 이러한 틈을 이용하여 세력가의 노비들이 창설한 시전이 외어물전인 것이다.11) 외어물전의 창설로 어물을 취급하는 시전은 도성 안의 내어물전과 도성 밖의 외어물전 두 군데가 되었다. '일물양시一物兩市'의 상황이 된 것이다.

외어물전이 창설되자 어물유통에 대한 독점권을 보유하였던 내어물전인들은 외어물전의 혁파를 끈질기게 요구하였다. 결국 내어물전인들은 외어물전이 영업을 시작한지 8년 만인 1679년(숙종 5)

---

10) 17세기 후반 서울 인구의 증가에 대해서는 고동환, 《조선시대 도시사》, 태학사, 2008 참조.
11) 《市民謄錄》乾, 乙未(1705) 9월 초1일, 25쪽. "庚戌辛亥年間 國運不幸 荐連大殺 民將 顚刻 自朝家緩其亂廛之禁 廣開偸生之門 則都下無賴之輩 此聚於三門外 百物亂廛 惟意 所欲 又有十數人 盜賣魚物 無所顧忌 而當此之時 官無禁令従不喩 官奴輩 欲分魚物前 大起訟端 多年未決 …… 當前未遑於門外鼠窃爲白有如可 官奴麤以除却之後 城內城外 各處亂廛之徒 一倂掃除是白乎矣 惟獨西小門外 魚物亂廛者 皆以勢家奴子 不畏禁令 冒 法復設 其爲蔑法縱盜之狀 誠心痛駭"

외어물전 혁파에 성공하였다.12) 그러나 경신대출척庚申大黜陟이 일
어난 1680년(숙종 6) 가을 호조판서 민유중閔維重이 복설復設을 요
구하는 외어물전의 호소를 받아들여 외어물전을 복구하였다.13)
이에 내어물전인은 격쟁, 상언, 평시서에의 정소 등 다양한 방법을
동원하여 다시 외어물전의 혁파를 요구하였다.14) 그러나 이 요구
는 번번이 1680년의 결정에 따라 묵살되었다. 1680년 이후 외어물
전은 어물유통의 독점권을 내어물전과 공유하게 되었다.

1680년 외어물전의 존속이 결정된 이후, 평시서에서는 외어물전
을 유분각전에 포함시켜 분역分役과 분등分等을 정하였다. 외어물
전의 분등은 시전의 규모가 보잘것없었던 창설 초기인 1686년에
는 9등 1분역이었고, 내어물전은 4등 8분역이었다. 1689년(숙종
15)에는 각종 관역官役에 대해서 외어물전은 2분, 내어물전은 1분
을 담당하고 있었다.15) 1691년(숙종 17)에는 내·외어물전의 분등
이 조정되었다. 이때 내어물전은 1등을 내려 5등으로, 외어물전은

---

12) 《各廛記事》地, 辛未(1691) 2월 일, 123~124쪽. "頃於庚戌辛亥 大侵之日 朝家特軫生
靈之一時計活 姑緩亂廛之禁 則乃於西小門外 歧路之上 數三女人 買賣佐飯之物 而日久
月深 其習漸滋贅 設魚廛恣意亂賣 違条犯法莫此 故往在己未年 睦左相爲戶曹判書 故姜
判書栢年爲平市提調時 因舊章 門外魚廛 特令革罷"
13) 《市民謄錄》乾, 庚申(1680) 戶曹堂上題辭, 10쪽.;《各廛記事》地, 辛未(1691) 2월 일,
126쪽. "辛亥(1671)創設 庚申(1680)復立之市"
14) 《각전기사》에서 확인되는 외어물전 혁파 요구만도 1689년부터 1715년까지 모두 10차
례에 달한다.
15) 《各廛記事》人, 癸亥(1743) 11월 일, 188쪽. "己巳年(1689) 廟堂決辭內 凡諸官役 內廛
應一分 以示護恤之意 外廛應二分以爲役重 自罷之地事 定式處分"여기서 말하는 관역
官役은 시전이 부담하는 국역國役과는 성격이 다른 것으로, 시전에 각 아문에서 수시로
부과한 역으로 이해된다. 왜냐하면 이 시기에 국역은 내어물전 8분, 외어물전 1분역을
담당하고 있기 때문이다. 만약 이 자료에 기록된 것처럼 내어물전 1분, 외어물전 2분
을 분역으로 이해한다면 어물전이라는 주요 시전의 국역부담이 너무 낮게 책정된 것
으로 이해되기 때문이다.

2등을 올려 5등으로 조정되었다. 이로써 보면, 1686년에서 1691년 사이에 외어물전의 분등은 9등에서 7등으로 올랐음을 알 수 있다. 그러나 이때 5등으로 올라간 외어물전의 분등은 후술하듯이 동해산 태운馱運어물에도 3:1의 분집分執규정을 적용하면서 7등역으로 재조정되었다.16) 1691년에는 외어물전에서 장사하는 상인의 수를 정하여 추후에 새로 가입하는 사람은 난전율로 처벌한다는 규정도 마련되었다.17) 1711년(숙종 37)에는 내어물전이 5등전 가운데 우두머리를 차지하였으며, 외어물전은 7등전 가운데 맨 끝자리를 차지하고 있다.18)

내·외어물전의 분역을 살펴보면, 1755년(영조 31)의 경우 내어물전 5분, 외어물전 4분역을 담당하고 있었다.19) 그러나 1766년(영조 42)에는 다른 시전인들이 담당하지 않고 어물전에만 부과되는 각군문各軍門 호궤역犒饋役, 약국藥局에 진상하는 무공주無孔珠 등의 무전지역無前之役을 담당한다는 이유로 내어물전은 2분을, 외어물전은 1분을 감역減役하기도 하였다.20) 또한 1778년(정조 2)에

---

16) 주 41 참조.

17)《各廛記事》地, 辛未(1691) 2월 일, 131~132쪽. "內廛則依前四等出役 外廛則前定七等 殊涉輕歇 自今爲始 陞以五等 稍加使役 勿令年利之輩 增益其坐市之數 如是定式之後 一名如或許入 則許入者及入屬之人 這這摘發 繩以亂法之偉"

18)《市民謄錄》乾, 辛卯(1711) 平市提調 敎示內, 6쪽. 이 기록과 달리 1715년(시안이 개정된 해)에 외어물전의 분등이 8등에서 6등으로 승급되었다는 기록도 있다(《市民謄錄》, 乙未(1715) 10월 초9일, 外魚物廛 更推).

19)《各廛記事》地, 乙亥(1755) 9월 일, 160쪽. "外廛招內 分役內廛受八分之役 矣廛受一分之役矣 今則內廛應五分之役 矣廛應四分之役 昔之有七分之差者 今爲一分之殊 則塩魚之分執 豈可獨守一三之規乎"

20)《各廛記事》, 丙戌(1766) 정월 일, 50쪽. 分役減等 粗籠勿侵事. "各處魚物進排事段 軍門犒饋時所用 內外廛之半進排 宣醞時進排及勑使時所用 則內廛沗擔當 稱寃不可無 內外輕重之別 論以分數 內廛減其二分 外廛減其一分 以爲謄錄中載錄施行何如 稟題內 參酌減分 誠合事理 依此施行事" 이때 분역을 감했던 것은 일시적인 것으로 보인다.

는 흉년을 이유로 3년 동안 2분역을 한시적으로 감역하였다. 여기서 보듯이 어물유통이 크게 줄어들어 국역을 감당할 수 없게 되면 일시적으로 분역을 줄이는 것이 상례였다고 이해된다.[21]

내어물전은 청포전과 하나의 주비를 이루면서 육의전에 포함된 시전이었다. 1788년(정조 12) 당시 내어물전은 5분, 청포전은 3분역을 담당하고 있었다. 두 시전의 분역을 합하면 8분역으로, 이는 육의전 가운데 두 번째로 규모가 컸던 백목전의 8분역에 상당하는 것이었다.[22] 외어물전은 창설 초기에는 9등 1분역을 담당하였지만, 18세기 이후 분역과 분등이 높아져 1755년(영조 31)에는 4분역을 담당하는 시전으로 성장하였다.

1791년(정조 15) 신해통공조치 이후 육의전에 한해서 금난전권이 허용되었는데, 흉년이 계속되어 서울 도시빈민들이 생계를 유지할 방편이 없자 1794년(정조 18) 갑인통공 때 내어물전과 청포전을 육의전에서 제외하였다. 이는 어물전의 금난전권을 해체함으로써 굶주린 백성들이 어물의 판매를 통하여 생계를 유지할 수 있도록 하기 위함이었다.[23] 그 대신에 포전布廛을 육의전에 포함시

1788년에 편찬된 《탁지지》, 1806년에 편찬된 《만기요람》에서 여전히 내어물전 5분, 외어물전 4분으로 기록되어 있기 때문이다. 내어물전 5분, 외어물전 4분의 분역이 언제 정해졌는가에 대해서는 알 길이 없지만, 아마 1706년 시안개정 때 정해진 것이 아닌가 생각된다.

21) 《各廛記事》天, 戊戌(1778), 50~51쪽. 半減分限蘇復間 三年減二分事. "近因連歲凶荒 關東嶺北各處魚商 無不漂散 一䭾之魚 固難得之 本廛市民 食盡本錢 更無下手 或流丐 東西 或投入他業 今之餘存者 不過畧千人 其間形勢 十分難堪 亦足可見 於此垂察此田 限蘇復間 特爲減役之地事 題內狀辭相考從公論 以稟 稟目內 不無變通之擧 限其蘇復間 凡干差役 參酌半減 何如 題內依"

22) 《度支志》〈版籍司〉版圖部 市廛 有分各廛.

23) 《備邊司謄錄》정조 18년 11월 초1일. "魚物廛拔出於六矣廛中之意 有所陳達矣 當此饌物極貴之時 此實爲一分救弊之道 有司之臣 固宜斷然行之 而第念通同發賣之後 亂廛則革罷 稅納則依舊 各廛之不能無怨 容或無怪 臣意則使該曹提調 考閱署中謄錄 凡係不緊

켰다. 그러나 1801년(순조 1)에는 내어물전(5분역)과 외어물전(4분역)을 합하여 하나의 주비로 만들어 다시 육의전에 편입시켰다. 포전은 저포전과 합하여 하나의 주비를 만들어 육의전으로 편성하였다.[24] 1811년(순조 11) 내·외어물전인의 분역이 1분역씩 줄어 5분과 4분역으로 조정되고 있다. 이로써 보면, 1801년과 1811년 사이에 내·외어물전의 분역이 1분씩 올라 각각 6분역과 5분역을 담당하고 있었던 것으로 보인다.[25]

이상에서 보았듯이 내·외어물전의 분역과 분등은 수시로 변동하였다. 변동의 원인은 내·외어물전의 성쇠가 가장 중요하였고, 이밖에도 각종 역役부담, 흉년, 세력가의 비호여부가 관련되었다. 이와 같은 변동의 일반적인 추세는 외어물전의 분역과 분등이 차츰 높아지는 것이었다. 1671년(현종 12) 창설되어 9등 1분역을 담당하던 보잘것없었던 외어물전은 100여 년 사이에 육의전에 포함되는 중요한 시전으로 성장한 것이다.

외어물전의 성장배경에는 당시 유력 가문의 강력한 후원이 있었다. 외어물전의 창설자들은 대부분 세력가의 노비들이었고, 이들의 영업권은 아들과 손자에게 대대로 세습되었다. 후술하듯이 1680년(숙종 6) 외어물전 혁파를 번복하고 외어물전의 복구결정을 내린 이는 민유중이었고, 다시 외어물전에 결정적 타격을 가했던 함취咸聚 규정을 무효화시킨 이는 민유중의 아들 민진후閔鎭厚였다. 이러한 사실들로 미루어 볼 때, 외어물전 세력과 민유중 집안

名色與需用之可祛者 就議大臣 量宜存罷後 各廛逐朔稅錢 如有所從略減給 則朝令可以 有辭 民情可以稍慰 因言端 敢此仰達矣 上曰 依爲之"

24) 《萬機要覽》財用篇 各廛 亂廛.

25) 《各廛記事》天, 辛未(1811) 8월 일, 35쪽. "本廛入六矣後 分役太重 故呈本署 內外各減 一分事"

은 매우 밀접한 관계가 있었다고 추정된다.[26] 이와 같은 세력가의 강력한 후원이 있었기 때문에 끈질긴 내어물전인의 혁파요구를 물리치고 외어물전은 1801년(순조 1) 육의전의 하나로 성장할 수 있었던 것이다.

2) 내·외어물전 사이의 분쟁 내용

외어물전의 창설로 '일물양시'가 현실화되자, 어물에 대한 유통 지배권을 놓고 내·외어물전 사이에 분쟁이 발생하였다. 다른 시전 의 경우 일물양시가 되어도 신설시전은 기존 시전에 종속되는 것 이 보통이었다. 예컨대 청포전, 전상전典床廛, 신지전新紙廛과 구지 전舊紙廛, 화전靴廛과 혜전鞋廛의 경우도 본전本廛 외에 별개의 시전 이 있었지만, 본전의 중앙 도회都會에서 운영을 주관하고 그 이익 을 배분하고 있다.[27] 그러나 외어물전은 내어물전과는 완전히 독 립적으로 운영되었다. 자신의 어물유통권을 침해당한 내어물전 상 인들은 이에 대한 견제의 수단으로 외어물전을 공격하였고, 이 과 정에서 끊임없이 분쟁이 발생하였다.

내·외어물전 사이의 분쟁은 1715년(숙종 41)을 획기로 내용이 다르게 전개되었다. 1715년 이전의 분쟁들은 내어물전이 외어물전 을 종속시전으로 만들려는 입장에서 소송을 제기하였고, 이에 맞 서 외어물전에서는 자신들의 독립을 지키기 위해 방어하는 형태 로 전개되었다. 다음의 자료는 이러한 사정을 잘 알려준다.

---

26) 민진후는 1706년 수어사守禦使로 있으면서 송파장松坡場의 창설을 인가하기도 했다. 송파장은 후술하듯이 18세기 후반 서울 근교의 주요 상업거점으로 성장하여 시전상인 의 상권을 위협한 시장이었다. 송파장의 설치와 외어물전에 대한 후원은 민씨 집안이 상업세력과 밀접한 관련을 지니고 있음을 보여주는 사례일 것이다(《備邊司謄錄》 영조 34년 4월 18일).

27) 《市民謄錄》 乾, 丙子(1696) 刑曹覆啓, 33쪽.

　　내어물전은 여러 차례 국가에서 판결한 사안을 가지고 평
시당상과 낭청이 바뀔 때마다 처음 소송하는 것인 양 계속
소송을 제기하고 있다. 처음에는 파시罷市, 두 번째는 합시合
市, 마지막에는 함취의 방법을 제시하였다.[28]

　　내어물전은 평시제조와 낭청이 갈릴 때마다 새로운 문제를 제
기하여 소송을 끌어나갔다. 1715년 이전 분쟁의 주요한 내용은 파
시(외어물전에 대한 혁파), 합시(내외어물전의 통합), 함취, 분수분집
分數分執, 외어물전인의 정액定額 문제 등이었다.

　　외어물전의 혁파를 목적으로 한 파시는 '일물일시'의 원칙을 바
탕으로 제기되었다.[29] 내어물전 상인들은 외어물전의 혁파 이유
를, 첫째 외어물전을 창설함으로써 어물가격이 높아질 뿐만 아니
라 그곳이 도적들의 소굴이 되어 인재人財를 탈취하는 장소가 되
었다는 점, 둘째 외어물전의 창설을 선례로 삼아 동대문 밖의 백
성들과 호배대扈輩隊 등도 동교東郊에 새로운 어물전의 창설을 기
도한다는 점, 셋째 어물난전을 붙잡아도 이들이 모두 외어물전에
서 구입한 어물이라고 핑계를 대니 난전을 제대로 단속할 수 없다
는 점, 넷째 국초에 시전을 설치한 의도가 궁궐수비를 하고자 한
것인데 서소문 밖의 외어물전은 이에 도움이 되지 않는다는 점,
다섯째 외어물전의 영업으로 내어물전인의 손해가 막심하여 생계
가 어렵다는 점 등 다섯 가지로 들고 있었다.[30] 그러나 이와 같은
내어물전의 외어물전 혁파 요구는 수용되지 않았다.

　　합시 문제는 외어물전 혁파 요구가 수용되지 않자 내·외어물전

---

28) 위의 책, 같은 조, 34~35쪽.
29) 《各廛記事》 地, 126쪽. "一市之貨 不得分設於兩肆者 又是國家之大法"
30) 《各廛記事》 地, 辛未(1691) 2월 일, 126~128쪽.

이 외어물전을 내어물전에 통합시키려는 의도에서 제기한 것이었
다. 내어물전과 외어물전이 각각 성내와 성외에 시전을 두지만 어
물판매의 이익을 중앙의 도소都所에서 관할하게 하자는 안이었다.
이와 같은 내어물전의 주장은 1696년(숙종 22) 형조판서 김진구金
鎭龜에 의해 받아들여져 외어물전은 일시 내어물전에 종속되었
다.31) 내어물전에 종속되자 외어물전 상인들은 "외어물전인을 하
나의 들러리로 치부하고 어물유통의 이익을 중앙도소를 장악한
내어물전이 독점하려는 방안"이라고 강력하게 반대하여, 1711년
(숙종 37) 결국 외어물전의 독립성을 인정받았다. 내어물전의 합시
요구도 역시 관철되지 못한 것이다.32)

함취와 분수분집 문제는 서울에 반입되는 어물들을 어떠한 방
식으로 내·외어물전이 나누어 차지할 것인가를 둘러싼 분쟁이었
다. 서울에 반입되는 어물은 어느 곳에서 잡혔느냐에 따라 유통경
로가 달랐다. 동해에서 잡힌 어물〔동북어물東北魚物〕은 원산에 집결
되었다가 육로를 거쳐 서울에 반입되었지만, 서해에서 잡힌 어물
은 배로 서울에 반입되었다. 파시·합시가 외어물전의 존립을 부
정한 위에서 주장하는 것임에 비해, 함취와 분수분집 문제는 외어
물전의 존립을 전제로 한 것이었으므로 분쟁은 훨씬 더 치열하게
전개되었다.

분수분집 규정은 1686년(숙종 12) 민유중이 평시제조였을 때
처음 정해졌다. 이 규정에서는 선운되는 서해산 어물은 내어물전
이 3/4, 외어물전이 1/4을 차지하도록 하였고, 육운되는 동해산
어물은 내어물전과 외어물전이 각각 절반씩 차지하도록 하였

31)《各廛記事》人, 癸亥(1743) 11월 일, 188쪽. "丙子年(1696) 灰洞金判書大監坐定刑曹時
　　使外廛屬於內廛 凡干應役等事 使內廛總察擧行"
32)《市民謄錄》乾, 辛卯(1711) 平市署敎示, 29~30쪽.

다.33) 서해산 선운어물의 3:1 분집규정은 비교적 잘 지켜졌다. 서해산 선운어물은 배로 반입되는 것이었기 때문에, 어물 선상이 경강의 마포에 도착하면 내·외어물전 상인이 함께 나아가 싣고 온 어물을 3:1로 배분하면 되었기 때문이다. 그러나 동해산 어물들은 동북어상들이 개별적으로 마소에 싣고 운송했으므로, 이들을 반반씩 나누어 차지한다는 규정은 제대로 지켜질 수 없었다.

원산元山에서 어물을 싣고 오는 동북어상東北魚商들은 내외어물전을 가리지 않고 값을 후하게 쳐주는 곳에 어물을 넘기는 것이 일반적이었다. 그런데 이러한 동북어물의 유통에서 불리한 쪽은 외어물전이었다. 혜화문, 동대문을 통해서 서울을 출입하는 동북어상들은 거리가 가까운 종로의 내어물전에 먼저 어물을 넘겼기 때문이다.34) 동북어상의 입장에서 가격이 비슷하다면 서소문 밖에 자리한 외어물전보다는 거리가 가까운 내어물전에 어물을 넘겼던 것이다.

외어물전 상인들은 이와 같은 위치상의 불리를 극복하기 위해 동북어상이 서울로 들어오는 길목인 혜화문이나 양주의 누원점까지 사람들을 파견하여 동북어상들을 유인하였다.35) 외어물전에서 이처럼 적극적으로 동북어상을 끌어들이자, 내어물전에서는 강력하게 반발하였다. 이에 조정에서는 외어물전의 동북어상 유인행위를 금지하도록 여러 차례 명령하였다. 그럼에도 불구하고 외어물전의 동북어상 유인은 상당한 성과를 거두어, 동북어상이 외어물전에 몰리게 되었다.36) 신설 시전인 외어물전이 적극적인 방식으

33) 《市民謄錄》 乾, 丙寅(1686) 驪陽府院君 大監 提調寺 決辭, 12쪽.
34) 《各廛記事》 人, (년기年紀 표시 없음), 340~343쪽.
35) 《各廛記事》 地, 辛未(1691), 125쪽.
36) 《各廛記事》 地, 丙子(1696) 12월 일, 201~203쪽.

로 어물유통에 개입함으로써 이제까지 유통지배권을 지녔던 내어
물전보다 큰 성과를 내게 된 것이다.

　동북어상이 외어물전에 몰림에 따라 이익이 줄어든 내어물전
상인들은 함취의 방식으로 유통지배권을 행사할 것을 주장하였다.
함취란 동북어상이 서울로 들어오면 내어물전에 모두 모아 놓고,
외어물전인은 어물의 가격을 내어물전에 지불하여 어물을 구입한
뒤 다른 곳에 판매하도록 하는 것이었다.37) 이와 같은 내어물전의
주장을 1699년(숙종 25) 평시서에서 받아들여 함취 방식이 도입되
었다. 그러나 외어물전 상인들은

　　함취는 외어물전 상인들이 중도아처럼 내어물전에 가서 물
　　건값을 지불하고 어물을 떼어다가 팔아야 한다. 이는 외어물
　　전인들을 실업상태로 내모는 것이다. 그러므로 함취는 파시보
　　다 더 심한 요구이다.38)

라고 반발하였고, 결국 1705년(숙종 31) 평시제조 민진후의 주도
아래 이 '함취' 규정은 철폐되었다.39) 다만 외어물전인이 동북어상
을 중간에서 유인하는 행위를 난전율로 처벌하는 것을 조건으로
동북어상이 내어물전이든 외어물전이든 어느 곳에나 도착하는 데
로 판매하도록 규정하였다.40) 1705년의 규정은 1686년의 동해산
어물을 반반씩 차지한다는 유통지배비율 규정을 무효화하고, 동북
어상의 자유로운 판단에 따라 어물을 유통시키게 한 것이었다. 이

37)《市民謄錄》乾, 己卯(1699), 平市署 郞廳敎示, 47쪽.
38)《市民謄錄》乾, 乙未 10월 초9일, 外魚物廛 市民 更推, 76쪽.
39)《市民謄錄》乾, 乙酉(1705), 閔 判書大監 平市署 提調寺, 48쪽.
40)《市民謄錄》乾, 乙酉(1705), 閔 判書大監 敎示, 58쪽.

러한 조처로 말미암아 동북어상들은 내어물전보다는 외어물전에
몰려들게 되었다.

동북어상들이 외어물전에 몰려가자 내어물전 상인들은 동북어
물에 대해서도 선운되는 서해산 어물처럼 3:1의 분수분집 규정을
적용해주도록 평시서와 비변사에 요구하였다. 이러한 요구를 계기
로 분쟁이 다시 일어났다. 1711년(숙종 37) 평시제조는 내어물전의
주장을 받아들여, 동북어물도 3:1의 분집규정을 적용하도록 하고,
이익을 상실한 외어물전에 대한 보상으로 외어물전의 분역을 2등
감하는 조처를 취하였다.[41] 또한 동해산 어물의 분집 비율을 어기
는 외어물전 상인들을 난전율에 따라 장杖 80과 속전贖錢을 걷는
처벌규정도 두었다.[42]

그러나 1711년의 규정은 외어물전의 끈질긴 반대운동에 따라
1715년(숙종 41) 폐지되었다. 동해산 어물의 유통방식은 1705년의
규정으로 환원되었다. 이로써 동북어물은 동북어상이 내·외어물전
어느 곳이든 자유롭게 넘기도록 하고, 선운되는 서해산 어물은
3:1의 비율로 나누는 것이 제도화되었다. 이 결정과 동시에 평시
서에서 내외어물전의 쟁송을 금지하는 조처를 취함으로써 동북어
물에 대한 관할권 다툼은 일단락되었다.[43]

외어물전의 정액수定額數에 대한 시비는 내어물전이 외어물전에
참여하는 상인수를 제한하고자 하는 의도에서 제기한 것이었다.
이 문제의 단초는 1691년(숙종 17) 내어물전인의 외어물전 혁파
요구가 거세지자 평시서에서 외어물전의 존속 조건으로 외어물전
에 추가가입을 불허하고, 만약 이후에 추가가입하는 자가 있으면

41) 《市民謄錄》乾, 辛卯(1711), 李 判書大監 平市提調寺 決辭, 23쪽.
42) 《市民謄錄》坤, 乙未(1715), 10월 초9일, 外魚物廛 市民 更推, 105쪽.
43) 《市民謄錄》坤, 乙未(1715), 提調大監 手決, 107~113쪽.

이들을 모두 난전율로 처벌한다는 규정을 제시한 데서 찾을 수 있다. 그 뒤 이 규정에 대한 해석을 둘러싸고 분쟁이 벌어진 것이다. 내어물전은 1680년(숙종 6) 외어물전 복구를 요구하는 정장呈狀에 열명列名한 자가 30명이므로 30명이 외어물전 상인의 정액이며 그 뒤에 새로 가입한 100여 명은 모두 난전율로 다스려야 된다고 주장하였다. 반면 외어물전은 1680년 외어물전을 복설할 때 외어물전인의 정액을 규정한 바가 없을 뿐만 아니라 당시 열명정소列名呈訴한 외어물전 상인 수는 40여 인이고, 이름을 기록하지는 않았지만 당시 서소문 밖에서 좌시坐市를 열어 어물판매에 종사하던 사람은 200여 명이 넘게 있었다고 주장하였다. 외어물전의 입장에서 현재 정원으로 되어 있는 130명은 그보다 훨씬 이후의 일이라고 주장한 것이다.44) 조정에서는 내·외어물전의 30명 제한요구를 물리치고 외어물전의 주장을 받아들여 외어물전 상인의 정원을 130인으로 결정하였다.45)

이와 같이 내·외어물전인 사이에 분쟁이 그치지 않자, 1705년(숙종 31) 평시서 삼랑청三郞廳과 직장 봉사直掌 奉事가 내·외어물전의 소송의 전말·곡절 및 어물전 상인의 정원·등급·분수물화分數物貨·분집대소分執大小 등등의 일을 모두 조사하여 앞서 본 바와 같은 종합적인 판결을 내렸다.46) 그 이후 조정에서는 대체로 1705년의 결정을 준수하고 그밖에 모든 소송에 대해서는 불허하는 입장을 견지했지만, 내어물전인은 이를 무시하고 평시제조와 낭청이 교체될 때마다 새롭게 소송을 제기하였던 것이다. 내·외어물전 사이에 벌어진 분쟁들은 1715년(숙종 41) 내어물전인들이 사실을 왜

44)《市民謄錄》坤, 庚申, 外魚物廛 上言, 92~93쪽.
45)《市民謄錄》坤, 116쪽.
46)《市民謄錄》乾, 乙未(1715) 9월 23일, 提調大監 題辭, 64쪽.

곡하여 무소誣訴했음을 자백함으로써 일단락되었다. 내·외어물전 사이의 분쟁이 외어물전의 일방적 승리로 귀결된 것이다.

1715년 이후 내·외어물전 사이의 분쟁은 줄었지만, 왕실에 대한 어물진배 문제, 남해산 어물에 대한 유통지배비율 문제가 새로운 분쟁거리로 등장하였다. 이 시기 내·외어물전 사이의 분쟁은 그 전과 달리 외어물전인들의 제소提訴에 의해 발생하는 것이 많았다.

어물진배권을 둘러싼 분쟁은 내어물전의 독점진배권에 대해 외어물전이 문제를 제기함으로써 비롯되었다. 원래 선온시宣醞時와 지칙시支勅時의 어물공물魚物貢物은 내어물전이 독점하여 진배하는 것이었다. 내어물전의 진배권 독점은 내어물전이 4등, 8분역을 담당하고, 외어물전은 9등, 1분역을 담당할 때 정해진 것이었다. 그러나 1751년(영조 27)에는 외어물전이 5등으로 승격하여 국역부담률이 높아졌다. 외어물전인들은 자신들이 내어물전과 비슷하게 국역을 부담하고 있으므로 어물진배의 권한도 소유해야 한다고 주장한 것이다. 이러한 외어물전의 요구에 대해 평시서에서는 '시전에 주객主客의 구분이 있어야 한다'라는 명분으로 허용하지 않았다. 어물의 진배는 내어물전이 전담하도록 판결한 것이다.[47]

남해산 어물의 유통문제에 대해서도 분쟁이 발생하였다. 원래 남해산 어물은 육로를 통하여 서울에 반입되는 것이었다. 동해산 어물과 마찬가지로 마소가 실어 나르는 것이기 때문에, 남해산 어물은 서해산 어물의 분수분집 규정을 적용하지 않고 동해산 어물처럼 어상魚商이 임의로 내·외어물전인에게 판매하였다. 그러나 18세기 이후 남해산 어물 가운데 건청어乾青魚가 바다를 통해 선박으로 서울에 반입되면서 문제가 발생하였다. 18세기 해상교통의

---

47) 위와 같음.

발달에 따라 영남로를 통해 육운되던 남해산 어물이 선운船運으로 반입되었던 것이다.[48] 1735년(영조 11) 내어물전인들은 남해산 건청어를 선운되는 어물이라 하여 3:1의 분집규정을 적용하려고 하였다. 이에 대해 외어물전 상인들은 건청어는 선운되기는 하지만 남해산이므로 3:1의 분집규정을 지킬 수 없다고 주장하였다. 조정에서는 육로로 반입되는 남해산 어물은 그전처럼 임의화매任意和賣하고, 선운되는 남해산 어물에 한해서는 3:1의 비율을 적용하도록 결정하였다. 내어물전의 입장을 들어준 것이다.[49]

18세기 말 외어물전인들은 선운어물의 3:1 분집규정에 대해서도 이의를 제기하였다. 이 규정은 외어물전의 국역부담이 미미할 때인 1686년(숙종 12) 정해진 것이었다. 1751년(영조 27) 외어물전의 등급이 5등으로 승격되었기 때문에, 외어물전인들은 서해산 선운어물에 대해서 내어물전과 1:1로 나눌 것을 요구하였다. 외어물전인의 끈질긴 요구에 따라 조정에서는 1781년(정조 5) 서해산 선운어물의 유통지배비율을 내어물전 3/5, 외어물전 2/5로 조정하였다.[50] 이 비율은 1819년(순조 19)의 자료에서 40년 동안 계속 준행되었다는 표현으로 보아 그 뒤에도 계속 지켜진 것으로 보인다.[51]

1715년 이후 내·외어물전 사이의 분쟁은 그 이전에 비해 훨씬 줄어든 반면, 내·외어물전과 사상세력 사이의 분쟁이 새로운 쟁점으로 부각되었다. 이 시기에는 누원점樓院店·송우점松隅店의 사상도고와 경강여객주인, 중도아, 북어행상 등이 서로 결탁하여 어물

---

48) 조선후기 해상교통의 발달에 대해서는 고동환, 〈조선후기 연안항해와 외양항로의 개척〉, 《동방학지》161, 2013 참조.

49) 《各廛記事》人, 癸亥(1743) 11월 일, 189쪽. "乙卯年(1735) …… 外廛人 以船運乾靑魚 爲南海之魚 不入於分數定式之中 肆然起鬧是白如可"

50) 《各廛記事》地, 道光 23년(1843) 윤7월 일, 155~158쪽.

51) 《各廛記事》地, 己卯(1819) 월 일, 180~186쪽.

전을 통하지 않고 어물을 유통시키는 경우가 많았다. 이러한 사상
도고들의 난전행위는 내·외어물전에 큰 위협이 되었다. 따라서
내·외어물전은 시전의 독점권을 지키기 위해 이들 사상난전에 대
해서 공동으로 대응하지 않을 수 없었다.52)

3. 어물전을 정점으로 한 어물의 유통구조

1) 어물의 유통경로 1: 지방의 어상魚商에서 서울의 어물전까지

시전체제가 정상적으로 유지되는 시기에 서울의 모든 상품유통
은 시전을 정점으로 하여 이루어지고 있었다. 시전상인이 하부유
통기구를 통괄하면서 상품유통의 주도권을 행사하였던 것이다. 이
러한 시전체제 아래서 수산물에 대한 관할권은 종류에 따라 나누
어져 있었다. 수산물 가운데 생선은 생선전이, 젓갈은 해전醯廛, 마
른 생선[건어乾魚]과 절인 생선[염어鹽魚와 침어沈魚]은 어물전에서
독점적으로 판매하였다.53) 1706년(숙종 32) 평시서 시안에 기록된
어물전의 취급물종은 각종 건어, 염어, 침어, 좌반佐飯 등이었다.54)

어물전은 서울시민의 일용日用 반찬거리인 마른 생선과 절인 생
선 등에 대한 유통권을 장악하였지만, 서울에서 소비되는 모든 어
물에 대해 독점적 유통권을 행사할 수는 없었다. 시전체제 아래에
서는 서울시민에 대한 판매독점보다도 선상이나 지방상인들에 의
해 반입되는 어물에 대한 구매독점권이 더욱 중요했다. 그러므로
상품유통경로 가운데 지방에서 서울로 반입된 어물이 어물전까지

---

52) 《市民謄錄》 坤, 乙未(1715) 10월 12일, 다짐[고음侤音], 117쪽.

53) 《各廛記事》 地, 癸卯(1843) 7월 일, 208쪽.

54) 《市民謄錄》 乾 平市署市案年條, 康熙 45년(1706), 1쪽.

도달하는 유통경로가 시전체제를 이해하는 데 중요한 열쇠가 되며, 시전상인의 입장에서도 이에 관한 많은 자료를 남기고 있다.

앞서 보았듯이 서울에 반입되는 어물은 서해산, 동해산, 남해산으로 크게 구분되었고, 각각 생산처에 따라 그 유통방식과 관할권이 달랐다. 서해산 어물은 주로 염어·심어·좌반 종류였고, 배로 경강京江에 운송된 뒤에 서울로 반입되었다. 동해산 어물은 건어인 북어北魚가 주종으로, 동북어상이 말이나 소로 실어 날랐다.55) 그리고 동·서해안의 어물에 견주어 유통량이 많지 않았던 남해산 어물은 영남로를 통해 육운되거나 배로 선운되었다. 이처럼 어물의 생산처에 따라 운송 루트가 다르고 그 취급 상인이 달랐기 때문에 어물전에서도 취급 방식을 달리하여 유통을 지배하였다.

(1) 서해산 선운어물의 유통경로

어물전인의 선운어물에 대한 수세방법과 구매방식은 고정적인 것이 아니라 시기에 따라 달랐다. 이것은 주로 어물전인과 선상 그리고 여객주인旅客主人의 세력관계가 어떠한가, 또는 내어물전과 외어물전의 세력관계가 어떠한가에 따라 달라지는 것이었고, 크게 보면 이러한 상업세력과 연결된 정치세력의 성쇠에 관련되어 있었다.

어물은 지방선상이나 경강선상에 의해 서울로 반입되었다. 선상들은 서해안의 어장에 나아가 어부들로부터 어물을 구매한 뒤 경강 포구에 반입하였다. 경강의 여러 포구 가운데 염어와 건어를 취급하는 포구는 마포가 중심이었다. 마포는 18세기 초반까지 어물을 비롯한 각종 상품의 매매를 중개하는 여객주인이 있었던 유

55) 《各廛記事》 地, 己卯(1819) 월 일, 180쪽.

일한 포구였다.56) 그러므로 전국의 어물선상들은 마포에 몰려들
었고,57) 어물선상이 마포에 도착하면 여객주인이 어물전 상인에
게 알려주어 내·외어물전 상인들은 마포에 나가 어물선상으로부
터 어물을 3:1의 비율로 구매하였다.

초기 마포에만 있었던 여객주인들도 18세기 중엽 이후 용산, 서
강, 망원, 합정, 동작, 양화진 등 경강의 각 포구에 산재하게 되었
다.58) 여객주인들은 선상들의 어물을 보관하고 이들의 어물이 팔
릴 때까지 술과 안주 등 식사를 제공하여 접대하는 한편, 상품매
매를 중개하여 그 대가로 보통 상품매매 가격의 1/10을 구문口文
으로 받았다.59) 선상들은 여객주인에게 자기방매自己放賣함으로써
주인과 객상관계를 맺었는데, 이 관계는 후손에까지 미쳤다. 경강
여객주인은 선상으로부터 중개권을 구입하여 개별 선상에 대한
독점권을 취득하였다.

선상과 여객주인 사이에 주객관계가 성립되면, 선상이 싣고 온
어물은 반드시 자신의 주인으로 삼은 여객주인을 거쳐 판매하지
않으면 안 되었다. 만약 다른 여객주인을 거쳐 판매할 경우, 여객
주인의 고발에 따라 선상들은 '노비들이 주인을 배반하여 도망간
죄'로 처벌되었다.60) 이 때문에 선상들은 여객주인의 동의 아래에

---

56)《備邊司謄錄》정조 13년 12월 12일.
57)《各廛記事》人, 擁正 5년(1717) 丁未, 278쪽. "自昔及今 八路魚商 咸湊麻浦和買者 實
是國初流來之"
58) 고동환, 앞의 책(주 48) 참조.
59)《備邊司謄錄》영조 4년 2월 28일. "京江近處富豪家 與倉屬符同 稅船來泊 則以若干酒
肴饋船人 百石中取十石 若計至千萬石 則其所費爲如何哉 船人不欲出給 則與倉吏締結
故捧上之際 必爲執頉 且船人往來之際 各有主人處 近來勢家居江上者 縱奴僕輩 小不如
意 則勒奪其器械 船人輩於漕運旣失利 雖欲私販 亦不能任意往來 船漢輩將無保存"
60)《奎章閣古文書》87023. "矣身次知 金浦船人 趙士寬沙格等 每載物種 橫走他處之狀 萬
萬無狀……上項趙士寬船人沙工 捉來橫叛主人之罪 各別嚴治後 前後口文一一推給"

서만 물건을 판매할 수 있었다. 이와 같은 주인층의 권리는 개별 선상에 대한 지배권에서 차츰 지역 전체에 대한 지배권으로 발전하였다.61)

내·외어물전인이 어물을 독점적으로 구매할 수 있는 구역은 경강 가운데서도 한강 입구인 연미정燕尾亭에서 한강진(오늘날 한남대교 주변)에 이르는 지역이었다.62) 그 밖의 지역에서는 어물이 많을 경우에는 어물전인에게 넘겨줬지만, 적을 경우는 임의로 판매하는 것이 허용되었다.63) 경강 여객주인들은 어물전인들의 관할구역 안에서 선상과 어물전 사이의 거래를 중개하였다. 여객주인들은 선상이 도착하면 어물전인에게 반드시 알리는 의무가 있었다.64) 이를 어기면 여객주인은 처벌되었다. 예컨대 1791년 행주幸州의 뱃사람 유시노미柳時老味 등 6명이 어물전에 어물을 넘기지 않고 직접 칠패 중도아에게 판매하였다 하여 도고난전의 죄로 처벌되었는데, 이 과정에서 여객주인인 여일돌呂日乭과 김복재金福才도 어물전에 알리지 않았다는 이유로 처벌되고 있다.65) 1806년(순조 6) 인천의 포구주인浦口主人 천종만千宗萬이 처벌받은 것도 같은 이유

61) 개별 선상에 대한 여객주인권이 지역전체에 대한 주인권으로 발전하는 과정에 대해서는 고동환, 〈18·19세기 외방포구의 상품유통발달〉,《한국사론》13, 서울대 국사학과, 1985. 참조.

62)《各廛記事》天, 康熙 46년(1706) 10월 일, 2쪽. "自項山燕尾亭 至三江到泊鹽魚船 廛人 未出去前不得卸下"

63)《各廛記事》人, 乾隆 56년(1791) 8월 일, 267쪽. "幸州居 柳時老味等 六漢 …… 矣徒等 俱以魚商生業 而隨其魚物之多少 多則請來廛人而賣之 少則發賣各處 自是流來之規"

64)《各廛記事》人, 嘉慶 18년(1813) 4월 일, 301쪽. "各江船主人及江主人輩也 各處魚物 載到京江 則同主人等 通寄於矣廛人 使矣廛散賣各處 自是定式之例";《各廛記事》地, 道光 19년 更子 4월 일. "若無主人 則廛人安知有潛賣之事 …… 廛人若無江主人之指告 則實無探知亂廛之有無"

65)《各廛記事》人, 乾隆 56년(1791) 8월 일, 266~268쪽.

에서였다. 전라도 강진의 미역선상 김봉철金奉喆은 인천의 신고개 포구에 도착하여 포구주인 천종만을 주인으로 삼아 미역 67첩貼을 판매하려 하였다. 이에 천종만은 서울의 어물전인에게 알렸고, 통보를 받은 어물전 상인 3명이 인천에 내려와 김봉철과 흥정하였지만 거래가 성사되지 않았다. 결국 어물전 상인은 안산 포구로 가버렸고, 선상 김봉철은 싣고 온 미역을 인천 포구 사람들에게 38냥에 판매하였다. 이 과정에서 포구주인 천종만이 김봉철의 어물 매매를 주선했다는 죄로 처벌되고 있는 것이다.66)

이상에서 살폈듯이 선운어물의 어물전까지의 유통경로는 어물선상—여객주인—내·외어물전의 경로였음을 알 수 있다. 그러나 어물전인들이 관할하는 지역 안에 선상들이 싣고 온 어물 모두가 어물전인에게 넘겨지는 것은 아니었다. 선상과 여객주인, 그리고 어물전인 사이의 구체적인 유통형태는 시기에 따라, 어물의 내용에 따라 달랐다.

18세기 초반에는 선상이 싣고 온 어물 가운데 일정량을 시가의 반값으로 어물전에 넘기고 나머지는 어물선상이 여객주인의 중개를 거쳐서 중도아에게 넘겼다. 선박에 실린 어물 가운데 일부는 어물전이 시가의 전반으로 구매하고, 나머지는 선상이 임의로 중도아들에게 판매하였다. 18세기 전반 어물전인들이 선상들에게 어물을 구매하는 방식은 '약간사하 감반절가매취若干卸下 減半折價買取'의 방식이었다.67) 선상들에게서 어물을 구입한 중도아들은 이를 다시 칠패七牌나 이현梨峴 등지의 어물소매상이나 어물행상들

---

66) 《各廛記事》 人, 丙寅(1806) 8월 일, 292쪽.

67) 《各廛記事》 地, 癸亥(1743) 4월 일, 121쪽. "市廛之主管該廛物貨 乃百市通行之法 而至於矣廛之於鹽魚 就其中若干卸下 而其時則減半折價買取 以報國役之用 …… 若不全船打發 若干卸下 則其餘擧歸於南門外七牌中都兒亂賣之手"

에게 판매하였다.

외어물전은 칠패 지역에서 유통되는 모든 어물에 대해 수세권을 행사하고 있었다. 그러므로 칠패에서 어물유통을 담당한 중도아들은 외어물전에 세금을 내야 했다. 중도아들에게 얼마 정도의 세금을 거두었는지는 자료가 없어서 확인하기 어렵다. 다만 1743년(영조19) 외어물전 상인들이 중도아의 아래에서 실제 소비자에게 어물을 판매한 행상들에게 징수하는 액수는 밝혀져 있다. 외어물전에서는 머리에 이고 판매를 하는 행상[대자戴者]에게는 5푼, 지게에 생선을 지고 판매하는 상인[부자負者]에게는 1전, 바리짐으로 판매를 하는 상인[태래자馱來者]에게는 3전의 세금을 징수하고 있다. 이들로 부터 걷는 세금의 액수는 하루 평균 40전에서 50전에 달하였다.68)

이러한 '약간사하 감반절가매취' 방식은 내어물전보다 외어물전에게 유리한 것이었다. 경강에 집하集荷된 어물이 도성 안으로 반입되기 위해서는 서소문이나 남대문을 거쳐야 했는데, 이 길목에 외어물전이 위치했고, 외어물전에서는 중도아에게 수세할 수 있었기 때문이다. 그러므로 1743년(영조19) 내어물전에서는 '전선타발全船打發'의 방식으로 변경할 것을 요구하였다. 타발打發은 상대방이 부르는 가격으로 팔고 사는 것을 말하므로,69) '전선타발'은 선박에 실린 모든 어물을 선상이 부르는 가격에 내·외어물전인이 모두 구매하여 3:1의 비율로 나누는 것이었다. 이렇게 되면 외어물전인들의 칠패 중도아에 대한 수세는 첩세疊稅가 되므로 부정되었

68) 《各廛記事》地, 癸亥(1743) 4월 일. 119쪽.
69) 《萬機要覽》財用篇 5, 燕行八包 比包. '彼地售賣之價 俗稱 打發'.《朝鮮人の商業》에서는 타발을 계산하여 지불하는 행위로 풀이하고 있다(善生永助,〈상업용어〉,《朝鮮人の商業》, 조선총독부, 1925, 183쪽).

다. 따라서 외어물전인은 '전선타발'을 강력히 반대하였다. 그러나 평시서에서는 '전선타발'이 내·외어물전의 이해관계와는 무관한 것이며, 중도아들은 시전상인이 아니므로 실리여부失利與否를 논할 바가 아니라는 입장을 표명하였다. 평시서에서는 내어물전의 주장을 받아들인 것이다. 이에 따라 1743년부터 어물전 상인이 선상에게서 어물을 구매하는 방식은 '전선타발'로 바뀌었다.70)

'전선타발' 방식은 경강에 반입된 모든 서해산 어물을 일단 내외어물전에 모두 귀속시킨 뒤에 하부의 유통상인들에게 나누어 주는 것이었다. 그러므로 '전선타발' 방식으로 가장 크게 피해를 입는 상인들은 외어물전이 아니라 어물선상과 경강여객주인층이었다. 선상과 여객주인들의 자유로운 판매를 부정하고 그들을 어물전 상인의 예속 아래 두는 것이었기 때문이다. 따라서 어물선상과 여객주인층은 '전선타발' 방식이 실행되자 이에 크게 반발하였다. 이처럼 반발하자, 그 이듬해 1744년(영조 20) 비변사에서는 어물전인들의 서해산 어물구매방식을 개정하였다. 이때 반포된 것이 '갑자절목甲子節目'이다.

'잡자절목'의 전문이 남아 있지 않아 전체적인 모습을 파악할 수는 없지만 여러 자료에서 단편적으로 언급되는 내용을 종합해 볼 때, '갑자절목'의 어물구매방식은 '십일부리화매 분수납세什一付利和買 分數納稅'의 방식이었다. 화매란 바로 가격을 논하여 판매하는 것을 말하는 것으로, 판매자와 구매자 쌍방이 모두 이의 없이 매매하는 것을 의미한다.71) 부리는 이익을 부쳐 구매한다는 뜻으로 보인다. 부리할 때는 어물전인이 직접 나가지 않고 경강여객주

70) 《各廛記事》 地, 癸亥(1743) 4월 일, 121쪽. "全船打發 豈獨利於內廛 而不利於外廛也 所謂中都兒 則旣非市民 失利與否 非所可論"

71) 朝鮮總督府, 《朝鮮人の商業》, 제4절 상업용어, 1924, 182쪽.

인의 집에서 부리전만을 거두어 내·외어물전인이 나누어 가졌다. 어물전인들은 어물판매가격의 1/10을 부리전으로 거두었다.[72)]

갑자절목에서는 어물 종류에 따라 구매방식을 다르게 규정하였다. 절인 생선(염어)의 경우, 염어선鹽魚船이 싣고 온 어물 가운데 1/10만을 내·외어물전이 시가로 분수분집하고 나머지 9/10는 선상이 임의판매토록 하였다. 선상들의 임의판매에 맡겨진 어물을 매입한 사람들은 서울에 사는 부민富民들이었고, 이들은 도고활동을 통하여 막대한 이익을 남기고 있었다.[73)] 또한 임의발매에 맡겨진 염어가의 10퍼센트를 어물전인들은 세금으로 징수하였다.[74)] 침어의 경우, 선상들이 싣고 온 침어의 3/4은 내·외어물전인이 구매하고, 나머지 1/4은 선상의 임의판매에 맡겨졌다. 어물전인들은 선상에게 구매할 때 가격의 10퍼센트를 할인하여 구매하였다.[75)] 원래 침어선沈魚船에 대한 수세는 국초부터 성균관에서 징수하였는데, 1729년(영조 5)부터는 성균관의 침어선 수세를 혁파하고 어물전인이 이를 징수하였던 것이다.[76)]

이와 같은 갑자절목의 '십일부리화매 분수납세什一付利和買 分數

---

72) 《各廛記事》人, 丙子(1756) 12월 일, 200쪽. "所謂付利者 元無出往外方浦口船泊處 較量物種事 而每往京江船主人家捧錢 或三四五十兩 以爲內外廛分執之地"

73) 《各廛記事》人, 乾隆 56년(1791) 5월 일, 272쪽. "逮至甲子年 江民稱有弊端 誣訴備局 更定什一付利之規 什之一則廛人平價和買 什之九江民任自發賣 以作富民權利之寶 故鹽魚之極貴 良以此也"

74) 《各廛記事》地, 乾隆 10년(1745) 2월 일, 239쪽. "鹽魚船買賣時 就其折價中 一兩除出一錢 十兩除出一兩 數百千萬兩 依此遞減之意 又自本府節目頒行"

75) 《各廛記事》天, 甲戌(1754) 8월 24일, 26쪽. "甲子節目中 沈魚船之數中四分之三 使廛人買取 而又取折價中 每一兩減一錢 醢船鹽船則元數中折半 使廛人買取 而亦取折價一兩減五分云" 이 자료에서 보듯이 어물전인들은 심어를 시가보다 10퍼센트를 낮게 구매했지만, 젓갈이나 소금을 판매하는 해전과 염전에서는 젓갈과 소금의 시가보다 5퍼센트 낮게 구매하였다.

76) 《市民謄錄》坤, 庚申(1740) 6월 일, 館奴等許訴 大司成沈聖希, 124쪽.

納稅'방식은 선상들의 임의발매분이 많았기 때문에, 선상들의 매매를 중개했던 여객주인층에게 유리하였다. 비록 서울에 반입된 어물의 판매가격의 10퍼센트를 세금으로 징수했다고 해도, 어물전 상인이 유통시킬 수 있는 것은 서울로 반입되는 어물의 10퍼센트에 지나지 않았다. 어물전 상인들의 입장에서는 유통과정에서 이익을 볼 수 있는 기회가 훨씬 줄어들었던 것이다.

그러므로 세력이 강한 어물전 상인들은 갑자절목의 규정을 제대로 지키지 않았다.[77] 어물전 상인들은 강변에 도고都庫를 설치하여 선상들을 위협하여 모든 어물을 어물전의 도고로 집중시켰다. 이로써 선상들이 임의발매할 수 있는 길이 막혀버렸다. 이러한 어물전 상인들의 강제행위는 선상들의 마포정박을 기피하게 만들었다. 선박이 드나들지 않자 마포 지역 주민들의 생계가 막연해졌다. 이에 마포의 임장任掌 이덕창李德昌은 어물전의 도고를 혁파해줄 것을 요청하였고, 이러한 마포주민의 요구를 받아들여 평시서에서는 어물전의 도고를 혁파하였다. 그러나 그 뒤에도 어물전인들은 선박이 정박한 곳까지 나와 어물가격의 1/3를 분세分稅라는 명목으로 제하고, 2/3만을 선상에게 지불하고 있다. 선상들은 어물전인들의 분세를 구실로 어물가격의 1/3을 지불하지 않는 폐해가 도고보다 더 심하다고 얘기하고 있다.[78]

어물전인들이 어물가의 1/3을 지불하지 않는 관행은 1750년(영

<hr>

77)《備邊司謄錄》영조 30년 8월 27일. "甲子節目 船商分數納稅於本廛後 許其任意放賣 於此廛人不利 故其後不爲遵行 以致弊端之層生"

78)《市民謄錄》坤, 庚午(1750) 6월 일, 典僕 洪以寧等狀, 142~143쪽. "麻浦任掌 李德昌招內 以爲曾前廛人作都庫時 商船所載魚物 威脅折價都入本廛 故因此漁船不爲來泊 江邊爲民巨害乙仍于 因本洞呈備局 革罷都庫之後 漁船來泊 廛人出來船所 凡佐飯等魚物 謂之五破興成 勿論多少 其價本中三分之一 則以丘實分稅計之 而其餘三分之二 則計給魚商 自成規例 其弊反甚於都庫"

조 26) 장흥상인長興商人 하주복河周福이 경험한 바를 통해 확인된
다. 그는 관목청어貫目靑魚 5동同을 싣고 마포에 도착하자 어물전
인이 강변에 나와 15냥으로 가격을 매긴 뒤 그 가운데 5냥은 세금
으로 제하고 나머지 10냥만을 지불하였다는 것이다.[79] 한편 어물
전인은 어상이나 어물전에게 물건을 구입하여 소비자나 행상에게
판매하는 중도아에게도 각 1전씩 수세하였다.[80]

　이처럼 '갑자절목'의 효력은 어물전인의 반발로 유명무실한 것
이 되었고, 경강포구에 대한 어물전인의 침학으로 폐단이 중첩되
어 갔다. 이러한 어물전인의 횡포에 대하여 경강주민과 선상, 중도
아들이 모두 불만을 품고 비변사에 정소하고 왕에게 직접 상언上
言을 올리자, 1753년(영조 29)에는 시전과 경강의 폐단을 대대적으
로 조사하였다.[81] 이 조사를 토대로 시전과 경강의 폐단을 시정한
것이 1754년(영조 30) 비변사에서 제정한 '갑술절목甲戌節目'이었
다. 이때에 갑자절목이 폐기되고 새로운 매매규칙이 성립하였다.
　'갑술절목'도 전문은 남아 있지 않으나 여러 자료를 종합해 보
면 선박에 실은 모든 어물은 어물전에만 판매하되 거래는 화매의
방식으로 규정하였다고 이해된다. 이는 갑자절목의 '십일부리화매
분수납세' 규정이 폐지되고 '전선타발' 방식으로 회귀한 것이었
다.[82] 선상들이 싣고 온 어물은 반드시 어물전인에게만 판매해야

79) 《市民謄錄》坤, 庚午(1750) 6월 일, 143쪽. "長興船人 河周福招內 以爲貫目靑魚 五同
　　載船到泊麻浦矣 魚廛人出來江邊 同貫目靑魚五同 折價十五兩內 五兩段例給收稅計除爲
　　遣 餘價十兩捧去是如"
80) 《市民謄錄》坤, 庚午(1750) 6월 일, 143쪽. "中都兒 李太桂招內 自前魚物廛 稱以丘實
　　矣徒等十二處 每廛 各一錢式捧去 而亦於三江漁船到泊時 亦有收稅之事"
81) 《各廛記事》天, 甲戌(1754) 8월 24일, 27쪽. "均役堂上 洪 所啓 上年市弊釐正 江弊裏
　　面 臣則猶不詳知 時畿伯 李 以江上各廛革罷事 至成節目"
82) 《各廛記事》地, 丙子(1756) 12월 일, 198쪽. "什一付利革罷後 全船打發改節目"

했기 때문에, 어물 가격은 어물전인이 마음대로 정할 수 있었다.
만약 흥정이 맞지 않아 어물을 다른 상인에게 처분한 선상들은 난
전율로 처벌되었다. 난전으로 처벌받지 않으려면, 선상들은 어물
전에 판매하지 못한 어물은 썩히는 도리밖에 없었다. 이처럼 '전선
타발'의 구매방식은 다음의 기사에서 보듯이 어물전인에게 막대한
이익을 가져다주었지만, 선상들을 철저하게 어물전에 종속시키는
결과를 가져온 것이었다.

> 선상의 명맥은 자연히 전인廛人의 수중에 들어갔다. 어염魚
> 鹽은 자연히 그 가격이 형성되는데 어물전인이 시가의 반으로
> 늑매勒買하고자 하여 선상들이 이를 따르지 않은 즉, 다른 곳
> 에 매매할 수 없게 하여 어물을 썩게 만들었다. 이 때문에 선
> 상들이 실업하고 시전상인의 이익이 점차 많아졌다.[83]

'전선타발'의 방식 아래서는 선상들은 손해가 불가피했다. 평시
서에서도 이와 같은 선상들의 입장을 배려하지 않을 수 없었다.
이에 평시서에는 1754년 8월 다음과 같이 갑술절목을 보완하는
조치를 취하였다.

83) 《備邊司謄錄》 영조 30년 8월 27일. "使之私相和賣 而勿令亂賣他處 盖欲廛人 勿爲操
縱 船商勿爲亂賣 若使民心循古 而各自奉令 亂賣之措語 廛人憑此作弊 而船商之命脉
自歸於廛人之手矣 魚鹽自有其直 而廛人必欲半價勒買 若或不從 則俾不得買 使之腐棄
以此之故 船商畢皆失業 廛人日漸擅利 事之駭痛 莫此爲甚 甲子節目 船商分數納稅於本
廛後 許其任意放賣 此於廛人不利 故其後不爲遵行 以致弊端之層生 昨年釐正時 則以其
船商之稅錢 慮或近於均廳 稅外疊稅 不爲擧論矣 今番始因船商輩呼訴 詳聞自中稍知事
理者之言 則以爲均廳之納 乃是船稅 廛人處取給 乃是分利 條件各異 謂之疊役 萬萬不
可云 而皆願依甲子例 參酌定式矣 卽今除江弊之要道 莫如魚塩廛之革罷 而久遠之廛 旣
難猝罷 則毋寧從民願 變通之爲得 令廟堂 更就甲子節目 從便釐正 趁速知委 何如 上曰
依爲之"

> 염어선이 도착한 뒤에 시가로 매매하는데 생어生魚는 하루
> 안에, 염어는 3일 안에 매입하는 것을 정식으로 한다. 만약
> 이 기일을 넘겨 매매되지 않은 물건은 선인船人과 강민江民들
> 이 자유롭게 매매해도 난전율로 다스릴 수 없게 한다.[84]

　다시 말해 선상과 어물전인의 거래기한을 명시하고, 거래기한
안에 거래가 성립되지 않았을 경우 선상들이 임의판매해도 난전
으로 처벌하지 못하도록 한 것이다. 거래시한은 인용문에서 보는
것처럼 생선은 하루, 절인 생선은 3일로 정해졌다. 이처럼 거래기
한을 제한하긴 했지만 어물전인의 독점권은 '전선타발'의 방식 아
래에서 그 이전보다 훨씬 강화되었다.
　한편 한강이 얼어붙은 겨울철에 선상들은 인천, 부평, 교하, 광
주, 안산 등지에 어물을 하역하고 바리짐[태운]으로 서울에 반입하
였다. 이때 수세권을 누가 어떻게 행사하는가도 중요한 문제였다.
원래 어물전인이 경강에 나아가 선상들로부터 분세를 걷는 근거
는 금난전권에 있었다. 그러나 금난전권은 한성부 영역 안에서만
유효한 권리였다. 한성부 바깥에서 상인들의 영업은 금난전권의
제한을 받지 않았다. 그러므로 어물전상인들이 한성부 바깥에서
선상들에게 세금을 걷는 것은 원칙적으로 금지되었다.[85] 그러나
어물전 상인들은 한성부 바깥인 인천 등지에 하역된 어물이 서울
에서 판매된다는 이유로 수세를 강행하였다. 조정에서도 한강이

얼어붙은 겨울철에 한해 이와 같은 한성부 바깥에서의 어물전인
의 수세권을 인정하였다.[86]

이처럼 강이 언 뒤에 외방포구에 정박하는 어물에 대한 수세
과정에서도 많은 폐단이 발생하였다. 그러므로 1754년(영조 30)
'갑술절목'에 따라 경강의 예처럼 '전선타발'의 규례가 적용되었
다. 이때의 어물거래 방식은 100동 이상인 경우는 내·외어물전
인이 3:1의 비율로 나누어 화매하고, 100동 미만의 경우는 선인
들이 임의로 판매하도록 하였다. 예컨대 선상이 싣고 온 어물이
350여 동일 경우에는 300동만 내·외어물전이 3:1로 나누어 구매
하고 나머지 50여 동은 선인들이 임의로 판매하도록 하였다.[87]
선상들의 임의판매에 맡겨진 어물이 칠패 중도아에게 넘겨졌을
때 외어물전이 이에 대해 수세를 했는데, 그 액수는 1바리당 1
동음冬音이었다.[88]

어물전인들은 연강沿江의 잔민殘民들이 죽음을 무릅쓰고 구입하
여온 어물을 자신의 물종이라 하여 세를 남봉濫捧하고 싼값으로
늑매하여 강상의 도고에 쌓아 두었다가 천천히 판매하여 막대한
이익을 올릴 수 있었다. 서울 주민의 반찬거리가 단절되고 값이
올라가는 것은 당연한 이치였다.[89] 이처럼 어물전인들은 구매독
점권을 적극적으로 활용하여 어물유통의 주도권을 장악하였다. 이
와 같은 유통체계는 어물전인에게 가장 큰 상업이윤을 보장하는,
어물전을 정점으로 하는 유통구조였다.

86) 《各廛記事》地, 戊戌(1778) 12월 일, 133~142쪽.
87) 《各廛記事》人, 丙子(1756) 12월 일, 194~195쪽.
88) 《各廛記事》人, 乾隆 10년(1745) 2월 일, 238쪽.
89) 《各廛記事》人, 乾隆 56년(1791) 5월 일, 269쪽. "矣徒等 俱以沿江殘民 其所爲業 只此
魚物 萬尋滄海 不許死生 艱辛貿來則所謂廛人輩 稱以渠廛己物濫捧稅錢 不一其端 勒令
輕價 沒數輸入 藏置都庫 流伊賣買 此流之弊 遍及於萬民饌道方塵"

갑술절목이 제정된 이후 어물전인들은 모든 어물에 대한 구매 독점권을 행사하였다. 이러한 구매독점권은 실제 모든 어물을 구매하는 방식으로 행사되지는 않았다. 어물전인들은 싣고 온 어물의 일부를 현물로 수세하는 방식으로 구매독점권을 행사하였다. 1786년(정조 10) 팔강八江어사의 서계書啓에서는 내·외어물전이 수세라 칭하여 가령 100동의 염어에 20동에서 30동을 현물로 징수하고 있음을 지적하고 있다.[90] 이로써 보면 어물전인들은 어물선상들에게 10퍼센트에서 30퍼센트에 이르는 어물을 세금으로 징수한 뒤에, 다시 나머지 어물을 화매和賣하였던 것으로 보인다. 18세기 말엽에는 '전선타발'의 방식이 '분세수봉 임의발매分稅收捧 任意發賣' 형태로 전환된 것이다. 그러므로 18세기 말엽 어물전인들은 어물판매보다는 지방에서 반입되는 어물에 대한 수세권 확보에 훨씬 더 큰 신경을 쓰고 있었다.

어물전인의 현물수세는 1786년(정조 10)부터 화폐수세로 변하였다. 화폐수세는 과천과 동작진에서 비롯되었다. 과천과 동작진의 경우 서울에 속하지 않아 어물전인의 제약을 크게 받지 않는 지역이었다. 때문에 수세도 대선大船은 10냥, 중선中船은 6냥, 소선小船은 3~4냥을 정식으로 삼았다. 다시 말해 선박 크기에 따라 돈으로 세금을 매겼던 것이다.[91] 경강의 화폐수세는 1786년 팔강어사八江御使의 서계에서 경강에 대한 수세도 과천과 동작의 예에 따라 화폐로 걷자고 주장하면서 비롯되었다.[92] 이때의 수세량은 석어石魚 1천 마리당 5전錢, 진어眞魚 100마리당 3전, 마어麻魚 10마리당 7분分이었다. 이와 같이 화폐로 걷는 세가 바로 분세였다.[93] 이 결

---

90) 《備邊司謄錄》 정조 11년 정월 초1일.

91) 《各廛記事》 人, 辛亥(1791), 268~277쪽.

92) 《備邊司謄錄》 정조 11년 정월 초1일.

정 이후 어물전인은 현물수세의 원칙을 고수할 것을 여러 차례 요
청하였지만 수용되지 않았고, 화폐수세의 원칙이 정착하였다.94)

이처럼 화폐수세 원칙이 정부차원에서 결정되었지만 모든 경강
포구에서 곧바로 시행된 것은 아니었다. 화폐수세 원칙이 정해진
2년 뒤인 1789년(정조 13)에 염어의 속세束稅나 수數에 따라 현물
로 세금을 바치던 서강西江이나 행주幸州 등지의 뱃사람들과 서강
밤섬에서 염어선으로 생계를 삼던 한광태韓光泰 등은 동작과 과천
의 예에 따라 화폐납세를 청원하는 등장을 올리고 있었다.95) 이에
대해 어물전인들은

> 동작과 과천의 경우는 물이 얕고 가벼워서 작은 선박만이
> 오가는 곳이고 서울이 아닌 외읍外邑이므로 단지 난전을 금하
> 고자 하는 뜻에서 돈으로 걷는 것이다. 그러나 서강이나 마포
> 등지는 물이 깊고 넓을 뿐 아니라 모두 다 부상대고의 큰 선
> 박이 오간다. 그러므로 배에 실은 양의 다소에 따라 돈으로
> 수세하면 선상과 여객주인이 결탁하여 선박에 실은 양을 임
> 의로 조종한다. 자연히 분쟁의 소지가 많아지므로 현물로 걷
> 을 수밖에 없다.96)

---

93) 《各廛記事》 人, 丙午(1789), 258~266쪽. 같은 내용의 기사가 《각전기사》[天, 庚戌
(1790) 정월 일, 62~63쪽]에도 나오는데, 여기서는 석어 1동당 분세는 5전이고, 진어 1엔
円은 3전, 마어 1속束은 7분으로 기록되어 있다. 여기서 보면 1동은 1천 마리, 1엔円은
100마리, 1속束은 10마리임을 알 수 있다. 참고로 1동음은 20마리를 가리킨다(장지영·
장세경, 《이두사전》, 정음사, 1988, 121쪽).

94) 《備邊司謄錄》 정조 12년 11월 초7일.

95) 《備邊司謄錄》 정조 13년 12월 12일. "西江栗島民韓光泰等 以爲渠等 以鹽魚船爲業 而
魚物廛人收稅之時 增衍其數 捧稅過多 年前御史 以此啓達 使平市署 一依果川例 收捧
事定式矣 廛人蔑視疲殘 如前過濫云"

96) 《各廛記事》 人, 乾隆 54년(1789) 12월 일, 263~264쪽.

라고 하여 현물수세를 주장하였다. 그러나 정부에서는 어물전인들의 요구를 수용하지 않았다. 경강에서도 동작·과천의 예와 마찬가지로 화폐로 세를 거둘 것을 결정하여 앞서의 수세액을 정하였다. 그러나 이처럼 수세액을 규정했음에도 불구하고 어물전인들은 정식보다 많이 걷는 것이 상례였고, 이로 말미암아 경강선인과 어물전인의 마찰이 끊이지 않았다.[97]

이처럼 화폐수세가 경강 전체로 확대되는 시기는 신해통공을 전후한 시기로, 시전인들의 지위가 크게 약화되고 상품유통에서 독점권을 제한하며 자유로운 상품유통을 옹호하는 정부시책이 작용할 때였다. 1791년(정조 15) 신해통공에도 불구하고 육의전에 포함되어 있던 내어물전은 금난전권을 유지하였지만, 이것도 1794년(정조 18) 갑인통공 때 내어물전이 육의전에서 제외되면서 폐지되었다.

이제 내어물전이 육의전에서 제외되고 화폐수세로 수세형태가 변경되면서 차츰 어물유통의 주도권은 사상들에게 장악되었으며,[98] 어물전은 그 세력이 크게 쇠퇴하였다.[99] 어물유통을 장악한 세력은 부상대고로서 서울의 유력가문과 일정한 연계 아래에서 성장한 세력이었다. 이들 사상 가운데는 세력가와 연계된 여객주인층들도 있었다. 경강 여객주인권은 18세기 말 서울의 권세가에 집중되고 있었다. 권세가에서는 자기 집안의 차인差人들을 보내 여객주인업을 경영하고 있었던 것이다.

---

97) 《各廛記事》天, 庚戌(1790) 정월 일, 62~63쪽.

98) 《備邊司謄錄》정조 12년 정월 13일. "露梁銅雀例 以錢酌定施行矣 渠塵生涯 漸至殘薄 而況此物種 一朝見失將至難保之境"

99) 《備邊司謄錄》정조 20년 11월 30일. "內外魚物廛市民等以爲 …… 甲寅通共之後 各種魚物 盡爲見奪於閑雜輩"

그러나 내·외어물전은 1801년(순조 1) 하나의 주비로 묶여 육의
전에 복귀하였고, 금난전권을 회복하여 어물유통의 주도권을 행사
하게 된다. 19세기 이후에는 어물전인이 수세하는 대상도 확대되
었다. 19세기 전반에는 생선을 강변에서 건어로 만드는 것에 대해
서도 수세가 강행되었다. 1835년(헌종 1) 서강과 현석리에 사는 청
어상靑魚商 유경보 등 9인이 생선을 오래 두기가 어려워 말려 보관
하였는데, 건어라는 이유로 이들을 난전율로 처벌하였다.100) 1843
년(헌종 9)에는 화염어和鹽魚에 대해서도 어물전의 수세가 행해졌
다. 화염和鹽은 생선을 상하지 않게 간단히 소금에 적셔두는 것으
로, 생선을 저리는 자염煮鹽과는 다른 것이다. 그러므로 어물전과
는 관계없는 일이었지만, 1830년대부터 어물전인이 화염어에 대해
서도 수세하고 있다.101) 또한 1851년(철종 2)에는 양천陽川에 사는
어민들이 사사로이 어물을 말린다는 이유로 도고난전의 죄로 처
벌되고 있다. 어물전인들은 경기도 지역에서 사사로이 어물을 말
리는 행위까지도 난전율로 처벌하였던 것이다.102)

이상에서 보았듯이 시전을 정점으로 하는 유통구조 아래에서
선운어물의 유통경로는 '어물선상―여객주인―내·외어물전'의 경
로와 '어물선상―여객주인―칠패 중도아(외어물전 수세)'의 두 가
지가 있었다. 이러한 유통경로를 유지하는 데 가장 중요했던 것은
어물전인들의 판매독점이 아니라 구매독점권이었다. 구매독점권
의 행사 내용은 시기에 따라 달랐다. 18세기 전반에는 '약간사하
감반절가매취', 1743년(영조 19) '전선타발'―1744년(영조 20)에는
'십일부리화매 분수납세'―1754년(영조 34)에 '전선타발'―18세기

100) 《各廛記事》人, 道光 15년(1835) 3월 일, 313~315쪽.
101) 《各廛記事》地, 癸卯(1843) 7월 일, 204~224쪽.
102) 《各廛記事》天, 咸豊 원년(1851) 4월 일, 18~21쪽.

말엽에 '분세수봉 임의발매'의 형태로 변동되었다.

그러므로 어물전의 독점적 구매권도 18세기 중엽 '전선타발'이 행해질 때 가장 강력하게 행사되었다가 18세기 말엽 분세수봉하는 단계에 오면 구매독점권은 다만 수세권의 행사로 제한되고 있었다. 특히 분세수봉과 신해통공·갑인통공이 맞물리면서 어물유통의 주도권은 경강주인과 선상, 중도아들에게 넘겨지게 되었다. 1801년(순조 1) 내·외어물전이 다시 육의전에 복귀함으로써 독점적 유통권은 법제상 유지되었고, 이에 외방포구에서 건어를 생산하는 과정에 대한 수세도 강행할 수 있었다. 그러나 19세기에는 시전체계에 도전하는 새로운 유통체계인 사상체계가 형성되었으므로, 어물전 상인들은 독점적 유통권에도 불구하고 사상들과 경쟁하지 않으면 안 되었다.

(2) 동해산 태운어물駄運魚物의 유통경로

동해에서 생산되어 서울에 반입되는 어물은 대부분 마른 명태인 북어였다. 북어는 일상적인 찬수饌需이면서 제수祭需였으므로 인구 30만을 상회하는 대도시 서울에서 가장 많은 소비되는 어물 가운데 하나였다. 명태는 가을과 겨울에는 생어인 채로 서울까지 운송되는 경우도 있었지만, 대부분 북어로 서울에 반입되었다.

동북 지역의 마른 생선[건어]들은 원산에 집하되었다.[103] 18세기 초 원산은 건어 집산지의 성격 때문에 서울의 한강, 용산, 서강과 같이 크게 번성하였다.[104] 원산에 집하된 어물은 18세기 중엽까지만 해도 원산—안유—남산역—용지원—고산역—철령—회양

---

103) 《英祖實錄》영조 28년 9월 丁巳. "北關海民 …… 海戶採魚藿 遇貨於德源元山"

104) 《備邊司謄錄》영조 25년 10월 22일. "德源元山 處於海濱 生理甚饒 民居櫛比 殆如京 江之三江"

—신안역—송포강—재오현—창도역—금성—김화—장림천—가노개령—풍전역—양문역—만세교—장거리—파발막—송우점—축석령—서오측점—누원—수유리점—서울로 이어지는, 곧 철령을 넘어오는 길을 따라 육로로 운송되었다.[105] 이 유통로 가운데서도 포천의 송우점과 양주의 누원점은 북어상들이 중간에 기착하여 쉬어가는 곳이었다. 이 지역은 19세기 초 도고난전이 성행할 때 서울의 중도아배들과 연결되어 새로운 유통체계를 형성시키는 중요한 배후거점의 구실을 하였다.

동북상인들은 북어나 북포北布를 서울에서 판매한 뒤, 서울에서 목면木棉이나 의류衣類를 구입하여 동북 지역에서 판매하였다. 동북 지역과 서울 사이에 북어·북포와 목면·의류의 교환체계가 형성되었던 것이다.[106]

이러한 교환은 18세기 이후 서울이 전국적 시장권의 중심으로서 상업도시화되자 더욱 활발해졌다.[107] 이에 따라 원산에서 서울을 연결하는 새로운 유통로가 개발되었다. 18세기 후반에는 추가령을 지나는 삼방간로三防間路가 생겨, 원산—안변—평강—철원—연천—하정—누원으로 이어지는 길이 새로 개척되었다. 이 길은 원산에서 철원을 경유하였으므로 당시 서울 다음으로 번성한 도시였던 평양과 개성으로 가장 빠르게 연결되는 길이었다. 그러므로 북어상들은 대부분 철령길을 버리고 삼방간로를 이용하여 북어를 운송하였다.[108] 이와 더불어 18세기 말에 평강의 설운령雪雲

---

105) 申景濬,《道路攷》, 京城東北抵慶興路 第二.

106)《各廛記事》地, 辛未(1691) 2월 일, 125쪽. "東北駄來之物 亦皆誘引之謀者 東北元無木棉 故魚商之所貿去 盡是木疋與衣也 矣徒本廛人則 爲其魚商貿木於木廛貿衣於衣廛 故其價明直 小無橫利"

107) 고동환,〈포구상업의 발달〉,《한국사시민강좌》9, 일조각, 1992, 39쪽.

108)《備邊司謄錄》정조 11년 10월 2일. "東北交界關防 只有鐵嶺一路 素稱天險 而不知何

嶺을 지나는 길도 뚫려 서울과 원산을 잇는 도로는 세 가지로 늘어났다.[109] 이는 동북 지역과 서울과의 상품유통이 활발해짐에 따라 나타난 현상이었다.

서울에 반입되는 북어는 19세기 초 도고난전이 보편화하기 이전까지는 동북어상에 의하여 개별적으로 마소의 등에 실어 날랐다. 그 때문에 북어상은 원산에서 서울까지의 운송기간을 단축해야 이익을 남길 수 있었다. 박제가는 《북학의》에서 "원산에서 말에 미역·건어를 싣고 사흘에 돌아오면 조금 남고, 닷새 걸리면 본전이며, 열흘이나 머물게 되면 크게 빚지고 돌아온다."라고 말하고 있다.[110] 이러한 사정 때문에 동북으로 통하는 빠른 길이 계속 뚫리고 있었던 것이다.

북어상들은 원산에서 서울로 오는 동안에 각종 관청의 늑매조종勒買操縱의 폐를 극복할 수 있어야 했다.[111] 그러므로 동북어상들은 "서울에 들어온 뒤에 사대부가의 행랑에 유접하면서 잠상화매潛商和買하였다."라는 기록에서처럼, 개별적으로 서울의 사대부가나 시전세력과 일정한 연관을 맺고 있었다.[112]

앞서 언급했듯이 동북어물은 내어물전이나 외어물전 아무 곳에나 넘길 수 있었지만, 어물전이 아닌 중도아들에게 북어를 넘기면 난전율로 처벌되었다. 동북어물은 혜화문이나 동대문을 거쳐 들어

間 忽生三防間路 以其捷夷也 故商路咸湊 馱在無碍 …… 蓋此乃直通松都之舊路 亦爲西京往來之便近捷徑"

109)《備邊司謄錄》순조 즉위년 3월 15일. "本道只存鐵嶺一路 不通他岐者 法意有在 而近來商賈之入北者 或從平捷之雪雲嶺 或從平康之三防 昔之一路 今爲三路"

110) 朴齊家,《北學議》外篇, 車.

111)《正祖實錄》정조 7년 11월 癸卯. "北商之遇販土産 實係主理 …… 曾聞沿路官府 每有操縱勒買之弊 北商之不得出來 專有於此"

112)《市民謄錄》乾, 乙未(1715) 즉위품목내, 61쪽.

오기 때문에 서소문 밖에 자리한 외어물전이 지리적으로 불리한
위치에 있었다. 그러므로 외어물전인들은 서울로 들어오는 길목에
사람들을 파견하여 동북어상들을 끌어들였다. 동북어상들이 외어
물전에 몰리는 것은 외어물전의 판매망이 훨씬 넓었다는 점에 말
미암은 것이었다. 외어물전은 칠패를 관할하고 있어서 중도아에게
어물을 판매할 수 있었다. 또한 명태가 생산되지 않는 서남부 지
역의 상인들도 서소문 밖의 외어물전에서 동북어물을 구매하였다.
이와 같이 외어물전을 중심으로 서울과 서남부 지역을 연계하는
유통망이 형성되어 있었기 때문에 동북어상들은 내어물전보다는
외어물전에 몰렸던 것이다.113) 이처럼 외어물전에 동북어상이 몰
려가자, 앞서 살폈듯이 1711년 내어물전의 요구에 따라 동북어물
에 대해서도 선운되는 서해산 어물처럼 3:1의 분집 규정을 적용하
는 것으로 바뀌었다. 그러나 이 규정은 시행된 지 4년 만에 폐기
되고, 1715년 동북어물은 동북어상이 내·외어물전 어느 곳이든 자
유롭게 넘기도록 환원되었다.

  이처럼 1711년부터 1715년까지 4년의 기간을 제외하고 동북어
물은 동북어상의 자유로운 판단에 따라 어물전에 넘기는 것이었
다. 그러나 1782년(정조 6) 동북어상을 관할하는 경모궁저景慕宮底
여객주인이 창설되면서 동북어상들은 절인 생선[염어]를 선운하는
선상들과 마찬가지로 여객주인의 관할 아래 놓이게 되었다.114) 경
모궁은 사도세자의 사당으로 정조가 즉위하면서 창덕궁 옆에 옮
겨 새로 지었는데, 이 궁궐의 수비와 각종 잡역에 응할 사람들을
모집하기 위하여 경모궁 근처에 여객주인을 창설한 것이다.115) 이

---

113) 위의 책, 같은 조, 62~63쪽.
114) 경모궁저 여객주인의 창설과 활동에 대해서는 김동철, 〈18세기말 경모궁 모민景慕宮
    募民과 그들의 상업활동〉, 《지역과역사》8, 부경역사연구회, 2001 참조.

로부터 혜화문을 통해서 출입하는 동북어상들은 경모궁저 여객주인에게 연세烟稅를 바쳐야 서울로 어물을 반입할 수 있었다.[116]

경모궁저 여객주인은 동북어상을 접대하고 어물을 보관해 주는 대가로 연세를 받았다. 이들은 동대문, 혜화문, 심지어 누원까지 나아가서 동북어상을 여객주인의 집으로 강제로 끌어들였고, 동북어물을 싼 값으로 구매함으로써 많은 폐단을 일으키고 있었다.[117] 경모궁저 여객주인들은 단순히 동북어상에 대한 접대와 거래중개만을 한 것이 아니라 적극적으로 북어유통에 참여하고 있었던 것이다. 여객주인의 집에는 동북어상의 짐을 맡아서 실어 나르거나 지게로 운반하여 품삯을 받아 살아가던 복방배卜房輩들도 있었다. 복방배들은 어물 한 바리[태駄]마다 5푼씩을 품삯으로 받았다.

한편 1794년(정조 18) 내·외어물전에서 북어 한 바리당 3전씩 수세하는 규정이 신설되었다. 이로써 반드시 내·외어물전을 거쳐 유통되던 북어의 유통체계도 변모한 것으로 보인다. 18세기 말엽에 동북어상들은 어물전에 세금을 납부하는 대신 자유롭게 처분할 수 있었던 것이다.[118] 18세기 말엽 서해산 어물의 유통처럼 동해산 어물의 유통에서도 어물전을 정점으로 한 유통체계가 차츰 해체되어 갔던 것이다.

---

115) 《各廛記事》, 340쪽. "先朝壬寅(1782) 設置亦大旅客於宮前 又置卜房者 一爲宮墻護衛也 一爲居民生活也 人故東北魚駄 每到宮前 卸置旅客 使其卜房 駄之負之 受雇價資生 …… 每駄五葉式收捧"

116) 《日省錄》 고종 5년 윤4월 9일. "宮底之旅客 初以北道商賈之收稅 卽是募民之意也 …… 從今以後 一依初定節目 只於惠化門由入北商之物 從略捧稅事 嚴飭分付"; 《備邊司謄錄》 정조 15년 정월 20일. "朝家特軫東村新接民安保之道 俾作東北魚商旅客主人 每駄捧其烟稅 以爲資生"

117) 《備邊司謄錄》 정조 15년 정월 20일.

118) 《各廛記事》 嘉慶 2년(1797) 8월 일. 332~335쪽.

한편 동북에서 반입되는 생어는 생선전 시민들이 관할하였다. 생선전 시민들은 생어 한 바리당 한 마리분의 가격을 세금으로 거뒀다.[119] 시가에 따라 세금액수가 달랐던 것이다. 예컨대 생선전 인이 거두는 세금과 경모궁저 여객주인이 거두는 연세를 합친 금액은, 생어값이 매우 비쌀 경우에는 한 바리당 1냥이나 1냥 2전씩이었고, 헐할 경우에는 한 바리당 4~5전에 달했다.[120] 이는 매우 무거운 것이었다. 당시 문내·문외미전에서는 쌀 한 바리당 1전의 세를 걷었는데, 이에 견주어 생선전에서는 10배에서 5배의 세금을 거두는 셈이었다.

이와 같은 무거운 세부담 때문에 생어의 유통이 단절되고 가격이 등귀하였다. 이에 평시서에서는 동북어상이 내는 연세와 전세를 줄이는 조치를 취하였다. 평시서에서는 동북어상이 내는 연세와 전세를 한 바리당 1냥 5분으로 파악하고, 이 가운데 3전을 감하여 한 바리당 7전 5분을 걷도록 하였다. 이 가운데서 생선전 상인들을 아무런 수고 없이 앉아서 전세를 걷기 때문에 1전을 차지하였고, 여객주인들은 접대하는 데 비용이 들어가니 연세로서 6전 5분을 차지하였다.[121] 생선전이 거두는 1전은 다른 시전상인들이 걷는 십일세의 예에 따른 것이었다.[122] 이 조처는 생선전 상인의 수입을 크게 잠식한 것이었을 뿐만 아니라 현물수세에서 화폐수세로 전환하는 효과를 가져온 것이었다. 그러므로 생선전 상인은 1전 대신 생어 한 마리로 바꿔줄 것을 요구했지만, 정부에서는 수용하지 않았다.[123]

---

119)《備邊司謄錄》정조 12년 정월 초8일.
120)《備邊司謄錄》정조 8년 3월 20일.
121)《備邊司謄錄》정조 8년 3월 20일.
122)《備邊司謄錄》정조 8년 2월 29일.

요컨대 동북어물로서 북어나 생어는 여객주인의 중개를 거쳐 내·외어물전이나 생선전에 넘겨졌다. 그러나 18세기 말에 가면 차츰 선운어물과 마찬가지로 시전상인들의 동북어물에 대한 지배권은 화폐수세로 전환되어 갔다. 이는 궁극적으로 시전상인들의 유통과정에서 주도권 상실로 연결되는 것이었다. 이를 결정적으로 만들었던 것은 후술하듯이 시전체제 아래 활동하던 경강여객주인, 선상, 북어행상, 이현·칠패 중도아들의 적극적인 시전배제노력이었다.

2) 어물의 유통경로 2: 어물전에서 소비자까지

시전체제 아래에서 서울에서 유통되는 상품은 대부분 시전을 통해서 매매되었다. 시전에서 직접 판매하거나 또는 시전의 하부상인들이 시전에서 물건을 떼어다가 다시 소비자에게 판매하는 형태가 일반적이었던 것이다.[124] 어물전에서 어물을 구매하여 행상들에게 넘겨주었던 중도아의 성격에 대해서 다음의 두 자료는 각기 상반된 진술을 하고 있다.

> 이른바 중도아는 방곡坊曲의 구멍가게[혈사穴肆]에서 판매하는 부류들이다. 판매물종은 석어, 관목어貫目魚, 미역, 새우 등 아침저녁의 반찬거리이다. 본전(내어물전-인용자)에서 구입하여 길가에 앉아서 판매하므로 동서남북 어디라도 못가는 데가 없다.[125]

---

123) 《備邊司謄錄》 정조 12년 정월 초8일.

124) 《備邊司謄錄》 정조 15년 정월 24일. "大抵 設廛以後 緞紬布木魚藿等物 貿取於京廛 與南北各處 或積置廛房而興販 或分授 行商而散賣 所謂分授之類 邑民間多有之 不無若干沾漑之道 則爲弊言"

'중도아배들은 원래 정처定處없이 아침저녁으로 떠돌아다니
는 자이므로, 누가 이현·칠패의 중도아인지 알 수 없다'라고
말하는 것은 더욱 믿지 못할 얘기이다. 이현·칠패의 중도아들
은 원래 길가나 마을에서 호창행매呼唱行賣하는 자가 아니다.
이들은 다른 곳에 물화를 쌓아두고 매일 아침 시장에서 판매
하는 것을 업으로 삼고 있다. 그들은 길가에서 산매散賣하지
않는다.126)

첫째 인용문은 내어물전이 중도아들을 난전으로 단속하기 어렵
다는 점을 보여주기 위해 중도아들이 판매장소를 고정하지 않고
길가에서 판매하는 세력으로 묘사하고 있는 반면, 둘째 인용문에
서는 창고를 갖추고 시장의 고정된 장소에서 영업하는 세력으로
묘사하고 있다. 첫째 인용문에서도 중도아층을 구멍가게에서 판매
하는 부류로 보고 있기 때문에, 두 번째 인용문이 중도아층의 실
상을 정확하게 묘사한 것으로 판단된다.

여기서 보듯이 종로의 내어물전이나 서소문 밖의 외어물전에서
는 일반 소비자를 상대로 어물을 판매하기도 했지만, 중도아들이
어물전에서 어물을 떼어다가 칠패나 이현 등지에서 구멍가게를
열어 소매상격인 어물행상이나 소비자에게 판매하는 것이 어물의
일반적인 유통경로였다. 내·외어물전은 전매업자로서 어물유통의
최상층부에서 이를 총괄하는 상인이었고, 이현·칠패의 중도아층은
이를테면 중간도매상격의 상인들이었던 셈이다.

어물행상들도 원래 어물전에서 구입하는 것이 원칙이었지만, 어
물전보다 이현과 칠패시장의 어물가격이 헐했으므로, 대부분 이현

---

125) 《各廛記事》 地, 己卯(1759), 183쪽.
126) 《各廛記事》 地, 乾隆 16년(1751) 11월 일, 110~116쪽.

〈그림 4〉 조선후기 풍속화에 나타난 어물행상
(왼쪽은 신윤복, 오른쪽은 김홍도의 그림이다.) ⓒ국립중앙박물관

과 칠패시장에서 어물을 구입하였다.[127] 행상층은 마른 생선과 절인 생선들을 이현과 칠패의 중도아가 경영하는 어물상점에서 떼어다가 남자는 대바구니에 넣어 지고 다니면서 팔았고, 여자는 나무 광주리에 이고 다니면서 판매하였다. 이들의 행상처는 수각교, 회현동, 죽전동, 주자동, 어청동, 어의동, 이현병문 등처로 주로 서민이 거주하는 곳이었다.[128] 냉장고가 없던 시절 일반 가정집에서는 반찬거리인 어물을 새벽시장에 나가 구매하거나, 아니면 새벽에 골목을 돌아다니면서 큰소리로 '생선사려'하고 외치며 돌아다

---

127)《各廛記事》地, 乾隆 46년(1781) 4월 일, 109쪽. "僻巷窮村之結假家坐賈人 及街路上擔戴行賣之類 毋論男女不賀本廛 而皆趨梨峴七牌"

128)《各廛記事》天, 乾隆 11년(1746) 11월 일, 90~96쪽.

니는 이른바 '호창행매지류'에게서 구매하는 것이 보통이었다. 이들이 앞의 그림에서 보는 어물행상층인 것이다.

　이렇게 보면 조선후기 서울의 수산물시장은 종로의 내어물전과 외어물전이 자리한 칠패시장, 이현시장 등 세 곳이 있었다고 볼 수 있다. 종로의 내어물전은 궁궐이나 양반사대부의 찬거리를 공급하는 시장이었고, 서울 외곽에 거주하던 일반 서민들이나 어물을 떼어다가 행상하는 소매업자들은 주로 새벽녘에 이현, 칠패에서 어물을 구입하였다. 종로와 이현, 칠패 가운데서도 외어물전이 위치한 칠패 지역이 어물유통의 중심지였다.[129] 이현에서도 18세기 중엽부터 제궁가諸宮家·제각사諸各司의 노복奴僕들이 절인 생선을 판매하는 시장으로 번성했지만,[130] 외어물전이 소재한 칠패시장에는 미치지 못하였다.

　칠패시장은 17세기 후반 외부에서 몰려든 인구들이 도성 밖에 집단거주하면서 남대문과 서소문 밖을 잇는 지역에 형성된 시장이었다. 이곳에는 17세기 후반 문외미전, 문외상전, 외어물전, 생선난전 등이 계속 설치됨으로써 종로시전과 함께 서울의 중요한 상가로 번성하였다.

　칠패 지역의 어물유통은 서소문 밖의 외어물전이 관할하는 곳이었다. 조정에서는 내·외어물전의 분쟁이 격화되자, 1746년(영조 22) 내어물전의 영업구역을 도성 안, 외어물전은 도성 밖으로 분리함으로써 분쟁의 격화를 막고자 하였다.[131] 이와 같은 어물전의

129) 《京都雜誌》市舖. "凡趨市者 晨集于梨峴及昭義門外 午集鍾街 一城之所需者 東部菜 七牌魚爲盛"
130) 《各廛記事》天, 乾隆 31년(1766) 11월 일, 2쪽. "亂民符同賣買 一尾之語 不歸本廛 無可奈何 而其坊坊曲曲 處處賣買者 不知其數 由此憑勢 其中梨峴屛門之列肆開市 恣意蔑法 尤甚痛駭 專吞市民之生涯 有若會賓作主"
131) 《各廛記事》, 乾隆 11년(1746) 11월 일, 90~96쪽.

영업구역 지정은 판매영업권을 분명히 한 조치였다. 앞서의 분쟁이 주로 지방에서 서울로 반입되는 어물에 대한 유통지배비율, 곧어물의 구매권을 둘러싸고 내·외어물전 사이에 전개된 것이라면, 1746년의 조치는 내·외어물전이 서울의 소비자들에게 판매하는권리를 규정한 조치였다. 이러한 조정의 조치에 따라 외어물전은칠패 지역을 관할하고 수세권까지 행사할 수 있었던 것이다.

이처럼 칠패의 중도아들은 외어물전의 침탈을 받고 있었지만, 내어물전에 대해서는 칠패 중도아와 외어물전은 이해관계를 같이하는 세력이었다. 내어물전에서 동북어물을 중간에 차지하여 몰래판매하는 칠패 중도아들을 붙잡아 난전으로 처벌하고자 해도, 중도아배들은 외어물전에서 구입한 것이라고 핑계를 대고 외어물전에서는 중도아배의 주장이 맞다고 옹호하고 있는 사례는 이러한사정을 잘 알려준다.[132] 이처럼 칠패 중도아와 외어물전인 사이는한편으로는 수세권자와 납세자로서 대립하였지만 내어물전에 대해서는 상호보장적 관계를 유지하고 있었다. 칠패 중도아에 대한외어물전의 옹호조치는 칠패나 이현 지역의 어물유통을 급속하게성장시킨 요인이 되었다. 그러므로 18세기 후반 이현과 칠패시장에서 유통되는 어물의 양은 내어물전보다 10배나 많았던 것이다.[133] 이처럼 어물전에서 소비자까지의 유통경로는 어물전—칠패·이현(중간도매시장)—소매상으로 연결되고 있었다. 어상에서 소비자까지 유통경로를 나타내면 다음과 같다.

18세기 후반에 들어서면서 차츰 어물전이 유통을 직접 담당하

---

132)《各廛記事》地, 戊戌(1778) 12월 일, 136쪽. "中都兒輩 北來乾魚 中間邀執 積成都庫 而流伊潛賣 或現捉則都兒稱以買於外廛 外廛證於都兒 互相符合 以爲通利之計"

133)《各廛記事》地, 乾隆 46년(1781) 4월 일, 101쪽. "大抵梨峴七牌兩處 無非亂廛 奪利都 庫 隱賣之類 甚至於執房行貨賣買 十倍於本廛"

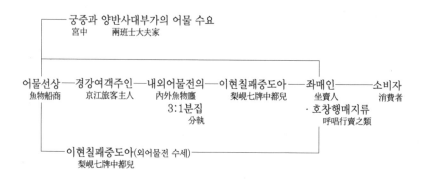

는 것에서 수세하는 형태로 바뀌면서, 어물판매의 주도권은 중도
아층이나 여객주인층이 장악하였다. 이러한 변화는 신해통공이나
갑인통공 정책이 시행되기 이전부터 나타나고 있었다. 다시 말해
어물전인의 독점적 구매권이나 판매권은 수세권이라는 형태로 차
츰 형해화되고 있었던 것이고, 실질적으로 상품유통을 주도하는
세력은 어물전의 하부 유통기구에 참여하던 여객주인이나 중도아
층이었던 것이다.

4. 도고난전의 성행과 새로운 어물유통체계의 성립

　18세기 후반 시전체제의 변동을 일으킨 사회적 요인은 조선후
기 상품화폐경제의 전반적 발전이었다. 이에 따라 서울이 전국적
시장권의 중심으로 성장하였으며, 서울로 반입되는 상품유통량이
크게 증대하였다. 나아가 상품의 종류도 크게 늘어났다. 이는 기존
과 다른 새로운 수요자층이 생겼음을 의미하는 것이었고, 이에 부
응하기 위한 상업체제의 변동이 수반되는 것은 당연한 현상이었

다. 서울의 상품화폐경제는 이미 시전체제가 통제할 수 있는 규모
를 넘어서서 발전하고 있었던 것이다.

이와 같은 사회적 변동에 따라 시전체제의 하부유통구조에 있
던 상인들도 적극적으로 시전상인을 배제하려는 움직임을 보였다.
이현·칠패의 중도아들이 벌이는 난전은 이의 반영이었다. 우선 대
상이 된 어물은 여객주인이 없어서 동북어상과 중도아가 연결되
기 쉬웠던 1782년(정조 6) 이전의 동북어물이었다. 중도아들은 18
세기 중엽부터 개별적으로 동북어상들이 서울로 들어오는 길목인
누원점막樓院店幕에 가서 어물을 도집都執하여 어물전에 넘기지 않
고 행상층에 직접 판매하고 있었다.134) 18세기 말에는 다음 자료
에서 보듯 중도아들의 도고행위는 칠패에 점포를 만들어 난매하
는 수준으로 발전하였다.

> 이현과 칠패는 모두 난전이다. 도고행위는 물론 집방執房하
> 여 매매하는 것이 어물전의 10배에 이르렀다. 또한 이들은 누
> 원점의 도고 최경윤, 이성노, 엄차기 등과 체결하여 동·서어
> 물이 서울로 들어오는 것을 모두 매입하여 쌓아 두었다가 이
> 현·칠패에 보내 난매토록 한다.135)

이처럼 칠패와 이현은 18세기 말에 이르면 난전의 주요무대
로써 중도아들이 지방향상이나 선상, 그리고 동북어상과 연결
하여 시전상인과 대립하면서 성장하는 곳이었다. 이들 칠패 중
도아들은 아예 동북어물이 서울로 반입되는 누원에 거주하면서
동북어물을 도집하여 칠패나 이현에 천천히 보내어 어물가격을

---

134) 《各廛記事》地, 乾隆 11년(1746) 11월 일, 90~96쪽.
135) 《各廛記事》地, 乾隆 46년(1781) 4월 일, 101쪽.

조정하고 있었다.[136]

1791년(정조 15) 신해통공 이후 육의전 이외의 시전에 대한 금난전권을 폐지하였지만, 유분각전의 경우 수세권은 유지되었고,[137] 무분각전의 수세권은 부정되었다.[138] 그러므로 무분각전에서 취급하는 물종의 경우 신해통공 이후 완전한 자유매매가 허용되었지만, 유분각전이 취급하는 물종에 대해서는 여전히 시전인들이 매매과정에 개입하고 있었다. 다만 금난전권에 의해 행사되던 난전인 착납권만은 행사되지 못하였을 뿐이었다.

외어물전의 경우도 1794년(정조 18) 갑인통공으로 금난전권이 부정되었지만, 국역을 담당하는 유분각전이었기 때문에 자신이 관할하는 칠패시장에 대한 수세권은 유지되었다. 내·외어물전은 갑인통공 이후 어물에 대한 구매독점권을 상실하여 그 세력이 현저히 약화되는 가운데서도 이처럼 수세권을 확보함으로써 어물전의 규모를 유지할 수 있었다.

그러나 외어물전의 수세대상과 방식에는 변화가 있었다. 앞서 살폈듯이 1743년(영조 19) 외어물전은 중도아뿐만 아니라 '대자', '부자', '태래자'에게 하루에 각각 5푼, 1전, 3전씩을 세금으로 징수했다. 이는 상인의 종류와 거래량의 다과를 참작하여 세금을 부과한 것으로 보인다. 그러나 갑인통공 이후인 1795년(정조 19)에는 길거리나 마을에서 좌판을 벌여 행상하는 자에 대한 수세권은 부

---

136)《各廛記事》地, 乾隆 46년(1781) 辛丑 정월 일, 251쪽. "北各樣魚物之向京城入來者 樓院所居 中都兒 崔敬允 嚴次起 李星老等 三漢 每每都執都賈積置 而徐徐入送于南門 外七牌及梨峴近處亂廛人等處 必也隨時增價散賣之故 市肆間魚物之價貴 實由於此輩之 作弊"

137)《備邊司謄錄》순조 3년 윤2월 12일. "使應役廛民 酌量捧稅於列肆散賣之類 俾裨補應 公之費"

138)《備邊司謄錄》정조 18년 11월 29일.

정되었고, 어물을 서울로 반입하는 향상, 선상, 동북어상과 중간도
매상인 중도아들로 수세대상이 한정되었다.[139] 또한 1819년(순조
19)에는 외어물전은 칠패에서 유통되는 염석어鹽石魚·염소어鹽蘇魚
각 한 바리당 1전, 세하細蝦 한 바리당 2전씩을 세금으로 징수하였
다. 상품의 종류와 양에 따라 세금을 징수한 것이다.[140] 이는 어물
전인의 칠패 수세가 유통세로 변화했음을 의미한다. 다시 말하면
어물전인들이 스스로 독점적 구매권과 판매권을 모두 행사하면서
어물유통을 주관하는 위치에서 벗어나 다만 어물유통에 대해 수
세권을 행사하는 위치로 바뀌었음을 말하는 것이다.

칠패에 대한 어물전인의 개입형태가 이렇게 변화하자 1843년
(헌종 9) 내어물전에서도 이현과 칠패에서 유통되는 화염어와 마
소로 운송되는 어물에 대한 수세권을 요구하였다. 평시서에서는
이 문제의 처리를 육의전 도소에 일임하였다. 육의전 도소에서는
이 문제를 비밀투표에 부쳐 처리하였다. 비밀투표를 개봉한 결과,
투표지 25장 모두가 내어물전도 외어물전과 함께 칠패에 대해 수
세해야 한다는 의견이었다. 이에 육의전 도소에서는 외어물전이
칠패에서 거두는 세금을 내어물전과 똑같이 나누라고 결정하였다.
이후 이현과 칠패시장에서 유통되는 어물에 대한 수세를 내·외어
물전이 공동으로 행사하게 되었다.[141]

한편 선운어물의 경우에도 경강의 여객주인과 선상을 중심으로
시전상인을 배제하려는 움직임이 활발히 나타나고 있었다. 이러한
움직임은 경강에 대한 어물수세가 화폐수세로 변경되고 어물전의

139)《各廛記事》天, 乙卯(1795) 10월 일, 44쪽. "梨峴及七牌旅客駄來之處 許其收稅 街路
坊曲列肆行商 切勿擧論之意 成節目事"
140)《各廛記事》地, 嘉慶 21년(1816) 9월 일, 302~304쪽.
141)《各廛記事》地, 癸卯(1843) 7월 일, 213~215쪽.

금난전권이 부정된 뒤에 더욱 두드러지게 나타난다. 여객주인들은 어물전과 선상을 매개하는 역할에서 벗어나 선상들에게 어물을 구입하여 다시 내·외어물전에 넘겨 그 이익을 취하는 경우가 있었는가 하면,[142] 경강여객주인인 김진옥金珍玉은 내·외어물전이 관할하는 마른 생선인 청석어를 도집하여 난매함으로써 내·외어물전을 탕패하게 만들기도 하였다.[143] 이들 경강여객주인들이 어물전을 배제하고 중도아에게 어물을 넘기는 행위는 어물전인에게 치명적인 손해를 입히는 것이었다. 이 때문에 어물전인들은 여객주인과 중도아층이 서로 결탁하여 어물전을 배제하는 것을 난전 현상 가운데 가장 심각한 것으로 이해하고 있었다.[144]

한편 여객주인층에 종속된 선상층들도 주객관계로 맺어진 여객주인의 속박에서 벗어나기 위해 노력하였다. 19세기 이후 선상들은 주객관계를 맺지 않은 다른 여객주인을 통해 어물들을 유통시킴으로서 많은 분쟁이 발생하였다.[145] 그러나 선상들의 이러한 노력은 여객주인의 지배권을 극복하지 못하였다. 앞서 보았듯이 여객주인의 선상들에 대한 지배권은 선상이 자기방매함으로써 성립된 경제적 권리였기 때문에 쉽게 여객주인의 통제를 벗어날 수 없었다. 만약 선상들이 다른 여객주인을 중개로 거래를 할 경우 조정에서는 이들을 '횡반주인지죄橫叛主人之罪'로 처벌하고 있었기 때문이다.[146]

---

142) 《各廛記事》 地, 癸丑(1793) 2월 일, 173~180쪽.

143) 《備邊司謄錄》 헌종 4년 2월 14일.

144) 《各廛記事》 人, 嘉慶 18년(1813) 4월 일, 301쪽. "其中(난전의 폐-인용자)最甚者 …… 近來江主人 船主人輩 無狀魚物所載魚隻 若到江頭 則潛爲符同 任自賣買 盡歸於各處中 都兒 矣徒廛人 漠然不知"

145) 《備邊司謄錄》 순조 17년 3월 25일. "所謂各處主人者 有口文之利 故轉相賣買 視同世業 商船一有他適 則爭訟繼以紛然 爲法司者 亦爲之聽里"

경강여객주인들은 갑인통공을 계기로 중도아층과 연결됨으로써 어물전을 정점으로 하는 유통체계를 무너뜨리는 데 결정적인 역할을 하였다. 이들 여객주인층도 18세기 말 시전상인을 배제한 선상―여객주인(선주인)―중도아―행상으로 이어지는 새로운 유통체계를 장악한 도고상업 세력으로 성장하였던 것이다. 여객주인층은 이처럼 도고상인으로의 성장을 기반으로 어물전에 대항하여 스스로 경강에 시전을 창설하는 운동을 전개하기도 하였다.

> 마포에 사는 오세만, 이동석, 차천재, 임번, 이세홍, 이차만, 강세주 등이 삼강三江의 무뢰배 70여 인을 창솔하여 스스로 소책자를 만들어 행수소임行首所任을 내어 강상에 시전을 설치하여 도처에서 오는 어상魚商의 물건을 매입하여 도고한다.[147]

이와 같이 여객주인이 상품유통을 장악하고 그에 따라 많은 이윤을 남길 수 있는 유통구조가 형성되었다. 18세기 말 여객주인권의 가격이 급등하고 대부분이 유력가문에 집중되는 현상은 이러한 상황을 반영하는 것이었다.[148]

18세기 말 시전체제에 편입되어 있던 중도아층이나 여객주인층의 시전배제노력이 활발해지고 칠패시장이 중요한 어물시장으로 자리잡으면서 차츰 서울의 부호가 서울 주변의 장시를 무대로 도고활동에 참여하기 시작하였다. 당시 서울 주변에는 새로운 상업중심지가 발전하였는데, 광주의 송파장, 양주의 누원점 등이 그곳

146) 주 60 참조.
147) 《各廛記事》地, 癸丑(1793), 173~180쪽.
148) 이병천, 〈조선후기 상품유통과 여객주인〉, 《경제사학》6, 경제사학회, 1983.

이었다. 때문에 이들은 송파와 누원을 근거로 도고활동을 벌이면
서 차츰 칠패 중도아를 능가하는 자본으로 새로운 유통체계의 주
도권을 장악하였다. 이들은 누원점에 건방乾房을 차려놓은 뒤, 서
울의 중도아와 체결하고 밖으로는 송파장시의 상인과 결탁하여
북어를 서울을 경유하지 않고 전국 각지로 분송分送하는 유통체계
를 만들어 냈다. 누원점뿐만 아니라 양주의 궁동점에서도 동북어
물을 매점하여 중도아에게 판매하거나 외방장시에 판매하였다.149)

이처럼 18세기 말 이후 양주의 누원점이나 궁동점에서 도고행
위가 극심해지자 조정에서는 경모궁저 여객주인의 이익을 보전한
다는 명목으로 누원점에서의 도고행위를 강력히 규제하였다.150)
이에 따라 북어상들의 중간 기착지였던 포천의 송우장시에서 도
고가 성행하게 되었다.

> 북관에서 생산되는 물종이 본읍을 통과하는 데 송우점에
> 도고인이 가장 많다. 100리 이내에 도고금단령이 내려졌는데
> 서울시전과 80리 떨어져 있는 송우점의 도고금단은 엄하게
> 시행되어야 한다. 도고인의 성명거주를 조사해 보니 원산에
> 사는 남대거·김의경·김성오·김치환·김후약 등 5인, 송우장에
> 사는 김운경·박귀종·이효백 등은 스스로 주인이 되어 그 이
> 익을 같이 도모한다. 이들은 또한 통천에 사는 석경수, 허영
> 단, 배경화와 서로 주객主客으로 상응하면서 동북어물과 북포
> 를 매매하는 것이 매일 60~70태駄에 이른다. 이로 인해 물화
> 의 가격을 조정하고 행상들이 서울로 들어올 수 없어 서울

149) 《備邊司謄錄》 정조 6년 8월 9일.; 《各廛記事》 人, 嘉慶 9년(1804) 2월 일, 284~290쪽.
150) 《各廛記事》 人, 乾隆 47년(1782) 11월 일, 252~258쪽.

사람이 오히려 송우장에 가서 북포나 어물을 구입해야 하는
실정이다.151)

여기서 보듯이 외방장시인 송우점의 도고가 주체가 된 새로운
유통체계도 발생하였다. 이는 생산지 집하처인 원산의 도고상인—
서울로 오는 중간 기착지인 포천 송우점의 주인층—최종 소비지
인 통천의 행상층으로 연결되는 유통체계였다. 이 유통체계의 하
루 유통량은 60~70바리에 달할 정도였고, 서울상인들이 동북산의
어물과 마포를 구입하기 위하여 포천의 송우장을 찾아야 할 정도
로 성장하였다. 이들의 상행위는 시전상업을 위협하는 정도가 아
니라 이미 능가하고 있었던 것이다.

칠패 중도아만이 아니라 광주廣州나 송파의 부상富商들도 누원
보다 훨씬 먼 지역인 포천의 장거리점막까지 나아가 동북상인을
송파장으로 유인하여 이익을 독점하고 있었다.152) 이들의 도고난
전은 송파장시와 양주의 누원점막, 또는 포천의 장거리점막을 직
접 연결함으로써 독자적인 유통체계를 갖추었던 것이다. 서남부
지역 상인들은 외어물전에서 동북어물을 구입하는 것이 일반적이
었는데, 송파장이 동북어물의 유통거점으로 부상하자 서남부 지역
의 상인들은 외어물전의 통제를 받지 않은 송파장에서 동북어물
을 구입하였다.

이와 같은 새로운 유통체계에는 초기 난전의 주체였던 군병들
도 참여하고 있었다. 다음의 자료는 이를 잘 보여준다.

호위청 군졸들이 도성 안의 난전배들을 관동關東·영북嶺北지

---

151) 《各廛記事》天, 戊申(1788) 4월 일, 8~11쪽.
152) 《各廛記事》人, 乾隆 47년(1782) 11월 일, 252~258쪽.

역의 어물을 마소로 운송하는 어상들이 들어오는 길목인 양주·광주 등지로 보내 어상들을 송우점·누원점·송파장·사평장 등지의 객막客幕으로 유인한다. 호위청 군졸들은 저물 무렵에 몰래 서울로 들어와서 이현이나 칠패 등지에서 난매한다. …… 몰래 반입하는 어물이 많을 경우에는 서울에서 모두 판매하지 않고 지방의 장시에서 판매하여 이익을 독점하고 있다.[153]

이들 새로운 유통체계의 담당자들은 이제 '송우장·누원점―송파장·사평장―서울의 칠패·이현―소비자'로 이어지는 유통로와, '송우장·누원점―송파장·사평장―인근 장시'로 이어지는 유통로를 개발하여 어물을 유통시키고 있었다. 새로운 유통체계를 개발한 이들 도고난전 세력이 계속 성장하기 위해서는 무엇보다 자신들이 어물유통을 완전히 장악할 수 있는 시장이 필요하였다. 따라서 이들은 도고난전의 근거지였던 누원에 장시설립을 요구하고 있었다. 이들의 요구는 어물전인들의 강력한 반대에 부딪혀 실패했지만, 이 사건은 사상들에 의해 개척된 새로운 유통체계를 공인받으려는 시도라고 평가할 수 있을 것이다.[154]

이와 같은 새로운 유통체계를 장악한 세력은 송파 등 신흥상업도시의 부상대고들이었다.[155] 송파 등지의 부상대고는 원래 경강상인으로 부를 축적한 자들이었다. 가장 대표적인 인물이 손도강孫道康이다.

---

153)《各廛記事》天, 壬子(1792) 5월 일, 30~34쪽.

154)《備邊司謄錄》정조 8년 2월 29일. "雖以店漢輩 嗜利之心 乾房之復設 中都兒之勿禁 不敢更爲發口而惟其綱利之計 一念箚着 百般經營 假託窮民之生涯 稱爲糧道之貿遷 欲創場市 屢呈本司 而嚴題退斥矣"

155)《各廛記事》天, 戊申(1788) 5월 일, 5~8쪽.

광주 삼전도三田渡에 사는 손도강은 …… 원래 경강 근처에
사는 부호富豪이다. 그는 양주와 광주의 부민과 함께 수천만
금을 출자하여 북어의 집하지인 원산에서 전선도고全船都賈하
였고, 다른 한편에서는 북어가 서울로 반입되는 길목인 양주,
포천 등지에서 북어를 매집하여 난매하고 있다. …… 이른바
손도강은 바로 양주, 광주 등 중간 길목에서 난전하는 상인들
의 두목이다.156)

최근에 광주 삼전도에 사는 사람이 수천 냥을 출자하여 원
산에서 각종 어물을 독점하기 때문에 어물전인들이 실업失業
하고 있다. 계해년(1803)에 손도강이 어물전으로 들어가는 어
물을 탈취한 것이 많아서 한성부에서 이를 엄히 다스렸는데,
조정의 금령禁令을 어기고 근일에 다시 이와 같은 폐단이 일
어나고 있다. 때문에 이러한 행위를 감시하기 위해 어물전에
서 이번 달 7일에 서너 명의 시전 상인을 퇴계원점에 보냈다.
한잡배閑雜輩 20여 명이 북어·대구·해태海苔 등 50여 바리를
싣고 오자, 어물전 상인들이 추석절을 맞아 시가에 따라 어물
전에 어물을 넘기도록 좋게 말했지만, 이들은 시전상인의 말
을 듣지 않고 몰려들어 우리들을 구타하였다.157)

여기서 보듯 손도강과 같은 부상대고가 동원하는 자본금은 수

---

156)《各廛記事》人, 嘉慶 9년(1804) 2월 일, 284~290쪽.
157)《各廛記事》天, 乙丑(1805) 8월 일, 12쪽. "今月初七日 三四廛人 出往退溪院店 則三
田渡閑雜輩 二十餘人 領率北魚大口海苔等 五十餘駄 白晝驅來 故矣等以溫言善誘曰 當
此名節 失此許多物 則市業乾沒 以此入賣於本廛 則當以時價給之云 而無慮數十餘人 不
須多言 一齊 圍立亂打 甚至於拔劍詰辱 而矣等各自逃避"

천 냥에서 만 냥에 이를 정도로 막대하였다. 또한 그동안의 도고
난전 세력은 개별적인 북어행상이 어물을 말에 싣고 서울로 들어
오는 길목인 포천의 장거리점·송우점, 양주의 누원·궁동점에서 기
다렸다가 도집하였는데, 손도강의 상업 세력은 처음부터 동북어물
의 생산지 집하처인 원산에서부터, 북청·홍원 등지에서 생산되어
원산에서 판매하는 생산지 선상들의 어물까지 전선도고하는 방식
으로 매점하고 있다. 이렇게 생산지에서부터 매점이 시작되는 것
은 양주·포천 등지에서의 매점상업에 대한 조정의 단속을 피하기
위한 것이기도 하였지만,[158] 더욱 중요한 이유는 생산지 집하처에
서부터 매점을 하면 양주·포천에서 매집하는 것보다 이익이 훨씬
컸기 때문이었다.

이러한 상업이윤의 축적을 배경으로 사상난전 세력들은 두 번
째 자료에서 보듯이 어물전 상인들을 폭력으로 물리칠 정도로 성
장하였다. 이는 손도강의 상업 세력이 생산지인 원산에서 소비지
인 서울, 그리고 서울 주변의 송파·삼전도 등지로 연결되는 유통
망을 완전히 장악하고 있음을 알려줌과 동시에, 시전상인을 괘념
치 않을 정도로 권력층과 밀접한 관계가 있었음을 시사하는 것이
라고 하겠다. 1803년(순조 3) 이후 손도강은 여러 차례 내어물전인
에 의해 한성부에 고발되었지만, 그때마다 자신이 난전상인이 아
니라 행상이라고 변명을 하여 석방되고 있었다.[159]

이와 같이 어물의 생산지인 원산에까지 가서 어물을 도집하는
현상은 19세기 초에 상당히 일반화되었다.

　　　근래에 칠패·이현에 사는 김평심金平心, 이춘택李春澤, 임성

---

158) 《各廛記事》天, 戊申(1788) 5월 일, 508쪽.
159) 《各廛記事》天, 乙丑(1805) 8월 일, 11~18쪽.

서林聖瑞, 김여진金汝珍 등이 동어冬魚를 구입하기 위해 매년 가을·겨울에 원산에 들어가 북어상과 결탁하여 새로 생산된 명란·북어·대구 등의 물종을 한꺼번에 매점하고 있다. 이들은 원산에 쌓아두거나 또는 중간에 머물면서 서울의 어물가격이 높아졌을 때 시장에 내놓는다. 이들은 북어의 유통을 조종할 뿐만 아니라 난매하고 있는 것이다.[160]

여기서 보듯이 경강의 부상을 우두머리로 하는 상업 세력만이 아니라 이현·칠패의 중도아들도 원산에 직접 가서 어물을 매점하고 있었다. 그렇기 때문에 손도강과 같은 상업 세력은 18세기 말에서 19세기 초를 거치면서 크게 늘어나고 있었다. 1806년(순조 6)에는 뚝섬주민 경쾌손景快孫 등 5명이 난전율로 처벌되었는데, 이들도 손도강과 같은 상업 세력이었다.

최근 뚝섬에 사는 정대빈鄭大彬·홍여심洪汝心과 와서瓦署에 사는 경명심景明心·손덕원孫德源, 왕십리에 사는 김성진金聖珍 등이 부상과 결탁해서 수만 냥의 자금을 모아 원산에 가서 각종 물건을 구입하여 밤낮으로 수송한 뒤 장시에 쌓아두거나 장시에서 물가를 조종하는 사람들에게 몰래 판매하고 있다. 그들은 시세를 보아가며 상품을 시장에 내어놓기 때문에 서울에서는 어물판매가 끊길 지경이다. 그들의 거래장부〔환전거래장책換錢去來掌冊〕을 살피니 한 달의 판매고가 4~5천 냥에 이르고 1년의 거래액수는 수만 냥에 달한다.[161]

---

160) 《各廛記事》 人, 嘉慶 21년(1816) 9월 일, 302~304쪽.

161) 《各廛記事》 人, 嘉慶 11년(1806) 丙寅 9월 일, 290~291쪽. "近者纛島居鄭大彬洪汝心 瓦署居景明心孫德源 往十里居金聖珍等 締結富商 興販屢萬金財力 直入元山 各種之物

여기서 경쾌손 등은 물주物主인 부상과 결탁하여 수만 냥의 자금을 조달하고 있다. 경쾌손은 뚝섬에 근거지를 갖고 있는 것으로 보아 경강상인이었을 것으로 추정된다. 이들이 주관하는 어물의 유통액수는 한 달에 4~5천 냥, 1년에 수만 냥에 달할 정도였다. 거래장부까지 갖추고 있었기 때문에, 이 시기 부상대고 등 사상세력이 장악한 새로운 유통체계는 우연적·일시적이 아니라 항상적·구조적으로 운영되었음을 알 수 있다.

이처럼 중도아들과 북어상의 결탁에 의한 북어의 도고난전은 18세기 말을 계기로 크게 성행하였고, 시기가 지남에 따라 그 규모가 차츰 시전상업을 위협하여 끝내는 시전상업을 능가해서 어물유통을 주도하게 되었다. 이 과정에서 생산지의 북어상과 중간의 도고상인 그리고 소비지의 행상을 체계로 하는 새로운 어물유통체계가 성립하였다. 이러한 새로운 유통체계는 서울(어물전)을 반드시 경유하는 것이 아니라 서울 외곽의 신흥 상품유통거점인 송파·누원에서 다시 어물전을 배제한 채 서울에 반입되는 구조를 갖고 있었다. 이러한 유통체계를 장악한 상인층은 주로 경강에서 부를 축적한 뒤 신흥상업지역인 송파나 광주 등지에서 활약했던 부상대고들이었다. 이들은 아예 원산에서부터 어물을 매점하는 활동을 통하여 막대한 이윤을 축적하였다.

사상세력들은 권력과의 일정한 연계 위에서 새로운 유통체계를 기반으로 활동기반을 넓혀갔다. 이 때문에 기존 어물전을 정점으로 하는 유통체계는 어물 유통에서 큰 힘을 발휘할 수 없었다. 앞서 언급했듯이 어물전을 정점으로 하는 유통체계, 곧 시전체계의

日夜輪來 或積峙於場中 或潛賣於操縱漢處 恣意亂賣者 看勢操縱 以致京城絶種之弊 故矣徒探問渠輩之作梗 取考換錢去來之掌冊 一朔所費 魚物價至四五千金 一年去來 或至累萬金 世豈有如許蔑法操縱之漢乎"

본질은 서울 주민에 대한 소매상업이 아니라 지방 어물에 대한 독점적 구매권에 있는 것이었다. 19세기 어물전은 지방에서 반입되는 어물에 대한 구매독점권을 수세권의 형태로 양보했기 때문에 서울 주민에 판매하는 소매영업에 주력할 수밖에 없었다.

이제 지방에서 반입되는 어물들은 사상 세력에 의해 독점적으로 장악되었다. 시전체계가 약화되고 새로운 사상체계가 성립된 것이다. 사상들이 장악한 새로운 유통체계는 동북어물의 경우 생산지에서부터 소비지까지 모든 유통체계를 경강의 부상대고가 장악하여 판매하는 것이었다. 그것은 국가가 부여한 구매독점권과 판매독점권에 근거한 '염가늑매廉價勒買'의 방식이 아니라, 상당한 자본력과 조직력에 기초하여 '무천매귀貿賤賣貴'하는 방식이었다.162) 생산지에서 서울까지 이어지는 모든 유통체계를 장악하는 데서 오는 가격의 조절능력도 대폭 향상되어, 이들 유통체계의 장악자들에게는 최대한의 상업이윤이 보장될 수 있었다. 이러한 유통체계는 '시전체계'와는 다른 '사상체계'의 성격을 가지는 것이었다.

5. 맺음말

지금까지 18세기 시전을 정점으로 한 어물의 유통구조와 18세기 말 부상대고에 의한 새로운 어물유통체계의 성립과정을 살펴보았다. 여기서는 이상의 논의를 요약하고 19세기 상업변동에 대해 약간의 전망을 덧붙임으로써 글을 맺고자 한다.

---

162) 《備邊司謄錄》 정조 13년 4월 20일. "都賈之貿賤賣貴 取殖要利 專出於富漢之手 操縱舞弄"

어물유통에 있어서 18세기 전반기는 세력가의 노비를 주축으로 창설된 외어물전이 내어물전과의 투쟁과정을 겪으면서 확고하게 자리 잡는 시기였다. 외어물전이 담당하던 분역과 분등도 내어물전과 유사하게 격상되면서 어물유통에서 외어물전의 비중이 높아졌다. 어물유통에는 '일물양시'의 체제가 정착하였고, 내·외어물전 사이에는 어물유통지배권을 놓고 다양한 분쟁이 발생하였다. 외어물전은 중요한 고비마다 유력한 정치 세력의 후원으로 인하여 존립이 보장되었다. 여기서 더 나아가 외어물전은 칠패·이현의 중도아층과 연계하면서 내어물전의 유통주도권에 도전하였다. 이를 통해 외어물전은 크게 성장하였고, 결국 1801년 내어물전과 함께 육의전에 편입되었다. 이 과정에서 우리들은 18세기 정치권력과 상업 세력과의 관계가 아주 밀접했고, 정치 세력이 하나의 상품유통에 미치는 영향력이 대단했음을 짐작할 수 있다.

'일물양시' 체제 아래에서 어물의 유통구조는 서해산 선운어물이냐 동해산 태운어물이냐에 따라, 그리고 시기에 따라 달랐다. 18세기 시전을 정점으로 한 서울에서의 어물유통 구조는 다양한 차별성은 있었지만 대체로 선상(향상, 동북어상)―여객주인―내·외어물전―중도아―행상―소비자로 형성되어 있었다. 그러나 이와 같은 유통구조는 고정적인 것이 아니라 내·외어물전의 세력여하에 따라, 여객주인이나 중도아층의 동향에 따라 수시로 변동되고 조정되는 것이었다. 이제까지 시전체제 아래에서 시전상인들은 금난전권을 소유하고 있었으므로 모든 상품은 반드시 시전을 거쳐야 판매되는 것으로 이해되어 왔다. 그러나 어물의 경우에는 시전체제 아래에서도 선상이나 여객주인의 임의대로 판매할 수 있는 어물의 양이 매우 많았다.

그러므로 시전체제의 독점적 판매권은 사실상 어물전에 있어서

는 별로 중요한 것은 아니었다. 판매권은 사실상 대부분 내·외어
물전의 하부상인인 중도아나 행상층에게 일임하고 있었다. 이러한
구조가 나타나게 된 요인은 어물이 상품으로서 갖는 특성 때문이
었다. 어물은 다른 상품과 달리 일상적인 시민들의 소비품이었고,
수요 자체가 소수다구小數多口의 특징을 갖고 있었기 때문에 서울
인구의 증가에 따라 늘어나는 소비를 시전상인이 모두 감당할 수
없어서 일반소비자를 상대하는 판매부분에서는 시전체제 하부의
상인들에게 일정한 재량권을 부여하였던 것이다.

　반면에 어물전인들은 외부에서 서울로 반입되는 어물에 대해서
는 예외 없이 개입하였고, 이들의 개입을 거부하고 직접 소비자에
게 연결하려는 행위는 모두 난전으로 처벌하였다. 다시 말하면, 어
물전이 시전체제 아래에서 행사했던 것은 판매독점권보다는 지방
향상이나 선상으로부터 서울로 반입되는 어물을 독점하려는 구매
독점권이었다. 구매독점권의 행사내용은 대체로 18세기 전반에는
'약간사하 감반절가매취'—1744년(영조 20) '십일부리화매 분수납
세'—1754년(영조 30) '전선타발'—18세기 말 '분세수봉 임의발매'
로 변동되었다.

　18세기 말 이후 선상에 대한 현물수세가 화폐수세로 변하면서
차츰 선상이나 선주인들이 어물유통에 대한 주도권을 장악하게
되었다. 어물전인들의 구매독점권은 선상이 싣고 온 어물에 대한
수세권으로 제한되었다. 수세하는 것 외에는 시전상인들도 선상
들에게 어물을 시가대로 구입하여 판매하는 지위로 전락한 것이
다. 그러므로 이때는 선상이나 여객주인이 임의판매하였으며, 이
들은 시전상인을 배제함으로써 곧바로 중간도매상인 중도아층과
연결되어 새로운 유통체계를 구축할 수 있었다. 18세기 말에 들어
서면서 어물유통의 주도권을 둘러싼 분쟁은 내·외어물전 사이에

서 나타난 것이 아니라 어물전인과 이를 배제하려는 중도아·경강
여객주인·도고난전 세력 사이의 투쟁으로 나타나고 있었다. 시전
을 정점으로 하는 유통체계가 무너지고 새로운 유통체계가 성립
할 수 있었던 요인은 바로 시전체계 자체의 유통체계에서 비롯된
것이었다.

중간도매시장의 성격을 가졌던 칠패·이현의 어물시장이 최대의
어물도매시장으로 변한 것도 이와 같은 유통체계의 변화를 반영
하는 것이었다. 시전체계에 포섭되어 있던 여객주인이나 중도아층
의 시전배제노력이 활발해지면서, 경강을 중심으로 한 부상대고
세력이 적극적으로 시전체계에 대항하는 새로운 상품유통체계를
구축하고 이 유통체계를 우연적·일시적인 것이 아니라 항상적·구
조적인 것으로 정착시키는데 성공하였다. 새로운 유통체계는 서울
을 경유하지 않고 서울외곽의 신흥상업중심지를 근거로 어물생산
지에서부터 서울과 지방장시의 소비지를 계통적으로 장악하는 구
조였다. 따라서 시전체계의 염가늑매 방식과 달리, 사상체계에서
는 생산지부터 유통기구를 장악할 수 있는 자본력과 조직력이 있
었으므로 '무천매귀'가 가능하였고, 이 과정에서 최대한의 상업이
윤을 확보할 수 있었던 것이다. 이렇게 성립한 유통체계는 '사상체
계'라고 말할 수 있을 것이다.

그동안 사상들을 기존 시전체계와 무관한 새로운 세력으로 이
해하는 경향이 있었다. 그러나 이들 사상들 가운데 일부는 18세기
중엽까지 시전체계의 하부에서 활동하던 경강상인이나 또는 여객
주인, 중도아 등이었고, 이들이 결국 권세가와 결탁하여 시전체계
를 무력화無力化하고 사상체계를 성립시켰던 것이다.

이러한 '사상체계'가 성립한 이후에 어물전 상인 나름대로 이에
대응하지 않을 수 없었다. 어물전 상인들은 1801년(순조 1) 금난전

권이 복구되어 다시 판매독점권과 구매독점권을 회복하였어도 이들과 치열한 '경쟁'을 벌이지 않으면 안 되었다. 선운어물의 경우 경강에서의 화염어나 경기도 연안에서 사사로이 어물을 말리는 선인들에게 수세를 강행하여 자신의 독점적 구매권을 확보하려 하였고, 동북어물의 경우에는 퇴계원점이나 누원·궁동점까지 차인을 파견하여 사상도고로 넘겨지는 어물을 자신의 유통지배 아래에 두려는 노력을 경주했다.163) 금난전권을 소유한 어물전 세력도 변화하는 유통구조 속에서 새로운 유통체계를 장악한 사상세력과 '경쟁'하지 않으면 안 되었던 것이다.

이 과정에서 자연히 새로운 유통체계의 담당세력과 마찰은 불가피하였다. 봉건권력은 여전히 어물전 상인을 옹호하는 결정을 계속 내렸지만, 사상 세력도 이에 못지않게 권력층과 연결을 가지면서 자신의 상권을 확장시켜 나갔다. 이처럼 시전을 중심으로 한 유통체계와 부상대고를 정점으로 한 유통체계와의 경쟁과정에서 승리하려면 반드시 권력층과의 결탁이 중요한 조건이 되었다. 그러므로 어물전 상인이나 부상대고를 막론하고 모두 권력층과의 결탁을 통하여 일종의 특권을 가지고 유통체계를 장악하려고 한 것이다.

그러나 이러한 봉건권력과의 결탁에 기초한 특권은 시전체계의 그것과는 분명히 다른 것이었다. 각 체계의 담당세력의 성격, 곧 특권상인과 자유상인이라는 점에서 이 둘은 큰 차이를 나타낸다. 그리고 각 체계가 기반으로 하고 있는 상업이윤의 축적방식에도 본질적 차이가 있었다. 그러므로 봉건권력과의 결탁이라는 점이 유사하다고 해도, 사상체계와 시전체계는 질적으로 다른 것이었

---

163)《各廛記事》人, 嘉慶 9년(1804) 2월 일, 285쪽. "矣等依朝令廉探來告次 出往宮洞店 三十餘駄魚物 果爲逢着 則渠輩成群作黨 毆打廛人 幾至死境"

다. 사상체계는 경쟁을 전제로 한 것이었다. 이 '경쟁' 과정에서 어물전 상인들은 '사상체계'에 의해 성립된 새로운 유통체계를 수용하지 않을 수 없었다. 금난전권을 기반으로 서울에 앉아서 외부에서 반입되는 어물에 대한 구매독점권만을 행사해서는 더 이상 어물유통의 주도권을 유지할 수 없었다. 그러므로 어물전 상인들은 누원점이나 송우점, 인천 등지까지 나아가 동북어상이나 어물선상들을 끌어들이는 시도를 했던 것이다. 이는 금난전권을 보유한 어물전 상인이 사상체계를 장악한 사상들과 경쟁하지 않으면 안 되는 현실을 보여주는 것이다. 따라서 19세기의 어물전 상인에 의한 어물유통은 금난전권의 보유여부에 관계없이 18세기의 어물유통과는 유통체계상의 위치가 크게 달라진다고 말할 수 있다.

제7장 시전과 왕실

1. 머리말

　조선왕조에서도 시전은 한양 건설 당시부터 중요하게 인식되었다. 한양의 건설원리는 《주례周禮》〈고공기考工記〉와 더불어 풍수사상에도 큰 영향을 받았기 때문에, 시전은 전조후시前朝後市의 원리에도 불구하고 궁궐 뒤에 배치되지 못했다. 정궁正宮인 경복궁의 뒤편은 주산主山인 북악산이 자리했기 때문이다. 궁궐 전면에는 조정이 자리했지만, 시전은 궁궐 정면에서 동쪽으로 비켜간 운종가에 자리 잡을 수밖에 없었다. 시전행랑은 1394년(태조 3) 한양천도 이후 궁궐과 관청·도성 등 도시시설을 건설할 당시에는 건설되지 않았지만, 1399년(정종 원년) 개경으로 왕실이 이어移御하였다가 다시 1405년(태종 5) 한양으로 환도還都한 이후, 1412년(태종 12)에서 1414년(태종 14)까지 3차에 걸친 공사 끝에 총 2,027칸 규모로 건설되었다. 시전행랑에는 중국의 예에 따라 표를 세워 시명市名과 판매물종을 표시하였다.[1]

　농업을 근본으로 삼았던 조선왕조의 수도에서 시전을 필수요소로 삼았던 이유는 무엇이었을까? 조선왕조의 경제체제는 농가農家에서는 농업과 수공업의 결합에 따라 대부분의 생활필수품을 자급하는 체제가 유지되었으며, 국가경제차원에서는 왕실이나 정부에서 필요한 물품을 조용조租庸調라는 현물부세수취와 노동력 직접징발에 바탕을 둔 요역제로 충당하였다. 조선왕조의 경제체제는

---

1) 《世宗實錄》 세종 2년 윤정월 戊戌.

시장교환이 최소화된 경제체제였던 것이다. 이러한 농본적 사회체제 아래에서 수도에 시전을 둔 까닭은 조세와 부역으로 충당되지 못하는 물자를 조달하기 위한 것이었다.[2]

조선초기 한양에는 시전 외에 여항소시閭巷小市, 우마시牛馬市 등이 있었다. 여항소시는 일반주민들의 일용품 교환을 주기능으로 하는 시장이었던 것과 달리, 시전은 국가나 왕실, 그리고 지배층의 사치품 조달을 주기능으로 하는 어용적 상업기구였다.[3] 시전상인들 스스로는 조선왕조 개창 초기에 시전이 창설된 까닭을 시전상인이 궁궐을 직접 수비하기 위한 것이라고 인식하고 있었다.[4] 시전상인들은 왕실 필요물자의 조달보다는 궁궐수비를 통해 왕실을 수호하는 주민으로서 자신의 어용적 성격을 표현하고 있는 것이다.

조선초기 시전은 왕실과 떼려야 뗄 수 없는 관계를 맺고 있는 어용상업기구였지만, 16세기 이후 서울상업이 발달하고 인구가 증가함에 따라 왕실에 집중되었던 어용적 상업기구에서 벗어나 민간인들을 위한 유통기구로 변모하였다. 이와 같은 시전의 성격변화는 임진왜란 이후 경기 지역 장시망이 확대되고 장시와 서울시장과의 연계성이 강화되면서 한층 더 분명해졌다.[5] 그러나 어용적 성격의 약화에도 불구하고 조선후기 시전은 상거래 외에 각종 부역과 무역貿易과 진배進排 등의 관계를 통해 여전히 왕실과 밀접한 관련을 맺고 있었다.

---

2) 고동환,《조선시대 서울도시사》, 태학사, 2007, 410쪽 참조.

3) 고동환,〈朝鮮初期 漢陽의 형성과 도시구조〉,《지방사와 지방문화》8-1, 역사문화학회, 2005.

4)《各廛記事》地, 127쪽. 本廛以外廛革罷事擊錚原情矣 辛未 二月日. "奧在國初分設市廛 於鐘樓街上 旗亭百隊 次第排列於御路左右者 亦一宗廟宮闕守衛之備"

5) 이 책의 제2장 참조.

그동안의 시전연구에서는 주로 상업기구로서의 성격만이 부각
되었을 뿐, 시전이 본래 지닌 어용적 성격에 대한 관심은 그다지
크지 않았다. 이 글에서는 상업이 크게 융성한 조선후기 사회에서
시전의 어용적 성격이 어떠한 모습으로 잔존했는지를 시전상인의
부담인 궁궐수리도배역宮闕修理塗褙役, 궁궐에 필요한 각종 소요물
자의 무역과 진배, 그리고 시전의 화재에 대한 왕실의 내탕內帑지
원을 중심으로 살펴보고자 한다.

2. 시전의 국역國役과 대내수리大內修理

조선전기 시전의 부담은 상세商稅, 책판責辦, 잡역雜役의 세 가지
였다. 상세는 시전상인에게 공랑세公廊稅로 시전행랑 1칸당 매년
저화楮貨 40장, 영업세의 일종인 좌고세坐賈稅로 상인 1인당 매월
저화 4장을 징수하였다.6) 책판은 공물·진상으로 충당하지 못한
임시의 수요물을 조달하거나 중국 사신들이 필요로 하는 물품을
조달하는 것이었다. 잡역은 국상國喪이나 산릉역山陵役 등 국가적
인 행사나 토목공사에 노동력을 동원하는 것이었다.7)

시전상인의 상세는 어떻게 사용되었을까. 다음의 자료는 상세의
용처를 설명해준다.

> 시전은 1칸마다 봄·가을로 각각 세전稅錢 120문文을 거두고,
> 제색장인諸色匠人은 매월 세전을 거두되, 상등은 90문, 중등은
> 60문, 하등은 30문이며, 행상行商은 세전 80문을 거두고, 좌고

---

6) 《經國大典》 권2, 戶典 雜稅.
7) 박평식, 《조선전기 상업사연구》, 지식산업사, 1999, 86~91쪽 참조.

坐賈는 40문을 거둔다. 해당 관사로 하여금 매월 말에 한성부
에 이관移關하여 역일役日을 상고하여 계산해서 제하고 세를
거두어 제용감으로 실어 보낸다.[8]

여기서 보듯, 시전상인이 내는 상세는 공장工匠이 내는 장세匠稅
와 함께 제용감에 수납되었다. 제용감은 왕실에서 쓰이는 각종 직
물과 인삼 등에 관한 업무를 관장하는 관서였기 때문에, 상세는
왕실에 필요한 의류와 특산물 등을 조달하는 데 충당된 것이다.
상세가 정부의 공식 재정으로 편입되지 않고 왕실재정으로 흡수
되었다는 점은 시전이 어용기구라는 점을 단적으로 보여준다.

임진왜란 이후에는 공랑세와 좌고세로 구성되던 상세는 징수되
지 않았다. 반계磻溪 유형원柳馨遠은 "경국대전에는 공랑세가 있었
지만, 지금은 시전상인과 행랑에는 모두 상세가 없다. 칙사勅使와
제사, 장빙과 궁궐수리 등 잡역을 부담한다."라고 쓰고 있다.[9] 상
세常稅였던 공랑세와 좌고세가 사라지고 칙사접대, 제사, 장빙역과
궁궐수리역이 역으로 부과되었음을 말하고 있는 것이다. 이 과정
에서 시전상인이 부담하는 역의 명칭도 시역市役이라는 용어에서
국역 또는 분역分役이라는 용어로 바뀌었다. 이때 국역에서 국國은
국가를 일컫기보다는 왕실을 일컫는 의미였다. 당시 국의 개념도
군君과 동의어로 이해되었기 때문이다.[10]

조선후기 시전상인에게 부과된 국역 가운데 가장 중요한 역이

8) 《端宗實錄》단종 원년 8월 丙申.

9) 《磻溪隧錄》권1, 田制 上. "大典雖有公廊定稅 而今則市賈公廊 皆無常稅 勅使及祭祀
藏氷及凡修理等雜役 隨事支役苦歇無復有定云"

10) 이태진, 〈대한제국의 皇帝政과 「民國」정치이념-國旗의 제작·보급을 중심으로〉, 《韓
國文化》22, 서울대학교 한국문화연구소, 1998, 258쪽.

궐내외제상사闕內外諸上司 각처수리도배역이었다. 시전상인들은 대궐은 물론 중앙 각 아문 건물의 수리도배도 담당하였다.

이와 같은 수리도배역이 시전의 부담으로 정착된 때는 언제부터였을까. 궁궐과 관청의 수리도배는 3년에 한 차례 하는 것이 법례였다.11) 그리고 각 궁궐마다 수리도배를 맡은 아문이 있어서 이들의 도배군을 내어 수행하였다.12) 그러나 1670년(현종 3)에는 시전상인들이 대궐의 수리도배역을 담당하고 있다.13) 앞서 본 '시전에 상세가 없고 대내수리도배역이 부과되었다'라는 유형원의 언급은《반계수록》의 기록이다.《반계수록》은 1652년(효종 3)에 쓰기 시작하여 1670년(현종 11) 완성된 저작이다. 그러므로 1650년에서 1670년 사이에 궁궐수리도배역은 시전상인이 전담하는 국역으로 바뀐 것으로 추정된다.

이 20년 동안에 주목해야 할 시기는 1663년(현종 4)이다.14) 이때 최초로 시전상인에게 장빙미藏氷米가 부과되었다. 또한 1664년에 평시서의 시안이 개정되는데,15) 이때의 개정은 장빙미와 수리도배역을 부과하기 위해 시전의 분등과 분역을 개정했기 때

11)《備邊司謄錄》효종 원년 10월 28일. "凡修理 雖如大內之至尊至重處 三年一改 明有法例 則當初說法之意 實非偶然"
12)《萬機要覽》財用編四, 戶曹各掌事例, 別例房.
13)《承政院日記》현종 11년 10월 8일. "諸上司每年塗褙之後 亦責於市民 蓋自平市定送之後 諸上司二人 不卽使用 遷延日字之際 累日奔走 或捧賂物而止 或星火督促 則一人雇數人 就役諸上司 旣非一處 而塗褙之役 逐日差送 故市民等 長立各衙門 因至失業"
14) 종래 부역제 형태로 운영되던 장빙역이 물납세인 장빙미로 부과된 시기가 1663년(현종 4)부터였다. 그러므로 시전상인들이 수리도배역을 부담한 시기도 1663년 전후로 추정된다. 이에 대해서는 고동환, 앞의 책(주 2), 235~237쪽 참조.
15)《備邊司謄錄》정조 12년 정월 16일. "取考本營所在前後市案 則一卷年條未詳 一卷康熙三年(1664)修正 一卷康熙二十五年(1686)修正 一卷康熙四十五年(1706)修正 一卷乾隆二十三年(1758)修正 合爲五卷 而康熙二十五年前市案 則毋論某種物種間不區別載錄 自康熙四十五年 始爲詳錄"

문일 것이다. 시전이 내는 장빙미도 1년 175석이어서 부담이 적
지 않았다.16)

이와 같이 1663년을 전후한 시기에 궁궐수리도배역이 시전상인
의 부담으로 특정된 까닭은 다음의 두 가지를 꼽을 수 있다. 첫째
는 그동안 시전상인에게 부과되던 조사접대역詔使接待役, 세폐歲幣
와 방물진배역方物進排役 등이 이 시기에 차츰 줄었기 때문이었
다.17) 청나라와의 관계가 정상화하면서 청에서 파견하는 조사詔使
의 수도 1660년대 이후 급격히 줄었을 뿐만 아니라 세폐와 방물의
액수도 크게 감소하였다. 둘째 요인은 대동법의 시행으로 말미암
아 각사各司의 이익이 줄었다는 점이다. 대동법은 1608년(광해군
즉위) 경기도에서부터 시작되어 1623년(인조 원년)에는 강원도에서
시행되었다. 그 뒤로 30여 년 동안 중단되었다가 1651년(효종 2)
충청도, 1658년(효종 9) 전라도 연해읍沿海邑, 1662년(현종 3) 전라
도 산군山郡에 확대·실시되었다. 1663년은 충청도와 전라도 전역
에 대동법이 확대·실시된 다음 해였다.18) 충청·전라도 지역의 대
동법 시행으로 공물수납과정에서 각사 전복典僕이 받았던 이익들
이 대부분 공인貢人에게 돌아갔기 때문에 각사에서는 전복들에게
더 이상 궁궐수리도배역을 맡길 수 없게 된 것이다.19) 이와 같이
대동법 시행으로 중앙 각사 재정이 부족해지자, 이때 무거운 세폐

---

16)《藏氷謄錄》권3, 甲戌(1694) 10월 29일. "平市署所定氷米 每年一白七十五石之多 皆責
  於市民"

17) 김종원,《근세동아시아관계사연구》, 혜안, 1999 참조.

18) 한영국,〈대동법의 시행〉,《한국사 30-조선중기의 정치와 경제》, 국사편찬위원회,
  1998 참조.

19) 대동법 시행으로 말미암아 중앙 각사에서 부담하는 각종 역이 공인에게 전가되는 사
  정에 대해서는 고동환,〈조선후기 장빙역藏氷役의 변화와 장빙업藏氷業의 발달〉,《역사
  와현실》14, 한국역사연구회, 1994 참조.

방물부담에서 자유로워진 시전상인에게 수리도배역과 장빙미를
부담시킨 것으로 보인다.

궁궐수리도배역은 평시관원平市官員의 인솔 아래 시전상인들이
동원되어 수행하였다. 이때 호조와 공조의 당상관과 낭청이 이를
감독하고, 중앙 각사에서는 건물의 수리와 도배에 필요한 물품을
조달하였다.[20] 궁궐의 수리도배에 소요된 비용은 어느 정도였을
까. 1697년(숙종 23)에는 쌀 3천 석이었지만,[21] 1759년(영조 35)에
는 쌀 6,600석으로 기록되고 있다.[22] 60년 남짓한 기간에 비용이
두 배로 증가한 것이다. 1년에 쌀 6,600석은 부유한 시전상인들이
라고 해도 무거운 부담이 아닐 수 없었다. 그러므로 흉년이나 자
연재해가 발생할 경우 궁궐수리도배역도 다른 민역民役과 마찬가
지로 면제되었다.[23]

오늘날 시전상인들이 어떠한 전각을 구체적으로 어떻게 수리·
도배했는지를 알려주는 자료는 없다. 다만 경도대학 가와이문고에
소장된 면주전綿紬廛 관계자료 속에 《을축정월 대내수리등록乙丑正
月 大內修理謄錄》이라는 책자가 있어서 면주전에서 궁궐수리에 어
떻게 관여했는지를 부분적으로 알려주고 있다. 이 자료를 바탕으
로 면주전 상인들이 1865년에서 1882년까지 어떠한 전각의 수리
도배를 담당했는지를 살펴보면, 다음의 〈표 1〉과 같다.

---

20) 《萬機要覽》 財用編四, 戶曹各掌事例, 別例房, 大內修理. "差備內殿宇(通稱大內)修理時
戶工堂郞監董各樣物種 各司官員進排 塗褙軍 平市官員顔率市民擧行"

21) 《肅宗實錄》 숙종 23년 1월 丁卯. "竊見大內修理價米, 多至三千石"

22) 《萬機要覽》 財用編四, 戶曹各掌事例, 別例房, 大內修理.

23) 《備邊司謄錄》 74책, 경종 3년 5월 14일. "近年以來 連値凶歉 稅入大縮 …… 宗社各陵
殿闕內外不緊營繕 稍待年豊財裕間 姑爲停罷事"

〈표 1〉 면주전綿紬廛의 대내수리大內修理 내역(1865~1882)

연도	월	전각殿閣	비용
1865	3월	영화당	4냥
	4월	경춘전	4냥
	5월	요화당	4냥
	9월	양화당	4냥
	10월	희정당, 대조전	8냥
1866	1월	성정각	2냥
	3월	대조전	4냥
	4월	수정전	4냥
	5월	관물헌 북행각 연화당	4냥
	9월	인정전	4냥
1867	11월	경복궁	4냥
1868	6월	경복궁	4냥
1869	12월	인정전	4냥
1871	3월	경복궁 교태전	4냥
1872	5월	대비전	4냥
	9월	근정전	4냥
1873	12월	창덕궁	4냥
1874	6월	동궐, 경복궁	8냥
	11월	인정전	4냥
	12월	인정전	4냥
1875	3월	희정당	4냥
	4월	숭정전, 희정당, 경복궁	16냥
	5월	경복궁 만경전	8냥
	9월	경복궁 만경전, 수정전, 선원전	16냥
	10월	강녕전, 흥복전	16냥
	11월	경복궁 교태전	8냥
	12월	자경전	8냥
1876	2월	함원전	8냥
	3월	인지당	8냥
	4월	협경당, 다경합, 덕선당	16냥
	5월	순희당, 복안당	16냥
	윤5월	건순합, 건복합	16냥
	6월	선원전, 강녕전, 수정전	24냥
	7월	경성전, 연생전	16냥
	9월	연길당	8냥
	11월	만경전, 만화당, 재향당	24냥
	12월	건복합, 흥복전, 통화당	24냥

1877	1월	다경각	8냥
	2월	영춘헌, 석복헌, 양화당, 수강재, 집복헌, 경춘전, 대조전, 흥복헌, 통명전, 수정전, 중희당, 희정당, 보경당, 재덕당, 재화당, 연지당, 순복당, 옥화당, 영휘당, 정묵당, 고조당, 성정각, 경훈각, 함은각, 융경헌, 관물헌, 극수재, 낙선재	224냥
	3월	숭문당, 연경당, 연희당, 연춘헌, 청향당, 서향각, 수덕당, 건복당, 양심각, 선원전, 영화당, 양안재, 요화당, 양지당, 인정전, 인경당, 태화당	132냥
	6월	세자궁	16냥
1878	정월	세자궁	16냥
	5월	흠경전	4냥
1882	6월	흠경전	4냥

※ 전거: 《乙丑正月 大內修理謄錄》

〈표 1〉에서 보면, 면주전 상인들은 창덕궁, 경복궁, 창경궁, 경희궁 등 주요 궁궐의 전각들의 수리도배역에 거의 매달 동원되고 있다. 면주전은 8분역을 담당하는 육의전 가운데 하나였기 때문에 다른 시전에 견주어 부담이 컸을 것이다. 앞서 자료에서 살폈듯이 17세기에는 궁궐의 수리도배는 3년에 한 차례 시행했지만, 19세기에는 수리할 전각殿閣이 생기면 수시로 시전상인에게 역을 부담시켰던 것이다.

원래 수리도배역은 시전상인들의 노동력을 직접 징발하여 수행하는 것이었지만,[24] 19세기 후반에는 시전상인들이 전문적인 도배군에게 품삯〔고가雇價〕을 지급하여 수행하였다. 면주전에서는 하나의 전각 수리도배 비용으로 4냥에서 8냥을 지불하였다. 1875년 이전에는 4냥씩을 지불하였지만, 1875년 3월부터는 8냥씩 지불하였다. 여기서 보듯이 시전상인에게 부과된 수리도배역도 이 시기 다른 요역과 마찬가지로 금납金納에 바탕을 둔 고립

---

24) 《備邊司謄錄》영조 3년 5월 9일. "昨年大內諸處修理時 市民例爲入役 而昌德儲承昌慶建極殿數多 故諸宮修理 事體雖重 至於東宮修理 則使勿赴役"

제雇立制로 운영되고 있었던 것이다.

　면주전은 궁궐의 수리도배 비용으로 1년에 얼마쯤 지출하였을까. 대내수리역이 가장 많았던 1877년의 경우 8분역을 부담했던 면주전은 380냥을 대내수리비용을 지출하였다. 궁궐수리도배역은 분역에 따라 부과되었는데, 유분각전의 분역 총액은 105분이었다. 그렇다면 1877년 한 해 동안 시전 전체에서 부담한 대내수리비용은 4,987냥에 달했던 셈이다.[25]

　앞서 언급했듯이, 시전상인들은 대궐만이 아니라 중앙 각 아문 건물의 수리도배역도 담당하였다. 가와이문고 소장자료 가운데 《을축정월 생식계전장등록乙丑正月 生殖契傳掌謄錄》에는 대궐은 물론 선원전璿源殿, 각능各陵의 정자각丁字閣, 종묘, 경모궁 등 왕실과 관련된 모든 건물과 함께 비변사와 예문관, 평시서 등 중앙 각 아문 건물의 도배역에 지출된 비용을 기록하고 있다. 〈표 1〉의 《대내수리등록》이 궁궐의 수리도배에 지출된 비용을 기록한 것과 달리, 이 자료는 궁궐과 중앙 각 아문 건물의 수리 도배에 지출된 비용을 기록한 자료인 것이다. 《을축정월 생식계전장등록》에 나타난 도배군 품삯과 도배건물을 보면 다음의 〈표 2〉와 같다.

---

[25] 분역은 유분각전이 담당하는 국역전체의 담당비율을 나타내는 것으로 이해한다. 곧 《만기요람》에 기록된 유분각전의 분역을 모두 합하면 총 105분이므로, 분역은 105분에 얼마를 부담하는 부담률로 보는 것이다. 여기서의 계산도 이러한 분역 개념에 의거하여 국역 전체의 비용을 계산한 것이다.

〈표 2〉 면주전 도중에서 도배역을 수행한 건물과 품삯(1863~1875)

연도	도배건물	도배군수	품삯
1863년	長生殿 素錦井, 殯殿 梌章子 羅排哭廳 待令別監房 司鑰廳, 魂殿 祭奠所 次知中使別監房, 明政殿, 歡慶殿, 仁政殿, 慈慶殿 西上房, 善工甘 告計使 入盛柳哭, 善工甘 別工作 梌章子	173명	34냥 6전
1864년	大殿 排設房 逢造, 大王大妃殿 逢造, 大妃殿 逢造, 吏曹 堂上房 窓戶, 大行大王 虞主所, 宣傳官廳, 魂殿都監 堂上房, 大成殿 東上房, 慈慶殿, 都監二房呈 竹散馬, 長生殿 堂上郎廳房, 孝文殿, 慈慶殿 西行閣, 都監二房呈 竹散馬, 慈慶殿, 國葬都監呈 表石所, 殯殿都監呈 堂上大廳, 藝文館, 寶慶堂, 統將廳 居接處, 政院 移接處, 孝文殿, 政院 移接處, 魂殿 哭臨廳, 山陵 以下 三處所, 寶慶堂 南行閣, 孝文殿, 孝文殿 復道閣, 魂殿 香藏內 享官房, 孝文殿 御齋室 南行閣 修理, 魂殿 典祀廳, 都薛里房, 國葬都監呈 別工作 誌石所 櫃子函 等, 孝文殿 書吏庫直 移接處, 孝陵, 禧陵, 肅敬齋 修理, 生物房, 司鑰房 燈燭房 弓房, 宗廟 同薺室, 宗廟 沐浴廳, 宗廟 七祀堂, 景慕宮 御齋 東上房 修理, 別軍職廳, 泰秋門 內 燒厨房, 景慕宮 御齋室, 永禧殿 御齋室,濬源殿, 宗廟 夏享大祭時 獻官房, 分長興庫呈 陵所 摠護使大監 假家, 毓祥宮 正堂 修理, 映花堂 南上房 修理, 成安閣 以下 修理, 進修堂, 成安閣, 奎章閣 大廳, 長生殿 梓宮, 大王大妃殿 水刺間 燈燭房, 景祐宮 官房 及 睿陵 丁字閣 窓戶, 大院位宮 役事, 山陵 香大廳, 建元陵 三處所, 建元陵 景陵 綏陵 三處所, 景陵 丁字閣 御齋室 大廳 三處, 孝陵 丁字閣, 禧陵 丁字閣, 禧陵, 孝陵, 仁政殿 修理, 備邊司 大廳, 平市署 大廳, 大王大妃殿 水刺間, 雲峴宮, 忠勳府 紀功閣, 宗廟 冬享大祭時 祭官房, 耆老所 靈壽閣, 陳主都監 哲宗大王 陳主造成, 殯廳 修理, 平市 神堂, 議政府 朝房 東西溫突, 丹鳳門 守門將廳, 孝文殿 失火時 內哭廳, 寶慶堂 南行閣	669명	216냥 6전
1865년	景慕宮 御齋室, 宗廟 御齋室, 景祐宮 御齋室, 文廟 啓聖祠 節祭 獻官房, 山陵 假家齋室 內入居接處, 映花堂, 芙蓉亭, 千石亭 修理, 彩輦 六部 修理, 宣禧宮 御齋室, 毓祥宮 內官 御齋室, 懿昭廟 藏譜閣, 景春殿 南上房, 壽康齋, 建極堂, 樂善齋, 喜雨亭 及 西樓, 大王大妃殿 內 燒酒房, 蘭香閣 行閣, 瑤華堂, 大王大妃殿 洗踏房, 迎春軒, 懿陵, 議政府 朝房, 純祖大王 哲宗大王 史閣, 成均館 東西 廡箭窓, 四賢祠, 啓聖祠, 景慕宮, 瑤華堂, 延慶殿, 孝文殿 御齋室, 日喜軒, 咸安閣, 山陵, 養心閣, 寬綏廟, 順和宮 燒厨房, 內閣朝房, 順和房 燒厨房, 大妃殿 司鑰房 及 別監房, 星增位 順都監, 桂月閣, 大殿 長房	315명	84냥 9전
1866년	議政府, 宗廟, 序貯芹宮, 宗廟 啓聖祠 獻官房 箭窓, 平市署 大廳, 元陵 綏陵 景陵 祭官房, 分戶曹 大廳, 仁政殿 大廳, 弘文館 大廳, 冬至使 方物大樻, 毓祥宮 內官房, 堂后大廳, 歲幣人 盛柳介, 上號都監, 宗廟 春享大祭時 獻官房, 社稷 親祭時 獻官房	83명	24냥 7전

1867년	社稷 御齋室, 芸文館, 明陵 御齋室 丁字閣 香大廳, 睿陵 御齋室 丁字閣 香大廳, 大報壇 御齋室, 慕華館, 宗廟 夏享大祭 獻官房, 內閣大廳, 昭顯廟 丁字閣 修理, 慶春殿, 增光樓, 大造殿, 養心閣, 通化殿, 綏陵 御齋室 丁字閣 香大廳, 景陵 御齋室 丁字閣 香大廳, 穆陵 香卓 丁字閣, 綏陵 御齋室, 顯陵 丁字閣, 仁陵 丁字閣 御齋室 典禮廳, 內閣冊庫, 平市 大廳, 景慕宮 水剌間, 彰義門 內外 蕩春臺, 順懷廟, 奠德亭, 宗廟 永寧殿 守僕房, 冬至使 方物大櫃	303명	205냥 4전
1868년	宗廟 春享大祭時 御齋室, 永寧殿, 社稷 春享大祭時 御齋室, 健陵 外香卓, 成均館 並房 溫突, 景慕宮 奠官房, 建元陵 丁字閣 御齋室 典祀廳, 綏陵 丁字閣 御齋室 典禮廳, 景陵 丁字閣 御齋室 典禮廳, 崇陵 丁字閣 御齋室 典禮廳	157명	124냥 4전
1869년	綏陵 獻官房, 景陵 獻官房, 光陵 獻官房, 徽慶園 獻官房, 水綏陵 御齋室 典禮廳 丁字閣, 建元陵 御齋室 典禮廳 丁字閣, 懿陵 御齋室 典禮廳 丁字閣, 徽陵 御齋室 典禮廳 丁字閣, 惠陵 御齋室 典禮廳 丁字閣, 顯陵 御齋室, 典禮廳 丁字閣, 景陵 御齋室, 典禮廳 丁字閣, 貞陵 御齋室, 典禮廳 丁字閣, 冬至使 賷去黃大內, 都摠俯 窓戶, 歲幣封裹 柳箭內, 日梳函內	40명	25냥 6전
1870년	健陵 御齋室, 典禮廳 丁字閣, 平市移接處, 東七陵 御齋室, 大中小函 斗香家, 孝昌墓 御齋室, 繕工監 方物黃大櫃內, 平市署 大廳	77명	45냥 8전
1871년	文廟 謁聖酌獻禮時 東西大廳, 冬至使 柳函內, 平市 大廳, 歲幣封裹時 柳筒 內	29명	5냥 8전
1872년	文廟正殿, 宗廟 御齋室, 觀象監, 平市 大廳, 迎春門 守門將廳, 光化門 守門將廳, 工曹, 冬至使行 櫃座 內	57명	11냥 4전
1873년	永禧殿 御齋室, 宗廟 諸處 祭官房, 永寧殿, 儲慶宮, 文廟 御齋室, 胎封函 內, 諸山川 大中小函 內	36명	7냥 2전
1874년	進賀兼例恩使 方物櫃, 明陵 丁字閣, 御齋室 典祀廳, 中樞府 朝房, 議政府 回公廳, 平市大廳, 隆武堂, 中樞府 大廳, 宗親府 使漢殿, 內閣, 中樞府 大廳, 冬至方物櫃子, 司憲府 朝房大廳, 景慕宮 新官房, 彩轝 內	109명	37냥
1875년	景慕宮 御齋室, 支勑時 員役居接處, 文廟 釋奠大祭時 東西獻官房, 宗廟 諸處 祭官房, 奏請使 方物櫃, 支勑時 餅工作, 南別宮, 支勑時 皮行擔皮 箱子 內, 禮天宮, 廟社殿宮 大小函 內, 進賀兼謝恩使 方物封裹櫃子, 分工曹 支勑時 預備物種 造成時, 進賀兼恩使 就鳳櫃, 成均館 東齋 及 入直官房, 內閣 朝房, 景福宮 各殿堂, 司憲府 朝房, 景福宮 移御時 各 殿堂, 司憲府 朝房, 金常使 齎去表儀筒內, 景福宮 各 差備所用, 璿源殿 御齋室, 待漏院 修補, 表儀筒內, 永禧殿 官房, 萬慶殿 萬和堂, 敦寧府, 永禧殿 御齋室, 各 到使方物黃大櫃 內, 慶熙宮 殿閣, 宗廟 御齋室	392명	78냥 4전

※ 전거:《乙丑正月 生殖契傳掌謄錄》

〈표 2〉에서 보면, 면주전 도중에서 1년에 지불하는 도배군 품삯은 1864년에 16냥, 1865년에 84냥, 1866년에 24냥, 1867년에 205냥, 1868년에 124냥, 1869년에 25냥, 1870년에 45냥, 1871년에 5냥, 1872년에 11냥, 1873년에 7냥, 1874년에 37냥, 1875년에 78냥이었다. 많을 때는 216냥에서 적을 때는 5냥까지 고르지 않았다. 1866년과 1871년은 병인양요와 신미양요로 인해 품삯 지불이 적었다. 이를 감안하면 평상시에는 100냥 안팎을 도배비용으로 지불한 것으로 이해할 수 있을 것이다.

도배군에 지불된 품삯은 1864년에서 1866년까지 1명당 2전이었다가, 1867년에서 1868년에 1명당 1냥으로 5배로 뛰었다. 품삯 급등의 원인은 1866년 11월에 6개월여 동안 유통된 당백전의 영향이었다. 화폐의 명목가치 상승에 따른 것이다. 따라서 1868년 이후 품삯은 다시 1명당 2전으로 환원되었다.

3. 시전의 무역과 진배

시전상인과 왕실과의 관계에서 시전상인들의 부담은 궁궐의 수리도배에만 그치는 것은 아니었다. 시전상인들은 왕실 안의 대소사에 필요한 각종 물품과 인력들을 수시로 충당하는 의무를 지니고 있었다. 예컨대 1731년(영조 7) 시전상인들은 국상을 당했을 때, 매일 혼전魂殿 수랏간水刺間에 은기취색군銀器取色軍 4명과 옥등취색군玉燈取色軍 1명의 인부人夫를 제공하였다. 시전상인들은 이들 인부의 품삯으로 1명당 하루 3전을 부담하였다. 그러므로 시전상인들이 한 달 150명의 품삯으로 30냥을 지불했으며, 1년을 통틀어 거의 400냥에 달하는 비용을 지출하였다.26) 이와 같이 수시로 왕실과 정부에서 필요한 노동력과 물자를 조달하는 것을 일러 책판이라고 했다.

16세기 이후 시전상인의 책판은 공물과 진상의 방납防納과 무납貿納 추세의 확산과 궤를 같이하여 차츰 확대되었다.[27] 가례嘉禮, 길례吉禮, 국상 등에 필요한 물자를 억매抑買의 형태로 시전에서 책판하는 것으로 일반화해 갔다. 예컨대 1530년(중종 25) 자순왕비慈順王妃 윤씨尹氏 국상에 필요한 물품을 시전에서 구매했지만, 시가보다 터무니없이 낮은 가격을 지불하여 시전상인이 큰 피해를 입고 있었다.[28]

임진왜란 이후 시전의 책판은 정부 기관으로 확대되었다. 전쟁으로 조세수취 기반이 붕괴되었기 때문에, 왕실은 물론 정부에서도 대부분의 물품을 시전에서 구입하지 않을 수 없었던 것이다. 임진왜란 때 체찰사體察使로 전쟁의 수습을 담당했던 이항복의 다음과 같은 얘기는 이러한 사정을 잘 알려준다.

> 공가公家에서 급하게 필요한 물건을 시전에서 분징分徵하는
> 것을 무역이라고 합니다. 그러나 실제로 돈을 주지 않으니 이

---

[26] 《承政院日記》 영조 7년 1월 28일. "近年以來 國役稠疊 市民等 倒懸於大小責應之役 試以微細一事言之 如魂殿水剌間 銀器取色軍四名 玉燈取色軍一名 責立於市民 每日每一名 計錢三戔式防雇 通計一朔則一百五十名 雇價爲三十兩 一年所費 幾至四百兩 此不過若干器皿洗滌之事 別無使用多人之事 而當初以衛軍定送 中間以市民使役 故市民聚合雇價 以給本殿員役云 其爲弊端 誠亦不少"

[27] 조선전기 시전상인들의 진배와 책판에 대해서는 박평식, 앞의 책(주 7), 128~133쪽 참조.

[28] 《中宗實錄》 중종 25년 9월 丙午. "憲府啓曰 今遭國恤 喪葬之物 一切貿諸市中云 故因此令平市署 書報所貿之物 則果如所聞 許多雜物 無非貿辦 各司官庫所儲之物 蕩然一空 憑此可知 原究弊端 斂民有限 用度無節之所致 非但今當大事爲然 前此稍擧一事 輒貿於市 其所準償 不滿其直 亦不以時還受 名爲貿易 實同攘斂 民怨斯極 國非其國 自上亦豈知弊之至於此極耶"

름은 비록 교역이나 실제로는 거두는 것입니다. 우리나라의
규례는 급한 때를 만나면 모든 책판을 시민들에게만 책임 지
우는데, 공가와 시민의 관계가 이와 같으므로 시사市肆가 텅
비게 되니 이것 또한 작은 걱정이 아닙니다.[29]

이항복이 얘기하고 있듯이, 왕실과 조정에서 필요한 물건을 공
급받는 것을 일컬어 무역이라고 했다. 무역은 시장에서 정당한 대
가를 치루고 구매하는 것이지만, 실제 내용은 징렴徵斂에 다를 바
없었다. 1602년(선조 35)의 경우 조정에서 시전상인에게 무역한 액
수 가운데 지불하지 않은 액수가 면포綿布 수백 동에 달했고, 이듬
해에는 은 2천여 냥에 달할 정도였다.[30]
무역은 왕실과 정부가 급하게 필요한 물건을 시장에서 임시로
구매하는 것이었지만, 차츰 종친이나 고위관료 개인으로까지 확대
되어 사무역私貿易으로 확대되었다. 사무역에서도 종친이나 고위관
료들은 왕실이나 정부기관처럼 가격을 제대로 지불하지 않아 많
은 폐단을 야기하였다. 1768년(영조 44) 입전立廛에서 제값을 받지
못한 금액이 낙창군洛昌君 이탱李樘 1,200냥, 왕녀의 사위인 청성위
青城尉 심능건沈能建이 1,100냥, 공시당상貢市堂上 홍재洪梓 2,500냥,
공시당상 송낙휴宋樂休 1,500냥 등 총 6,300냥에 달할 정도였다.[31]
이와 같은 무역제는 1791년(정조 15) 신해통공辛亥通共을 계기로
폐지되었다. 무역을 빙자하여 시전상인을 수탈하는 것을 금지하였
던 것이다.

29)《增補文獻備考》권163, 市糴考1.
30)《宣祖實錄》선조 35년 3월 甲戌.
31)《英祖實錄》영조 45년 2월 甲戌. "召貢市人 問弊瘼 敎曰 召問廛人則洛昌君一千二百
兩 青城尉一千一百兩 洪梓二千五百兩 宋樂休一千五百兩云 事之寒心 莫此爲甚"

무역이 급하게 필요한 정부와 왕실의 필요물자를 시전상인이 조달하는 것이라고 한다면, 진배는 왕실에서 항상적으로 필요한 물자를 정기적으로 납품하는 것을 말한다. 대동법 시행으로 왕실의 필요물자가 재정경로보다는 시장경로를 통해 조달되는 비중이 커졌기 때문에 진배는 정상적인 물품조달체제로 자리 잡을 수 있었다. 진배에는 매월 정례적인 삭진배朔進排와 비정례적인 임시진배臨時進排가 있었다. 임시진배는 그 액수가 소소한 것이었고, 삭진배는 이미 확보된 예산 범위 안에서 시전상인에게서 물품을 구매하는 것이었다.32) 시전상인에게 삭진배는 상품을 안정적으로 처분하고 이익을 볼 수 있는 중요한 기회였다. 그러므로 1890년(고종 27) 면주전 상인들은 "공인과 시전상인들에게 진배지역進排之役이 없으면 근본을 망실하는 것이나 다름없다."라고 말하고 있는 것이다.33)

물론 대다수 시전상인들은 왕실에 대한 진배보다는 민간에 대한 판매가 주된 영업이었지만, 국산 비단을 판매하던 면주전 상인들은 사정이 달랐다. 개항 이후 값싼 기계제 면제품이 대거 유입되면서 국산 비단의 수요가 크게 줄어들자 면주전의 위세가 위축되었기 때문이다.34) 그러므로 면주전은 당시까지 국산 명주의 최

---

32) 《明禮宮未下金請求》(奎21751). "明禮宮은 元來 同宮을 直轄ㅎ시ᄂᆞ 殿(大皇帝皇后兩陛下)의 削進排 及 臨時進排 擧行ㅎᄂᆞ 宮이니 此等 進排에 對ㅎ야 貿入 一事ᄂᆞ 同宮 兼役等이 擔當 擧行홈은 各宮을 通ㅎ야 同一흔 規例라. 고석에 재ㅎ야ᄂᆞ 임시진배ᄂᆞ 파히 심소ㅎ고 삭진배 즉 일정흔 일상입용품을 위주로 진배ㅎᄂᆞ 고로 동궁고유재원의 수입액 범위 이내로써 일개년 진배급궁속제급료에 충용ㅎ고도 상차잉여가 유흠으로 당시에ᄂᆞ 진배흔 물품대급을 즉각 지발ㅎ더니"

33) 《京都大學所藏韓國古文書》(번호: 1588), 等狀(庚寅). "綿紬廛市民等 白活 右謹陳所志矣段 大抵貢市之民 亦一化育之物也 爲公而無頃進排 爲私而有業事育 則可謂樂莫樂 而此外何求 所以爲貢市民者 無進排之役 則卽忘其本而失其根也"

34) 개항 이후 면주전의 몰락에 대해서는 이 책의 제4장 참조.

대 수요처였던 왕실에 대한 의존도가 컸던 것이다. 이러한 사정 때문에 면주전 상인들은 다른 시전상인과 달리 왕실에 대한 진배가 시전상인과 공인들의 근본이라고 얘기하고 있는 것이다.

면주전 상인들은 왕실에 어떤 종류의 비단을 얼마큼 진배하고, 그 대가로 어느 정도의 돈을 받았을까? 면주전은 매년 정월 상주上紬 30필을 어전御前에 진배하여 매필당 9냥씩을 받았고, 매년 6월에는 염람수주染藍水紬 1동씩을 각 전궁殿宮에 진배하여 1동당 700냥을 수령하였다. 수주水紬 1필당 14냥을 받은 셈이다. 이밖에도 백토주白吐紬·각색토주各色吐紬·경용주經用紬·급대주給代紬·각색수주各色水紬 등을 수시로 진배했는데, 토주吐紬는 매필마다 16냥 5전, 경용주와 급대주는 매필당 6냥을 받았다.[35]

면주전에서 왕실에 진배한 구체적인 비단의 종류와 수량은 경도대학 소장 고문서에 자세히 기록되어 있다. 이를 보면 다음의 〈표 3〉과 같다.

〈표 3〉 면주전의 왕실에 대한 진배내역(1879년 10월~1880년 8월)

년월	품목	수량(필疋-척尺-촌寸)
1879년 10월	자적토주紫的吐紬	9척 8촌
1879년 11월	황수주黃水紬	33척 6촌
	흑토주黑吐紬	2척
	자적토주紫的吐紬	6필 6척
1880년 1월	남수주藍水紬	1촌 1분 4리
1880년 2월	자적토주紫的吐紬	23척 8촌

---

35) 《京都大學所藏韓國古文書 - 綿紬廛關係文書》綿紬廛實態(綿紬廛實態 一)〔연대: 韓末, 번호: 1580〕綿紬廛. "進排秩 每年正月 上紬三十疋 御前進上 受價每疋九兩式 每年六月 染藍水紬 各殿宮一同式進上 每同受價七百兩式 白吐紬 各色吐紬 經用紬 給代紬 各色 水紬 無恒定進排 吐紬每疋受價 十六兩五戔式 經用紬 給代紬 每疋受價六兩式"

1880년 3월	진홍수주眞紅水紬	1필 1척 2촌
	남수주藍水紬	7필 27척
	자적토주紫的吐紬	2필 13척 4촌
1880년 5월	남수주藍水紬	1필 3척 3촌 2분
	홍수주紅水紬	3척 5촌
	흑수주黑水紬	2필 7척
	남토주藍吐紬	3필 47척 5촌
	자적토주紫的吐紬	49척 5촌
	흑토주黑吐紬	47척 7촌
1880년 6월	홍수주紅水紬	2필
	진람수주眞藍水紬	20척
	흑토주黑吐紬	47척 7촌
	자적토주紫的吐紬	2필 32척 3촌
	남토주藍吐紬	4필 25척 2촌
1880년 7월	흑수주黑水紬	14척 6촌 3분 1리
	자적토주紫的吐紬	1필 5척 7촌
1880년 8월	다홍수주多紅水紬	25필
	자적토주紫的吐紬	3필 6척 9촌 5분
	초록토주草綠吐紬	3필
	간색토주間色吐紬	1필

※ 전거: 《京都大學所藏韓國古文書－綿紬廛關係文書 會計關契資料》(번호: 2223-1)

〈표 3〉에서 보듯이 면주전에서 취급하는 다양한 국산 비단이
매월 단위로 왕실에 진배되고 있었다. 많을 때는 1880년 8월의 경
우처럼 30여 필을 상회할 경우도 있었다. 1880년 1월에서 8월 사
이 8개월 동안 왕실에 진배한 총액은 64필에 달하고 있다.[36) 앞서
의 자료에 의거하여 수주는 1필당 14냥, 토주는 16냥 5전으로 환
산하여 계산하면 8개월의 진배가는 총 600냥에 달하고 있다. 8월
이후에도 비슷한 비율로 진배했다고 한다면, 1년에 진배하는 액수

36) 《탁지준절度支準折》의 주저목포면紬紵木布綿의 조항에는 비단의 종류에 따라 1필의 길
이가 각각 다르게 환산하고 있다. '經用綿紬一疋 長四十尺 廣七寸'이라 하여 일반적인
국산 비단인 경우 40척이 1필로 환산되는 것이 관례였지만, 이 자료에서는 47척, 49척
의 표현이 나오므로 1필은 50척으로 환산하였다. 같은 조항에 '表裡白綿布 長五十尺
廣七寸'이라 하여 흰 무명인 경우는 50척을 1필로 환산한다고 설명되고 있다.

는 900냥으로 추산된다. 이처럼 면주전의 경우 왕실에 대한 진배
가 영업의 상당부분을 차지했기 때문에, 앞서 살펴본 바처럼 진배
지역이 없으면 근본을 잃어버린 것과 다름없다고 얘기할 수 있었
던 것이다.

면주전에서 진배하는 비단가격은 종류에 따라 16냥 5전에서 6
냥까지 다양했다. 앞의 사례에서 보듯이 매년 정월에 정기적으로
진배하는 상주는 1필당 9냥이었다. 그러나 1871년 면주전에서는
자신들이 진배하는 상주를 1필당 20냥으로 계산하여 지불하라고
요구하고 있다.[37] 9냥에서 두 배 이상을 올린 가격을 청구하고 있
는 것이다. 청구한 가격이 그대로 지불된다면, 면주전 상인들은 엄
청난 폭리를 취할 수 있었을 것이다. 이 사례에서 보듯이 시전상
인들에게 왕실에 대한 진배는 일반적으로 상당한 이익이 보장된
거래였다.

진배는 왕실재정이 여유가 있을 때 시전상인에게 확실한 이윤
을 보장하는 거래였지만, 왕실재정이 여유가 없을 때는 책판이나
무역처럼 일방적인 수탈이 될 수밖에 없는 거래였다. 개항 이후
정부와 왕실재정의 악화로 말미암아 진배가進排價를 지불받지 못
하는 경우가 많아졌다. 면주전의 경우도 명주를 납품하고서도 가
격을 받지 못하는 경우가 많았다. 이를테면 면주전 상인들이 가례
도감嘉禮都監과 미국과 청국공사 등에 총 28동여 필을 납품했으나
3만 냥에 달하는 돈을 받지 못하고 있다.[38]

37)《京都大學所藏韓國古文書 – 綿紬廛關係文書》甘結(甘結 一)〔연대: 辛卯, 번호: 1664〕.
"綿紬廛矯弊事 見悉錄辭 則當此勢 情理亦其然 故朔捧上紬 幷爲拾貳兩 每定代錢之意
自今周旋矣 每朔依甘結 無爲施行爲可爲可 辛卯二月 日 都薛里(手決)"
38)《京都大學所藏韓國古文書 – 綿紬廛關係文書》等狀(等狀 七)〔연대: 미상, 번호: 921-2〕.
"綿紬廛市民等白活 云云 矣廛之凋殘遑汲之狀 旣伏承洞燭者也 前後進排 數甚夥然中
今番嘉禮都監進排水紬 其內 入水紬十八同 吐紬五同 美使淸使進排水紬 贈給紬五同餘

이와 같은 사례는 면주전에만 국한된 것은 아니었다. 대전大殿에 각종 식료품의 납품을 담당했던 명례궁에 각종 물품을 진배했던 시전상인들도 삭진배의 경우에는 정해진 예산범위 안에서 물품을 청구했기 때문에 손해가 없었지만, 임시진배인 경우는 물품을 진배하고도 가격을 지불받지 못하는 경우가 많았다. 1895년부터 1906년 12년 동안 명례궁에 각종 물품을 진배하고도 대가를 받지 못한 액수가 총 36만 4639엔円 42전錢에 달할 정도였다.[39]

4. 시전의 화재와 내탕內帑 지원

시전을 구성하는 건물은 도가都家와 행랑行廊이었다. 도가는 도중의 사무실이면서 각종 회의가 열리는 장소였고, 상품의 보관창고 구실도 겸하였다. 시전상인들이 영업하는 장소인 행랑은 조선초기 정부에서 2천여 칸 규모로 건설한 것이다. 조선초기에 건설된 시전행랑 건물이 조선후기까지 그대로 존속한 것은 아니었다.

疋 合爲二十八同餘疋 這間董董繼納 迨今未受價 爲參萬餘金是乎 則以若殘市 豈可有支撑之道是乎旀 見今亦 矣等各殿宮進排染藍水紬爲七同 少不容緩 則蕩盡無餘中 何可有辦納之策乎 到此爻業之情勢 擧槪仰訴爲白去乎 伏乞參商敎是後 同未下受價三萬餘金卽爲某樣區別然後 庶免渙散之境 特蒙支保之澤 千萬望良爲白只爲 行下向敎是事"

39) 《明禮宮未下金請求》(奎21751). "近年(略十年前後)에 至ᄒᆞ야ᄂᆞᆫ 削進排ᄂᆞᆫ 古昔과 無異흠을 不拘ᄒᆞ고 臨時進排가 頗히 多大ᄒᆞ야 莫大흔 未下가 生흠으로 當殿에서 此에 對ᄒᆞ야 時時로 特히 補充金을 下賜ᄒᆞ시나 恒常 不足의 歎을 難免흠으로 進排物品 代價의 未下가 逐年 積聚ᄒᆞ나 屢百年 成規된 莫重흔 進排를 闕供키 惶悚ᄒᆞ야 各商等의 滋甚한 督促을 忍耐ᄒᆞ고 次知以下 兼役 등이 己錢他債 勿論ᄒᆞ고 東貸西取ᄒᆞ야 僅僅支過ᄒᆞ다가 去今 13年前(乙未年)으로 再昨年(丙午年) 各宮 廢止에 至ᄒᆞ기지 凡12年間에 未下金 摠計가 36萬4639円42錢6厘의 巨額에 達ᄒᆞ얏슨즉, 該未下金은 上記와 如히 各商의 外上代金, 兼役等의 先當金으로 各各 領收홀자라 云云인 바, 右 事實에 對ᄒᆞ야 其 支給을 請求흠은 理의 自然흠으로 認흠"

임진왜란을 거치면서 행랑이 소실되었으나, 그 이후 광해군대를 전후하여 새로 축조되었다.[40]

시전행랑은 화재로 소실되거나 건물이 낡았을 때 수시로 신축되었다. 그러나 시전행랑의 규모가 상당했기 때문에 조선초기와 달리 시전행랑의 건축비용은 민간에서 조달하는 것이 원칙이었다. 돈을 많이 가진 부민富民이 행랑을 건설한 뒤에 시전상인으로부터 행랑사용의 대가를 징수하는 것이 일반적이었다.[41] 이처럼 임진왜란 이후 시전행랑은 정부가 아닌 민간에 의해 건설되었기 때문에, 조선초기와 달리 정부에서도 공랑세를 걷지 않았던 것이다.

시전행랑 건설에 대한 정부의 대응을 살펴볼 수 있는 사례가 1734년(영조 10) 화재로 소실된 백목전 행랑에 대한 재건논의이다. 1734년(영조 10) 송인명宋寅明은 화재로 소실된 백목전의 개건改建 비용을 진휼청, 호조와 오군문五軍門에서 지원할 것을 요청했는데, 이 요청은 영조에 의해 받아들여졌다. 조정에서는 백목전 지원방안을 놓고 첫째 진휼청과 삼군문三軍門의 자금 1만 냥을 대여하여 백목전인에게 세를 받는 방안과, 둘째 세를 놓지 않고 건축자금을 무이자로 대여하고 수년에 걸쳐 상환하도록 하는 방안이 제기되었다. 그러나 이와 같은 두 가지 방안은 모두 군문에서 시전상인을 침탈할 가능성이 컸기 때문에 채택되지 않았다.

최종적으로 채택된 방안은 진휼청에서 건설비용 수천 냥을 무상 지급하고, 건설에 쓰일 목재는 호조에서 한강 상류에서 내려오는 목재에 대한 수세몫의 나무를 백목전에 무상으로 지급하여

---

40) 이 책의 제2장 참조.

41) 《備邊司謄錄》영조 10년 5월 17일. "大抵廛家 非市人等自辦造作者也 在前則富民有財力者 出物營造 以爲收稅之地矣"

행랑을 건설하는 것이었다.42) 정부에서 건설에 필요한 목재와
건설비용을 모두 무상으로 지급함으로써 행랑이 건설된 것이다.
이와 같이 대부분의 건설비용을 정부에서 지원했지만, 백목전에
대해서 행랑세를 거두지는 않았다. 이에 따라 백목전 개건비용의
정부지원에 대해 사신史臣은 송인명이 일시적으로 백성들의 칭찬
을 들으려고 이전에 없던 잘못된 규칙을 만듦으로써 국체國體를
손상시켰다고 비난하고 있다.43) 사신의 평評을 통해서 보면, 원
래 시전의 화재로 소실되었을 경우에도 정부의 지원은 없었는데,
1734년을 계기로 시전의 화재 때 중앙 각사나 군문의 지원이 시
작된 것으로 이해된다. 1737년(영조 13)에도 백목전에 화재가 발
생했는데, 이때는 전례에 따라 호조에서 지원하는 것을 당연시
여기고 있다.44)

그러나 이와 같은 정부 보조금의 무상지원에 기초하여 행랑을
재건하는 방식은 극히 예외적인 것이었다. 그 이후의 시전행랑의
재건사례들을 보면, 건물 신축자금을 정부기관에서 무이자로 대여
하고, 이를 수년에 걸쳐 분할상환하는 방식이 보편적으로 채택되
었다. 1844년(헌종 10) 면주전 화재 때에는 진휼청의 돈 2천 냥과
금위영·어영청의 목木 각 10동(합계 20동)을 대출하여 행랑을 재건
하고, 대출금을 10년에 걸쳐 무이자로 갚게 하였으며,45) 1863년

42)《備邊司謄錄》영조 10년 5월 6일.
43)《英祖實錄》영조 10년 5월 庚寅. "知事宋寅明曰 白木廛失火 尙未改建 景像蕭條 請自
備局飭賑廳 地部及五軍門 各捐財以助成之 上許之 史臣曰 市肆改建 瑣事也 而要一時
之民譽 創無前之謬規 不覺其虧國體而啓後弊 可勝惜哉"
44)《承政院日記》영조 13년 8월 27일. "去夜白木廛 又慘被火災 市民必益蕩殘 此亦慘然
矣 …… 令戶曹卽考見前例 各別優恤 何如 上曰 各別顧助 可也" 한편 1745년(영조 21)에
다시 목전木廛에서 화재가 발생했을 때 휼전恤典은 1737년의 사례에 근거하여 이루어
지고 있다(《承政院日記》영조 21년 2월 7일. "木廛火災後 臣以依丁巳年(1737)例 恤典施行事 定
奪矣").

(철종 14) 포전·지전·면자전·동상전·마상전 등 5개 시전의 화재 때에는 진휼청·병조·양향청·훈련도감·금위영·어영청·사복시 등의 정부기관에서 면포 70동, 돈 1만 1,500냥을 5개 시전에 10년 동안 무이자로 대출하고 해마다 분할상환토록 조치하고 있다.46)

정부나 왕실에서 행랑건설자금을 지원하지 않았지만, 시전의 화재로 말미암아 모든 재산을 잃어버린 시전상인들에게는 다양한 지원이 이루어졌다. 시전상인들에게 지원하는 것은 일반 백성이 화재나 홍수를 당했을 때 지원하는 재민휼전災民恤典이라는 형식이었지만, 지원의 내용은 일반 백성에 대한 것과는 큰 차이가 있었다.47) 시전상인에 대한 휼전은 빚의 상환을 일정기간 동안 유예하거나,48) 요역의 면제, 호조에서 빌린 은銀 1천 냥 탕감, 병조목兵曹木 100동同을 감가발매減價發賣받아서 이를 시장에서 판매해 그 값을 10년 동안 무이자로 상환하는 조치 등, 실질적으로 상인들의 영업능력을 회복할 수 있을 정도의 경제적 지원이었다.49)

고종조 이전 시전의 화재 때 휼전을 베푸는 주체는 앞서 보았듯이 주로 군문이나 진휼청이었다. 그러나 고종조에 이르면 선혜청과 왕실의 내탕이 휼전의 주체로 변모하였다. 선혜청의 자금은 무이자로 대여하였고, 내탕금은 무상으로 지급하였다. 예컨대 1864년(고종 1) 광통교 지전紙廛에서 종각鐘閣까지 화재로 불탔을 때,

45) 《日省錄》 헌종 10년 11월 10일.
46) 《日省錄》 철종 14년 8월 23일.
47) 《純祖實錄》 순조 5년 4월 己未. "施廛民燒燼恤典 初五日曉京兆以立廛失火啓 教曰 各邑燒戶 猶有顧恤之典 況予都城之民乎 貢市堂上 有司堂上 該署提調 會備邊司 其所安堵之方 論理草記 至是 備邊司請 兵曹木 限一百同 依發賣例出給 使之限十年 流伊無邊 還納 允之 教曰 戶曹捧授銀 限一千兩蕩減 如有徭役 限今年蠲減"
48) 《英祖實錄》 영조 37년 8월 戊子.
49) 《日省錄》 고종 1년 12월 26일.

대왕대비가 돈 5만 냥과 백목白木 50동을 특별히 하사하였다.50)
또한 같은 해 면주전 95칸이 화재를 당했을 때는 도가의 중건重
建자금으로 선혜청에서 돈 5천 냥을 대여하여 5년에 걸쳐 무이자
로 상환하게 조처하였다.51) 1883년(고종 20) 시전에 큰 불이 나
자 내탕금 1만 냥과 선혜청 목木 20동을 특별히 하사하였으며,52)
1887년(고종 24) 종루의 시전이 거의 대부분 불에 타자 내탕전
10만 냥과 선혜청 목 50동을 풀어 포전에 4만 5천 냥과 목 20동,
지전에 3만 냥과 목 15동, 동상전東床廛에 돈 1만 5천 냥과 목 10
동, 면자전에 1만 냥과 목 5동을 각각 지급하고 있다.53) 이러한
왕실의 시전에 대한 지원은 1894년 갑오개혁으로 시전의 특권이
모두 부정된 이후에도 여전히 유지되었다. 1902년(고종 39) 지전
이 화재를 당하자 고종은 내탕금 1만 원을 지원하였다.54)

　이와 같이 시전이 곤란한 지경에 있을 때, 왕실에서 사적으로
시전을 지원한 것은 시전이 지닌 어용적 성격 때문이었다. 조선
후기 시전상인들도 시전의 어용적 성격을 다음과 같이 얘기하고
있다.

　　　나라가 건설된 초기에 종루鐘樓 길거리에 각 물종별로 설치
　　하여, 어로御路 좌우에 차례대로 배열한 것은 한결같이 종묘
　　와 궁궐을 수비하기 위한 것이다.55)

---

50)《日省錄》고종 1년 4월 20일.
51)《高宗實錄》고종 1년 12월 癸巳.
52)《日省錄》고종 20년 11월 15일.
53)《高宗實錄》고종 24년 9월 戊午.
54)《高宗實錄》고종 39년 10월 9일. "去夜紙廛回祿之災 聞甚驚駭 寒節將屆 衆商失所 寧
　　不矜惻 以今渠輩事力 實難措辦 特下錢一萬元 令內部 農商工部 其結構之方 別般董飭
　　使之不日奠接 以示朝家顧恤之意"

조선 건국초기에 종로 길거리 좌우에 시전을 설치한 까닭은 종묘와 궁궐을 수비한 것이라는 것이다. 시전의 존재목적이 왕실을 위한 것이었음을 얘기하고 있는 것이다. 종묘와 궁궐 수비뿐만 아니라 시전은 원래 왕실에 필요한 물자를 조달하는 기구로 성립한 유통기구였다. 그러므로 왕실은 화재로 시전이 큰 피해를 당했을 때, 또는 여러 사정으로 시전상인들이 큰 곤란에 처해 있을 때 왕실의 내탕금을 풀어 시전을 지원하는 것은 당연한 것으로 여기고 있는 것이다.[56]

5. 맺음말

시전은 조선왕조 도읍에 필수적인 요소였다. 시장이 최소화된 경제체제에서 한양에 시전을 둔 까닭은 현물부세수취를 통해 조달할 수 없는 물품들을 조달하기 위한 것이었다. 시전은 왕실과 지배층의 사치품을 조달하기 위해 설치된 어용적 상업기구였던 것이다.

조선초기 시전상인의 부담은 상세, 책판, 잡역으로 구성되었다. 이는 대부분 왕실에 대한 부담이었다. 이러한 시전의 부담은 조선후기에 변하였다. 상세는 폐지되고 궁궐의 수리도배역을 중심으로 하는 국역으로, 책판은 무역과 진배로, 잡역은 장빙역 등으로

---

55) 《各廛記事》地, 辛未(1691) 2월 일, 127쪽. "國初分設市廛於鐘樓街上 旗亭百隊 次第排列於御路左右者 亦一宗廟宮闕守衛之備"

56) 1883년(고종 20)에 고종은 내탕금을 풀어 사정이 어려운 금자전錦子廛에 돈 6천 냥과 목木 10동을, 지전에는 돈 3천 냥과 목木 7동, 마상전에는 돈 1천 냥과 목木 3동을 지급하고 있다(《高宗實錄》고종 20년 11월 癸巳).

바뀌었다. 조선후기 시전은 왕실에 대한 물자조달보다는 민간에 대한 유통을 주된 영업으로 삼고 있었지만, 어용적 성격을 완전히 탈피하지는 못하였다.

1663년을 전후하여 시전의 국역체제가 확립되었는데, 이 가운데 핵심적인 궁궐수리도배역은 시전상인이 왕실에 직접 복무하는 형태로 수행한 것으로서, 시전이 지닌 어용적 성격을 단적으로 드러내는 것이었다. 궁궐수리도배역은 1년에 쌀 6,600석에 달할 정도로 규모가 큰 부담이었지만, 시전상인들은 이를 수행하는 대가로 금난전권이라는 상품유통의 독점권을 향유할 수 있었다. 이러한 시전의 독점적 유통권도 결국은 왕실과의 관련성 속에서 주어지는 특권의 하나였던 것이다.

조선후기 무역은 급하게 필요한 정부나 왕실의 필요물자를 시전상인이 조달하는 것이었다. 이러한 무역은 시장교환의 외형을 띠고 있었지만, 시전상인들은 항상 불리했다. 정부관원이나 왕실, 종친들은 시장가격을 제대로 지불하지 않았기 때문이다. 무역은 책판과 동일한 것이었다. 반면 진배는 왕실에서 항상적으로 필요한 물자를 정기적으로 납품하는 것을 말한다. 대동법 시행으로 왕실의 필요물자가 재정경로보다는 시장경로를 통해 조달되는 비중이 커졌기 때문에 진배는 정상적인 물품조달체제로 자리 잡을 수 있었다. 진배는 왕실의 예산범위 안에서 조달하는 것이었기 때문에 무역에 비해 시전상인에게 큰 이익을 가져다줄 수 있는 거래였지만, 왕실재정이 악화되면 책판과 마찬가지로 수탈적인 관계로 전화될 수 있는 거래이기도 했다.

시전은 원래 어용적 상업기구였기 때문에, 화재나 여러 사정에 의해 시전상인들이 큰 곤란에 처해 있을 때 왕실은 내탕금을 풀어 시전을 지원하였다. 왕실에 있어서 시전상인들은 일반 서울주

민과는 달리 매우 특별한 지위를 지닌 존재였던 것이다. 이러한
관계는 1894년 갑오개혁으로 시전의 특권이 폐지된 뒤에도 여전
히 존속했다. 이는 전제군주체제와 시전상업이 뿌리를 같이하는
것이었기 때문이다.

제8장 19세기 후반 도자전 등급문서 刀子廛 謄給文書

1. 도자전과 등급문서

서울학연구소에 최근 입수된 일련의 도자전 등급문서는 그 연구소에서 시행한 1994~1995년 미국소재 서울학 사료탐사작업의 성과로 입수된 것으로, 미국의 UC 버클리 동아시아 도서관 '아사미 컬렉션'에 소장된 자료이다.

일련의 도자전 등급문서는 1853년(철종 4)의 형조 등급刑曹 謄給, 같은 해 한성부 등급漢城府 謄給과 1885년(고종 22)의 평시서 등급平市署 謄給, 1887년(고종 24)의 의정부 등급議政府 謄給, 그리고 1891년(고종 28)의 평시서 등급 등으로 이루어졌다.

등급문서는 소송자가 승소勝訴 판결의 판결문[제사題辭]이나 판결을 입증하는 문서[입안立案]를 잃어버렸을 경우 또는 승소사실을 증거할 목적으로 관청으로부터 발급받는 문서로서, 등급을 발급받고자 하는 승소자가 소송전말과 판결내용을 그대로 베껴서 관에 제출하면 관에서 그 기록이 참됨을 증명하는 문서이다. 그러므로 등급謄給에는 원고와 피고의 소지所志, 의송議送, 원정原情, 증인의 진술, 다짐문서, 제사, 판결문 기록이 순서대로 등서謄書된다. 이러한 등급문서는 소송판례의 성격을 갖는 문서로서 법제사 연구는 물론 사회·경제사 연구에 중요한 자료가 되는 것이다.[1]

도자전은 방물전方物廛이라고도 불리는 시전으로서, 국가의 공식적인 국역부담을 지지 않는 무분각전無分各廛이었다. 도자전은

---

1) 최승희, 《韓國古文書의 硏究》, 한국정신문화연구원, 1981, 230쪽.

특정한 건물을 가진 시전이라기보다는 주로 종로 등 큰 도로변에 노점을 벌여서 각종 잡화를 판매하는 영세한 시전이었다.[2]

도자전의 생생한 모습은 1844년에 쓰인 국문 가사歌辭 《한양 가》에 잘 나타나 있는데, 이를 보면 다음과 같다.

> 도자전 마로저자에 금은보패金銀寶貝 놓였구나.
> 용잠龍簪, 봉잠鳳簪, 서복잠瑞福簪과 간화잠間花簪, 창포잠菖蒲簪과
> 앞뒤 비녀 민죽절竹櫛과 개구리 앉힌 쪽비녀며,
> 은銀가락지 옥玉가락지, 보기좋은 밀화지환蜜花指環,
> 금패金貝 호박琥珀 가락지와 값 많은 순금지환純金指環,
> 노리개 볼짝시면 대삼작大三作과 소삼작小三作과
> 옥나비 금벌이며 산호珊瑚가지 밀화불수蜜花佛手
> 옥장도 대모장도玳瑁粧刀 빛좋은 삼색실로
> 꼰술 푼술 갖은 매듭 번화하기 측량없다.[1]

여기서 보듯이 도자전에서는 주로 부인들이 사용하는 각종 비녀와 노리개, 가락지, 장도粧刀 등을 판매하고 있었다. 이밖에도 19세기 후반 평시서 시안市案에 등록된 바로는 각종 패물貝物, 밀화密花, 산호, 금패, 호박, 진옥眞玉, 진주眞珠, 각종 장도粧刀, 대모玳瑁 등을 판매하였다.[2]

도자전은 공식적인 국역부담이 없는 무분각전이었지만, 국가에 대한 부담이 전혀 없는 것이 아니었다. 국가기관이나 왕실에서 필

---

2) 《漢京識略》 권2, 市廛. "刀子廛 亦稱方物廛 賣小粧刀及煙盒 婦人佩飾金銀指環首석(金 +釋)等物 市人多露坐於鐘街上"

1) 《漢陽歌》(民昌文化社 再刊本), 10쪽.

2) 〈1885年 刀子廛謄給〉

요한 물품을 취급하는 시전이 없을 때, 평시서에서는 육의전에 위탁하여 이 물품들을 구매했다. 이 과정에서 손해를 입었을 경우, 육의전에서는 무분각전에 비용을 거두어 손실을 보전하였다.[3] 이러한 경우 외에도 도자전 상인들은 수시로 부과되는 요역이나 경제적 부담을 지고 있었다. 이와 같은 각종 역을 부담했기 때문에 평시서에서도 도자전의 주관물종을 시안에 기록하여 도자전의 독점적 판매권을 보장하였고, 무분각전인 도자전 상인들도 자신들이 금난전권을 행사할 수 있는 근거로 '物各有主 市案在載 屢百年 捧分奉供'했다는 점을 들고 있는 것이다.[4]

서울학연구소에 입수된 도자전 등급문서들은 19세기 후반 도자전이 처한 구체적인 상황은 물론 19세기 후반 시전의 운영문제, 금난전권의 행사와 다른 시전 사이의 관계와 조선시대 말기 시전제도의 성격을 이해하는 데 상당한 도움을 주고 있다. 우리는 그 동안 1791년(정조 15) 신해통공으로 육의전을 제외한 모든 시전의 금난전권이 부정되었고, 이것이 1894년 갑오개혁으로 시전제도가 폐지될 때까지 그대로 유지된 것으로 이해하고 있다. 그러나 이 등급문서에서 나타나는 도자전과 상전床廛의 분쟁사례를 보면 이러한 통설적 이해가 잘못된 것임을 확인할 수 있게 된다.

---

3) 《萬機要覽》財用編 各廛. 無分各廛, "廛案所無稀用之物 自平市署分定貿納於六注比廛 價本之落本者 無分各廛分排添價"

4) 〈1885年 平市署謄給〉

2. 도자전 등급문서의 내용

1) 1853년 형조 등급과 한성부 등급

이 등급문서의 내용은 대체로 동일하다. 다만 발급 기관이 다를 뿐이다. 이 문서는 각사 하예배下隷輩들의 시전상인에 대한 침학侵虐을 단속해 줄 것을 요구하는 등장等狀에 대해 형조와 한성부에서 이를 받아들여, 이 내용을 도자전에 등급해 준 문서이다.

원래 시전상인들이 법사法司, 곧 한성부나 형조·사헌부에 피소被訴되어 출두할 일이 생겼을 때, 해당 관청의 색장배色掌輩가 시전에 출동하여 시전상인을 체포하여 법정까지 데려가는 것이 규례였다. 시전상인의 경우 그 성쇠가 매우 유동적이어서 예전에는 같이 장사를 하다가 지금은 흩어진 경우도 있고, 또 장사를 하다가 중간에 그만두는 경우도 많았다. 그러므로 죄를 저지른 상인들이 법정에 출두하지 않고 도망갈 가능성이 매우 높았기 때문에, 법사의 색장들이 출동하여 시전상인을 법정에 출두토록 하였던 것이다.

그러나 각사의 하예배들, 곧 색장배들이 이 규정을 악용하여 각종 침학을 저질렀다. 법사의 색장배가 시전에 출동하게 되면 시전상인들은 누구를 잡으러 왔는지 살피느라 여념이 없고, 편안하게 장사에 임할 수 없었다. 그러므로 시전상인들은 법사에 출두할 일이 있을 때 '색장을 파견하여 붙잡아가는 규정〔색장안동일관色掌眼同一款〕'을 폐지하도록 요청한 것이다.

시전상인들의 이러한 요구는 이때가 처음이 아니었다. 이 등급문서에 의하면 시전상인들은 이미 1820년(순조 20)과 1829년(순조 29)에도 같은 사유로 비변사에 정소呈訴를 올려 각사 하예배들의 침학을 금지할 것을 요구하였고, 그때마다 비변사에서는 이러한 폐를 없애도록 명령했지만, 30년이 지난 오늘날에도 동일한 폐단이 반복된다고 호소하고 있었다.

1853년(철종 4) 형조와 한성부에서는 '색장안동일관'을 폐지하는 결정을 내리고, 이 판결문을 형조와 한성부 청사의 벽과 기둥에 걸어두어 하예배들이 항상 쳐다보게 하여 이들이 다시 시전상인을 침학하는 일이 없도록 하였다. 30년에 걸친 시전상인들의 호소를 이제야 들어준 것이다.

각사 하예배들의 침학은 모든 시전에 공통되는 것이었지만, 도자전에서 형조와 한성부에 따로 등급을 신청하여 발급받았던 까닭은 도자전이 노점을 열어 장사하는 매우 영세한 시전이었기 때문이다. 이러한 처지에서 하예배들의 침탈은 자신들의 명운命運과 직결된 문제였다. 사소한 침탈로도 도자전이 입는 피해는 매우 심각할 수 있었다. 만약 육의전과 같은 대형 시전의 경우에는 하예배에 의한 침탈은 자주 발생하지 않았을 것으로 보이며, 발생했다 하더라도 문제의 해결방식은 도자전과는 달랐을 것이다. 영세상인이었기 때문에 관리들의 침탈에 대한 피해의식도 그만큼 컸고, 이러한 피해의식에서 자신들을 보호하기 위해 도자전 상인들은 형조와 한성부에 따로 등급을 신청하여 발급받았던 것이다.

2) 1885년 평시서 등급

이 문서는 개항 이후 도자전 취급물종에 대해 난전亂廛이 성행하여 도자전이 피폐해지자, 도자전에서 소지所志를 올려 이 물종들에 대한 독점적 판매권을 시론市論에 따라 인정받은 내용을 등급한 문서이다.

개항 이후 서울의 길거리에서 각종 패물을 난매하는 행위가 더욱 기승을 부렸는데, 그 가운데서도 특히 안동安洞 지역은 이름 없는 점포들의 저자가 새로 형성되어 각종 물건들을 판매하고 있었다.5) 도자전 상인들은 이와 같은 안동 저자의 패물 매매행위를 금지할 것을 요구하였다. 이러한 요청을 받은 평시서에서는 이 문제를 시전상인들의 여론에 따라 처리하도록 결정하였다. 이에 따라 육의전 도소에서 항통缸筒투표를 실시하였고, 투표에 참여한 육의전 도소원 40명 모두가 패물을 도자전에서 판매하는 것이 옳다고 하였다. 평시서에서는 이와 같은 시전상인들의 여론을 받아들여 패물을 도자전에서 독점적으로 판매하도록 결정하였다. 이 등급문서는 이와 같은 평시서의 결정을 증명하기 위해 발급받은 문서인 것이다.

이 등급문서를 통해서 우리가 살필 수 있는 바는, 신해통공辛亥通共으로 육의전을 제외한 모든 시전의 금난전권이 부정되었지만 개항 이후 도자전의 패물 등에 대한 독점적 판매권이 인정되고 있었다는 사실이다. 이러한 도자전의 독점적 판매권 인정이 금난전권의 회복을 의미하는 것인지는 분명하지 않다. 이 조치가 의정부의 결정이 아니라 육의전 도중의 자율적인 결정이었기 때문이다. 그러므로 이때의 결정이 어느 정도의 법적 구속력을 지녔었는지에 대해서는 구체적인 사례를 통해 해명되어야 할 문제이다.

한편 길거리에서 난매행위가 기승을 부릴 뿐만 아니라 이름 없는 점포들의 저자가 안동 지역에 생겨나고 있다는 사실을 통해 우리는 개항 이후 서울의 유통시장이 크게 확대되고 있음을 확인할 수 있다. 또한 이 자료를 통해서 시전 안의 중요한 문제에 대해서 육의전 도소에서 민주적인 투표행위로 결정하는 관행이 존재했음도 알 수 있다.

---

5) 이때 난전으로 지목되었던 안동 저자는 나중에 안동상전安洞床廛이라는 정식 명칭을 얻었으며, 안동상전을 창설한 사람은 김윤영金允榮이었다(〈1891年 平市署謄給〉 참조).

3) 1887년 의정부 등급議政府 謄給

이 등급은 서울의 각 시전상인들이 금난전법을 엄격히 시행해 줄 것을 요구하고 이를 인정한 판결을 수록한 등급으로서, 각 시전의 소지와 의정부의 제사로 이루어졌다.

각 시전에서 올린 소지의 내용은 과거 영조英祖가 제상사諸上司·각군문各軍門·호위청扈衛廳 군졸의 난전을 엄금한 조처와 정조正祖가 취한 시전에 대한 제반 옹호조치, 그리고 헌종이 총위영 등 각종 군졸의 난매행위를 금단한 사례를 열거한 뒤에, 지금은 난전행위가 과거보다 100배나 기승을 부리고 있기 때문에 이들 난전을 금지해 줄 것을 요구하는 것으로 채워져 있다.

개항 이후의 사상세력들은 18세기의 난전세력과 마찬가지로 주로 제상사와 각 군문 소속자들로 파악되고 있지만, 이전 시기와 다른 것은 이들 사상들이 다른 나라 상인들과 결탁하여 거리낌 없이 상행위를 하고 있다는 점이었다. 당시 외국상인들에게는 금난전권이 적용되지 않고 있다는 점을 이용하고 있는 것이다. 그러므로 당시의 시전상인들은 외국상인의 상권침탈과 더불어 이들과 결탁한 난전상인의 난매행위로 이중의 피해를 입고 있었다. 이와 같은 외국상인과 결탁한 사상들의 난전을 엄히 단속해 줄 것으로 시전상인들은 요구했던 것이다.

이러한 시전상인의 요구에 대해 의정부는 범금자犯禁者를 행조와 한성부·좌우포청에서 발견되는 대로 체포하고, 한성부에 이관한 다음, 이들을 법에 의거하여 처벌하도록 조처하였다. 또한 난전인을 착납하고, 난전물을 속공屬公하며, 허가받지 않은 물건을 판매하는 난전상인은 물론 이들에게서 물건을 구매하는 자들도 모두 체포하여 동일하게 처벌하도록 하였다.

사실 난전인 착납과 난전물 속공이라는 금난전권의 내용도 신해통공보다 훨씬 이전인 18세기 전반에 상당히 완화되고 있었다. 곧 1724년(경종 4)에 난전물 속공권은 폐지되었고, 대신 난전인은 속전을 내는 것으로 대치되고 있었다.6) 이와 같이 금난전권에 대한 조정의 완화조처가 일관되게 이루어지다가 결국 1791년(정조 15) 신해통공으로 육의전 외 다른 시전의 금난전권이 폐지된 것이다. 신해통공 이후 육의전을 제외하고는 통공발매가 서울에서의 상품매매의 일반적인 원칙으로 자리 잡았다. 1807년(순조 7) 발리전鉢里廛, 혜전鞋廛, 화피전樺皮廛, 청밀전靑蜜廛 등에 대해서 일시적으로 금난전권을 회복시킨 사례가 있긴 하지만,7) 곧 부정되었다. 그 이후에도 금난전권을 복구하려는 시전들의 노력을 끊임없이 이어졌다. 이와 같은 시전상인들의 금난전권 회복요구에도 불구하고 정부에서는 한 번도 금난전권을 허락해 주거나 이 요구에 동조한 적이 없었다.8)

그러나 1887년의 의정부 등급에서는 모든 시전의 금난전권을 복구하였고, 난전인 착납과 난전물 속공이라는 예전의 강력한 금난전권 내용도 그대로 복구시키고 있다. 이와 같은 의정부의 결정이 어느 정도 지속되었는지, 또 금난전권의 복구조처가 그동안 부정되었던 모든 시전에 적용되는 것인지는 확실하지 않다. 1890년 시전상인들은 외국상인의 진출과 상권침탈에 항의하는 대규모 철시투쟁을 감행하고 있다.9) 이보다 3년 전에 내려진 의정부의 시전상인을 옹호하는 판결의 효력이 지속되었다면 3년 뒤에 시전상인

---

6) 《秋官志》亂廛, 860쪽.; 《續大典》〈刑典〉禁制. "凡亂廛使市人捉告推治 亂廛之物 折價不及贖錢 則除贖杖八十"

7) 《備邊司謄錄》순조 7년 7월 29일.

8) 19세기 시전들의 금난전권 복구요구에 대해서는 이 책의 제7장 주 33 참조.

9) 김정기, 〈1890년 서울상인의 撤市同盟罷業과 示威투쟁〉, 《한국사연구》67, 한국사연구회, 1989.

들이 대규모 철시동맹파업에 나서지 않았을 것이다.

4) 1891년 평시서 등급

이 문서는 도자전과 상전床廛 사이에 판매물종의 관할권을 둘러싸고 벌어진 분쟁에서 도자전이 승리한 판결을 등급한 문서이다.

도자전은 앞서 보았듯이 무분각전으로서 부녀들의 노리개나 장식품을 판매하는 방물전이었다. 반면 상전은 말총, 가죽, 황랍黃蠟, 촉밀燭蜜, 향사鄕絲 등의 잡물을 상 위에 진열하여 판매하던 잡화점으로, 상 위에 물건을 진열하여 판매하였기 때문에 상자리전이라고도 불렸다. 상전은 서울에 총 12곳이 있었는데,[10] 의금부 망문望門 앞의 망문상전(3), 신상전新床廛(2), 동상전東床廛(1), 수진상전壽進床廛(1)과 포상전布床廛, 철상전鐵床廛, 필상전筆床廛, 남문상전南門床廛, 염상전鹽床廛, 정릉동상전貞陵洞床廛, 동현상전銅峴床廛, 지상전紙床廛이 그것이다.[11]

방물전인 도자전과 잡화점인 상전은 취급하는 상품의 성질이 비슷했기 때문에 판매물종도 겹칠 가능성이 매우 많았다. 그러므로 이 두 시전 사이의 분쟁은 그치지 않고 이어졌다. 도자전 상인과 분쟁을 벌인 상전상인들의 사례를 보면, 1873년(고종 10)에는 동상전 상인 고택순高宅淳, 1884년(고종 21)에는 안동상전 김윤영金允榮[12], 1886년(고종 23)에는 포상전 상인 정재순鄭載淳, 1891년

---

10) 상전의 숫자도 시기에 따라 달라진다. 《만기요람》 단계에는 12개소, 《한경지략》 단계에는 13개소로 기록되어 있으며, 개항 이후에는 안동상전이 새로 생겨나 상전은 서울의 유통시장 확대로 계속 늘어나는 것이 일반적인 추세였다.

11) 《萬機要覽》 財用篇 各廛. 괄호 안의 숫자는 각 상전이 응역하는 분역을 표시한다. 숫자가 없는 상전은 무분각전이다.

12) 이때에는 육의전 도소에서 항통가부문적缸筒可否文籍이 존재했다고 설명하고 있어서 앞서 본 〈1885년 평시서등급〉의 사례를 나타낸 것으로 이해된다(주 7 참조).

(고종 28)에는 망문상전 상인 금춘식金春植이 도자전 상인과 분쟁
을 벌였다. 이러한 분쟁은 대부분 동상전 상인들이 도자전 상인이
주관하는 물종인 패물과 주패珠貝를 불법 매매함으로써 발생한 것
이었다. 그러므로 분쟁을 하던 상전 상인들은 모두 속전贖錢을 내
고 석방되었다.

　1891년 도자전에서 소지를 올리게 된 구체적인 사건은 8상전
상인들이 면관冕冠에 들어가는 오색속미주五色粟米珠를 진옥주眞
玉珠라고 하면서 자신들의 판매물종이라고 주장했기 때문이었다.
도자전에서는 오색속미주의 독점적 판매권을 인정하라는 소지를
평시서에 올린 것이다. 평시제조는 '시전상인의 일은 의당 시론
市論에 따르는 것이 마땅하다'라고 하여 그 결정을 팔의전八矣廛
도소에 미루었다.13) 팔의전 도소에서는 항통투표를 실시하였다.
총 46명의 도소원이 투표에 참여했는데, 36명은 도자전에서 판매
하는 것이 옳다고 투표하였고, 나머지 10명은 상전과 도자전이
통공발매하는 것이 옳다고 투표하였다. 육의전 도소의 투표결과
가 이렇게 나오자, 평시서에서는 오색속미주를 도자전에서 독점
판매하도록 결정하였다. 1891년 평시서 등급은 바로 이 판결을
담은 문서이다.

　〈1887년 의정부등급〉에서 시전과 난전인과의 분쟁에서 금난전
권이 엄격히 적용되고 있음을 확인했지만, 이 문서에서는 시전과
시전 사이의 분쟁에서도 평시서의 시안에 따라 그 주관물종의 구
분을 엄격히 준수하고 있었음이 확인된다.

---

13) 개항 이후 육의전의 구성도 6주비에서 8주비로 확대된 것으로 보인다.

3. 도자전 등급문서의 의의

이상에서 우리는 서울학연구소에 입수된 일련의 도자전 등급
문서를 통하여 19세기 최말기에 이르러 18세기 후반을 거치면서
전반적으로 동요·해체되기 시작하였던 시전제도의 골격이 다시
부활하여 그대로 유지되는 모습을 살필 수 있었다. 이들 도자전
등급문서는 개항 이후 난전인 착납권과 난전물 속공권이라는 금
난전권이 모든 시전에 복구되었고, 시전 상호 간에도 통공발매
하기보다는 평시서 시안에 기재된 물종의 독점적 판매권을 보장
하고 있음을 보여준다. 이러한 조치가 제도적으로 보장된 것이
었는지, 아니면 일시적인 조치였는지에 대해서는 추후 깊이 있
는 연구가 뒤따라야 할 것이지만, 어쨌든 1887년 모든 시전에
금난전권이 복구되고 난전인 착납권과 난전물 속공권이 부활되
었다는 점은 개항 이후 정부의 시전상업에 대한 대응방향을 보
여준다는 점에서 매우 주목될 뿐만 아니라, 이에 대한 역사적 평
가를 어떻게 내리느냐는 조선후기 상업사 연구와 개항 이후 외
국상인의 침략 아래 놓인 서울 상업계의 동향과 관련하여 매우
중요한 문제가 아닐 수 없다.

찾아보기

392